ALEXANDRE HEPP

Les Quotidiennes

DE 1898

PARIS
ERNEST FLAMMARION, ÉDITEUR
26, RUE RACINE, PRÈS L'ODÉON

LES QUOTIDIENNES

DU MÊME AUTEUR

ROMAN

L'AMIE DE MADAME ALICE (6ᵉ édition). . . . . . . 1 vol.
L'ÉPUISÉ (28ᵉ édition). . . . . 1 —
CHAOS (16ᵉ édition). . . . . 1 —
LE LAIT D'UNE AUTRE (19ᵉ édition). . . . . 1 —

CONTES

CŒURS PHARISIENS (5ᵉ édition). . . . . 1 vol.

ÉTUDES ET PORTRAITS

PARIS PATRAQUE (épuisé). . . . . 1 vol.
PARIS TOUT NU (4ᵉ édition). . . . . 1 —
LES ANGES PARISIENS (7ᵉ édition). . . . . 1 —
LES ERRANTES (épuisé). . . . . 1 —

VOYAGES

MINUTES D'ORIENT (8ᵉ édition). . . . . 1 vol.

LES QUOTIDIENNES

PREMIÈRE SÉRIE; 1897-1898. . . . . 1 vol.

PROCHAINEMENT

MÉTIER D'AMANT.

ÉMILE COLIN — IMPRIMERIE DE LAGNY

ALEXANDRE HEPP

LES
QUOTIDIENNES

DEUXIÈME SÉRIE

PARIS
ERNEST FLAMMARION, ÉDITEUR
26, RUE RACINE, PRÈS L'ODÉON

Tous droits réservés

Comme celles qui forment le premier volume des « QUOTIDIENNES » (1), ces courtes notes sur ce qui fut la vie en 1898, ont paru dans le Journal chaque matin. Puisque le lecteur s'y est complu, les voici. On y retrouvera, recueillie par un passant qui veut voir en s'isolant, éprouver, penser, l'essence même de l'année, les sensations traversées, les secousses subies. Je n'ai rien à ajouter, je ne retranche rien, ne modifie rien.

Ces pages rediront aussi les différents états d'âme, les incertitudes, les contradictions auxquelles nous livra l'Affaire qui domine si cruellement ce temps. Pour moi, ni dans un camp, ni dans l'autre, je n'ai trouvé l'absolu acceptable. Partisan de la revision, pour un supplément de garantie et de légalité, je n'en ai pas moins répudié les moyens qui ont servi à la poursuivre : « dreyfusiste » dès qu'il s'agit de justice ; « anti-dreyfusard » dès qu'il s'agit de patrie ; je n'ai pas approuvé tout dans l'attitude d'Emile Zola, mais je m'honore d'avoir été

(1) Un volume avec préface, chez Ernest Flammarion, 1898.

le premier à protester contre les représailles exercées sur l'absent. Ces feuillets, où l'on ira peut-être tout de même rechercher quelque jour la température de nos esprits et de nos cœurs, la trace de notre passage, sont de bonne foi.

Il n'est pas aisé de se prononcer librement, brièvement, substantiellement au jour le jour sur les hommes, les œuvres, les choses, de faire des instantanés psychologiques, d'atteindre par des détails à des généralités intéressantes. Mais la tâche est plus aisée, quand on a pour mobile et guide un idéal de logique, de vérité, de générosité, de force comme de douceur, et elle est réalisée dans ce qu'elle a de meilleur quand on a pu montrer parfois, alors qu'on est soi-même très inférieur, ce qui serait bon et beau.

A. H.

Paris, ce 20 mars 1899.

LES QUOTIDIENNES

L'âge d'or des bêtes (1).

21 janvier 1898.

Tandis que l'heure semble particulièrement sombre pour cette société qui en plein progrès, à la fin du dix-neuvième siècle, retombe aux luttes de religion, et après les Quatorze Juillet glorieux à des pratiques de Bastille, la Société des Animaux est bien heureuse. Les âmes tendres vont à ce qui regarde les bêtes, privées d'âme prétendent des gens qui en sont plus dénués qu'elles, et chaque jour apporte à l'œuvre qui les protège officiellement des enthousiasmes, des fidélités, des générosités qui révèlent la façon jugée aujourd'hui par beaucoup la meilleure, d'exercer agréablement sa sensibilité.

(1) Les lecteurs de cette deuxième année de *Quotidiennes* remarqueront qu'elle ne commence qu'à la date du 21 janvier. Pendant trois semaines, en effet, M. Alexandre Hepp a dû cesser tout travail. Il aurait pu combler cette lacune après coup ; mais il a préféré laisser à son livre son unité d'observation spontanée et de sincérité au jour le jour, et le voici tel qu'il sortit de l'année. — *Note de l'Éditeur.*

Une vieille dame vient de léguer à la Société protectrice des animaux toute sa fortune. Trois millions. Elle entend qu'ainsi les chevaux de fiacre puissent boire plus souvent, et que pendant les haltes d'hiver ils puissent avoir les flancs au chaud sous une douce couverture; que les chiens trouvent pitié à la fourrière et que les chats errants ne mènent plus la ronde de Belzébuth que disait Gautier.

La jeunesse de cette bonne madame Chassegros n'a pas été, paraît-il, exempte de tendresses moins platoniques; cette fortune elle l'aurait, sous l'Empire, gagnée par les jolies friandises de sa crinière, par le chien de son allure, par la souplesse de chat de sa grâce. Mais qu'importe ici l' « Origine des Espèces ? » La réponse de Vespasien à son fils, au sujet de certain impôt, trouve là encore son application, et l'on peut bien pardonner à l'argent de Madeleine, qui finit bien, quand il fut pardonné à Madeleine elle-même. Aussi bien ce qui est plus intéressant, c'est l'arrière-pensée que pourrait avoir eue cette femme, d'une manifestation significative et d'un rétablissement d'équilibre, dignes de faire sourire le philosophe, en donnant aux animaux ce qu'elle avait conquis sur les hommes.

La voix de Verlaine.

22 janvier.

Je reçois des nouvelles du Comité Verlaine, lequel n'est pas aussi inactif qu'on le pouvait croire. Et précisément, tandis qu'une vraie folie s'abat sur nous, et que nous semblons retombés aux suspicions, aux confusions, aux outrages qui achevèrent *la Débâcle*, je songe que Verlaine était Messin, je me redis les vers admirables que lui souffla l'amour de la Patrie, mon amour pour lui, pauvre hère, dans l'heure présente s'augmente de ce culte qu'il sut maintenir en lui, de la taverne à l'hôpital, et c'est lui qu'il faut lire, c'est son invocation à Metz, pour sentir mieux tout ce que le trouble aujourd'hui jeté a de néfaste et d'impie.

L'amour de la Patrie est le premier amour
Et le dernier amour après l'amour de Dieu!

Je me rappelle le soir où j'ai entrevu Verlaine pour la première fois. C'était dans un innomable bouge, et sur la banquette, l'œil éteint, la bouche tordue, bizarrement courtisé, il semblait comme échoué. Lamentable image de dégradation voulue, parfois aimée: dans ce cerveau il n'y avait en cette minute que brumes d'alcool, ces lèvres ne remuaient que pour saliver un cynisme, ce corps disait toutes les souillures... et pourtant, dans la matière qui croupissait là, pouvait s'animer l'inspiration la plus fraîche et la plus candide. Dans cet homme déchu fleurissait l'amour des lys; il gardait le parfum mystérieux de tout ce qui est tendre et charmant, la force de ce qui est noble, et son âme chantait.

En vérité, voilà toute la gloire du Poète; c'est par là qu'il est au-dessus, toujours, et nous rachète. Qu'importe ce qu'il paraît, — il est; l'enveloppe chez lui compte moins que chez les autres; il peut avoir la laideur triste du rossignol, il sait être divin comme lui.

En français.

23 janvier.

Le succès de Gabriele d'Annunzio à la Renaissance n'est pas dû uniquement à la pureté de lignes qui distingue son œuvre, à ses sévères et tragiques beautés. Il a semblé par surcroît que M. de Coislin, qui fut l'homme le plus poli de France, se trouvait dans la salle, et que le public ait voulu répondre par une politesse exquise à la politesse si précieuse d'un grand écrivain étranger, coutumier de chefs-d'œuvre dont je goûte passionnément quelques-uns, donnant à Paris la virginité d'une pièce écrite en impeccable français (1).

C'est évidemment là un triomphe pour cette ardente invocation à la Source de commune grandeur, à l'indestructible lien de la famille latine que récemment lançait d'Annunzio en des phrases parfumées de myrthe. Mais, pour nous, plus délicieux encore devient ce témoignage, en un temps où il est de mode d'affirmer la faillite de la langue française, bien réduite dans sa diffusion, son éclat et le chic qu'elle donne, depuis que Voltaire fréquentait chez le roi de Prusse, Grimm et Diderot chez la Grande Catherine. Tout au plus doit-elle se contenter, paraît-il, d'être la langue diplomatique, pour conférences et toasts, trop heureuse encore si demain un hasard ne lui retire pas ce dernier privilège.

(1) Ce drame, d'une si hautaine et originale profondeur de pensée, *La Ville morte*, eut encore la bonne fortune d'avoir Sarah Bernhardt pour interprète du principal personnage.

Quelque ridicules qu'on juge les outrances de l'envie et de la haine, la manifestation d'hier n'en a pas moins paru savoureuse; et l'empereur Guillaume, à Strasbourg, Metz, Berlin même, peut bien interdire l'usage des mots français, les proscrire de la conversation, les faire rayer des enseignes, voici que du sein même de la Triplice nous arrive un consolant et fraternel hommage. En se montrant capable d'atteindre à la perfection d'art dans une autre langue que la sienne, d'Annunzio donne un exemple piquant, et qu'on ne sera pas ici en mesure de suivre de sitôt; mais merci surtout d'avoir montré, en nous apportant sa *Ville Morte*, que la nôtre reste la vivante.

Vérité, lumière, boxe.

24 janvier.

Une séance de la Convention! Demandez la tuerie de la Chambre! Et toute la soirée, très tard, tandis que les mousquetaires faméliques et de grelottantes pierrettes, figurants du Bal, se hâtaient, bras dessus, bras dessous, vers l'Opéra, les camelots ont assailli la foule serrée de leurs cris, et il y avait dans l'air quelque chose de vraiment singulier, comme une suite d'orage, une électricité de passion, un frisson de colère, de révolte, de douleur, de déroute. Pour la première fois depuis longtemps, la rue, la rue si bonne, la belle rue des fêtes de l'alliance, retrouvait ses ferments de jadis, la houle annonciatrice des mauvais jours.

Et en réalité, redoutable est l'heure. Comme maison de bois, en une minute, tout l'édifice semble pouvoir flamber : la cause d'un individu (1), exploitée comme dans un curieux boulangisme des consciences, se trouve faire à elle seule plus de mal à ce pays que toutes les épreuves et secousses subies. De telle sorte qu'il devient impossible de ne pas considérer ce qui est en jeu : l'île rocheuse d'une part, — toute la France de l'autre. Et voici le résultat : quelque généreuse arrière-pensée qu'au fond de soi on garde, quelque instinctive hostilité aux mystérieuses tyrannies du huis-clos, maintenant on est condamné à ne plus s'émouvoir; il faut s'imposer silence, regarder plus haut, et la véritable raison d'État, celle qui prime les sentiments, on vient seulement de la créer.

Triste résultat pour ceux qui croient en l'innocence de cet homme et pour la vérité elle-même. Le Christ s'est vu entre deux larrons. Ce n'est pas entre la calomnie et la violence qu'on rêve la vérité en marche. Son triomphe ne relève pas des coups de poing. Demandez à Voltaire, — et même à cette héroïque madame Jamet (2). Et s'il faut aimer, chercher la Lumière, que penser de celle qui commence, en nous faisant des yeux... pochés ?

Deux départs.

25 janvier.

Rue du Temple. Une chambre près des toits, et dans ce recoin de malheur cinq corps gisants. Une mère

---

(1) Et ce n'était que le début de l'affaire Dreyfus.
(2) Cette admirable femme du peuple fit, par les voies légales, casser l'arrêt qui avait envoyé au bagne son fils innocent, et proclamer son innocence.

qui vient de s'asphyxier avec ses quatre enfants. Les voisins sont arrivés à temps et on a pu arracher ces infortunés à la mort, qui pourtant était leur seule consolatrice. Et demain ? que feront-ils demain, ces pauvres êtres qui sans doute n'auront plus même le courage de recommencer ? Ah ! l'effroyable tragédie de misère, et quelle monstruosité, qu'aujourd'hui encore on puisse ainsi avoir faim en famille.

Mais précisément, tandis que je venais de lire ce fait-divers, un petit omnibus, surchargé de malles à housses couronnées, dépassa la voiture où hier j'essayais une première sortie : il roulait vers la gare de Lyon ; tout à l'heure il déverserait sur le quai des gens heureux, — une famille aussi, et dans ce chic, des ramages d'enfants, un épanouissement, un orgueil de vivre. Ici, sous mes yeux, tout ce que donne l'existence ; là-bas, dans le taudis évoqué, tout ce qu'elle refuse. Pourquoi les uns et pourquoi pas les autres ? Comment cette douceur pour ceux-ci et pour ceux-là cette amertume ? Je sais bien que d'aventure il peut y avoir là une question de mérite, mais il n'est si beau mérite sans chance, et jamais la partie n'est égale...

Et cependant que ces voyageurs filaient vers le Bleu et les mimosas, vers la Croizette et le Funiculi, j'avais la sensation qu'ils partaient comme sans payer une dette, qu'en réalité ce superflu devait quelque chose au nécessaire, et que régler cela, un peu, avant, ce serait de la probité humaine...

Du neuf.

26 janvier.

M. Henri Lavedan, dans son œuvre d'hier, *Catherine*, jouée au Théâtre-Français, nous convie à voir le sacrifice d'un grand cœur, à ouïr des propos d'un sentiment particulièrement doux, à respirer le parfum de la vertu. Il a eu bien du courage. Et il faut l'en féliciter d'autant plus que la surprise a été plus grande, qu'elle est allée, paraît-il, jusqu'à la déception. Non, ce n'est pas cela qu'on attendait de lui — on n'attend plus cela de personne.

Et c'est véritablement une chose curieuse, que la galerie s'étonne aujourd'hui quand elle se trouve devant des personnages capables de simplicité, d'abnégation, comme elle s'étonnait naguère quand on lui servait des gredins. L'habitude est tellement installée de ne distinguer la réalité qu'à travers les pires laideurs, que des bonshommes qui ne dupent, ne trahissent, ne salissent pas, épousent, se dévouent, s'élèvent, paraissent positivement d'un autre âge, comme dans une atmosphère de féerie, et d'une originalité tout à fait indigeste.

Au sortir de cette première, après cette excursion dans ce qui est devenu l'invraisemblable, Lavedan a-t-il juré qu'on ne l'y repincerait plus ? Souhaitons qu'il ne regrette pas une tentative si hardie. Il y aurait, aussi bien, maintenant à prendre une place intéressante, d'un neuf délicieux, celle d'observateur des braves gens. Le titulaire ne s'ennuierait pas ; — oh ! les démentis au convenu rosse, aux pessimismes en belles cravates! Même il ne resterait pas sans gagner quelque grandeur. Peut-être devrait-il aller chercher ses héros plutôt dans les sphères soi-disant inférieures, mais cette descente au fond rachèterait ce que la surface a de déshonorant, et quoi qu'on prétende, ce ne serait pas encore là une sinécure : il y a aussi un réalisme du bien.

La vicomtesse.

27 janvier.

On ne reçoit pas souvent à Saint-Lazare des papiers d'huissier. Tout au plus le Rouquin ou le Gros Jules pensent-ils parfois à faire passer un boniment à la triste recluse que regrette leur forte santé. Madame Adèle Chaboud n'en a pas moins dû reconnaître qu'elle avait été touchée par la procédure qui lui fait défense de s'intituler désormais vicomtesse de Jouffroy d'Abbans, — et crânement, dans un mouvement tout à fait de son sexe, elle a signé le reçu d'assignation de ce nom même qu'on veut lui ôter.

Certes, inclinons-nous devant les délicatesses de famille ; le divorce prononcé, la question du nom, par cet acte seul, devrait être tranchée, et le père de M. Guy de Jouffroy d'Abbans interdisant à celle qui fut sa belle-fille de porter un nom dont elle n'a pas compris les charges d'honneur, est dans son droit comme dans son devoir. Mais cette manifestation peut-être arrive un peu tard? Il y a belle lurette que pour la vicomtesse les roses sont roses et que l'aventure est galante. Sa majestueuse blondeur a fait pas mal de reconnaissants, — au moins pour une minute, et il est bien temps maintenant que la course est courue ! Ne faudrait-il pas plutôt voir dans cette rigueur *in extremis* une des dernières perfidies de ce Sort qui toujours se plaît à faire foncer sur vous les malheurs à la fois, et à accabler ce qui est devenu sans défense, de complicité d'ailleurs avec nos pires instincts ? De l'Adèle Chaboud, en a-t-on donné assez depuis quelques jours à cette malheureuse ! Comme à plaisir, comme dans un délicieux sentiment de représailles, d'envie satisfaite, contre « une » qui avait trouvé la bonne étoile dans le ciel de son village, qui avait eu de la chance et du bonheur, l'éclat et la beauté. Et brutalement on jouit à la ramener au point de départ, à lui faire entendre que parbleu on n'y coupait pas, et que ça se paie.

Ah ! vicomtesse, vous autres, nous tous, il ne faut pas lâcher la bride, il ne faut pas perdre l'équilibre de son arrangement, il ne faut pas se laisser désarçonner, — sans quoi le passant rieur vous achève.

Les portraits.

28 janvier.

Le Président est allé hier faire une louable descente en l'enfer de Sainte-Anne. Il a vu les salles blanches, les professeurs courbés, les pauvres fous, les folles à gestes prophétiques, et dans le parloir, il a vu aussi son portrait, sa protocolaire image, robuste, souriante, très en grand-cordon. Et à peu près vers la même heure, dans les bureaux des ministères, des préfectures, des mairies, poursuivant la revision du matériel, des agents du Domaine enlevaient les derniers portraits d'un autre Président, et maintenant, de ce qui fut Jules Grévy, il ne reste plus une trace officielle.

Certes, M. Félix Faure est d'esprit trop averti, la qualité de son ambition est trop supérieure, pour prendre quelque mélancolie à un tel rapprochement; et l'intention même qu'on lui prête de ne pas briguer à nouveau une magistrature qu'il a si glorieusement remplie, dit le philosophe qu'il est. Mais quelle leçon de fragilité ! La République, qui dure, mettant au rancart, l'une après l'autre, au fur et à mesure de l'effroyable consommation, l'image des hommes qui l'ont servie ! Cette exécution peut se comprendre après quelque tumultueux changement de régime : oh ! le rapide décrochage des chromos de l'Empereur, et les bustes, veufs de niches et de cheminées, aussitôt gisants, dans une poussière de plâtre, la moustache cassée, parmi les bric-à-brac ! Mais que cette République, debout, toujours là, expédie à l'officiel oubli, raye, tienne pour nuls et non avenus, dès qu'ils ne fonctionnent plus, ceux qui ont maintenu sa vie ou fixé sa grandeur, n'est-ce point d'une trop flagrante ingratitude, et cette hâte de n'honorer que le patron nouveau n'appartient-elle pas aux mœurs de la servitude plutôt qu'à la justice et au respect de soi ?

Et le tour de Félix Faure aussi viendra. Vivant, il se verra ainsi dépendu, relégué ; son portrait aura quelque chose encore de l'État : ses greniers. Mais alors, pour se consoler, il n'aura qu'à retourner entre ses mains un portrait de lui, qui jamais ne connut tant d'éphémère gloire, un petit portrait qui est au Havre, et le représente à vingt ans, en tenue d'ouvrier. La vue de ce portrait-là sera douce à son cœur et témoignera plus noblement qu'aucun autre...

Le bon feuilletoniste.

29 janvier.

Je me souviens d'un dîner chez George Charpentier. Il y avait Alphonse Daudet, Edmond de Goncourt, Zola, Henry Bauër, Paul Ginisty, un autre convive et moi. Pendant tout le dîner quelqu'un parla littérature, de la fatigue de ses travaux d'écriture, du bagage de ses livres, — mais ce n'était ni Daudet, ni Goncourt, ni Zola ; c'était l'autre convive, c'était M. Macé, ancien chef de la Sûreté. Richebourg, qu'on a enterré hier, lui aussi aimait à parler avec assurance et ostentation de cette Littérature à laquelle tout de lui pourtant était étranger ; à Langres même, devant la statue de Diderot qu'on inaugurait, c'est lui qui tint le discours au nom des lettres françaises, et pas un instant, naturellement, il ne lui sauta à l'esprit qu'il n'avait de commun avec Diderot, — qu'un père dans la coutellerie.

Mais la part faite de ce ridicule, moins exceptionnel qu'on ne pense, rendons au bon feuilletoniste Émile Richebourg cet hommage qu'il fut populaire par ce que le peuple a d'ingénuité, de pitié, de tendresse. Ses crimes étaient de la vieille école, sans nulle déroutante prétention aux théories scientifiques ou sociales : des crimes d'honnêtes criminels, qui seront justement, légalement, régulièrement condamnés. Son sentimentalisme était sans complication, nature, et sain ; il punissait selon la conscience élémentaire, mariait selon la morale de la fable, et dans le panier à provisions, par-dessus les bottes de poireaux, les cuisinières retour du marché, en passant par le kiosque, ramenaient sa prose à la maison sans penser à mal.

Il disparaît, et si avec Taillade meurt le vieux mélo, avec Richebourg meurt un genre de médiocrité, qui du moins ne fit pas de victimes. C'est beaucoup. D'autres détraqueurs de cervelles, éducateurs du meurtre et du viol, ces temps-ci, par leurs élucubrations, fournissent de clients la Morgue, la Nouvelle, l'Échafaud, Saint-Lazare et Sainte-Anne : allons, Richebourg, vous gagnez à la comparaison ; cela vous vaudra une petite place, et n'est-il pas curieux que pour mettre un homme en lumière aujourd'hui, il suffise de dire qu'il n'a pas été tout à fait nuisible ? Ah ! l'immense Dumas ! combien enviables ceux qui ne l'ont pas encore lu, ou dix fois relu ! Avec celui-là, il n'y a qu'à fermer les yeux après lire, pour se sentir soudain capable des plus beaux gestes, pour croire à un tas de belles choses, à l'honneur, au courage et à l'amour !

Par Baptiste.

30 janvier.

La police, qui recherchait désespérément les introuvables assassins de quelques pauvres filles, vient de faire une prise sérieuse. Le meurtrier de Maria Jouin, de Louise Lamier et de cette Marie Bigot assommée mystérieusement rue Pierre-le-Grand est dans sa main, et l'on peut dire qu'il appartient doublement à la police, puisqu'il était agent de la Sûreté.

Et non des moindres. Ce Pierre Rodot était de ces

messieurs en chapeau haut de forme et complet noir, qu'on voit si étrangement postés devant la grille de l'Élysée, très boutonnés, et dont la silhouette spéciale, profilée sur le seuil doré, entre le concierge et le factionnaire, ne révèle presque pas le métier. Rodot veillait à la sécurité du chef de l'État, et le matin même où rue Condorcet il avait mailloché Maria Jouin, il venait, avec en poche l'argent et la montre de sa victime, prendre la garde du billard, du canard, de la personne et du gendre de M. Grévy. Mais Rodot avait avec le pouvoir des relations plus pratiques, et on m'assure qu'il ne put se maintenir en place, pendant un temps, que grâce à sa parenté avec... un valet de chambre du préfet de police !

Ce n'est là qu'un petit détail, mais relève-t-il assez de l'éternelle comédie ? M. Constant, valet de chambre de l'Empereur, ne se fait pas faute dans ses Mémoires de noter l'influence dont il était investi, les services qu'il pouvait rendre aux amis, en présentant au Maître son « en-cas », le Musigny et le poulet froid. Voilà les Baptistes de la République qui se relient aux grandes traditions. C'est toujours autant. Certes tout cela est plaisant, et la faveur par l'escalier de service en vaut bien une autre. Garçons de bureau, huissiers d'antichambre, lampistes, cousins même de la femme du cocher d'un ministre, et valets pour qui il n'est point de grand homme, — ô sûrs protecteurs d'aujourd'hui encore, et que ne dédaignent pas les plus bruyants orgueils ! C'est même une des satisfactions les plus douces à l'homme qui ne demande rien que de voir par où il faut passer pour obtenir. Mais peut-être n'était-ce pas la peine de changer de gouvernement et de battre la grosse caisse des principes devant le vieux fond d'une humanité, qui, elle, ne change pas.

Le dîner de Venise.

31 janvier.

Ils ont pu avoir un moment de douce illusion, en se retrouvant hier, autour d'une table, chez M. Raymond Poincaré, les membres du cabinet Dupuy. Réunis en rond comme au beau temps, pour décider de la conduite à tenir dans le procès Zola. Viger, Guérin, Lourties, quelle évocation d'une trop courte grandeur! que d'obscurité après un coup de lumière! et vous, mon cher Georges Leygues, sans doute, vous avez dû revivre là délicieusement ces heures où il y avait des fleurs sur la table de votre ministériel travail, où sous vos yeux, entre les hauts dossiers et l'embrouillis des fils télégraphiques, dans la forme claire d'un vase de cristal baignaient doucement des roses, — échappée adorable, bien peu habituelle, de nature et de poésie quand même, au sein de l'affreuse politique (1).

Maintenant, ceux qui furent nos maîtres d'hier, dînent tranquillement, à une heure honnête, comme tout le monde. Certes, ces agapes font entrevoir au loin l'auberge de Candide, et psychologiquement la séance a dû être fort piquante. Mais dans ce rassemblement fortuit n'y aurait-il pas une indication à retenir? Le dîner des Cabinets! une fondation à essayer, éminemment moderne, dans le style le plus parfait de la troisième République. L'aubaine ne serait pas médiocre pour l'Alimentation Parisienne. Ribot, Freycinet, Goblet, Bourgeois, Sarrien, Develle, que de

(1) Moins de dix mois après ces lignes, un nouveau cabinet, présidé par M. Charles Dupuy, arrivait aux affaires.

présidents pour cette gastronomie du souvenir! Ainsi, au lieu de la débandade connue après l'œuvre en commun, ce serait une rassurante chose, que de voir ces hommes d'abord unis par le hasard se regrouper volontairement, s'intéresser à ce qui advient de ce qu'ils ont tenté, réalisé, au lieu d'avoir l'air de s'en ficher une fois le maroquin glissé de leurs bras. Et chez des gens rentrés dans leur appartement, porte à gauche, au quatrième, après avoir été l'État, elle ne manquerait pas d'allure, cette commémoration de la tâche et du progrès accompli.

Par malheur, il y a trop de chances pour que de telles réunions n'aient d'harmonie que dans le désenchantement commun, ne ressuscitent que des fautes, et ne ravivent que des plaies...

La veuve de soi-même.

1er février.

La science est avec raison en deuil de M. Péan. Mais à beaucoup de pauvres êtres cette mort subite n'apportera-t-elle pas comme la sensation d'une délivrance, de la levée d'un effroi? Il semble qu'on doive respirer. C'est l'Opérateur par excellence qui disparaît, c'est le maître charcutier. La gloire de cet homme a pesé lourdement sur la souffrance des contemporaines. Si Charcot a été le cauchemar des âmes, lui a été l'épouvantail des tristes chairs. Et pour moi, je ne rencontrais jamais par les rues son coupé à deux chevaux, à cocher galonné d'or; je n'entrevoyais jamais, dans la pénombre de la voiture, son dur, son redoutable profil, sans éprouver quelque frisson.

Ah! si éminent qu'il fût, si paternel assurent ses disciples, combien d'infortunées ont gémi sous sa main, sont restées mortes sous son outil! Grand-prêtre de l'ovariotomie, c'est lui qui institua ici, répandit le supérieur dédain de ce que peut valoir une existence, cette mode effroyable de massacrer, dès le premier prétexte, les femmes dans leurs entrailles, et c'est sous son patronage qu'est née l'Ève nouvelle, cette douloureuse et étrange petite chose, qu'on rencontre partout, maintenant, violée dans son mécanisme, dépossédée de sa force et de sa raison d'être, pâle veuve de soi-même.

Il serait sans doute injuste de prétendre que dans quelques cas cette funèbre pratique n'ait pas eu d'excuse. Mais l'œuvre de destruction l'emporte, la responsabilité de ce sanglant engouement chirurgical, de cette inutile boucherie, de cette atteinte au respect humain, peut-être même à la vitalité de la race, demeure. Aussi bien, je voudrais entendre un « Dialogue des Morts » entre Malthus et Péan. Et tandis que, partout, de plus en plus, s'affirme cette tendance à sauver l'espèce en la stérilisant, ou en l'immolant tout à fait à grands coups hâtifs de chirurgie, je songe à la beauté du vieux mot d'Ambroise Paré, et je songe que les vases brisés sont plus heureux, eux qui trouvent encore des raccommodeurs...

Cette bonne société.

2 février.

Lucien Descaves a eu l'honneur d'indisposer une partie du public, et même la Censure, avec la *Cage*, pourtant une simple petite pièce en un acte. Depuis quelques années, dit-on, l'éducation du public s'est faite; il a pris une plus large compréhension, une entente plus haute du courage des idées, et l'on fait remonter cette hégire à Antoine. La vérité est que si cette merveilleuse métamorphose s'est accomplie, c'est surtout dans le sens de la rosserie et des audaces vénériennes : dès qu'on montre à la galerie la réalité des misères, des désespoirs, des injustices, un morceau de la vraie vie, de la vraie croix qu'on porte, son cœur délicat défaille, et c'est toujours devant ce qui est le plus vrai qu'elle crie à l'invraisemblable.

Les tendances, l'âpre accent de revendication, la virile sincérité de Descaves qui met en scène une famille acculée au suicide, ont chiffonné les digestions de l'orchestre, et le voici, avec Mirbeau d'ailleurs, convaincu de pratiquer un genre anti-social; ce reproche, M. Georges Docquois l'avait connu d'ailleurs en 1892, avec cette *Mélie*, jouée chez Antoine également, où il y avait une si saisissante révolte, un si beau sanglot de peuple. Oui, œuvres anti-sociales, celles qui ont l'aplomb de proclamer que tout n'est pas pour le mieux dans le meilleur des mondes, qui rappellent à la société qu'elle a charges et responsabilités, vont l'atteindre dans ses sottises, dans son orgueil, — comme hier encore a fait M. Henri Rainaldy en ce curieux livre, *Delcros*, dans ses lâchetés et ses assassinats.

Mais il semble que par une société si avide, si inquiète de se maintenir, de pareils avis devraient être accueillis plutôt avec reconnaissance. Du moment qu'il n'en est rien, que dire la vérité c'est attaquer l'arche sainte et non pas indiquer ce qui la sauverait, il n'y a qu'à poursuivre, avec plus d'intrépidité encore, d'impitoyable éloquence, ce que quelques vaillants seuls ont osé, — et c'est de ces lueurs jetées sur le bagne humain que sera faite la définitive lumière.

Le peuple bébé.

8 février.

L'excellent Marguery ne renonce pas à tout le détail des entrecôtes et des filets mignon, mais il renonce à s'occuper du Bœuf dans son entier, qui l'an dernier lui coûta trop gras. La caisse municipale, de son côté, reste sourde aux appels de subvention ; de telle sorte que les fêtes du Bœuf manqueront totalement au futur Carnaval.

J'avoue n'en éprouver qu'un très restreint regret, et me sentir fort éloigné d'une élégie aux traditions qui disparaissent. Aussi bien, toujours je me suis demandé ce que pouvait bien être, sur le peuple le plus spirituel de la terre, l'opinion d'un étranger tombé parmi nous tout juste pour les heures de cette exhibition? Une foule manifestement vide d'idée, ruée à un plaisir sans signification ni esthétique, le triomphe de l'oripeau grotesque, la férocité des jeux imbéciles, le délire de la taverne, la promiscuité de Sodome. Positivement ces grands jours de Paris étaient pour vous faire fuir au plus loin, et à les voir de près, on restait le cœur serré comme à la vue d'un génie soudain dégringolé en enfance, d'un noble chevalier roulant à l'abjection, d'un souverain qui ferait l'acrobate avec sa couronne.

Un artiste de talent propose de remplacer cette réjouissance inepte par une cavalcade où chevaucherait l'histoire complète de Paris. Je veux bien, mais ce souci d'amuser, quand même, envers et contre tout, un peuple sur qui pèsent de si lourds inconnus ; de l'amuser comme s'il fallait, lui aussi, le conduire aux Tuileries et lui mettre un ballon à la main, est particulièrement curieux à l'heure présente. Chéri, chérubin, pauvre bébé ! Oui, il faut qu'il s'amuse. Ne vaudrait-il pas mieux se préoccuper de lui apprendre à se débrouiller, et de le faire capable encore de descendre dans la rue, — mais à la manière d'autrefois, qui ne semble plus dans les moyens actuels, pour une indignation, une impulsion généreuse, ou pour son droit ?

Les commères.

4 février.

Lâchée, sans argent, en route vers l'hôpital pour accoucher, une malheureuse hier défaille en plein trottoir, se réfugie éperdument dans la cour d'une maison, — rue du Mont-Cenis, et là, sur les noirs pavés, met au monde une fille. Qui lui portera secours ? Aux fenêtres de cette triste cour parisienne, des commères. Elle les supplie des yeux, les invoque, comme ferait un mendiant qui vient de chanter le *Temps des Cerises*. Pas une ne bouge. Bras croisés sur le rebord, tranquillement, elles assistent à ça, comme à des tours de singe sur le tapis d'un orgue de barbarie. Près d'une fontaine, un baquet. La mère va prendre ce baquet, pour les premiers soins à son enfant, mais aussitôt murmures et menaces. Ce baquet, il n'est pas à elle peut-être ? Alors, terrifiée, elle laisse là son petit, et se sauve ; les commères dégringolent, se précipitent à sa poursuite, appellent les agents, et on arrête l'infortunée pour abandon d'enfant « dans un lieu non solitaire » !

Oui, habité ce lieu-là, mais à coup sûr non pas par des êtres humains, et le Code a beau être le Code, il y a quelque chose qui devrait dominer son application, c'est la qualité de ceux au profit desquels il fonctionne. Vraiment ces commères de la sombre cour ont agi selon leur droit ? la loi ne devrait-elle pas leur demander d'abord si elles ont agi selon leur devoir, et quel devoir ? celui du plus naturel instinct, celui que la Louve elle-même a si glorieusement rempli.

A noter cette infamie une honte vous vient pour cet an de grâce. Si un Lucien Descaves avait exposé cet épisode, un Sarcey l'eût déjà dénoncé aux rigueurs de la censure, et voilà pourtant le spectacle qu'impunément donne la vie. Ah ! les pauvres filles qui dans leur petit journal ont lu ça, si l'idée leur vient de ne pas courir au-devant d'une pareille torture, de faire disparaître plutôt tandis qu'il en est temps encore ce qui serait l'enfant maudit, comment les accabler ? Voilà donc l'accueil réservé à leurs douleurs, à leur volonté d'être bien courageuses, et maintenant c'est dans le peuple même que s'éteint le respect de la maternité, la pitié pour le nouveau-né. C'est le dernier progrès du mal, c'est le suprême désastre, et à ces bonnes commères M. Robin peut envoyer des fleurs.

Le dernier rendez-vous.

5 février.

Le procès d'Emile Zola, que j'aurais suivi avec la

plus grande curiosité psychologique si je n'étais toujours tristement cloué, à nouveau emplira jusqu'aux recoins la salle des assises. Le président aujourd'hui n'a plus le droit de distribuer des cartes d'invitation, le temps a cessé où les magistrats pouvaient faire « des services » aux gens chez qui ils dînent pour les grandes séances de la Justice, et où les femmes du monde allaient à Menesclou et à Pranzini, sandwiche en poche. Mais il semble que plus on l'ait voulu contrarier, plus se soit accusé ce goût des Parisiens pour le théâtre de Thémis, et en réalité depuis trois mois le Palais de Justice est devenu l'endroit familier, le foyer où l'on cause, et ce buffet même, réservé d'abord à la basoche, installé sous les voûtes qui virent passer les Girondins, avec sa pompe à bière accotée à l'ancien cachot de Marie-Antoinette, est maintenant tout à fait select.

Pendant le procès du Panama, j'ai rencontré par les couloirs d'excellents claquedentistes qui voulaient se rendre compte de ce que pouvait bien être devenue la tête d'Arton, naguère si insolente, quand sur le tapis il venait d'abattre *neuf*; la physionomie de M. Henri Maret, très connue aux premières, et son légendaire paletot à collet de velours graisseux, aussi intéressaient. Et il y a quelques jours, acclamé aux oreilles de Reinach, Henri Rochefort pouvait dire qu'il sortait du Palais comme d'une réunion publique.

En tout autre moment, un observateur des mœurs consignerait ici quelques judicieuses considérations sur ce que de pareils empressements révèlent de sentiment blasé, ont d'inconvenant et de peu généreux. Mais à cette heure, a-t-on le droit vraiment de s'effaroucher ? La cour d'assises et les chambres où l'on accuse sont devenues comme la suite logique, naturôle, de tout ; elles sont le point d'arrivée, la conclusion de ce qui tient à la vitalité même de la race ; c'est là que le bon citoyen retrouve ses mandataires et reçoit des nouvelles de la grandeur du pays, et ce n'est pas une des moins douloureuses étrangetés de ce temps, que ce soit là maintenant que se traitent les affaires publiques.

Les survivants

6 février.

Notre dernier lien avec l'Epopée est rompu, le dernier survivant de Waterloo est mort. Il s'appelait Victor Baillod, et il faut retenir ce nom obscur sur lequel s'éteint tout ce qui fut la Grande Armée. Dans la petite ville de Carisey, dans tout le pays, le très vieux soldat était vénéré comme une relique ; chaque jour il trouvait l'occasion, pour quelques pieux auditeurs, de dire, de redire son histoire, de parler son petit mémorial à lui, et quoiqu'il fût tombé à Waterloo, humble unité dans la mêlée des géants, témoin qui n'avait pu voir que beaucoup de sang, ses souvenirs allaient jusqu'à Sainte-Hélène.

Mais il aimait aussi à conter ce qui s'était passé depuis ; pour ceux d'aujourd'hui, le centenaire, d'une voix encore nette et brève, évoquait les heures lointaines aussi, de la conquête de l'Algérie, le renouveau de gloire, l'orgueil retrouvé ; puis, l'ivresse populaire après le retour de la campagne d'Italie, et les exploits de Crimée. D'un côté le malheur, le lugubre point d'arrivée, l'anéantissement ; de l'autre la reprise, l'incessante marche en avant, le triomphe de ce qui ne meurt pas. La même bouche pouvait dire ainsi l'extrême misère et la résurrection, et c'est précisément cette alternance d'épreuves et de grandeurs, c'est cette facilité à se guérir de ses blessures pour armer à nouveau glorieusement son bras, qui distingue, ennoblit, éternisera ce pays.

Pauvre Baillod, à Carisey on n'entendra plus tes anecdotes, tes récits, les beaux morceaux que tu composais avec ce que tu avais lu dans les journaux d'autrefois, et à la France aussi il va sembler que quelque chose de son patrimoine s'en va : mais espérons encore qu'un jour le dernier survivant de Sedan pourra en conter autant que toi...

Zola inconnu.

7 février.

Comme nous causions hier du procès qui s'apprête, mon fidèle ami Germain Casse, assis à mon chevet, brusquement s'écria :

— Et si tu veux connaître l'homme qui le premier publia du Zola à Paris, regarde-moi ! C'était vers 1860 ; avec quelques amis, dont Clemenceau et, — curiosité de la destinée, — Méline, nous avions fondé au Quartier, rue Soufflot, une petite revue qui s'intitulait le *Travail*, ô ces titres d'antan ! Un matin je reçois une lettre qui contenait à peu près ceci : « Mon cher camarade, vous êtes jeune comme moi, aidons-nous, publiez cet envoi. » Et un manuscrit... des vers ! C'était une sorte de pastiche de Musset. Je voulus le publier. Mais Clemenceau dit : « Peuh... des vers ! laisse-nous donc tranquilles avec ça !... » Huit jours après, nouvelle lettre du pauvre mussetiste : s'il ne trouvait pas d'appui auprès de jeunes, qui donc l'aiderait? Il ne connaissait personne, il se désespérait... J'allai le voir ; une chambre sous les toits, où il fallait faire de la gymnastique, pour s'asseoir finalement... sur le lit. A notre âge d'alors la connaissance est vite faite ; nous causâmes longuement, et je lui promis que le vendredi prochain ses vers paraîtraient, dussé-je rester à l'imprimerie jusqu'à la fin pour être sûr qu'on ne les retirerait point, et pour qu'il fût tout à fait heureux je lui promis aussi de lui envoyer vingt-cinq numéros ! Les vers parurent, — on peut les retrouver à la Bibliothèque Nationale, — il reçut les vingt-cinq numéros, il ne me remercia même pas, et jamais plus nous ne nous sommes revus...

N'est-elle pas suggestive cette évocation des débuts à l'heure même où Zola semble s'abuser sur les prérogatives de la gloire? De l'imitation de Musset à M. l'avocat général Van Cassel. Alors, rien, aujourd'hui trop. Hélas ! en toutes choses n'y a-t-il donc de bon et de beau que les préparations, et ce qui est vrai de l'Amour est-il vrai aussi de la Gloire?

La guenille.

8 février.

A entendre ce tumulte de passions, d'intérêts, de vanités, dont l'air de France aujourd'hui est frappé, on croirait que toute la vie du pays est réellement ce qu'elle paraît, et qu'il n'y ait plus place ici que pour les démolisseurs. La séance annuelle tenue hier par l'Œuvre des Enfants tuberculeux donne précisément le plus émouvant démenti à cette affligeante apparence, et rien n'est perdu quand de l'initiative personnelle, du fond obscur des dévouements, peuvent surgir encore des entreprises d'une si virile humanité.

Commencée sans ressources, il y a neuf ans, — je vois encore l'admirable et chère sœur Candide penchant sa cornette blanche vers les petits lits où le docteur Léon Petit voulait disputer au monstre dévorant les six premiers malades recueillis, — l'œuvre d'Ormesson aujourd'hui a soigné sept mille enfants tuberculeux, et avec une fortune inespérée, puisque plus d'un de ceux qu'on croyait d'un bien triste déchet humain a pu, après, compter pour le drapeau. Et ce qui distingue cette œuvre, c'est que son action ne se limite pas à essayer quelque amélioration sur l'enfant, quitte à le rendre au mal qui, pour avoir dû attendre sa proie, ne la saisira que plus avidement; à l'encontre de bien d'autres œuvres où l'on se croit en règle pour un effort, celle-là prétend ne pas abandonner à la vie ceux qu'elle lui a rendus. A Ormesson les tout petits que le fléau a marqués dès le berceau ; quand ils sont grands, les voilà dans le plein air de Villiers ; après, dans la montagne et aux champs, on en fait des éleveurs, des laboureurs, des jardiniers, sans qu'à aucun moment, sous aucune forme, ils aient à payer quoi que ce soit. Et c'est ainsi positivement une refonte de l'homme, une création neuve dans l'ancienne carcasse, une victoire de haute lutte sur ce que notre condition a de plus misérable, un décuplement de force sociale et d'honneur.

Il est vraiment beau, ennoblissant, ce combat prolongé contre la Dévastation en masse, l'Hérédité qui est la négation de toute Justice et de toute providence, l'aveugle et sourd Destin, et le vrai socialisme est là, mêlant l'énergie à la fraternité.

Là-bas, ici.

9 février.

Un de nos amis, retour d'Amérique, me rapporte qu'à Buenos-Ayres, un Vacher en ce moment aussi tient les grands premiers rôles du crime ; que la ville tout entière se passionne pour la capture de l'assassin, et que c'est un véritable délire. On a interrogé 215 blanchisseurs pour retrouver le propriétaire des linges qui couvraient la victime ; 519 tailleurs pour savoir d'où provenaient ses vêtements ; 600 « prostituadas » pour découvrir son identité parmi leurs relations. Et le gouvernement, qui n'est pas argentin pour rien, a promis une prime de vingt-cinq mille francs à l'heureux dénonciateur.

Le beau succès, et comme la vie doit être plus aimable en ces pays lointains ! Eux au moins ne paraissent pas blasés ; ils sont dans la pleine lune de miel du Gaboriau. Et toute une ville soulevée encore d'indignation ou de curiosité pour un simple mauvais coup, c'est en vérité quelque chose de l'âge d'or. Pauvre Vieux Monde, ce n'est pas lui qui en est là ! Il en a tant subi ! Il s'abrite sous le parapluie que disait Monsieur Thiers. Hélas ! les assassins de toute arme, de tout calibre, de toutes variétés, ont épuisé leur effet ; nous sommes rompus aux splendeurs du crime, et l'on se demande ce qu'il faudrait bien pour nous émouvoir puisque Troppmann est déjà un classique usé.

Dans ses heures de lassitude, rapides d'ailleurs comme son esprit, Aurélien Scholl naguère parlait volontiers de se faire naturaliser belge : le titre de citoyen de Buenos-Ayres, aujourd'hui, semblera bien autrement rempli de promesses. Là-bas tout est neuf, tout est frais; l'horreur y fleurit dans son adolescence; la cruauté et la vilenie humaine, le meurtre et la folie n'y ont pas encore dit ce dernier mot qui chez nous est le comble de la civilisation, — allons-y d'un cœur joyeux. Si ce pays, là-bas, est en retard de dix ans seulement sur tout ce qui s'est accompli et vu par ici, c'est là qu'on voudrait vivre et mourir, il faut lui appliquer la romance de *Mignon*.

Un caricaturiste.

10 février.

On vient de donner une croix à l'art de la caricature, et c'est Henriot qui l'accroche à son veston. Si dans la Légion d'honneur on procédait comme à l'Académie française, Henriot aurait pu occuper le ruban de Cham.

Depuis quinze ans, par petits carrés de dessin, il note l'histoire au jour le jour, avec une continuité de verve, une fantaisie critique, une aisance philosophique véritablement délicieuses. Chez lui, les bonshommes sont l'accessoire, ils viennent comme il leur plait, — c'est la légende qui retient, inépuisablement jeune, légère, spirituelle, d'une raillerie qui pourtant sait trouver le sensible envers des grandeurs du moment. Forain traite le Doux Pays par une magistrale amertume; Henriot lui applique une observation plus cursive, mousseuse, d'une qualité d'esprit qui n'en veut qu'à l'épiderme, mais dont le charme et le prix augmentent en raison même de l'âpreté des temps. Voilà un observateur qui, contre tout ce que nous traversons, trouve le moyen de faire agir encore cette vieille force, si française, le ridicule : une attitude croquée, un mot lui suffisent; si dans ses dessins du *Charivari* il ne donne pas à penser, il donne à sourire, ce qui est souvent plus redoutable, et en réalité c'est une caractéristique chose que ce sourire, dont nos pères savaient se faire une arme si puissante, ne réussisse plus à tuer personne. Il est vrai que les gens qu'on traite maintenant avec la plus habituelle désinvolture de faussaires, de voleurs, de sinistres gredins et d'assassins, ne s'en portent pas plus mal.

Mais dans cette mode effrénée de rosserie, dans ce tumulte d'outrages grossiers, n'est-il pas remarquable cet original qui, faisant du journalisme dessiné, et du plus militant, avec la Politique, persiste à opérer, dans son coin, comme si la Liberté de la presse n'existait pas, et s'en remet audacieusement aux simples effets du bon sens et de la « pointe » d'esprit? C'est avoir un double talent et c'est être bien joliment réactionnaire.

Le règne des mots.

11 février.

On épiloguait il n'y a pas fort longtemps autour des causes de la mort de Gambetta. Comme si ce grand homme avait dans sa destinée d'être l'éternelle victime des discussions, hier, à propos de ces fameuses

» jésuitières », et de la cléricale renaissance dont on parle, on s'en prenait à l'un de ses mots les plus retentissants.

— Le cléricalisme, voilà l'ennemi! dit Gambetta en une de ses heures de combat.

Piètre mot d'ailleurs, sans forme et sans idée, mais qui, convenant à la médiocrité ambiante, devint tout de suite un brillant succès. Et voici, paraît-il, que ce mot dont s'est gargarisée et assouvie la badauderie générale n'est pas de lui. Il remonte à Eugène Pelletan, affirment les uns ; il appartient à M. Peyrat, protestent les autres, et nonobstant l'inanité prétentieuse de ces formules politiques, c'est à qui fera triompher son client.

Pour ceux qui placent en des motifs plus élevés une admiration fidèle au souvenir de Gambetta, une telle querelle reste dénuée de tout intérêt ; mais ne vient-elle pas établir ce qui chez nous revêt le plus d'importance? L'œuvre réelle de ce patriote, son enthousiasme puissant, sa généreuse foi ne comptent point ; tout cela est effacé, fini : ce qui est bien autrement durable, ce qui l'emporte sur ce qu'il a fait, c'est ce qu'il a dit, et ce qui nous captive ce sont les phrases et ce qu'il nous faut ce sont des mots. Des mots, des mots, des mots! comme s'écrie l'homme de Shakespeare. Plus ils sont vains, plus ils réussissent. Et décidément c'est par eux seuls qu'on conduit les hommes, et qu'on vaut auprès d'eux. En rêvant parfois, dans le plus grand secret, à ce qui fut la joie, l'orgueil, la beauté de l'Action, résignons-nous donc à cultiver ce boniment qui devient la manifestation suprême de notre valeur nationale, et saluons cette consécration définitive du charlatan.

Un heureux.

1ᵉʳ février.

Le terrible hangar où l'on remisait les bois de justice, rue de la Folie-Regnault, va devenir veuf de la veuve. Le plus merveilleux outil qu'on ait inventé pour affirmer les progrès de la civilisation va changer de demeure, et il est question de le rapprocher du domicile même de M. Deibler, lequel habite au Point-du-Jour. Quartier précisément bien symbolique, et dont le nom évoque avec le plus saisissant pittoresque la besogne du bourreau.

Ainsi au moins, quand il s'en ira en tournée de province, M. Deibler ne sera plus obligé à de fatigants détours, à d'inutiles crochets avant de prendre le train : tout sous sa main, doucement à portée, confortablement. Comme le bon bourgeois son Café, où il fait sa manille, ou même son bureau, il a rêvé d'avoir tout auprès de chez lui ce qui est indispensable à sa vie, et il l'aura. Désormais que souhaiter de plus ? la famille sera complète. Et n'est-elle pas charmante, cette complaisance de l'administration à vouloir M. le bourreau commodément pourvu, satisfait de l'organisation pratique de sa petite industrie, heureux de savoir réuni, sur un seul point, — oh ! l'arpent du sonnet de Joséphin Soulary ! — ce qu'il a de plus cher au monde ?

On n'est pas habitué à trouver en l'administration tant de délicatesse, à la voir si inquiète des aises de son personnel. Mais qui ne veut pas ses aises aujourd'hui ? Les aises du bourreau ! Joli sujet pour un tableau de genre, bien moderne, et où on ne retrouverait plus rien de ce qui fut la silhouette tragique, maudite, superstitieusement abominée de M. de Paris. Maintenant il abat des têtes comme au Point-du-Jour, dans les guinguettes, on abat des quilles; ça n'a plus d'importance, et ce n'est pas une des moindres curiosités de ce temps où les pires choses, les plus atroces, sont devenues normales, que le bourreau doive, si l'on est logique, devenir officier d'académie.

L'inutile ardeur.

13 février.

Naguère nous nous rencontrions souvent dans la petite gare tournante de Sceaux, et ensemble nous étions cahotés vers Paris, ce pauvre Tony Révillon, le mort d'hier, et moi. Je le vois encore tel qu'il sortait le matin, tout frais, de sa maisonnette, en ample redingote, le pantalon bouffant sur les guêtres, le ventre gileté de blanc, une rose somptueuse à la boutonnière; avec sa grosse moustache, son chapeau très haut et à larges bords, sa lourde canne à pomme d'or, il se campait très bonapartistement, dans la pose un peu que Gill donne à son vieux Ratapoil, — et pourtant, dans le wagon (c'était pendant la période boulangiste), à peine avait-il lu les journaux du parti, qu'il les déchirait et, roulés en boule, les jetait par la portière, pour qu'ils ne pussent plus « empoisonner » personne.

Epris de relations aimables tout en travaillant les électeurs de Charonne; consolé de n'avoir pu fréquenter chez la princesse Mathilde par le souvenir de ses beaux soirs chez madame Ratazzi ; joyeux, insouciant, spirituel, infatigablement bon compagnon, par instants cependant une mélancolie rendait grave sa souriante figure, et cette mélancolie-là est intéressante, parce que plus d'un des hommes de ce temps l'a connue, la connaîtra. Oui, les années de lutte, les nobles années de la jeunesse ont été belles ; quand il s'agissait de démolir, on marchait, croyait, espérait ; et puis, la brèche faite, plus rien ; à son tour on veut agir, appliquer l'idéal qui vous soulevait, produire, et rien que le piétinement sur place, la constatation du fatal recommencement de ce qu'on a haï, du néant. Et sur les lèvres si éloquentes de ce pauvre Tony montait parfois, à certaines heures d'intimité, l'horrible « à quoi bon » ? et l'on eût dit qu'il riait de soi-même, qu'il raillait ses propres générosités, ses enthousiasmes, sa croyance, et qu'il les enterrait.

Est-il plus grande tristesse que de survivre ainsi à ce qu'on avait en soi de meilleur ? de s'apercevoir qu'on fut inutilement enfiévré, inspiré, passionné, prêt au sacrifice ? Hélas c'est de toutes ces désillusions qu'est faite l'atmosphère qui pèse sur nous, et pour la percer, la dissiper enfin, il n'est que le soleil, — mais c'est celui d'Austerlitz.

Joie de vivre.

14 février.

Un dernier souvenir à Tony Révillon, qu'on a enterré, hier, aux frais de la Ville. C'était en 1884 ; la commission parlementaire chargée d'aller, dans le

Midi, étudier au sein du mal même les causes et les effets de l'épidémie cholérique, venait d'être nommée, et, dans les couloirs de la Chambre, s'approchant de mon ami M. Jules Gaillard qui dès le lendemain devait se mettre en route :

— Ah ! mon cher, lui dit Tony, tu es heureux, toi, de partir, et je t'envie !

— Ce n'est pourtant pas un voyage d'agrément.

— Je le sais bien... mais précisément. Puisqu'il y a danger, je pourrais peut-être mourir là-bas... et ainsi au moins on donnerait un bureau de tabac à ma fille !...

Pauvre Tony, sans amertume il dit ce mot si profondément amer, mais tout son souci était là. Hélas ! oui, on a été le prodigue d'une idée, le défenseur désintéressé, pendant toute sa vie, de ce qu'on croyait généreux, juste, beau, et pour finir, quand on disparaît, c'est sur la suprême angoisse de laisser sans ressources ceux qui restent, de ne pas savoir parfois de quel argent sera payé Bazouge. On aurait vendu de n'importe quoi, qu'il n'en serait pas ainsi : mais avoir servi le pays, la République, par la parole, par la plume, à part quelques exceptions trop connues, cela ne compte pas, et l'ouvrier parti on se moque un peu de son œuvre, de ce qu'elle lui a coûté, de ce qu'il lui a sacrifié, de la part que les siens y ont prise par leurs renoncements et leurs dévouements.

La dernière pensée du bon Tony n'aura-t-elle pas été celle qui le hantait en pleine vie ? Oh ! la cruelle ironie, l'affreux tourment. Mais est-ce donc là l'encouragement ? et faut-il aboutir à cette outrageante conclusion que, dans une démocratie, les hommes qui se sentent capables de se vouer au triomphe d'une conviction, au règne du progrès, et en se gardant les mains nettes, à la cause publique, doivent commencer par faire d'abord grossièrement fortune s'ils ne veulent pas être suspectés et s'ils veulent mourir le cœur en paix?

Le suprême pourvoi.

15 février.

Cinq mille personnes ont accompagné au cimetière ce pauvre homme qui a préféré la mort, avec sa femme consentante, et ses enfants, au supplice d'une condamnation par erreur. Après une telle manifestation, que doivent être les pensées du juge qui a frappé cet homme, un brave homme, laborieux ouvrier, ne buvant jamais, honorable, estimé, aimé, sur la dénonciation de deux pâles et ricanantes gamines? En vérité on n'enviera pas la haute fonction de ce magistrat dont la conscience, en pareille cause, a pu s'accommoder d'une absence totale d'enquête, et qui, sans que l'accusé ait été suffisamment défendu, malgré ses sanglots et malgré la tragique protestation de sa femme, a « collé » six mois à ce malheureux en bredouillant, et comme par métier.

De cette affaire Hincelin, qui ne vise que de pauvres gens, on ne parle pas. Il n'y a pas de danger que celle-là émeuve ou indigne. Mais n'est-elle pas à donner l'épouvante cette Justice qui, en dépit de l'avertissement grave des plus notables spécialistes, fonde son action sur l'effronterie menteuse, sur l'hystérique témoignage de deux fillettes du faubourg, hâtivement préjuge, et substitue son interprétation de routine à la réalité? Et à l'accent vrai de cet homme, qui demandait en vain une remise pour que son avocat fût là, et à l'accent de cette femme, de cette mère, qui venait répondre de son mari, la Justice qui pourtant se pique d'avoir par excellence l'intuition de la sincérité, n'a rien compris?

La mort, par désespoir, sans phrases, d'une famille entière, la mort, dans cette circonstance éminemment probante, a répondu au verdict bâclé par les juges. Mais est-il acceptable que seule la mort soit un recours, qu'il n'y ait plus que la mort, quand on a essuyé une fois la toute-puissance des magistrats de son pays? On vous plaint, ô triste Justice qui n'aboutissez plus qu'à des révoltes, à des catastrophes, au néant, ô superbes juges qui devez avoir de terribles colloques, la nuit, avec votre oreiller!

Les désarmés.

16 février.

Que fait l'Assistance publique des quarante mille enfants confiés à sa tutelle, quelle instruction leur est donnée dans les agences de province où ils sont parqués? Un conseiller général de la Seine, M. Faillet, s'est trouvé d'aventure, pour s'intéresser à une question simplement généreuse, et de son enquête il résulte que 60 pour 100 des pupilles de l'Assistance, en se présentant au recrutement, savent lire, écrire, compter, et que le reste s'en va travailler aux champs ou se louer à la journée, vague, triste troupeau dont on aurait pu pourtant sortir quelque chose d'humain.

Lire, écrire, compter, voilà donc tout ce qu'ont appris les privilégiés. Parmi ces enfants abandonnés beaucoup ont l'intelligence la plus ouverte, la plus impatiente ; ils sont nés de la douleur d'aimer, mais le plus souvent de la vibration parfaite de deux êtres, dans des conditions excellentes de réussite, et il serait facile d'exercer, de développer, d'utiliser les moyens d'esprit et de sensibilité que précisément ils portent en eux. Mais non pas, l'uniforme règle, l'aveugle et stupide routine, et tout ce qui préoccupe l'administration, c'est d'appliquer à ces petits, aujourd'hui, ce qui était pour tout bon Français l'idéal il y a tout juste un demi-siècle. Lire, écrire, compter, oui avec cela on était un monsieur, et on pouvait venir en sabots à Paris. Mais est-ce vraiment avec ces munitions-là que l'Assistance pense avoir mis ceux dont elle a la charge en état de se défendre à cette heure, croit-elle les avoir armés selon son devoir, et au fond, est-ce bien la peine de les sauver, avec de si magnifiques airs de providence, pour les laisser de la sorte à la merci du premier choc ?

Nous sommes très fiers de quelques soupes, données Dieu sait avec quelles formalistes manières : mais tout n'est pas dit parce qu'on a arraché un enfant au malheur, — pour le remettre plus tard face à face avec lui dans des conditions toutes pareilles d'infériorité et d'impuissance. Un tel résultat est indigne du but tant vanté, de l'effort entrepris, et quand on songe aux sommes énormes que draine, engloutit le budget de l'Assistance, on s'étonne qu'elle ne puisse trouver une fois le moyen de donner satisfaction aux droits de l'humanité.

La greffe des Présidents.

17 février.

On va inaugurer le monument de Charles Floquet, et je me rappelle le très joli hommage que Poincaré rendait à Floquet le jour des obsèques, en affirmant qu'il fut par la supériorité d'une bonhomie charmante, par son art exquis d'ironie courtoise, un Président parlementaire achevé. C'est la vérité même, et en recherchant de plus lourdes responsabilités, des honneurs moins gracieux, Floquet commit une faute de bon sens, et aussi d'ambition, — que d'autres sans doute ne demanderont encore qu'à commettre après lui.

Aussi bien, si quelque chose prépare mal au rôle de Président du Conseil, ce sont les fonctions de président de la Chambre. Les qualités qu'on loue chez le président d'une grande assemblée desservent précisément l'homme au pouvoir. Ici son talent est dans les nuances, là il réside dans la netteté de la couleur ; brusquement d'une sphère athénienne, il tombe aux rapports de la police, et de l'onction dans la nécessité de la poigne ; ce souci, ce respect des minorités qu'il a cultivé comme son plus bel ornement, le suit, et devient néfaste dès qu'il faut manœuvrer sans complaisances avec les masses de l'opinion, ne tenir compte que du nombre. L'orientation est tout autre, le point de vue change, et ce qui la veille était une vertu se trouve être une faiblesse.

Ce sont deux états d'esprit, d'habitudes, incompatibles, et c'est trop exiger d'un politicien que de lui demander d'incarner deux hommes d'essence si différente, quand il a tant de peine déjà à n'être qu'un homme. Laissons les roses aux rosiers, et les Présidents sur leur siège, au coin du quai. C'est une erreur de croire qu'il y a des hommes à tout faire et que par cela seul qu'un monsieur a pu bien jouer de la sonnette, il ait ce qu'il faut pour agir dans un temps où l'on peut brusquement être appelé à sonner le tocsin.

Le Paris nouveau.

18 février.

La librairie Nouvelle s'en va, mais l'étage au-dessus, à façade blanche, ce superbe premier du coin Grammont, à hautes fenêtres et balcon, depuis des mois vide et morne, va reprendre un peu de sa vie perdue. Dieu soit loué, peut s'écrier Bignon, l'heureux propriétaire, mon immeuble l'est. Et je pense aux locataires d'autrefois, à ce « Cercle des Deux-Mondes » installé là-haut, que présidait Ernest Blum, et où j'ai tué tant de bonnes heures avec notre pauvre Toché, avec Scholl et Gervex. Pas de baccara, un grand salon intime et pourtant empli par l'écho du boulevard, où l'on causait sur un ton de politesse bien française, entre fidèles qui se connaissaient et Parisiens d'une espèce devenue rare. Aussi le Cercle a-t-il dû liquider. C'était trop charmant. Les mœurs ne supportent plus cela.

Mais dans les murs du vieux Cercle rompu, voici qu'un autre s'aménage. Le « Cercle Républicain », fondateur M. Waldeck-Rousseau, avec M. Cazot pour grand dignitaire. Là ne fréquenteront que des politiciens. On y fera et défera les ministres. Petite bourse des phrases, des bureaux de tabac, des poireaux. Quelque chose comme l'ancien Café, cher à la République, monté en grade. Tous les journaux de Paris, et des départements. On évoquera l'électeur influent, le garde champêtre, et au cœur même de Paris la place du Marché et la sous-préfecture. Cercle républicain, — à l'instar de la petite ville : il ne manquera que le drapeau et la rampe de gaz ; on verra par là des messieurs en redingote spéciale, avec des airs de chef-lieu, des importances « qui ne sont pas d'ici », et ce sera vraiment un coin délicieux de province.

Et voilà conquis pour la seconde fois par les illustrations de clocher le vieux Paris de la vieille vie parisienne. Mélancoliques, frappés par l'anéantissement successif de tout ce qui leur était ralliement ou refuge, les Parisiens errent en ne sachant plus où se poser : en revanche voici bien lotis, sur les ruines de tout, ces messieurs de Bombignac et de Château-Buzard. Place à l'inéluctable vie nouvelle. Mais peut-être sera-t-on excusable d'éprouver un regret de ce dernier coup porté à la physionomie du boulevard, qui après les halls et brasseries, pour affirmer sa métamorphose, n'avait pas besoin d'une succursale de l'auberge du Cheval Blanc.

Cosmopolis.

19 février.

Adieu, Reichenberg, vous qui fûtes la voix même du répertoire, un rayon nouveau pour les chefs-d'œuvre, une petite doyenne toujours plus jeune. Vous partez, c'est fini, et le programme s'élabore de la dernière représentation. Il fut long à composer; enfin pour cette fête de l'art français on a trouvé, et ce qu'on a trouvé de plus éclatant, c'est le concours d'une étrangère.

Je n'ai point l'arrière-pensée de diminuer la Duse, encore que son succès parmi nous semble avoir tenu plutôt aux privilèges de l'exotisme, et se soit étoffé à d'incurables cabotinages. Mais en sommes-nous là, que pour constituer une belle soirée, une manifestation tentante, il faille s'adresser ailleurs? Vraiment on n'aurait rien pu découvrir par ici pour faire un régal? Les artistes de Paris, très demandés, sillonnent les capitales, et quand d'aventure Paris veut organiser un gala il s'avoue incapable, et va emprunter au dehors? Certes, l'heure n'est pas à tirer notre orgueil de nos supériorités artistiques et théâtreuses. Mais parmi ceux qui si longtemps ont applaudi mademoiselle Reichenberg, plus d'un estimera qu'elle suffisait à entraîner l'hommage qui se prépare et même le bénéfice.

Un clou! il fallait un clou, paraît-il, pour que celle qui fut l'honneur et la joie d'une maison illustre, fît ample recette. Il est temps de s'en apercevoir, après que pendant des années, le nom seulement de mademoiselle Reichenberg sur l'affiche était un garant d'affluence. En vérité trop grande est l'humilité de Suzel. Comme ses devancières, elle n'avait qu'à se montrer dans le cercle des artistes de la maison, en famille, pour qu'on se souvînt avec gratitude, pour qu'on lui prouvât le regret qu'elle laisse, et pour que le vide apparût qu'elle va faire. Ce n'est pas la peine peut-être d'avoir derrière soi la plus glorieuse carrière, pour avoir besoin d'aller chercher à côté, comme s'il s'agissait de faire passer muscade, ce qui doit la couronner.

Deux intérieurs.

20 février.

M. Edouard Pailleron, pour la seconde fois, devient une actualité très parisienne par l'expropriation. Naguère, l'école des Beaux-Arts le chassait de l'hôtel de Chimay dont il partageait les ailes avec Charcot. Aujourd'hui, c'est pour la nouvelle gare d'Orléans qu'on le déloge, et cette fois encore il faut s'apitoyer sur le sort de ses bibelots, admirer ce luxe si malencontreusement dérangé dans son calme, et on ne nous fait grâce ni d'un clou, ni d'une giselle. Plaignons des choses si persécutées, et aussi M. Pailleron, qui, homme d'esprit et de talent, donne à la chronique occasion de s'occuper de lui surtout par sa salle de billard et par ses menus. En vérité, il mérite mieux, il y a là quelque chose de mortifiant, et sans doute les Paul Hervieu, les Lavedan ou les Rostand, plus avisés, s'abstiendront de mettre ainsi en concurrence l'éloge qu'on peut faire de leurs œuvres avec celui qu'on peut faire de leur tapissier.

Combien plus joli le cas d'Henri Rochefort retrouvant aujourd'hui précisément à Sainte-Pélagie sa bonne chambre d'il y a vingt-huit ans! Rien de changé, le même lit, la même chaise, la même table. Pas chic, le mobilier, mais doucement à l'abri de toutes les révolutions, sans odyssée lui et sans chocs; et quand Rochefort a franchi la lourde porte, ah! quelle bouffée de jeunesse a dû lui arriver délicieusement ! Aussi n'a-t-il pas voulu perdre cette aubaine ; sans sursis ni délai il est allé à ces pauvres choses, sachant bien, au fond, qu'elles lui seraient plus précieuses à reposséder que tout, et peut-être, pendant les quelques jours qu'il va revivre au milieu d'elles, sera-t-il plus souriant que Pailleron dans sa splendeur tant décrite; et c'est vraiment une charmante surprise, que l'âme des choses puisse être plus rassurée, plus heureuse dans une chambre de prison que dans un salon académique.

Les beaux passés.

21 février.

Henri Rochefort, donnant hier à l'un de mes confrères le programme de ses occupations à Sainte-Pélagie, dit qu'il allait profiter du calme pour corriger les épreuves du premier volume illustré de ses Mémoires. Il a trait aux heures d'adolescence et de jeunesse, aux premières luttes, à la fondation de la *Lanterne*. Et bourré d'anecdotes, d'aperçus marqués de la verve particulière à ce merveilleux cerveau, il est d'une lecture positivement délicieuse.

D'autre part, si, avec toutes les apparences de la fausse nouvelle, on annonce les Mémoires de cavalerie du général de Galliffet, nous savons authentiquement que, dans les loisirs d'Étampes, Aurélien Scholl met en ordre ses souvenirs : ils seront l'histoire de ce disparu qu'on nomme le Boulevard, et contiendront l'essence même de ce qu'on nomme la vie d'une époque évanouie, de ce fameux temps de corruption qui, en réalité, était angélique à côté du nôtre.

Heureux les hommes qui ont ainsi à raconter, dont la parole, comme celle de Rochefort, évoque l'action. Envions-les. De leur existence du moins il reste une trace. Ils ont vu, ceux-là, ils ont souffert, ils ont été. Nous, que raconterons-nous ? A quelle espérance, à quelle folie a pu se dévouer, se vouer seulement notre jeunesse ? De toutes les avenues ne monte qu'un seul cri : rien à faire ; nul ne demande à nos forces une dépense ; il n'y a pour notre ambition de vivre ni présent ni lendemain, et acculés à ce siècle qui finit, nous portons au front le sceau mélancolique des générations sacrifiées.

Le cardinal aux fables.

22 février.

Tandis que la statue de Mgr Freppel vient d'être expédiée par Falguières à Angers, à Tours quelques fidèles ont l'idée de perpétuer par un petit monument le souvenir de leur archevêque, le cardinal Meignan. Ici l'Église dans ce qu'elle a de passionné, là dans ce qu'elle a de séduisant, et la silhouette n'est pas sans charme à évoquer, de celui de ses princes qui fut un des derniers à pratiquer des traditions d'un style disparu. Le cardinal Meignan était un vieillard robuste, calme et souriant. J'eus l'honneur de le rencontrer un soir de fête, avant Carême précisément, à l'École Ozanam que dirige mon éminent ami M. l'abbé Paris, et l'impression qu'il me laissa fut celle d'un sage, qui savait apprécier. Il avait d'ailleurs écrit sur la « Sagesse de Salomon » un livre bien au-dessus de ses travaux professionnels d'exégèse, et dans lequel un souffle vivant vient, ce qui est rare, animer les impersonnalités de la glose.

Et se plaisant dans les milieux d'une douce philosophie, chez cette bonne Anaïs Ségalas, la poétesse des vieux magazines, il disait aussi des vers, des fables surtout, dont il savait mettre la parabole en un relief charmant. Je l'ai entendu réciter du La Fontaine, avec un art parfait de diction, de mimique, de geste, et rien n'était plus intéressant que cette jouissance du Prélat à souligner, malicieusement parfois, les effets du fabuliste. Ainsi ils se complétaient l'un l'autre, et combien piquante pour les délicats, cette collaboration : le continuateur du Christ ajoutant son autorité à celle du continuateur d'Ésope.

Mais j'ai comme une idée qu'au moment où il interprétait la Morale de la Fourmi qui n'est pas prêteuse, le Prélat devait aimer et admirer davantage encore celle qu'il portait en lui et dont il était l'apôtre, celle de miséricorde et de charité. Aussi bien elle éclairait toute sa figure ronde, elle l'embellissait, et ce n'est pas un des moindres privilèges qu'elle assure à ceux qui la cultivent, que cette exquise sérénité dont elle les enveloppe...

En marge d'un livre.

23 février.

Toujours reclus, en ce mélancolique Mardi-Gras, je lis et relis au coin du feu qui tremble, et le livre que le hasard m'a tendu, c'est le premier volume des Mémoires de Trochu. Il traite du siège de Paris, et des hommes de cette Défense nationale dont il fut ces jours-ci tant parlé ; la figure du général naturellement s'y grandit : mais il rend hommage à plus d'un de ceux qu'ont frappés les violences de la polémique et notamment à Jules Favre. Trochu, — participe passé du verbe tropchoir, comme dit Hugo dans un de ses calembours de génie, — n'aimait point cet avocat ; il n'en répare pas moins les brèches qui attristent sa mémoire, il règle à son honneur la question des fameux « oublis de Jules Favre », et non sans émotion, sous l'amertume de ces ressouvenirs, il proclame l'abnégation, le sentiment profond du devoir qui animaient ces maîtres de l'heure terrible, ou plutôt ces victimes.

Oui, certes, relisons ces pages ; elles remettent en place ces choses dénaturées dans l'aveuglement des passions ; c'est là comme une vibration du tocsin trop oublié, un renouveau d'une noble flamme trop assoupie. Lugubres instants, mais où, sous la douleur, on palpitait, on croyait, on était. Plus les moyens manquaient, mieux se forgeaient les cœurs ; plus se faisait apparente notre misère, plus éclatante la volonté de s'élever. Alors on n'avait rien dans la main, mais de toutes les poitrines jaillissait le même cri.

Comment, lorsqu'on compare aujourd'hui à ce que fut hier, n'être pas tenté d'appliquer aux peuples le vers de Lamartine, de trouver que rien ne les rend plus grands qu'une grande douleur ? Maintenant, aussi bien, tout est redevenu robuste, imposant, superbe, mais il semble qu'en raison directe de la force reconquise, on s'expose à diminuer la confiance ; qu'il suffise d'avoir tout redressé pour remettre tout en cause, de n'avoir tant peiné à édifier que pour la joie de détruire, et que Pénélope est naturalisée Française.

Un doyen.

24 février.

M. Auguste Gonnod, l'honorable doyen des cambrioleurs de Paris, vient de se faire pincer, rue des Fossés-Saint-Jacques; quand on le surprit au milieu de la nuit d'hier, il était accroupi devant un énorme coffre-fort, travaillant paisiblement, ses lunettes sur le nez, en la demi-clarté d'une petite lampe, et dans la pénombre était auguste sa longue barbe blanche de patriarche. Il a aujourd'hui soixante-dix ans, et depuis son enfance il n'a cessé d'exercer; la liste de ses ouvrages est considérable et contient même, assure-t-on, des chefs-d'œuvre du genre. Avec cela modeste, et n'aimant pas à faire parler de lui.

On ne peut dire que celui-là n'est pas de la carrière, et voilà bien l'exemple d'une vocation qui ne s'est pas un instant démentie; rien n'a pu l'entraver, et même dans la persécution, souvent réitérée, de quelques mois de prison, toujours elle a trouvé une ardeur nouvelle. Méditeront-ils sur ce cas, les moralistes férus de pénalités? lorsqu'à l'âge de seize ans, ayant deviné tout ce qu'un escarpe doit savoir, vrai Pic de la Cambriole, on expédie Gonnod dans une maison correctionnelle, de « bons esprits » sans doute n'ont pas manqué pour affirmer qu'il en sortirait meilleur, sous la plus salutaire influence. Admirons une fois de plus l'efficacité d'un si beau moyen. Voilà en effet pour donner confiance en nos procédés de redressement, et aussi dans la fameuse crainte qu'inspire le châtiment. Irréductible, incurable, impavide, cet homme, de toute une longue existence, n'a pas dévié de la ligne courbe ; rien n'a déconcerté, modifié son instinct ; en vérité il est né avec ce génie-là, il a été fabriqué escarpe comme d'autres soldats, poètes, ingénieurs, et si ceux-là ne sont pour rien dans cette faveur qu'ils ont trouvée dans les langes, lui, semble-t-il, n'est pas pour davantage dans la tare originelle qui le marque

Énigmatiques hasards, fantaisistes insondables du Destin, c'est à vous pourtant qu'il faut s'en remettre, c'est vous qui présidez à ce qui fera notre orgueil ou notre honte, et c'est peut-être pour cela qu'on voit tant de pères pensifs devant le berceau où dort ce que sera l'avenir...

Une âme d'Église.

25 février.

La fin de Henri Lafontaine s'harmonise à merveille avec sa vie. Dans la morne cité versaillaise, qui est comme la capitale de la province, il meurt en grisaille. Le sort qui lui a refusé pendant toute sa carrière un succès à panache, vient de lui refuser aussi un départ retentissant, et dans les préoccupations débordantes, dans les fièvres de l'heure, le vieux comédien s'en va sans tapage nécrologique.

Adieu pourtant à celui qui créa l'abbé Constantin, qui réalisa ce type de charité et de simplicité vraiment rare dans la galerie contemporaine des héros du théâtre et du livre ; et n'est-elle pas curieuse cette fantaisie du hasard qui met, vers la fin de l'artiste, cette soutane, qu'homme, au temps de ses vingt ans, alors qu'il étudiait au séminaire, il rêvait de porter effectivement ? En réalité, de ces tendances de sa jeunesse, Lafontaine avait gardé comme une empreinte : il a eu beau sauter d'une atmosphère sulpicienne à celle du théâtre, toujours en lui, jusque dans son aspect, se maintenait quelque chose des préférences, des aspirations premières, et vivant à l'écart, hors du roman comique, dans la plus noble dignité, avec une compagne élue, on eût dit qu'au fond de lui, obstinément, brillait cette lueur de lampe éternelle dont parlait Lacordaire.

D'autres comédiens se peuvent flatter de vertus bourgeoises et affirmer que rien ne les distingue d'un parfait notaire; c'est même là une des caractéristiques du moment : mais ce qui rangeait Lafontaine à part, c'était précisément ce cachet d'élévation, cette élégance morale. C'est peut-être bien d'ailleurs pour cela qu'il n'a jamais empoigné la foule. Mais qu'elle se rassure, elle n'aura pas de sitôt pour sa consommation un homme de cette nature, et de longtemps maintenant on ne reverra un cas si intéressant, — une âme d'église sur les planches, et qui dénonce mieux la puissance d'attraction de la cathédrale.

La gloire d'aimer.

26 février.

Le docteur Pagello vient de mourir à Bellune, conservé jusqu'à quatre-vingt-onze ans. La postérité ne retiendra pas son titre de docteur, mais plus fameusement son titre d'amant. Il fut en effet le héros du drame passionnel qui, à Venise, mit tant d'ombre sur George Sand et brisa le pauvre Musset.

Je ne veux pas raviver la triste histoire de cette trahison au chevet d'un malade avec le premier venu de la ville, de l'aberration féminine dont cet homme se trouva à l'improviste le bénéficiaire. Une telle faiblesse, une si ardente intrépidité à faire souffrir ne constituent pas d'ailleurs un privilège exclusif à cette femme de génie ; le cas en lui-même n'a rien que de très commun, il appartient à un genre parfaitement usuel et florissant sans chômage. Mais n'est-ce point une chose décevante, que de voir assuré maintenant d'une part aussi de gloire, ce troisième personnage ? Quoi qu'on fasse, son nom est inscrit au livre de mémoire ; il est là pour l'éternité, ce comparse, ce triomphateur d'une minute, ce bellâtre, entre le poète immortel et l'immortelle aimée de lui ; il s'assied au banquet des élus comme un égal, comme s'il n'était pas la faute grossière, l'aventure inavouable, et de même qu'un Niepperg, bossu, représente ce qui l'emporta, en Amour, sur un Napoléon, il dira ainsi ce qui a pu sembler plus fort, plus beau, que le génie qui chante, et même ce qui, pour quelques-uns, l'a ridiculisé.

Aimer. Oui. Et glorifier les amants. Mais cette consécration ne devrait aller qu'à ceux qui ont été l'honneur et la beauté de l'Amour. Malheureusement pour l'amour, ceux-là sont difficiles à trouver, et il est atrocement rare de pouvoir citer deux êtres en qui la passion, l'admirable frénésie, ne fut pas entamée par quelque vilenie humaine, de rencontrer un cas qui ne vienne pas dire de combien de sanglots et de laideurs est fait un bonheur d'aimer.

Le parrain d'une rue.

27 février.

Le Président de la République vient de signer le décret qui donne à la rue du Bel-Respiro le nom d'Arsène Houssaye. Et il faut l'approuver d'avoir voulu prolonger ainsi le souvenir d'un homme en qui s'incarna un type qui n'est pas très répandu, celui de l'homme heureux.

Il a eu la beauté, la richesse, l'honneur, l'amour. Il a marché le front couronné de roses, et jusqu'à la fin, alors même que sa démarche semblait fléchir et sa barbe si bellement blonde s'attrister, il conservait sur lui comme un peu de leur parfum. De ses romans innombrables, ornés de portraits à la sanguine, — ô les médaillons de ses héroïnes, je les vois encore rayonner au seuil des fastueuses éditions qu'il aimait, il ne restera pas une ligne ; de ses esquisses de Grandes Dames, de Courtisanes, de Comédiennes, pas un trait ne subsiste, mais durant toute sa vie ce monument de frivolités, de mièvreries, de grâces adorables, lui a donné l'illusion. Comme tout le monde il invitait « Tout Paris », mais quand, pour d'autres, les fêtes ne vivent qu'un matin, la gloire de ses Redoutes à lui est restée : comme tout le monde il avait fait un journal, mais par un privilège extraordinaire, aujourd'hui encore on parle de l' « Artiste » ; il avait administré le Théâtre-Français, en favori de la fortune, de l'Empire, et de Rachel, mais jusqu'au dernier de ses jours M. Le Bargy ne pouvait changer de cravate, Coquelin revenir de voyage, mademoiselle Dudlay avoir un bobo, le souffleur se tromper d'un hémistiche sans qu'à l'instant on invoquât en consultations importantes son autorité et sa compétence. C'est exquis, une vie comme celle-là, et le voilà bien le vrai banquet !

Bon, brave, et délicieux Arsène Houssaye ! en passant dans sa rue, donnons un sourire à tout ce qu'il fut, et remercions-le, car en vérité la démonstration faite par lui de la possibilité d'une belle existence nous est un réel cadeau, un encouragement à vivre. Allons, examinez cela, vous tous qui peinez, compliquez vos efforts, doutez : après cette preuve, il est impossible de ne pas espérer quand même et de ne pas être persuadé, avec quelque consolation, qu'il est de bonnes fées et de bonnes étoiles.

La fenêtre maudite.

28 février.

On ne peut lire sans effroi le récit de la mort de madame Max Lewal, dont on célébrait il y a quelques semaines le mariage heureux. Elle est navrante, irritante aussi, la fin de cette jeune femme, tombée d'une fenêtre et brisée sur le pavé — de cette même fenêtre qui, une fois déjà, faillit lui être tragique. A la place même où l'an dernier elle guettait vainement le retour de sa mère, la générale Warnet, brûlée rue Jean-Goujon, et où, penchée dans cette attente, elle fut près de choir dans le vide, aujourd'hui elle guettait le retour de son mari, et cette fois la Fatalité n'a pas laissé échapper sa proie et le sort s'est accompli.

Les passants ne la regarderont-ils pas avec un frisson, cette fenêtre maudite qui voulait à tout prix une victime, et qui a eu celle qu'elle avait élue? Est-il possible de rester sans superstition devant elle, de ne pas associer cette chose à quelque mystérieux dessein, à une force inéluctable? Oui certes, on va, on sourit, on est en joie, et pourtant il semble qu'un événement soit décidé, qui vous fera rebrousser jusqu'au néant, à l'heure marquée. On se félicite à peine d'avoir échappé à un accident, qu'un autre, le pareil presque toujours, mais sous une forme plus savante et plus décisive, vous abat; et quand on songe à tout ce qui vous guette de maux et d'horreurs contre lesquels on ne peut rien, on se demande comment on réussit à passer une minute à peu près indemne, confiant, et fier de sa condition humaine, et reconnaissant envers qui vous l'a donnée.

En réalité, la Vie n'est qu'une succession de traquenards et de trahisons ; et comme dans les campagnes on voit des écriteaux qui préviennent qu'il y a des pièges à loup, il en faudrait partout pour dire qu'il y a des pièges à bonheur.

Échec à une majesté.

1ᵉʳ mars.

Il est charmant ce ménage de braves gens, à Ivry, qui vient de brusquement recevoir la visite de la Fortune. Le père, entrepreneur de peinture, qui travaille au dehors ; la mère qui tient boutique de couleurs. Et quand on demande à la femme ce que maintenant ils vont faire, elle répond simplement qu'il n'y aura rien de changé, qu'elle et le père continueront la besogne, qu'ils ne considèrent ce gros lot que comme un moyen de travailler avec sécurité. Et devant ces gens que cinq cent mille francs tombés comme d'une planète ne font pas délirer, on songe à la souveraine bêtise, à la morgue, à la hâte d'oisiveté capitaliste qui distinguent les bourgeois sitôt qu'ils ont « quatre sous ».

Quoi, les bonnes gens d'Ivry ne veulent pas épater leurs voisins, paraître tout en or, prendre un air de revanche sur les jours pénibles ou modestes? Ils ne décrivent pas ce qui maintenant pourrait être l'accomplissement de désirs secrets ou de rêves? Non, rien; ils n'iront pas vivre en petits rentiers sur la ligne de la Bastille, l'argent inespéré ne leur fait pas renier le coin de labeur où ils ont vécu, le métier qui les honore, et voilà, de la manière la plus inattendue, une bien jolie leçon de réalité.

Aussi bien, ces jours-ci, Émile Zola prenait à témoin son œuvre, qui est effectivement grandiose; mais que deviennent les types étranges de l'*Assommoir* devant le spectacle que donne ce milieu de travailleurs, et que reste-t-il de cette soi-disant vérité, applicable à la masse, sinon les apparences d'une diffamation? Du vrai, en voilà, pris sur le vif. Allons, père Giot, le bon sens, la santé, la noblesse du peuple sont en vous. Et c'est plaisir de voir mises en échec, par des humbles précisément, les forces de déformation de l'Argent...

Nouveau Jeu.

2 mars.

Les vivants d'aujourd'hui vont vite. C'est en pleine jeunesse qu'on peut ambitionner maintenant l'Académie, et même qu'on y arrive. Mon ami Henri Lavedan est déjà dans l'escalier; d'ici quelques semaines il sera sans doute sur le seuil, et prié de s'asseoir (1). Mais ce jeune, de cœur délicieux, ne compte plus les succès de l'esprit le plus mousseux, et c'est assurément une chose piquante, que de voir un auteur qui, chaque soir, dans ce moment même, fait comble la salle des Variétés avec le *Nouveau Jeu*, encouragé par le sourire paternellement académique de M. le duc de Broglie.

Mais n'entrera-t-elle pas un peu avec lui à l'Académie, cette exquise Granier? Jamais comédienne ne fut autant la Femme que celle-là. Ce n'est pas un rôle qu'elle joue, c'est la nature même qu'elle offre. Elle n'est pas, tour à tour, une héroïne de Donnay ou de Lavedan, elle est l'âme vivante de l'éternelle perfidie ou faiblesse, et c'est de l'essence d'elle-même qu'elle distribue; elle pleure sur le théâtre des larmes dont ses joues, pour son propre compte, ont connu déjà la chaude coulée, et quand elle rit, avec des étincelles d'une gaminerie incomparable, c'est dans le souvenir de ce qui fut sa joie et sera celle de toutes les femmes. Pour concevoir la Parisienne, il faut avoir vu Granier, de divette devenue comédienne, cette merveille de verve et d'émotion, de finesse, d'imprévu, de nervosisme, de grâce, de vérité instinctive, et plus tard les Amateurs de spectacle seront obligés de subir les haussements d'épaules du Monsieur qui a vu Granier, comme nous avons subi la supériorité dédaigneuse du Monsieur « qui a vu Desclée ».

(1) J'ai plaisir à constater l'accomplissement de cette prédiction. Henri Lavedan est entré à l'Académie française en décembre 1898, il succède à Meilhac, et occupe ainsi le fauteuil de La Bruyère.

Aussi bien du temps de Meilhac, c'était quelque chose de Réjane qui s'insinuait sous la coupole : derrière Lavedan sourira la silhouette de cette Granier en qui s'incarne le bibelot féminin actuel, la création psychologique de la dernière mode. Allons, Bobette, que votre évocation épargne M. Brunetière et ne dévaste point les pensers de M. Albert Sorel. En réalité, il serait juste de voir les interprètes mêlés à la gloire consolidée de leurs auteurs, et ce serait aussi d'un Nouveau Jeu charmant que ce qui a été à la peine ait un reflet de l'honneur.

Nuit sur l'Océan.

3 mars.

Les marins qui montaient le canot de sauvetage de la *Champagne* ont été admirables ; ils sont bien de l'espèce des gars d'Ouessant et de Molènes, auxquels, après la catastrophe du *Drumont-Castle*, la reine d'Angleterre envoyait par ambassadeur ses remerciements. Et cette poignée d'hommes, se dévouant avec enthousiasme pour chercher un sauveteur de tous à travers l'inconnu de l'immensité, sur l'Océan chargé de ténèbres et de courroux, offre un spectacle dont peut s'enorgueillir encore l'Énergie nationale.

Mais tandis qu'éperdus sur ce frêle canot, livrés à la mer en furie, décimés, ces hommes se sacrifiaient ainsi pour le salut de leurs semblables, d'autres hommes, bien à l'abri sur leur steamer, ont passé auprès d'eux, les ont vus, et ont feint de ne pas apercevoir leurs signaux, de ne pas entendre leurs cris. Alors, pouvant être sauvés, ils se sont retrouvés à nouveau seuls dans l'épouvantable nuit, sur l'abîme, en face de la mort, — et le steamer-fantôme filait encore plus vite, comme pour narguer horriblement leur stupide confiance en l'humanité. On ne sait quels étaient, d'où venaient, les hommes de ce steamer, les hommes qui ont fait cela, et devant une telle transgression de ce qui est l'honneur des heureux successeurs, sur le haut de l'échelle, des orangs et des gibbons, on ose à peine rechercher quelle nation semble la plus indiquée pour la pratique d'une si féroce vilenie. Quels qu'ils soient cependant, ces pourvoyeurs de requins sont hideux ; il n'y a qu'un sentiment, une voix, pour flétrir un tel crime, et il faut espérer qu'un jour la justice immanente n'oubliera pas de pareils tributaires.

Mais au moment même où l'on voudrait flétrir le plus ces hommes, un scrupule étrange peut vous venir. Sur l'Océan infini, ils ont été sans grandeur ni miséricorde, ni charité : mais nous tous, les pieds au sol, en avons-nous davantage, dans une si grande proportion ? Le spectacle que donne le Monde n'est fait que d'égoïsme, d'insulte à son prochain, de haine, d'extermination, et dès lors, quand on y songe, et puisqu'il en est ainsi dans tout l'univers civilisé, on se demande, hélas ! pourquoi il y aurait plus de fraternité sur l'Eau que sur la Terre ferme !

Amants.

4 mars.

Non, ce n'est pas un scandale qu'a vu ce petit rez-de-chaussée du boulevard Haussmann dont parlent les journaux, et que le comte de Noailles, fils de l'ambassadeur, partageait avec une maîtresse récemment conquise à Berlin : ce sont les péripéties très peu inédites, les suites naturelles d'une histoire d'amour, jolie à l'excès. Des jalousies, des violences, des affolements? c'est que la lune fut d'un miel trop délicieux, et si cette main d'amant n'avait pas été d'abord trop ardente à l'étreinte, elle n'aurait jamais frappé! Il n'y a rien de tel que l'indifférence pour faire de deux êtres le modèle de la plus harmonieuse politesse.

On pouvait croire qu'après une semblable expérience, l'héroïne, allemande, et qui ne parle qu'allemand, se déclarerait à jamais revenue d'une erreur, et même qu'elle ne se ferait pas faute de proclamer ce qui eût été parfaitement dans la note germanique, qu'elle était elle aussi guérie des Français. Il n'en est rien, ô merveille, et son premier mot, une fois consommée la séparation de ces corps d'amants, a été pour faire savoir à M. de Noailles qu'elle le recevrait, quand il lui plairait, avec joie. Et voilà bien le cri attendu de la vérité, l'éternelle comédie, et même toute sa beauté.

En réalité, il semble qu'un homme ait le droit d'être exigeant, exagéré, injuste, pourvu qu'il soit de taille à se faire pardonner. Les sévices et injures graves, cela n'a d'importance que dans le mariage. En amour, ça ne compte pas. Et c'est précisément par ce dédain du sentiment le plus factice qui soit et du plus dangereux pour les chances de bonheur, celui de la fausse dignité; c'est par cette force d'oubli, d'absolution, de revenez-y quand même, que l'Amour, quelle que soit sa condition, l'emporte, et mérite en effet d'être notre maître, de l'avoir été, ou de le devenir.

L'étau.

5 mars.

Une bonne moitié des Français, et qui se croit la plus spirituelle, met sa supériorité à accuser l'autre de voir des espions partout. Le récit détaillé d'une belle carrière d'espionnage en France, que vient de publier pour se venger d'une disgrâce le nommé Ludwig Windell, réfugié aujourd'hui en Amérique après avoir opéré chez nous pendant dix ans, au compte de l'Allemagne, semble fait cependant pour mettre tout le monde d'accord sur l'extraordinaire réalité d'un tel péril.

En 1896 ce même Windell a pu tranquillement dérober au ministère de la guerre un portefeuille des plus précieux; il assure que pendant quelque temps il put servir de cocher au ministre de la guerre lui-même, et il se montre, lui, lieutenant d'infanterie prussienne, conduisant le général Mercier, pendant une inspection, sur les routes militaires des Alpes; revêtu d'un uniforme de major d'artillerie, il suivit aussi les grandes manœuvres de l'Est, circula librement dans les lignes, et enfin, l'oreille collée à la tente du quartier général, put surprendre la discussion technique des officiers.

On croirait du bon Fenimore Cooper, et cela s'est authentiquement passé hier, dans les loisirs de la paix, entre deux risettes gouvernementales, et aujourd'hui sans doute cela se passerait encore, avec quelque embellissement en plus, d'hypocrisie, de duplicité, d'audace, et dès lors, pour le triomphe d'une si atroce besogne, à quel crime ne descendraient de pareils ennemis? Tout est possible, tout est tenté, tout est fait. Et après le travail d'un Windell, le travail autrement vil encore de gens qui reçoivent notre hospitalité aveugle, vivent chez nous, avec nous, de nous, pour trahir et livrer en détail cette terre trop généreuse, de telle sorte que le moindre de nos coteaux est noté, la plus mystérieuse de nos sentes inscrite.

Que faisons-nous pendant ce temps? Hélas! ce serait méconnaître la France que de la croire susceptible d'en faire autant. Au moins songe-t-elle à briser l'étau, à se préoccuper d'une situation qui mérite d'être le souci de chaque heure? Elle fait de la politique, du sentiment, et boit de la bière.

Des larmes célèbres.

6 mars.

M. Frédéric Loliée, qui a publié de si piquantes études sur les gens de lettres, a eu la curiosité de chercher quel était exactement le héros du fameux amour de madame Desbordes-Valmore, de cette Marcelline, Muse de la Douleur d'aimer, pour la statue récente de qui M. de Montesquiou déploya une si suave ardeur (1).

On attribuait jusqu'ici l'honneur d'avoir fait pleurer cette tendre femme à Henri de Latouche. Ce délicat a laissé une édition insuffisante mais dévouée d'André Chénier; quelques romans, dont l'un : *Un Mirage*,

(1) Cette statue a été inaugurée à Douai, en 1897, avec musique, cantate et autres attractions.

contient une fiction exquise, et il est je crois bien l'inventeur d'un mot, sinon d'une chose, qui a fait une grosse fortune : il lança le premier « la Camaraderie ». Mais ses titres les meilleurs étaient dans l'œuvre d'autrui, et les élégies de Marcelline ont été pour nous sa gloire. Il en est dépossédé aujourd'hui, et voici le véritable bénéficiaire, le chevalier des Islets, gazetier quelconque, traitant l'amour comme feuille volante, et au demeurant piètre monsieur. Mais si cette révélation diminue Henri de Latouche jusqu'à rien, il ne semble pas qu'elle serve la mémoire de Marcelline, et surtout le prestige, supérieur encore, qu'elle prêtait à l'Amour.

Au lieu de la mystérieuse, de la divine histoire d'âme qu'on rêvait, le cas le plus banal, et une fois de plus auprès des femmes, le succès de ce qui paraît le moins digne. Pauvre Marcelline, cette pieuse, cette belle, cette impressionnante légende d'un chic amour, plus que ses vers a compté dans la glorification qu'on fit d'elle à Douai, et maintenant peut-être, en regardant sa statue, le passant aura la sensation fâcheuse d'avoir été une fois de plus mystifié. Mais en réalité il aurait grand tort d'attacher trop de signification et d'importance à cette petite déconvenue psychologique ; on aime ce qu'on peut, et c'est déjà fort joli d'avoir pleuré pour n'importe qui.

Venise.

7 mars.

Les feuilletonistes en ce moment pourraient se reposer, — l'actualité leur fait une trop brillante concurrence, et voici encore, avec le suicidé de la rue de Sèvres, un joli chapitre de roman judiciaire qui s'engage. Quel est au juste ce Roberty-Durrieu dont la mort soudaine a fait filer incontinent les dignitaires de la Sûreté vers des régions inconnues ? Quel peut bien être cet homme, en l'honneur duquel on vient d'innover à la Morgue, dernier refuge de l'Egalité, en défendant au public d'approcher, et de contribuer par son défilé coutumier à la découverte d'une identité qu'il s'agit précisément d'établir ? Ce qu'il est, ce nouveau client de la dalle, à quelle ténébreuse histoire se rattache ce comparse, quels intérêts, quelles complicités s'agitent autour de lui, — saluons, c'est le dernier mystère, la dernière devinette, un bien joli cadeau à faire à un enfant.

Aussi bien il semble que tout maintenant soit couleur de muraille, visages masqués, machinations extraordinaires. O Dames voilées, énigmatiques suicidés, personnages souterrains ! L'heure est remplie d'êtres louches et de choses auxquelles il ne faut pas toucher. Où qu'on regarde, — un secret ; où qu'on mette les pieds, défense de passer. Et c'est avec cela qu'on nous conduit, et même qu'on nous amuse !

Mais nous fera-t-on longtemps encore l'injure de ces histoires de brigands ? Prétendrait-on nous berner avec de tels secrets, — que demain, forcément, révélera quelqu'un de nos polichinelles ? Trop tard pour essayer de nous la faire au mystère, après ce régime de publicité à outrance auquel Messieurs les magistrats instructeurs ont été les premiers à nous habituer. Et dans le Paris d'aujourd'hui, ce Paris qui, de ses hommes publics, a appris à toujours exiger « la lumière, toute la lumière », il est simplement ridicule d'espérer qu'on pourra faire revivre les pratiques de l'ancienne Venise.

Au rabais.

8 mars.

En attendant l'entrée solennelle de l'automobilisme dans l'administration des Petites Voitures, M. Bixio a la coquetterie d'une jolie réforme *in extremis*, et il semble qu'au moment de disparaître devant l'implacable progrès, le vieux matériel de Collignon, les choses qui bientôt vont devenir du bon vieux temps, veuillent nous offrir un dernier sourire. Les Parisiens ont pu expérimenter hier, grâce à l'enregistreur Marix, les bienfaits de la course à soixante centimes. Plus de discussions, plus de marchandages pour aller de la rue Drouot à la Madeleine, du bottier au tailleur, de chez Bobette au cercle, du cabaret au théâtre, du théâtre au train mi-obscur d'Asnières, et c'est vraiment un triomphe pour ce besoin, ce souci d'économie, qui caractérise le Parisien d'aujourd'hui.

Ah non! ce n'est pas pour rien qu'il a vu chez lui opérer les Anglais! Le sens pratique lui a poussé tout d'un coup; on le voit maintenant penché roide lui aussi sur les tarifs et soupçonneux sur les additions, bataillant pour son gousset, durci à la détente et pourtant exigeant, et fier d'un rabais obtenu comme d'une supériorité qui lui viendrait. Mais si dans ce nouveau jeu du confortable à bon marché, du tout pour rien, il perd assurément quelque chose de son beau geste, les conditions de l'existence se sont modifiées à ce point qu'on ne saurait lui en vouloir.

D'ailleurs, le Parisien à voiture n'est plus de l'espèce d'autrefois : dans la plupart des cas, c'est un laborieux plutôt qu'un amateur; l'abaissement des prix intéresse plus son travail que son plaisir; il ne dépense que pour gagner, et il est obligé de dépenser tous les jours, car de plus en plus le pavé veut qu'on le brûle, et le temps c'est de l'argent. En réalité, la voiture d'aujourd'hui, c'est encore et toujours la lutte pour la vie; outil d'activité et non plus objet de luxe; il n'est pas permis à tout le monde d'aller modestement à pied, et seuls les millionnaires peuvent ne pas se ruiner en véhicules.

Leurs bons maîtres.

9 mars.

C'était une riche vie, dans la petite chambre meublée de la rue de Sèvres! Parfois on restait couché jusqu'à quatre heures, les rideaux tirés; on avait déjeuné au lit, et puis on s'en allait faire un tour, elle en cheveux, lui en pantoufles, ou bien au café, prendre son absinthe, gentiment, longuement, en feuilletant des images. Puis brusquement, lui, — le mystérieux Roberty, se suicide; un grand bruit de police, c'est fini, la maîtresse reste seule. Quelques jours se passent, on ignore ce qu'elle est devenue, on sait seulement qu'elle est Bretonne et belle fille, — et hier un de nos confrères la découvre, aux environs de l'avenue Trudaine, en service chez de paisibles bourgeois, auxquels l'avait recommandée sans doute un bureau de placement.

Certes il n'y a aucune raison pour que cette fille ne fasse pas bien sa salle à manger; quoiqu'il y ait des chances pour que parfois elle ait le coup de balai mélancolique et le lever matinal désenchanté, rien ne prouve qu'elle ne gagnerait pas honnêtement son argent, et même il convient, pour être juste, de lui faire quelque honneur de sa résolution, de son courage à reprendre un labeur dont d'autres auraient perdu l'envie. Oui, c'est très intéressant ce que vous avez fait là, Adèle, très en dehors des probabilités, et on ne voudrait pas vous faire du tort.

Mais n'offre-t-elle pas un cas bien curieux de mœurs, cette immédiate transplantation dans le calme d'un honnête intérieur? Encore toute chaude de son ancienne existence, voilà cette héroïne dans la famille, apportant le *Temps*, admise, mêlée à tout, représentant « la maison ». Elle a pu entrer là avec la plus aimable facilité. On ne lui a rien demandé, on ne sait rien d'elle, on ne sait jamais qui l'on a sous son toit. Un ouvrier en quête de travail se meurtrit à mille objections, mais pour l'escalier de service, c'est une grâce. En ce moment même, d'ailleurs, il est probable que la nouvelle venue aura déjà inspiré la plus grande confiance à Madame, et vraiment elle a tout ce qu'il faut pour qu'on la laisse, avec sécurité, aller coucher le petit.

La leçon.

10 mars.

Devant un lit, hier, à la Maison Dubois. Le docteur s'est arrêté, entouré de ses élèves, et leur fait la leçon, sur le cas d'une femme qui gît là. Leçon documentée, précise, inexorable, et la malade entend. Ses enfants pieusement lui avaient caché la vérité, et voilà qu'elle lui parvient quand même ; non, plus de doute, plus d'illusion sur son état, une à une les paroles de science sont tombées sur elle, ont creusé son désespoir ; maintenant elle *sait*, et du coup même de cette brutale révélation, elle a failli mourir.

Certes, ce n'est pas infirmer la valeur du docteur Ménétrier que de s'inscrire contre de telles coutumes; mais si elles sont possibles dans l'hôpital du bourgeoisisme malade, que peut bien être la réalité dans l'hôpital des pauvres gens ? Là il semble que le patient, gratuitement recueilli, en retour doive rendre des services ; il paie son écot en devenant prétexte vivant d'études pour tous, champ d'observations, de communications académiques, de succès professionnels. Se gêner pour lui ? C'est un numéro; il cesse de compter comme être pensant, ou seulement sensible, pour n'intéresser que comme machine; il assiste à son propre démontage, et pourvu que la leçon du maître ait été belle, peu importe qu'elle ait été sans pitié. A qui fera-t-on croire que cette infortunée ne comprend pas, ne devine pas ? Ses yeux clos voient le geste fatal, son ouïe défaillante perçoit le mot terrible. Et c'est la tuer une première fois.

A toutes les vertus qu'on exige du médecin, il est évidemment peu de malades qui seraient dignes d'exercer. Mais est-il indispensable que pour que la science marche elle soit sans scrupules, et pour être à la hauteur, le médecin doit-il vraiment envelopper dans la même indifférence, que blinde l'usage, tous ceux qui soupirent vers lui, et professer à ce point le mépris souverain de l'individu ? Aussi bien, on ne se faisait plus grande illusion sur la pratique contemporaine des sacerdoces, des charités, des délicatesses de sentiment. Mais peut-être sera-t-il permis encore de souhaiter un peu plus de respect devant la souffrance, la faiblesse, la défaite humaine, et si la lutte pour la Vie est une belle chose, un peu plus de fraternité pour la Mort.

Jeunesse.

11 mars.

Pourquoi certaine jeunesse des Écoles pousse-t-elle des cris d'animaux aux cours de M. Izoulet, aux leçons de M. Larroumet, aux conférences de M. Gaston Deschamps? Il est fort probable qu'elle-même l'ignore, et l'on ne peut trouver à cette braillade de Panurge d'autre explication qu'un détachement progressif des joies de l'idée, de la culture sentimentale, des beautés du savoir. Tout cela est parfaitement inepte, et d'un enfantin qui étonne chez des culotteurs de pipes.

Mais il n'en va pas de même pour ces étudiants de l'École de médecine qui, par coups redoublés, ont manifesté au cours de M. Blanchard. Le doyen a eu beau agiter devant ces jeunes gens les rigueurs réglementaires, les menacer d'une mesure qui, d'ailleurs, — admirons les merveilles de l'intelligence administrative, priverait d'un enseignement indispensable ceux-là mêmes qui n'en peuvent mais, il faut reconnaître qu'en la circonstance ils n'ont pas démérité des sympathies. Aussi bien, cette fois, ce n'est pas contre tel maître déplaisant, devenu tout d'un coup, par caprice, bête noire, qu'il s'agit de protester : c'est contre un acte précis, un fait particulier, qui en réalité relève de l'appréciation.

On a noté, retenu l'attitude de M. le professeur

Blanchard dans l'affaire de M. Heim, ce jeune agrégé qui se trouva pris un matin dans la trame de l'intrigue la plus passionnément ourdie. Cette affaire donna bien joliment la mesure de ce dont est capable le parti pris, l'ingéniosité à nuire, l'acharnement. L'opinion n'est pas restée indifférente à un cas si singulier : dès lors, comment en vouloir à cette jeunesse d'un mouvement spontané contre ce qui blesse son instinct de loyauté et de justice? Non, ce n'est pas moi qui la blâmerai pour cette faute-là ; elle exerce en ce moment un droit dont la jeunesse toujours s'est honorée, celui de représenter ce qui est généreux et de repousser les petites manœuvres. La jeunesse qui fait cela est celle qui nous fera des hommes. Ce qui serait affligeant et grave, au contraire, c'est qu'elle se désintéressât de pareilles choses, perdît sa vertu d'indignation, et soumît sa conscience aux décisions de l'autorité.

La hotte.

12 mars.

Il y a, paraît-il, un lot important de députés qui ne se représentent pas. Donnons-leur un peu de notre considération distinguée. Mais le grand nombre est déjà en mouvement, et d'ici quelques semaines, les affiches barioleront les murs, les murs seront en arc-en-ciel. Une fois encore ainsi on va croire que c'est arrivé. Comme si on n'était pas las, les promesses et les phrases s'étaleront. Elles ne changeront point d'ailleurs. Elles ont pour pôles inamovibles ces fameuses « réformes que la démocratie attend », et cette fameuse « conviction inébranlable que rien ne saurait faire dévier ». Admirons cette résistance des clichés électoraux et l'incurable confiance du passant qui lit. Oui, certes, il y a même quelque chose d'attendrissant dans cette obstination, chez lui, à croire, à se donner ; plus il a été déçu, moins il semble penser à s'en apercevoir. C'est une grâce d'état.

Mais tandis que se prépare cette formidable consommation de papier, et que ce peuple souverain va s'abandonner à la volupté d'être sollicité, je songe en mon coin à certain dessin oublié de Cham et qui est la philosophie aiguë de ces beaux fatras. C'est après la Commune. Décharné, cassé, un vieux chiffonnier longe le ruisseau et pique dans les tas. Tout à coup il s'arrête ; un lambeau d'affiche ; il l'enlève, l'examine précieusement, lit, et puis s'écrie : Tiens, un décret de moi !

Et la hotte de ce symbolique chiffonnier est sans fond. Aujourd'hui, rue du Louvre, elle a pu ramasser un décret de M. Félix Faure, signé du 8 mars, il y a quatre jours tout juste, et fixant trente-six liquidations de pensions civiles ; demain c'est tout ce qui fut la majesté du suffrage universel qu'elle absorbera, en fin d'illusions et d'efforts. A la hotte ! et c'est vraiment délicieux de savoir que tout tombe à cela, et tient entre une hotte et un cercueil.

Du théâtre.

13 mars.

Le Conseil municipal est honoré d'un courrier copieux. Suppliques et placets vont à lui. Et dans le nombre il relève parfois de quoi divertir son humeur orageuse. C'est ainsi que dans ses derniers papiers il a trouvé la demande d'une excellente dame, qui en vérité inaugure en l'art de la pétition, — elle voudrait seulement que le Conseil accordât quelque menue subvention à ses deux filles qui « se destinent à l'art dramatique ». La digne madame Cardinal n'avait donné de ses nouvelles depuis longtemps ; elle entrait doucement dans l'ombre des vieux types : mais le trait qui la rappelle à notre attention est charmant.

Aussi bien, voilà une idée à la hauteur de l'époque : pour qu'on en arrive à demander à des pouvoirs publics de s'intéresser au cabotinage futur de deux petites demoiselles, il faut que tout ce qui nous représente ait pris des dehors, un genre, des manières qui paraissent vraiment garantir le succès d'une si curieuse démarche. Mais quel précédent singulier si toutes les aspirantes à l'exercice préparatoire du « gros rat dans un grand trou », recevaient un si fatal soutien? Il y a bien assez d'encombrements dans le prolétariat intellectuel et de déceptions, pour qu'on n'aggrave pas la liste des ratés de l'encouragement officiel. Et il n'y aurait pas de raison pour que toutes les jeunes filles qui se préparent à l'art de plaire, ne s'estimassent assez intéressantes pour solliciter une prime de ce Paris, dont elles feront aussi l'ornement.

Pauvre madame Cardinal, qui croit encore à la vocation du théâtre. Du théâtre, mais nous en avons assez, chère madame, nous en avons trop ; tout le monde en est, tout le monde en fait ; de large en long, du haut en bas, c'est la comédie sur tous les degrés de l'échelle. En réalité ce siècle s'achève dans la grimace et finit par la boîte à grime. M. de Mun peut superbement haïr la fin du siècle dernier : il est probable que celle du nôtre ne méritera pas l'honneur de la haine.

Justice.

14 mars.

Il n'y a pas longtemps un enfant de dix ans était arrêté rue de Rivoli pour avoir chipé à la devanture d'un épicier un cornet de quatre sous, et des juges se trouvèrent pour le faire interner à la Roquette. Des hommes, des magistrats, ont osé cela. Pas un de ces sauveteurs de l'ordre, de ces moralistes psychologues, n'a pensé que c'était perdre définitivement peut-être cet enfant que de le plonger dans la contagion du mal, et qu'en tous cas, le frapper ainsi pour une faute trop commune aux petits, et dont Jean-Jacques aussi s'est confessé, c'est un déshonorant abus de pouvoir. C'est par de tels procédés qu'on assure à la société des contempteurs, des révoltés, des ennemis. Si cet enfant, quelque jour, se retournait contre vous, cherchez votre responsabilité dans la sienne, et au lieu de flétrir sa haine, accusez votre peu d'amour.

De pareilles aberrations sont pour rendre plus précieux encore l'exemple que vient de donner le président du tribunal correctionnel de Château-Thierry, en acquittant une pauvre fille-mère qui, ayant faim, pour elle et pour son petit, a volé du pain chez un boulanger. Et les considérants de ce jugement méritent en vérité d'être retenus au passage. « Attendu, dit la sentence, qu'il est regrettable que dans une société bien organisée, un des membres de cette société, surtout une mère de famille, puisse manquer de pain autrement que par sa faute ; que lorsqu'une pareille situation se produit et qu'elle est, comme pour la fille M..., nettement établie, le juge peut et doit interpréter humainement les inflexibles prescriptions de la loi ; que la misère et la faim sont susceptibles d'enlever à tout être humain une partie de son libre arbitre et d'amoindrir en lui, dans une certaine mesure, la notion du bien et du mal ; pour ces motifs, etc., etc. »

Le magistrat qui a conçu ainsi son rôle s'appelle M. Magnaud. On a quelque plaisir à écrire son nom. Et à saluer un homme, vraiment et dignement homme sous la robe fatale. Voilà enfin une courageuse besogne de conscience, de sagesse, de vérité, d'équité. Bien à point la Justice gagnera de l'honneur, du respect à être ainsi représentée, et il faut remercier pour elle ce magistrat qui ne pratique pas le droit exorbitant de punir sans se soucier du devoir qu'il impose (1).

La lâche vertu.

15 mars.

Le théâtre des Tribunaux nous a donné ces jours-ci un drame d'amour ; mais on ne dirait point qu'il s'est déroulé dans le grand Paris : il tourne plutôt la pensée vers la Petite Ville, où tout par essence est espionnage et dénonciation. La chose s'est passée à Mont-

(1) Le parquet de Château-Thierry ayant demandé à la Cour d'Amiens la cassation de ce bienfaisant jugement, les juges d'appel ont eu le bon esprit de n'en rien faire.

martre, mais on n'a pas d'autres sentiments, d'autres mœurs tout autour de l'auberge du Cheval-Blanc.

Deux amoureux, jeunes, beaux, tendres, adorablement naïfs, dans une folie de chagrin ont voulu mourir ensemble. La mort a pris la jeune fille, et a épargné, comme par miracle, l'homme qui sanglote d'avoir été sauvé. Certes, elle peut être inconsolable, la douleur de celui qui a survécu, avec les yeux pour pleurer et même s'assombrir d'un remords : qu'il se rassure pourtant, dans le fond de sa conscience ; ce n'est pas lui qui a tué, ce sont les autres, les amis, les voisins, car l'enfant n'a songé à mourir que pour échapper aux regards, aux commentaires d'un ramassis de braves gens. Il y a dans cette histoire une dame notable de la rue, qui au premier soupçon d'une amourette a crié au scandale ; et la mère de cette pauvre enfant n'a pas été longue à recevoir la lettre de protestation d'un « honnête homme indigné ». Oh ! cet honnête homme qui croit de son devoir de moucharder, de dénoncer, d'intervenir parce que deux êtres s'aiment, je le connais, je le vois d'ici, guetteur sur le pas de sa boutique, et je l'entends. Il s'appelle Tartufe.

Hélas, ces archanges de quartier, ces champions de la morale et de la rigueur pour autrui, savent choisir leurs victimes : mais il est doux de leur dire en quel mépris on tient une telle besogne, en quelle défiance les professionnels vertueux, et les justiciers de cet acabit. Le ciel garde la Vertu de pareils auxiliaires, et garde aussi l'Amour, de ceux qui ne peuvent le rencontrer sans le supposer aussitôt dégradant et le salir de leur propre boue ! A cette heure, vous vous en lavez les mains, montyonesques bourgeois ? lavez-les encore, lavez-les longtemps, car s'il reste quelque chose du sang de l'innocente, c'est sur elles...

Des Fleurs.

16 mars.

Mirbeau avait commandé un monceau de roses pour Edmond de Goncourt mort ; les roses n'ayant pas figuré aux obsèques, il refuse de régler, et la procédure s'en mêlant, le juge de paix vient de décider que le fleuriste est tenu de faire porter « l'objet destiné à honorer la mémoire du défunt une demi-heure avant le départ du cortège ». Mais pour un regrettable accident, quelle exactitude d'ordinaire !

Et je songe à ces fiacres qui en hâte roulent à travers la ville d'immenses couronnes, hautes sur la capote, au ruban de moire flottant, dans lesquelles le livreur passe son bras, et secouées, aux cahots, de toute leur garniture. Et devant la maison tendue de deuil, sous le porche, sur le trottoir, puis sur le char à panaches, c'est un encombrement, un pêle-mêle prodigieux. Voilà au hasard, fournis en bloc, envoyés sans une valeur de sentiment, mais riches et selon le protocole mortuaire, les violettes, les lilas blancs, les camélias en durs boutons sitôt fanés et sur l'heure brunis comme la pointe du sein des jeunes mères, et les pensées qui mentent à leur symbole. Du pied, du poing, on arrange ça, pendant, et après, là-bas. Oh ! ce parfum fade de serre funèbre, cette horticulture Borniol ! Le chic des parvenus de la Mort, le triomphe d'une mode, et l'agence Cooks peut recommander le spectacle d'une Dernière très parisienne.

Mais en réalité est-il quelque chose de plus mélancolique que cette floraison truquée, ces somptueux hommages d'une indifférence courante? Et que pensez-vous, Hamlet, de cette suprême comédie? Pour moi, jamais je n'ai pu lire dans les journaux cet avis qu'on y voit parfois suivre une annonce d'obsèques : « prière de n'envoyer aucune fleur », sans penser qu'il y a des chances pour que l'homme qui a fait faire par les siens une telle défense, au risque de passer désobligeamment pour un vieux cœur très sec, ait été tout juste une âme tendre, qu'il ait adoré les fleurs précisément, et pour que dans cette précaution soit le vrai respect d'elles et la vraie poésie.

L'aveugle.

17 mars.

Elle ne verra plus son théâtre, le trou du souffleur, la rampe, cette pauvre Alice Lavigne. Et ce qui pour une comédienne doit être cruel par-dessus tout, elle ne verra plus *son* public, les têtes en joie, les mains qui battent, cette salle dont la belle humeur était son œuvre. Cette fois, c'est sur ses yeux que le rideau est tombé, et la voilà aveugle brusquement, et perdue avec son amusante façon, avec sa verve, avec sa drôlerie, dans l'épaisseur de la nuit.

Ah! l'affreuse surprise, et parmi tous les maux offerts avec tant de bienveillance à notre usage, est-il un mal plus terrifiant? Et Augustine Brohan, en pleine cécité, avait beau parler d'une petite lueur qui brille de l'âme, je ne crois pas qu'il y ait une épreuve au monde pour causer autant de désespoir. Aussi l'émotion a-t-elle été sincère dans ce grand Paris qui pourtant fait une si effroyable consommation d'infortunes, et peut-on considérer comme déjà au maximum du succès la représentation qui s'improvise au bénéfice de la pauvre artiste. Réjane a déployé l'ardeur d'un cœur charmant pour Sa Camarade ; la baronne Adolphe de Rothschild paie un fauteuil deux mille francs. Véritablement c'est une jolie impulsion de tendresse, de commisération, de gratitude, et il convient d'y participer d'autant plus que cette fois l'objet en est, hélas ! tout à fait digne.

Mais je ne peux me défendre de songer aux maladies, aux misères, aux catastrophes qui, elles, ne suscitent rien de tout cela ; à ce qu'il peut entrer de privilèges et de chance encore dans le malheur, à ce que Paris réserve à ceux qui n'ont pas eu la précaution de commencer par le faire rire...

Notre vieux cœur.

18 mars.

Très joliment sentimentale, l'interpellation qui se prépare à la Chambre sur l'emploi fait par les Anglais contre les Afridis de l'Inde et les nègres de l'Afrique, de ces balles « Dum-Dum » qui ont acquis une si rapide gloire de destruction. Tranquillement, au mépris de cette convention de Pétersbourg où le souci de l'humanité se mêle si curieusement au besoin d'être féroce, l'Angleterre a repris l'usage des projectiles explosifs ; la Dum-Dum en pénétrant dans le corps vole en éclats, dévaste par segments, déchiquette les plus horribles blessures, et c'est une mort de supplicié, et c'est ce qui s'appelle porter au loin la civilisation.

Les mots viennent aisément pour flétrir de telles pratiques et le député que son indignation va pousser à la tribune trouvera dans une telle cause de sûrs effets. Mais se flatte-t-il sérieusement que sa parole sera entendue, que cette protestation parviendra ? D'ici on voit au contraire le haussement d'épaules de John Bull, son air de dire : « De quoi se mêlent donc ces Français ? qu'ils nous laissent jouer aux balles et jouent aux confetti ! » on voit aussi son sourire, — et peut-être bien y a-t-il quelque motif d'ironie dans cette incurable maladie de générosité qui nous tient. Non, cette vieille France ne peut se résigner à ne plus s'émouvoir, à oublier la romance d'amour, et à l'heure même où l'égoïsme serait pour elle aussi le commencement de la sagesse et la preuve la mieux vue de la force, elle trouve encore le moyen de travailler pour le Droit des gens et de s'apitoyer.

Certes il ne me déplairait point qu'il en fût autrement. Elle aurait d'excellentes raisons pour pratiquer vis-à-vis du genre humain l'opinion et l'attitude d'Alceste. Mais il faut se consoler de son incapacité à guérir par la beauté qu'offre malgré tout une telle faiblesse, et l'aimer un peu plus tendrement pour n'avoir jamais voulu montrer le rocher du cœur dont parle Musset,

> Où n'aura pas germé la plus chétive fleur.

Idée.

19 mars.

Paul Adam lançait naguère ici une noble idée ; voilà qu'elle s'acclimate, mûrit, et qu'on la retrouve opérant dans les Revues. Puisqu'on se préoccupe d'une armée coloniale, Paul Adam propose de recruter son effectif parmi les réprouvés qui croupissent inutiles et sans lueur de rachat dans l'atelier des prisons. Et certes dans le nombre de ces malheureux, entretenus à lourds frais, parqués comme un grand bétail triste, il en est dont la jeunesse est susceptible de se ressaisir, dont les passions et les déformations morales ne sont pas sans retour.

La stagnation horrible et la promiscuité des prisons achèvent l'œuvre de l'enfance abandonnée et de l'hérédité : mais assurément dans ces masses profondes où parmi des coupables il y a des victimes aussi, plus d'un se lèverait au premier espoir. Et ce ne serait pas une tentative stérile que de vouloir réveiller quelque chose en ces âmes et parler d'honneur à ces égarés : non point de l'honneur qui ne serait qu'un vain beau mot pour leurs instincts et leurs origines, mais de l'honneur en action. Les jeter sur une terre neuve, faire des difficultés et des périls accumulés là l'expiation juste de leur passé, mais aussi une chance de rédemption pour l'avenir, c'est un programme de bonne politique, et ce qui est plus rare encore, de féconde pitié.

Parviendra-t-il jusqu'au sanctuaire verrouillé des spécialistes ? ces docteurs très administratifs daigneront-ils s'arrêter un instant à une idée du dehors ? Ce serait bien original. Nous travaillerons en tous cas à ce qu'elle fasse un joli chemin, et en réalité nul régime n'aura été mieux désigné pour lui faire fête, — car voilà la revanche de plus d'un pauvre diable écrasé sous la question sociale, et la revanche possible de la Patrie sur la Société.

Des Brebis.

20 mars.

On est blasé sur le spectacle des petits témoins en cour d'assises. L'écœurement, les incertitudes, les périls qui naissent de ces dépositions d'enfants ont soulevé plus d'une protestation, — mais pour qu'on n'ignore point combien est vaine toute lutte contre l'abus, voici que la Justice met en scène tout un lot cette fois de ces fillettes et que la gravité du cas croit et embellit.

Elles sont depuis deux ou trois ans, celles-là, dans une maison de correction. Et les cornettes blanches et les robes de bure des bonnes sœurs qui les accompagnaient, ont produit en face des robes rouges et du grand crucifix un effet impressionnant d'Ambigu. Maigres, pâles, avec des yeux flambants, les petites rouées ont fourni des détails certains, et paraît-il du ton le plus naturellement aisé, sans étonnement. Et tout ce qu'elles disaient ainsi, sentait le plaisir de raconter, de se souvenir, d'être remises officiellement, librement, en face de leur détérioration secrète, de l'esprit et des sens...Certes les bonnes sœurs ont affirmé que grâce à elles la cure est faite et que ces brebis aventurées s'amendent au bercail : mais je ne suppose pas que cette audience dont elles ont été les personnages leur ait été salutaire. Il y a une singulière imprudence de la part de professionnels honnêtes gens à faire revenir de la sorte ces héroïnes sur leur passé, à les ramener précisément vers des idées dont on s'efforce de les nettoyer, à les replonger complaisamment dans l'atmosphère dont on les a arrachées à si grand'peine. Reparler de « ces choses », c'est les rendre à nouveau vivantes, d'un seul coup souffler sur le travail péniblement entrepris, et en vérité voilà une bien extraordinaire manière de venger la morale.

Si, à la sortie de cette audience, quelque rayon Rœntgen avait pénétré dans le pauvre cerveau de ces petites, il aurait sans doute constaté d'étranges choses, et je ne donne pas un sou de la prière du soir qu'elles auront marmottée.

Le terrible bonheur.

21 mars.

M. Jean-Baptiste-Eugène Georges, cocher de remise, chevalier de la Légion d'honneur, sauveteur, est nommé receveur-buraliste dans le Loiret. Il ne se plaindra pas de la Destinée, celui-là, elle a mis la bonne mesure, elle a été magnifique, d'abord en lui fournissant ce qui a échappé à tant d'autres, « l'occasion », et dans l'application ensuite de la récompense. Un dernier privilège à l'actif de ce mortel, c'est d'avoir pu conduire un ministre à cette chose extraordinaire, la réalisation d'une promesse.

C'est une jolie carrière, et il faut se féliciter de ce qu'à quelque chose malheur soit bon... Aussi bien, on ne peut vraiment exiger de cet homme qu'il ne pense pas en secret, dans un tréfonds parfaitement humain, que le Bazar de la Charité n'a pas eu déjà si grand tort de brûler, et qu'il n'est pas si déplorable en somme que les dévouements aient aujourd'hui la réputation de se faire rares, du moment qu'on juge nécessaire à l'exemple de les glorifier à ce point.

Maintenant il va partir avec sa jeune femme pour la petite ville; il est un personnage, on lui fera fête comme à un brave homme, qui mérite tout cela. J'envie ceux qui le connaissent : ils doivent avoir en ce moment sous les yeux un spectacle qui n'est pas banal, celui d'un être complètement heureux. Mais je m'imagine ce nouvel arrivé là-bas, prenant possession de sa douce maisonnette, installant sa vie désormais sans ambition, considérant le lendemain comme à lui, sûr, souriant. Oui, il a fait pour cela tout ce qu'il fallait, tout est prêt, il n'y a qu'à s'asseoir, — mais c'est à présent, ô Destin qui n'aimes pas le couvert mis, toi qui t'amuses à retirer ce que tu donnes à l'instant précis où la main croit saisir, c'est à présent qu'il faudrait oublier cet homme...

Le sujet d'un conte bleu.

22 mars.

Pauvre Princesse de Saxe-Cobourg, on l'a fait partir de Vienne, puis chez nous elle a dû quitter devant le petit âne de la reine Victoria ce recoin du Midi où elle cachait son amour, et puis on l'a mise dans les Petites-Affiches, elle fille d'un roi. Le prince, son époux, prévient le public qu'il ne répond pas des dettes qu'elle pourrait contracter, et sans doute par là il a voulu l'atteindre dans les chances de son bonheur. Non, plus de grande vie, plus de décors propices, d'équipages pour vous conduire mollement au clair de lune, adieu à la douce collaboration des choses, à la complicité si précieuse des mille petits riens d'alentour. Et quand il s'avise ainsi du rôle qu'occupe l'argent et le crédit dans la plus suave idylle; quand il pense à tout ce qu'il faut d'ambiances, de conditions à côté, de détails heureux pour faire une vraie félicité, ce mari semble en possession d'une connaissance du sentiment et de la vie qui aurait dû lui assurer un meilleur sort.

Mais ainsi frappée la Princesse trouvera devant elle une bien jolie occasion de réhabiliter l'Amour, même dans la faute. Cette princesse royale au moins aura le privilège de ne pas faire comme d'autres princesses qui transportent leur aventure d'hôtel en hôtel, et auxquelles pour aimer sont indispensables tous les accessoires du chic cosmopolite.

Reniée, ignorée, sans ressources maintenant, sans autres séductions qu'elle-même, peut-être va-t-elle faire mentir cette opinion fâcheuse qu'il faut à l'Amour des adjuvants, une mise en scène, un cadre pour le faire valoir, une atmosphère spéciale. Allons, Princesse, c'est à vous précisément de prouver une fois que nous avons tous calomnié l'Amour, le nôtre même; que pour être radieux, enviable, pardonné, il peut n'avoir pas besoin toujours du tapissier, du couturier, du cocher. Le monde est assez grand pour que vous y trouviez un refuge, d'où puisse quelque jour, par hasard, nous parvenir cette étonnante nouvelle qu'il y a encore deux amants qui s'aiment simplement, et s'il en est ainsi, on redira souvent l'histoire merveilleuse de la Princesse et de la Chaumière.

Les parchemins.

24 mars

Par la mort de son père, membre de la Chambre des Seigneurs de Prusse, sous une avalanche de parchemins et d'honneurs, voici le Prince de Sagan dépossédé de son titre si parisien de prince (1). Ce titre il ne le devait à vrai dire qu'à la gracieuseté de Napoléon III, ce qui étonnera bien des gens qui s'en faisaient la bouche pleine; mais j'imagine que le Prince, aujourd'hui Duc de Valençay, et de Sagan duc seulement, n'y doit pas renoncer sans quelque mélancolie. Oui, quoiqu'il devienne du fait de cette substitution un des plus somptueux et des plus nobles seigneurs de l'heure présente, de quels regrets il doit là-bas, dans son fauteuil roulé au soleil de Cannes, saluer ce qui fut en lui le Prince de Sagan, et quels adieux à soi-même!

En effet, pauvre prince, c'est comme si votre personnalité s'évanouissait, votre aspect coutumier, le meilleur du passé. Et l'on comprend vos tristesses, car tout ce qui était Sagan meurt dans Valençay, la royauté de la mode, le large ruban, la célèbre fleur, le type, les beaux jours. Un autre nom, — un autre homme, et comment reconnaître ses idées, ses goûts, ses habitudes, son existence même dans cette espèce d'expropriation pour cause d'agrandissement? Brus-

(1) Par décision du ministre de la maison royale de Prusse en date du 29 décembre 1898, décision prise en conformité de l'ordonnance du 19 juin 1846, le titre de prince de Sagan a été reconnu à M. le comte Hély de Périgord, qui le portera désormais.

quement une barre sur ce qui fut vous, bien vous, et placé dans votre peau à un personnage qui ne tient à rien d'ici, à rien de ce que vous avez aimé, qui ne nous dira rien, et dans lequel personne bientôt peut-être ne retrouvera votre souvenir!

En vérité c'est un cas bien étrange, émouvant aussi, celui de cet homme qui à soixante ans se trouve de la sorte exposé à voir, comme une simple rue, son nom modifié, appelé à subir les influences et les effets d'une telle métamorphose, à cesser, vivant, d'être ce qu'il est. Assurément le mécanisme de ces transmissions n'est pas sans grandeur ; mais quoi qu'on puisse invoquer il surprend aujourd'hui comme une pièce d'archéologie, et devant ces exigences de la tradition c'est plutôt un peu de pitié qui vous vient, pour ceux qui les doivent subir. Pauvre prince de Sagan ; il a le fief et le majorat : mais plus d'une fois sans doute les soupirs du châtelain iront-ils vers les trois fenêtres du Cercle de la rue Royale, et le Duc de Valençay sera-t-il forcé d'emprunter au Prince mort qui est dans lui, de quoi se payer un pâle sourire...

Cruel hommage.

24 mars.

Statue à Charcot. D'ici je la vois avec ses longs cheveux, cette face glabre ; je vois ce nez napoléonien, ces minces lèvres d'un si cruel dessin, ces yeux d'une fixité sans pitié. L'artiste qui nous a campé naguère un Broca, a mis un crâne dans la main illustre du savant, et ainsi il a fait de lui comme l'Hamlet du boulevard Saint-Germain. Pour Charcot, l'attribut sera sans doute une Salpêtrière en miniature, et je me demande qui osera bien regarder sans un frisson cet homme en passant.

Que dit-il ? qu'évoque-t-il celui-là ? Toute la misère humaine, la moderne, celle des siècles qui s'achèvent. D'autres, dans l'hommage qui leur est rendu, représentent le génie, la vertu, le courage, tout ce qui résume la grandeur de vivre et de mourir : lui il en symbolise la tristesse. C'est lui qui est venu établir que tous nous ne sommes qu'un immense foyer d'hystérie, professer la puissance absolue des impulsions et ce désenchantement : la névrose jusque dans le sourire et dans le baiser. Grâce à lui, il demeure entendu que nous ne sommes plus qu'un amas de fantoches en crise de colonne vertébrale, et que nos femmes ne sont plus qu'odieuses et indignes poupées, destinées à la douche. Quelle ronde d'enfer ce maître nous a faite ! dans quelles affres de démolition, dans quel sabbat de vices il nous a indistinctement montrés !

Et demain, il sera là, debout, présidant à la danse macabre : ce sera la statue du commandeur. Charcot, un nom — tout un temps. Et au jour de l'inauguration, chez les peuples qui, eux, obstinément, ne veulent vouer de statues qu'à leurs capitaines et soldats, on dira que nous avons bien le héros de gloire qui nous convient.

Le bon coin.

25 mars.

La politique aurait-elle vraiment émoussé les curiosités parisiennes ? Depuis deux ans M. Hanotaux est ministre, il a plus d'une fois été l'homme du jour, et pourtant on ne savait rien de sa vie personnelle, il avait échappé à la description, au coup obligatoire du reportage. Le voici d'hier académicien, — et l'on dirait un homme nouveau, — et signe des temps, l'honneur d'un colloque avec M. de Vogüé lui vaut plus d'encre sympathique, plus de réclame, fait plus de lui une actualité que tout ce qui tient à son état de ministre. Maintenant on nous donne à savoir ce qui n'intéressait personne quand il ne s'occupait que du pays : l'heure de son déjeuner, sa cravate de prédilection, sa méthode de travail, l'arrangement de son existence, le caractère de ses intimités : mais par un hasard vraiment aimable, la silhouette de M. Hanotaux ne perd rien à ces menues indiscrétions, je dirai même qu'elles servent sa physionomie, et le cas est joli, de ce ministre fidèle à ses cinq étages, à son petit appartement, à sa lampe, et, dans une défiance des palais, aux choses familières.

Aussi bien quel chemin parcouru, quelle intéressante modification au type de Monsieur le Ministre que Jules Claretie prenait naguère si heureusement sur le vif! Ah! la pauvre et ridicule comédie que donnaient ces parvenus, ces momentanés du pouvoir, affamés de lambris d'or et de rouge soie nationale! l'orgueil de cette prise de possession, en hâte, du meublé de la République, du désert des enfilades, et dans ce solennel bric-à-brac, l'enfantine importance de la médiocrité! Maintenant paraît-il en cela aussi l'expérience est faite, la satiété agit, et ce n'est pas sans quelque satisfaction philosophique qu'il faut saluer cette manière nouvelle, indicatrice d'une conception plus logique, plus digne, et d'un progrès véritablement flatteur pour l'espèce.

Et l'on aime à se représenter ce jeune ministre, redevenant le soir le monsieur du cinquième, rentrant dans le bon coin silencieux où, affranchi des influences ambiantes, il retrouve intacte, ressaisit son individualité, et normalement sa conscience. Quelle force, que de n'avoir pas cru que tout cela est arrivé, de n'avoir pas changé son atmosphère, rompu l'habitude où s'acclimate sa pensée! Non, pour l'homme qui n'a pas quitté sa maison, la perte du pouvoir n'est pas ce qu'un vain électeur pense; pour celui-là, demain est tout naturellement relié à hier, il n'y a point de déchéance, et le sage est celui qui ne s'expose pas à mépriser ses pantoufles.

Fille de France.

26 mars.

M. Joseph Fabre arrive à la fin de l'exercice parlementaire sans avoir pu réaliser ce qui lui semblait si particulièrement précieux : l'institution d'une fête nationale de Jeanne d'Arc. Le chagrin qu'il éprouve à ce retard s'explique par la piété de son culte, par le zèle ardent de son cœur d'historien, de patriote, de parrain, et certes jamais plus noble, pure, et héroïque image ne fut offerte à la dévotion d'un peuple. Avec elle, c'est le triomphe de la vaillance, de la justice, de la lumière, de l'humble origine, et rien n'est de trop, ni fleurs, ni marbres, ni drapeaux, ni lyrisme, pour honorer cette Fille de France.

Mais oserai-je avouer qu'au fond, à cause même de ma ferveur, je suis tout consolé de ne voir encore qu'à l'état de projet la fête qu'on voudrait inscrire au calendrier national? Non en vérité, je ne suis pas pressé de voir ça, et pour éprouver ici quelque scrupule, il suffit de constater ce que nous avons fait déjà d'une autre sublime commémoration, à quelle infecte foire est tombé le « Quatorze-Juillet ».

De son piédestal, la bonne Lorraine va descendre dans la rue, et on sait ce qui l'attend, on sait ce qui de sa gloire filiale adviendra aux lampions, aux carrefours en joie, dans la ruée des bastringuages. Ce qui se prépare c'est tout simplement un écœurement nouveau, une mélancolie, une colère pour ceux qui gardent une idée autre de l'adoration, de la reconnaissance, du rite national, et estiment que peut-être ce n'est pas la peine de posséder dans son histoire une Jeanne-d'Arc si fière sous son armure, pour en faire la Pucelle des Confetti.

La vie qui roule.

27 mars.

On a fait beaucoup de sentiment avec la mort sous les pioches de ce malheureux Palais de l'Industrie qui abrita pendant de si longues années les plaisirs de Paris. Voici l'époque où précisément, annonçant le Printemps plus joliment que les hirondelles, il s'éveillait, s'animait, souriait aux institutions de la mode, également tendre au crottin de cheval et aux croûtes à l'huile : il n'est plus, — et le Salon n'en aura pas moins de badauds, et rien pour cela ne manquera au brillant de l'Hippique, qui ouvre aujourd'hui.

Il s'est transporté simplement un peu plus loin ; le même cheval de bronze du Val-d'Osne, au vert-de-gris immuable, lui servira d'enseigne; on s'est attaché à figurer le dessin exact, les dimensions de l'ancienne piste; et telle qu'on la connut, reproduite avec la plus consciencieuse piété, s'élèvera à nouveau la Butte aux Lapins, à laquelle manquera seulement cette pauvre petite Lucette de Varennes que Louis de Robert vient de faire revivre dans l'*Envers d'une Courtisane* avec un talent si aigu, un art si délicat de vérité. Non, rien n'est changé à l'aspect des choses, aux détails de l'habitude, aux ambiances, et voilà, chez les organisateurs, la preuve d'une connaissance bien avertie de ce qu'est le cœur snob.

En réalité, la transplantation machinale ici de ce qui fut, là-bas, le simulacre, a suffi, et dès l'instant qu'il y a recommencement, similitude, qu'importe ce qui est advenu du vieux passé? C'est même le propre du Parisien de n'attacher aucune importance au théâtre pourvu que la comédie ait lieu, et quand il prend tous ces beaux airs d'attachement, de gratitude, de culte pour ce qui l'a servi et pour ce qu'il a aimé, il se vante.

Les doigts de fée.

28 mars.

C'est une jolie idée, celle que vient d'exécuter mademoiselle Valentine About en ouvrant pour les jeunes filles du monde un cours qui n'est ni de musique, ni de maintien, ni de cuisine, un cours qui ne lui vaudra point des palmes académiques encore qu'il fasse penser au chapitre d'Aristote, — un cours de chapeaux. Oui, trois fois par semaine, en se divertissant, elle veut enseigner à des Parisiennes de choix l'art de donner le coup de pouce à une carcasse de tulle ou de paille, de bouffer les coques, de souffler les plumes, de fixer roses et myosotis ; aussi bien la besogne est charmante, digne des doigts les plus fins, elle met en exercice la vocation par excellence des femmes, et peut-être est-il piquant de voir les femmes du monde se faire modistes quand tant de petites modistes deviennent femmes du monde.

Certes l'amant est ainsi fait, et même le mari, que plus d'un éprouvera quelque défiance devant cette simplification de la vie, dût-elle même être bienfaisante à son budget : les intransigeants ne manqueront point à qui il faut « une signature », tout le protocole de la rue de la Paix, et qui n'admettront jamais qu'une chose puisse être jolie, qui ne vient pas de l'obligatoire boutique. Ceux-là, d'ailleurs, feront bien de songer parfois à la scène du chapeau des *Lionnes pauvres* d'Augier.

Mais il semble à vrai dire que le type du Monsieur pour qui il n'est de chic et de grâce que dans ce qui vient du dehors et représente brutalement la forte somme, tende à se réduire sous l'accumulation compliquée des besoins, dans l'honneur aussi qui, ces temps derniers, est allé à quelques femmes chez lesquelles le savoir-faire, le talent réputé de femmes pratiques n'a pas exclu l'éclat. En réalité, après un si prodigieux engouement de l'extériorité, un retour peu à peu se fait vers les choses de la maison. La petite couturière, installée à la journée dans la fenêtre, fait sa réapparition dans l'hôtel le plus somptueux, et couramment, avec un sourire, d'honnêtes femmes, qui, pour être honnêtes, n'en sont pas fatalement laides, vous avouent avoir de leurs mains chiffonné ce corsage où on les désire le plus. Aujourd'hui se pose officiellement la question du chapeau, et combien la mode gagnera de caractère, de signification, de charme à être interprétée par la fantaisie personnelle et non plus à la grosse, comme pour troupeaux ? Allons, madame, ayez confiance en votre goût propre, cherchez, trouvez, mettez là une idée, un peu de votre rêve, et ainsi au moins, nous aurons l'illusion de croire qu'il y a quelque chose dans la poupée...

L'État.

29 mars.

Un grand débat aujourd'hui même agitera l'Académie de médecine. Il s'agit d'apprécier la valeur scientifique de la campagne ouverte contre la réglementation de la prostitution, et de l'effort accompli déjà en Angleterre, en Hollande, en Suisse, en Norvège, où l'on ne connait pas l'agent des mœurs, et où on ne voit plus l'État installé derrière la porte capitonnée d'une maison Tellier.

Assurément, de valables raisons pourraient être invoquées en faveur de l'antique usage ; encore qu'il y ait dans cette immatriculation, dans cette police spéciale, dans les horreurs de la rafle, des aspects bien déshonorants pour une civilisation, l'effroi du fléau, le souci de se défendre, de protéger la race, expliquent d'exceptionnelles dispositions. Mais voici que le docteur Lutaud, dont le titre de médecin de Saint-Lazare éclaire tout de suite la compétence, professe que toutes ces belles mesures sont illusoires. Les vraies prostituées, dit-il, les professionnelles et les clandestines échappent au contrôle et à la coercition ; le nombre des inscrites va toujours décroissant, si l'effectif des recrues augmente; et l'immense majorité est absolument libre, alors que çà et là, arbitrairement, on emprisonne de pauvres Manons encore inoffensives.

Un témoignage si autorisé fera plus que les plus éloquentes indignations, et puisque c'est là le résultat, suffit-il à justifier de si lourdes dépenses, à excuser l'État du métier ignominieux qu'il fait? Oui, quand on y songe, c'est tout de même une bien étrange besogne qu'il accepte là, lui qui recule devant tant d'autres où on l'aimerait occupé, et si aujourd'hui quelque Louis XIV disait : « l'État c'est moi », il risquerait de recevoir un coup d'œil bien expressivement de travers. Mais que si d'aventure, sous la pression de ceux qui estiment qu'enrégimenter la honte ce n'est pas la combattre, et devant si médiocres avantages, l'État devait renoncer à administrer la Vénus des contribuables, il lui resterait toujours pour s'honorer son titre d'usurier.

L'abandonné.

30 mars.

En prélude à la grosse affaire qui le posera comme un chef éminent de voleurs, le jeune Roger Caze, très authentiquement paraît-il de Berzieux, a comparu hier devant le tribunal correctionnel, et s'est fait condamner malgré la belle et persuasive parole de Mᵉ Antony Aubin, qui avait bien voulu l'assister, sur la démarche de quelques amis de notre pauvre Robert Caze, son père. Qui nous eût dit, lorsque naguère nous enterrions en pleine vigueur ce camarade loyal, cet écrivain d'un si fier talent, qu'un jour ce serait la honte de son fils qui rendrait l'actualité à son nom?

L'enfant alors avait onze ans. Il était d'une intelligence prompte, il était charmant, il avait un naturel qui eût fait honneur à un peu de sollicitude, à une direction, et cette lettre même en est une preuve encore, qu'il adressait de sa prison au juge d'instruction. Mais non, l'orphelin, ayant perdu sa mère aussi, n'a connu que l'insuffisante et courte intervention d'une vieille aïeule; personne n'a eu un regard pour cet abandonné, personne n'a songé au devoir de faire de cet innocent, un brave homme capable d'agir et de se défendre. Pourtant ce n'est pas de famille qu'il a manqué. Le condamné d'hier, et de demain, est le propre neveu de très hauts personnages de l'Armée, de la Justice, de la Politique ; neveu d'un général de division, neveu d'un président de chambre à la cour de Paris, neveu d'un sénateur. Tout un carré de « grosses légumes ». Et rien : que le déshérité s'arrange, et que, livré au monstre dévorant, il s'en tire comme il pourra ! Beautés de la Famille, admirable solidarité, réconfortant tableau.

Maintenant haro sur le cambrioleur, et je ne me dissimule pas que rappeler ces titres de famille ce n'est pas être précisément agréable à de très honorables personnes. Mais en vérité, il est trop facile de répudier tout lien de parenté avec un déshonneur qu'on n'a même pas essayé de prévenir, et de se laver les mains de tout, quand une main tendue seulement pouvait tout sauver.

L'homme.

31 mars.

Dans l'éternel recommencement des choses, voici la République dotée elle aussi d'un Troppmann, et c'est une effroyable tuerie, celle qui va pour quelque temps rendre célèbre le petit village de Nassandres, en Normandie. Sans être dérangé, dans le calme du soir, l'assassin a pu en quelques instants fusiller ou poignarder une famille entière, boire dans l'odeur du sang, et à la miche prise dans le buffet se couper du pain avec son coutelas encore chaud et rouge. Ses victimes, il ne les connaissait point ; il est entré dans la maison à l'heure où l'infortuné Leblond lisait son journal, attiré par la lumière qui eût fait hésiter précisément tout autre, et au hasard, gambadeur dans le crime comme un singe, plus féroce qu'un tigre, il a abattu des têtes avec joie.

D'ores et déjà ce cou autour duquel, pendant la confrontation d'hier, flottait un foulard écarlate, ne paraît plus très solide sur les épaules de cet homme, et puisque la peine de mort existe, épouvantail d'ailleurs bien insuffisant comme le prouve, après tant d'autres, cette expérience nouvelle, on ne saurait trouver occasion meilleure pour l'appliquer, car il semble qu'effectivement cette fois puisse s'agiter, sans considérations d'à-côté, la question de sécurité et de défense publiques.

Mais quelle vue, le cas d'un monstre comme Caillard ouvre brusquement sur les splendeurs de la condition humaine ! Certes, nous sommes très fiers de nos supériorités, de notre génie, et avec les apparences les plus favorables peut se présenter la version flatteuse pour nous d'une création privilégiée, d'une royauté spéciale : mais je ne sais pourquoi, tandis que je lisais le récit de cette sauvage tragédie de Nassandres, me hantait le souvenir de quelques choses lues dans la belle étude où Camille Flammarion dit « le Monde avant la création de l'Homme », et de cet arbre généalogique de la vie terrestre où l'homme ne fait qu'un avec les pires hôtes des forêts profondes...

Les Cigales.

1er avril.

Certes ce n'est pas moi qui diminuerai d'une apparence seulement de critique, l'impulsion qui vient de saisir notre fameux Tout-Paris au plus grand avantage d'une comédienne devenue subitement aveugle. Ce sont là des à-coups, qui, pour être surprenants, n'en ont pas moins une aimable tournure d'improvisation, et ornent, à point, d'un joli brin de sentiment, une société sur le retour. Mais en rendant hommage à cette promptitude de générosité, pourrait-on regretter qu'elle ne semble pas d'une humeur bien égale, et que dans l'affection dont Paris se pique pour ses artistes, il faille faire la part aussi des nerfs et des influences de la lune ?

Voici par exemple cette pauvre Scriwaneck ; depuis longtemps son bénéfice à elle est annoncé ; il aura lieu dans quelques jours, et je ne vois pas que cette représentation-là se dessine comme un succès très parisien ; au contraire, il faut craindre plutôt que le stock disponible des sympathies et des générosités maintenant se trouve fort entamé. Pourtant mademoiselle Scriwaneck a soixante-treize ans : elle n'est pas moins qu'une autre, plus peut-être, ayant charmé, diverti, enseigné, pendant près d'un demi-siècle ; et ce qu'elle souhaiterait, pour finir, c'est seulement de quoi assurer son admission à Sainte-Périne, dans la maison des Vieux où Champfleury découvrait encore des amoureux, dans le repos de ce grand parc où l'on voit, en passant sur le tramway de Versailles, des ombres très douces assises sur les bancs.

Quelques billets bleus suffiraient. Quoi, elle ne les a pas ? elle n'a pas trouvé moyen de mettre « quatre sous » de côté ? Non, pas plus que Lavigne, pas plus que toutes les autres, d'hier et d'aujourd'hui. C'est ainsi. Cela ne peut être autrement, et Paris le sait bien, qui n'aime ses cigales que parce qu'elles sont des cigales. Mais plus joli serait cet amour, si lui donnait sans compter comme les cigales dépensent, s'il n'avait lui aussi ses sacrifiées, et si le bonheur de l'une ne compliquait pas forcément l'infortune de l'autre.

La rue

2 avril.

C'est une tradition dans les familles de ne pas laisser aller seules les jeunes filles. La crainte du danger est le commencement de la sagesse. Mais le danger par le temps qui court est plutôt ailleurs qu'on le suppose, et si les mœurs risquent réellement d'être compromises, c'est par leurs agents.

Ces jours-ci, comme tombait la nuit, mademoiselle B***, qui demeure chez ses parents, sortie tout juste pour le temps d'une course urgente, a été appréhendée, et malgré ses protestations désespérées, d'autant plus imparfaites qu'elles étaient sincères, conduite aussitôt au poste, en attendant l'heure où la civilisation triomphe par le panier à salade. Son erreur reconnue, — et on se figure tout ce que la reconnaissance d'une erreur doit coûter à l'administration ! — l'agent rafleur en a été quitte pour une semaine de mise au repos, comme si cet accident n'avait vraiment plus rien d'extraordinaire dans le corps d'élite auquel il appartient. En effet c'est une série, on s'acclimate doucement à ces mésaventures, et même M. de Vogüé doit ne pas marchander son attique complaisance à ces opérations de police un peu rudes. Mais en réalité n'est-il pas révoltant que, dès l'ombre venue, le trottoir appartienne au pouvoir discrétionnaire, à la fantaisie, aux passions, au commerce de cette poignée d'individus ? A la terreur de pauvres filles qu'ils chassent devant eux, en corvéable troupeau, s'ajoute celle qu'ils inspirent aux honnêtes femmes ; il en est qui n'osent plus sortir de l'atelier quand l'heure est tardive ; d'autres se sont vues empoignées en rejoignant le mari venu à leur rencontre, dans le clair-obscur du boulevard extérieur. Tout y passe, excepté ce qu'on ne regretterait point.

On demande un coup de balai dans les jambes de ces balayeurs. De tels auxiliaires, ces ténébreux fournisseurs de Saint-Lazare, depuis longtemps, et après les révélations surtout du docteur Lutaud, que je transcrivais ici il y a quelques jours, devraient être répudiés. Et que deviendra la vertu, si les honnêtes femmes n'ont même plus la dernière revanche que leur donnait Barrière, celle de pouvoir aller à pied ?

Les temps nouveaux.

3 avril.

Dans la hâte du camp levé, la Chambre expédie quelques menues besognes, et il se trouve que dans cette improvisation de la dernière heure se glisse précisément ce qui risquera de lui servir d'excuse. M. Léon Bourgeois et M. Poincaré sont des pères pour elles; et en prenant, conformément à la marche indiquée par le procureur général lors de la demande de mademoiselle Chauvin, l'initiative d'une loi spéciale qui ouvrira le barreau aux femmes, ils lui assurent quand même une petite trace dans les poussières du temps. C'est la réforme du Parthe (1).

Les femmes veulent plaider; elles veulent, identifiant leurs moyens avec ceux de l'homme, faire mentir la jolie idée que M. Jean Izoulet exprimait dans son cours de Philosophie sociale du Collège de France, en affirmant qu'il y a un sexe des âmes comme il y a un sexe des corps, qu'il y a une âme féminine comme il y a un corps féminin, et en rappelant cette vision exquise d'un poète ancien : les contours des âmes sont encore plus beaux que les contours du corps. C'est affaire aux femmes, et il ne faut pas être plus épris, plus jaloux qu'elles-mêmes de ce qui fut leur apanage.

Mais assurément l'effort qu'elles entreprennent vers

---

(1) En vertu de la gothique ordonnance de 1822, qui limite au sexe barbu la profession d'avocat, mademoiselle Chauvin, — cette vivante preuve de l'énergie et de l'intelligence féminines, — s'est définitivement vu refuser le droit de plaider.

ce que sincèrement elles croient une conquête, vaut d'être sanctionné, et il est inadmissible qu'ayant travaillé, acquis un grade, payé l'État, elles ne puissent utiliser leurs peines, leurs sacrifices et même leurs illusions. Une duperie à ajouter à tant d'autres. L'esprit, qui souffle où il veut, met sa modernité dans l'action plus affranchie de la Femme, et il semble que s'organise une conception autre de la vie : il serait dès lors bien étonnant, et un peu trop abject, qu'on ne facilitât à la femme que son inscription, — à la Préfecture de police.

La feuille de vigne.

4 avril.

Cet excellent M. Combes, naguère ministre des palmes académiques, fut un grand-maître tout en pénombre. Mais brûlant un jour d'affirmer ses tendances, il réussit au-delà. Par son ordre en effet, on enleva, de certain petit salon de sa résidence officielle, le *Vainqueur du combat de coqs* de Falguière, parce que l'œuvre, belle en soi, étale un nu scandaleux. Et aujourd'hui, paraît-il, cet étrange accès de pudeur persiste : malgré plus d'un effort l'œuvre n'a pu être réintégrée, l'administration en tient pour la feuille de vigne, et il ne faut pas s'étonner d'ailleurs d'y rencontrer le souvenir de M. Sosthène de La Rochefoucauld, quand d'autre part on voit un ministre se préoccuper de ce qui pourrait, dans les dépêches qu'elles transmettent, en lisant des romans derrière leurs grillages, effaroucher les demoiselles du télégraphe.

Mais en réalité une si belle vertu ne cadre ni avec

les choses du temps, ni même avec le régime. C'est partout un singulier déballage. Cultiver officiellement la décence? Cependant tout est à nu, — même ce qui concerne la patrie, cependant les théâtres nous servent des petites femmes adorablement pires que nature; les cafés-concerts ont d'ignobles brutalités; la rue regorge d'immondes exhibitions. Oui, messieurs, si vous voulez à tout prix prendre la suite des sénateurs qui ont demandé du Phlore, du fond de leurs chaises curules, vous aurez quelques belles occasions : mais de grâce laissez dans leur gloire les marbres purs que seules salissent les imaginations, contre lesquelles vous ne pouvez rien.

De toutes façons, voici les artistes prévenus, qui ont envoyé aux Salons, des Vérités, des Vénus, des Nymphes. Il leur faudra compter non seulement avec la matière rebelle ou l'inspiration, mais avec cette disposition imprévue, et aujourd'hui vraiment bien paradoxale, la vertu d'État. Et que ceux qui semblent ne point se douter que les sociétés les plus atteintes sont fatalement les mieux parées de morale, se tiennent sur leurs gardes : car il y a maintenant, dans les encriers officiels, là, sur les bureaux, quelque chose de cette encre qui éclaboussait la Danseuse de Carpeaux.

En place, repos.

5 avril.

La représentation en l'honneur du monument de Dumas fils s'organise avec une sage méthode, et voici qu'au moment même où cette consécration semble proche surgit à nouveau le problème de la « Route de

Thèbes ». Oh! cette pièce que l'écrivain n'a pu achever, qui a été le dernier calvaire de son génie frappé, en qui se sont résumées les affres de son impuissance et du suprême effort de la volonté perdue!

On pouvait espérer que, lui parti, on n'accablerait plus son œuvre de cet avortement; qu'avec cet enfant non venu, pour cause de détérioration et de défaite physique, on n'infirmerait plus son renom robuste, et que dans un ci-gît la tombe effacerait tout. Eh bien non, sous prétexte de ferveur et de fidélité, des amis se sont mis en campagne; cette œuvre qu'il ne voulait pas produire, on la réclame sous couvert de je ne sais quelle piété, et Francisque Sarcey lui-même revendique. La Route de Thèbes! il la leur faut; malgré la pudeur de Dumas, malgré son testament, c'est le cri de la galerie, et l'on ne parle plus de Dumas que pour réclamer ce qu'il n'avait pas voulu donner, lui qui a donné tant (1).

(1) Je retrouve précisément la lettre écrite par Dumas, en octobre 1895, à un rédacteur du *Figaro*, qui le pressait, paraît-il, de donner au public la *Route de Thèbes*. Je vais reproduire ici cette lettre, parce que on y découvre bien la véritable pensée du maître :

 « Cher monsieur,

» L'histoire de *la Route de Thèbe* est extrêmement simple. Quand je la croirai en état de paraître devant le public, je la donnerai; mais il se peut que je ne la trouve jamais en cet état. Alors elle rentrera dans mon tiroir. Il y a bien des chances pour que les choses se terminent ainsi. Je suis arrivé à l'âge où ce qu'on peut faire de mieux, c'est de se taire.

» Ce parfait écrivain et ce remarquable observateur qui fut Guy de Maupassant me disait un jour : « Si j'étais assez riche
» pour n'être pas forcé d'écrire, mon rêve serait de ne plus faire
» qu'un livre en un volume très court, auquel je travaillerais tou-
» jours et que j'ordonnerais qu'on brûlât le jour de ma mort. »
» Je crois que je suis entrain de réaliser le rêve de Maupassant.

» Croyez, etc.

» A. DUMAS fils. »

Les hésitations renfermées dans cette lettre n'équivalent-elles pas à un *non possumus*?

Mais nous qui n'avons pas été de la clientèle du Maître disparu nous professons de lui un autre respect. S'il a résisté à la joie, à l'orgueil de sortir ce fruit tardif de sa pensée, il avait probablement de valables raisons. Inclinons-nous devant elles, et cessons ce sentimental ridicule d'être plus Dumas que Dumas. Le culte vrai est dans la soumission au vœu exprimé, et c'est violer le mort que de le traîner quand même devant les chandelles allumées.

La gueuse.

6 avril.

Après des années de retraite, brusquement, dans un de ces à-coups qui originalisent sa manière, M. Paul de Cassagnac rentre en lice, et son manifeste aux électeurs de Mirande laisse apercevoir qu'il n'a rien perdu de sa vaillance d'autrefois. On le reverra donc, dans son attitude campée, la moustache violente, le geste sabreur, et le tumulte de ses passions connues, qui parfois aussi ont été généreuses, éclatera à nouveau sous l'impuissante prétention de la sonnette présidentielle.

Ce ne sera pas sans plaisir pour quelques-uns, sans utilité pour d'autres. En réalité un tempérament de cette forme est pour un Parlement comme un gage d'activité, de vitalité, d'émulation; de même qu'un Andrieux, un Clemenceau, un Drumont, et hier un Freppel, un Cassagnac a sa place là où l'on agite, plus d'ailleurs qu'on ne mène, les destinées du pays, et il n'est pas indispensable qu'une Chambre soit faite comme un troupeau.

Oh ! la certitude qu'aucune parole, aucune invective inspirée, aucune menace ne viendra troubler la paix des médiocrités ! que nulle évocation d'un autre régime possible, nulle attaque partie d'un autre bord ne donnera la tentation de comparer, de penser ! Mais c'est dans une telle quiétude que les maîtres s'endorment, qui devraient veiller. Oui, ils sont trop sûrs du lendemain, trop en possession ; ils ont besoin d'être retrempés, ranimés, ne fût-ce que par une apparence de péril, et secoués dans leurs ventres arrivés. L'idée seulement, représentée par un intrépide ennemi, qu'il pourrait y avoir autre chose si on n'y prend garde serait étrangement hygiénique ; il n'est point de force sans opposition de haine, et en rappelant, par sa présence, à la République qu'il fut un temps où elle n'était que « la gueuse », son plus beau temps d'ailleurs, M. de Cassagnac, qu'il me pardonne, aura mieux servi la République qu'un républicain.

Les déracinés.

7 avril.

Ce pauvre prince de Sagan, qui assiste vivant à son enterrement, a fait avec la question des arbres du Bois son dernier tapage très parisien. Pour quelques arbres déplacés, on a crié tout de suite à la profanation. Nous voici loin de cette sensibilité des amants de la Ville, et c'est par centaines, que les arbres, demain, le long des quais, vont être pris et faire, transportés sur des charrettes à travers les rues étonnées, la Forêt qui marche.

Étrange fantaisie de la destinée : après les dévastations de la Commune, tout un coin de nature, robuste et beau de sève, s'était épanoui en ces parages, et des ruines de la Cour des Comptes des verdures admirables s'étaient élancées; le progrès arrive, « triomphe de la Paix », et autour de lui, tout doit être abattu, et ce que l'incendie n'avait pu réduire, le paysage, la force de la nature, il n'en fait lui qu'une bouchée. Certes plus d'un passant s'ébaubira à voir le monument neuf de la gare d'Orléans là où, pendant de longues années, des choses eurent tant de mélancolie. Mais pour ce résultat fallait-il tant de victimes, était-il nécessaire vraiment de toucher, sur une telle longueur, à ce qui était le cachet et toute la vie de cet autre Paris dans Paris, au refuge des bouquinistes, à l'asile des rêveurs? Et plus loin aussi, au Cours-la-Reine, vers les Champs-Élysées, tombe l'ornement des perspectives, la poésie de l'air, et c'est le massacre des marronniers et des jeunes pousses.

Aucun de ces arbres à vrai dire n'est digne d'un de ces cultes cruels qu'inspirait le figuier de Murat, qui vient de mourir à Leipzig. Mais peut-être serait-il permis encore de donner un regret à ce qui fut seulement une joie, un enchantement, et de déplorer cette maladie française qui consiste à ne créer que pour démolir.

L'oasis.

8 avril.

Cette semaine offre une particularité qui doit être bien précieuse à M. Brunetière. La renaissance du christianisme y bat son plein, comme ferait une simple fête donnée par madame X... Ce ne sont que concerts spirituels édifiants : les Marie-Madeleine, les Christ, les Joseph d'Arimathie, entre l'Hippique qui clôture et le Salon qui commence, se disputent les plaisirs de Paris, et comme le bocage, le moindre tréteau a son Mystère.

Très curieuse par elle-même, cette religiosité théâtrale, cette prise de possession, à circonstances fixes, des affiches par la foi : mais le plus curieux c'est qu'en réalité le public apporte à ces récréations catholiques quelque chose des ferveurs effacées, et que là il retrouve à point, comme par suggestion, un état d'âme spécial, que la veille même il laissait croire aboli. En observant ce public, plus d'une fois m'a intéressé son attitude, son recueillement, le désir de se donner à tout cet au-delà qu'exprimaient les visages, avec une joie d'être remis en face de ces choses, pareille à celle qu'on éprouve à revoir des paysages autrefois chers. Le snobisme amène ces gens : une sincérité tout d'un coup venue les fixe, et sans que nul ne songe à sourire de son voisin, ils semblent ainsi boire en altérés à un fleuve extraordinairement doux, de bonté, de justice, de paix, d'oubli, et ils sont devant cette apparition soudaine, en pleine aride et brûlante vie, d'espérance et de tendresse, comme dans une oasis.

Halte délicieuse, très courte, sans influence d'ailleurs sur la suite. Mais combien cette facilité de reprise en dit long sur le vrai fond des cœurs les plus affranchis d'apparence, et même sur nos besoins ? Aussi bien on n'a rien trouvé encore qui vaille ou remplace cela, et quand on voit des gens qui « s'en moquent » si heureux, subitement, aux approches seules, très vagues, de ce qu'ils nient, apparaît plus

encore comme une manœuvre dolosive l'entreprise de
ceux qui s'exercent à ôter leur foi aux croyants.

Projet d'illusion.

9 avril.

On sait que le domaine de la Malmaison a été vendu.
C'est là que s'évoquait la trop tendre figure de Joséphine ; tel chêne, tel figuier avait été planté par l'Empereur ; et c'est dans cette allée qu'il avait fait les
derniers pas avant Sainte-Hélène. En réalité, toute
l'épopée de splendeur et de misère. Et c'est à l'heure
même du réveil de la Légende, de la résurrection napoléonienne, que s'est révélé l'abandon où est tombé
ce coin sacré. Oui, en livres magnifiques on a célébré
le colosse ; et après les mémoires des héros on nous a
donné ceux du moindre sergent de la Grande Armée (1) ;
et les archives et les vieilles armoires de famille avidement ont été fouillées : mais pour le sanctuaire
même de cette gloire, rien.

Enfin Osiris vint... M. Osiris s'est rendu acquéreur
du château en ruines et des terrains défoncés. Que
fera-t-il de cette propriété nouvelle, lui qui se promène en maître déjà dans les vignobles de Lur-Saluces et de la Tour-Blanche ? C'est pour la Malmaison,
paraît-il, qu'il vient d'acheter les hautes colonnes de
marbre rouge de la Cour des Comptes : mais en vé-

---

(1) Le sergent Fricasse, le capitaine Coignet, le canonnier
Bricard et autres braves gens, tous experts en coups de sabres,
mais moins heureux avec la syntaxe. Toutefois, le sergent
Bourgogne atteint parfois, dans ses *Mémoires sur la Campagne
de Russie*, à l'exacte vision de l'historien.

rité son dilettantisme aurait là l'occasion de s'exercer plus joliment que par l'embellissement. Qu'il nous rende plutôt l'illusion par les choses de la présence de l'Empereur, qu'il fasse revivre la maison en tous ses objets et détails exacts, en son aspect, en son âme ; qu'il cherche, collectionne, rafle, ressaisisse ce qui est aux quatre vents, et après avoir contribué à la statue de Musset, dont les strophes ont répondu au Rhin allemand, qu'il restitue à notre piété quelque chose de celui qui fit le Rhin français !

Voilà, si j'ose dire, qui serait d'une grandiose inspiration, une belle œuvre de millionnaire, et pour une fois l'argent se serait frotté à ce qui est immortel.

Deux sœurs.

10 avril.

Paul Verlaine, très prochainement, aura son buste au Luxembourg, près de ces marronniers qui l'ont vu si souvent traîner sa glorieuse pensée. Mais à cet hommage, il va s'en joindre un autre ; le comité formé à Nancy presse sa besogne, bientôt Verlaine sera célébré là-bas aussi, et l'idée qui inspira les Nancéens vaut en ce temps d'être notée au passage.

Verlaine était né à Metz, et Metz n'a plus le droit de revendiquer quand il s'agit de manifester pour un des nôtres. Le vainqueur ne tolérerait pas cette pure fête française de la lyre. Et c'est en remplacement de la sœur empêchée, c'est au nom de l'absente, que Nancy a voulu accomplir ce devoir. Inspiration d'un patriotisme sans fracas de mauvais aloi, mais combien touchant dans sa discrétion ! C'est ainsi que se renoue la chaîne brisée. Les hommes d'État, les politiciens réduisent notre culte et nos espoirs à l'impuissance. Mais c'est dans l'âme des artistes que subsiste la flamme sacrée, et c'est leur œuvre qui fait des liens immortels.

Saluons cet exemple donné par la cité lorraine. Il nous arrive comme l'écho persistant de tout ce qu'on pouvait croire assoupi. Dans le tumulte qui nous entraîne loin du souvenir, cette piété fidèle nous est douce. Heureux, aussi bien, ceux qui vivent près de la frontière; là-bas au moins l'air qu'on respire tient le cœur robuste et jeune, et garde quelque chose encore de ce que nous avons perdu.

Le petit chapeau.

11 avril.

Le Président de la République inaugure les bons jours que nous fait le départ de la Chambre par une fugue dans le Midi. Une semaine de repos, auprès des mimosas déjà lourds d'épanouissement, et dans le parfum déjà trop respiré des œillets; et repos avec des visites aux souverains et principicules disséminés sur la côte. Qu'on se rassure, on n'ignorera rien des heures que le Président va vivre là-bas, et sur son évasion même de l'étiquette M. Crozier veille jalousement.

Mais on voudrait bien savoir, et avec une patriotique émotion on se demande ce qu'est devenue la question du chapeau. Est-elle résolue dans le sens des grands intérêts du pays? le Président pourra-t-il porter ou non ce petit chapeau de paille dont il est épris et qui, paraît-il, a fait au Protocole l'objet d'une si méticuleuse étude? La chose en effet était inquiétante, et il faut espérer qu'au quai d'Orsay on se sera tiré avec honneur d'une difficulté aussi grave. On savait déjà ce que, pour l'Histoire, peut avoir de conséquences un Verre d'Eau : il appartenait vraiment à la République, une et indivisible, de mettre en lumière toute l'importance du paillasson.

Certes il ne faut pas méconnaître le prix des détails dans l'établissement d'une physionomie ; la grâce est faite d'un souffle, un rien, et cette affaire du chapeau n'est pas des moindres. M. de Morny déjà s'en doutait un peu lorsqu'après sa nomination à la Présidence du Corps législatif, il faisait venir son chapelier ordinaire, entrait en longue conférence avec lui, et lui demandait enfin, ayant médité, de lui composer, en harmonie avec sa situation nouvelle, un chapeau sérieux, mais avec un peu de gaieté dans les bords. Précédent exquis, mais trop exquis semble-t-il pour le temps présent. L'art de ces délicates nuances, pour être explicable et goûté, exige un ensemble digne de lui, et à proprement parler il surprend, jusqu'à faire sourire discrètement, dans une organisation comme celle qui nous règle. Elle ne paraissait pas comporter tant de finesses, et peut-être est-il trop facile de regretter que pour la République, se réduise à cela la grande histoire du « Petit Chapeau. »

Les justes Lois.

12 avril.

Mademoiselle Kerloord, de l'Opéra-Comique, vient d'expier une brillante saison au théâtre de Montpellier par une bien pénible aventure. Sur dépêche du parquet de cette grande ville, un peu genevoise, elle a été arrêtée en débarquant à Paris, avec « son ami », et expédiée au Dépôt, après plainte d'un hôtelier de là-bas, qui l'accusait net d'avoir subtilisé en partant un surtout de table d'argent. Cette pièce très décorative, on le voit d'ici, ô splendeurs pour petites noces régionales! était d'ailleurs en ruolz, et pouvait bien valoir dans les cinquante francs.

On l'a effectivement trouvée dans les bagages de mademoiselle Kerloord. Quelle main l'avait mise là? A qui était cette main? C'est ce que nous apprendrons au prochain numéro. En attendant, la jeune artiste, protestant de son innocence, a pu prouver sur l'heure, au magistrat de Paris, par l'exhibition d'une forte note d'hôtel acquittée, du bail de sa maison asinérienne, et surtout d'une respectable garniture de portefeuille, que si elle pouvait chanter la « *Pie voleuse,* » elle n'en est pas réduite à l'imiter.

Souhaitons pour elle que des preuves moins subjectives interviennent. Mais quoi qu'il retourne, ne vous a-t-elle pas une jolie tournure de province, cette opération du parquet de Montpellier? Oh! la joie de porter un tel coup à une « artiste du théâtre, » qui peut-être bien trop applaudie, posait un peu, à une Parisienne qui sans doute pendant son séjour n'avait daigné remarquer personne dans la galerie des beaux bustes de l'autorité, et parmi les influents de l'orchestre! Et cette hâte à mettre solennellement en branle tout l'appareil sévère mais juste! Ce parquet au moins n'hésite pas; tout de suite la paille humide, et presque une cause célèbre pour un peu de ruolz. C'est beau d'énergie, d'intransigeance consciencieuse, de défense sociale, et c'est grand. Mais cet hommage rendu à l'admirable rigueur des magistrats de Montpellier, qu'ils nous permettent un peu d'étonnement, car en vérité nous sommes très habitués à voir circuler sans encombres, et même dans les honneurs, des gens qui travaillent dans autre chose que du Christofle (1).

Trop sacré.

13 avril.

Ces jours-ci mourait, dans un recoin d'hôpital, un ancien interne que ses études, son savoir, son courage, n'avaient pas conduit à cette forte somme dont on parle tant. Les internes en exercice, la Faculté de médecine où il continuait, malade, ses fonctions de préparateur, les Sociétés médicales dont il faisait partie, les associations, demandèrent au directeur de l'hôpital de quoi l'enterrer dignement. Pas de luxe : un drap seulement pour recouvrir son pauvre corps, un oreiller pour son dernier sommeil. Et se retranchant derrière le règlement, le directeur de cette maison de pitié déclara ne pouvoir rien faire pour cet homme qui avait pourtant donné à ceux qui souffrent le meilleur de sa jeunesse.

Impossible, paraît-il, de distraire quoi que ce soit du fonds de l'Assistance publique ; elle dresse de ce qui lui appartient des inventaires d'une inexorable précision ; la moindre épingle est au catalogue, le plus petit bout de chandelle solennellement immatriculé. De telle sorte qu'on ne peut toucher à rien, même dans

---

(1) Une ordonnance de non-lieu ne tarda pas trop à être rendue en faveur de mademoiselle Kerloord.

une circonstance urgente, sans commettre un sacrilège administratif, et, ce qui est vraiment d'un paradoxal étrange, ne rien affecter au bénéfice d'un pauvre sans être soupçonné d'attenter à ce qu'on appelle précisément le bien des pauvres.

Certes, la méthode et l'ordre sont des forces dont il ne faut pas médire, encore qu'elles nous valent des générations irréductibles de bureaucrates. Mais dans l'idée de ses fondateurs, l'Assistance publique devait-elle réellement opérer selon le manuel du parfait notaire ? N'est-ce pas une chose déconcertante que, pour un cas extraordinaire, il ne puisse y avoir d'exception immédiate, d'initiative, et qu'il y ait du protocole jusque dans la Charité? Le bien des pauvres doit être sacré, c'est entendu. Il existe des phrases héréditaires là-dessus. Mais non pas tellement sacré que les pauvres eux-mêmes n'en puissent approcher, et c'est une singulière institution de charité, à réformer elle aussi de la base au faîte, celle qui ne pratique qu'une charité de Tantale.

Les gloires.

14 avril.

Une bonne dame qui écrit au président du Conseil municipal demande qu'en témoignage de reconnaissance, et pour la consoler de l'opération qu'elle vient d'essuyer, on donne à une rue de Paris le nom de Sarah Bernhardt. Certes, cette manifestation n'aurait rien de surprenant dans l'hyperbolique fortune dont jouit à cette heure tout ce qui est théâtre, et si quelque artiste jamais a semblé mériter un si curieux hommage d'édilité c'est bien celle-là. Mais... Non, je ne m'attarderai pas à des considérations chagrines, et l'impossibilité même où se trouve le Conseil de réaliser ce vœu d'une admiratrice trop brûlante me dispense des réflexions qu'il suscite.

Avec une sagesse qui n'est pas dépourvue de psychologie, le Conseil municipal applique strictement, en effet, sa décision de ne pas faire à des vivants l'honneur de ses plaques. Il est vrai que Ferdinand de Lesseps a pu jeter au cocher le nom de sa rue ; qu'Alfred Stevens, toujours droit comme un chêne, peut aller fumer un excellent cigare dans le vaste passage dont il est parrain, et que Juliette Lamber est arrivée par la ruelle du bel-esprit à avoir sa rue : mais ce ne sont là que gracieusetés de propriétaires ; les propriétaires sont libres de baptiser à leur idée des voies privées, mais sitôt qu'opère le classement officiel, c'est fini et ces glorifications vont où va la feuille de laurier (1).

Aussi bien s'il fallait de la sorte immortaliser les vivants, l'Indicateur entier des Rues ne suffirait pas pour tout ce qu'il y a, dans chaque partie, de prétendants, et la Comédie vraiment deviendrait énorme. Des humoristes nous ont reproché déjà d'être un peuple de décorés dans une ville de statues. Ils auraient plus beau jeu encore après ce progrès sur les consécrations de la foire aux pains d'épices, avec ce panthéon en plein vent pour vanités ; et s'ils voulaient rechercher pourquoi se perd l'ambition de poursuivre

---

(1) Il y a cependant une exception pour Victor Hugo. De son vivant, il a pu jeter aux cochers le nom de *son* avenue. Avec approbation de l'autorité supérieure. Eylau, cette admirable bataille, fut dépossédé de sa plaque bleue au profit de l'auteur de *la Bataille d'Eylau*. Le nom du poète a pris la place de la victoire qu'il avait chantée. « Supériorité du poète sur le conquérant », a pu dire le Maître.

la vraie gloire, l'explication est simple : c'est que la gloire en gros sous est accessible à tous.

Le royal soulier.

15 avril.

Par la route de Villefranche, un homme à longue barbe, seul, d'un pas tranquille, rentrait dans Nice. Il marchait depuis deux heures, son chapeau de travers contre le soleil, et par instants, sa canne faisait des ronds dans l'air bleu. Arrivé près du Casino, il s'arrêta, s'assit, jouit longuement de sa lassitude ; puis, ayant consulté l'heure, songé qu'on l'attendait à déjeuner et remarqué que dans cette course matinale son soulier s'était blanchi d'épaisse poussière, l'inconnu sortit de sa poche un mouchoir, et, d'une main presto, en long, en large, en époussetta sa chaussure. Le geste par lui-même n'est pas un beau geste : mais il le devient comme par miracle pour peu qu'on sache que ce chemineau était royal, que cet homme au mouchoir n'était autre que le roi Léopold.

D'irrévérencieuses chroniques l'avaient accusé de le jeter. Constatons pour le plus grand honneur de la morale qu'il sait l'appliquer aussi pour d'autres exercices, et pour celui de l'économie, qu'il lui en reste quelques douzaines encore qui ne doivent rien à l'Opéra. Un roi balayant la poussière de ses souliers, comme nos aïeux jadis le tabac de leurs jabots ! Aussi bien ce petit tableau de genre est charmant. C'est ainsi qu'on se représente un philosophe, et même un homme heureux. Nul souci de ce qui est la vaine grandeur, et l'habitude exquise d'éloigner de soi, en un tour de main, ce qui gêne et déplaît.

Je sais bien que dans ce laisser-aller, cette suspension de toute étiquette, de maussades esprits pourraient découvrir à gloser, et qu'il serait fort tentant de distinguer dans cette manière d'en prendre à son aise quelque chose comme une absence de considération, comme le sentiment qu'éprouve un voyageur en s'installant dans une auberge, où l'on se croit tout permis. Mais il serait désobligeant d'amoindrir par cette arrière-pensée l'effet d'une si pittoresque simplicité. Elle ne manque pas de séduction, de malicieuse éloquence, et offrirait aux peintres officiels un sujet bien spirituellement digne de la République.

De fidèles clients.

16 avril.

Le ministre des finances vient de publier son relevé annuel de la consommation du tabac. Les résultats sont vraiment pour remplir d'orgueil la Société qui combat son abus, et on ne saurait trop en admirer l'efficacité sur les masses des croisades les plus sincères. Malgré les conférences, les brochures, les menaçants avertissements ou les exhortations, le taux de la consommation moyenne par habitant s'est religieusement maintenu, et dans l'année 1897 l'État a vendu pour près de quatre cent millions de tabac; un beau denier, et qui suppose chez ceux qui l'ont versé une belle patience, lorsqu'on songe que les allumettes de la même régie prennent si mal.

Pour cet argent, le contribuable au moins a-t-il eu

quelque plaisir ? Hélas, il faut reconnaître qu'on ne l'a pas gâté. Si le « paquet de cinquante » conserve encore quelque saveur, la cigarette qu'on lui fournit est d'une facture qui pour se faire pardonner aurait besoin de Carmen, et quant aux cigares ils offrent, à qui ne fréquente pas l'odorant bureau du Grand-Hôtel, le plus outrageant composé de paille et de feuilles de choux, sous couleur caca d'oie ou purin. Et tout cela, dur, amer, acide, gâché, indigne de ce que pourrait un État aux ressources supérieures et qui se pique de Monopole, se vend tout de même. En vérité on est injuste envers le contribuable, il accepte tout ce qu'on veut : mais le plus surprenant c'est qu'il consente ainsi à s'empoisonner sans avoir la compensation d'un peu de volupté pour le mal qu'il se fait.

Saluons donc ici le triomphe même de l'Habitude. Aussi bien un peuple qui ne se laisse entamer par rien dans les accoutumances qu'il a prises constitue le peuple rêvé pour tout ce qui est gouvernement, et vraiment il mérite cette délicate, cette exquise attention que vient d'avoir le ministre, en rappelant qu'il y a en France quarante-six mille bureaux de tabac, tout juste à la veille des élections.

Harmonie.

17 avril.

Le vicaire de Saint-Vincent-de-Paul a appelé ces jours-ci la bénédiction de Dieu sur un couple qui ne semblait pas précisément désigné pour la recevoir, et c'est par là d'ailleurs que valent les beautés de la religion. Lui venait d'être extrait de Mazas, spécialement pour cause de mariage; elle, détenue à Saint-Lazare, avait obtenu une heure de liberté pour se faire cataloguer ainsi honnête femme. Comme témoins, des agents de la Sûreté. Puis, la cérémonie achevée, chacun des époux s'en est allé retrouver sa prison, en attendant le départ pour la Nouvelle, où, récidivistes, ils sont relégués.

Là, ce sera la félicité. Ils auront une maison, un champ à eux. Ce que de braves gens, travaillant toute une vie, ne peuvent parvenir à gagner, l'État le donne à ces malandrins contre lesquels il a dû se défendre; ils feront des économies, fortune même peut-être, comme celui de leurs pareils devenu millionnaire en ouvrant là-bas un bazar. Et ils s'aimeront, tendrement, délicieusement, légitimement, comme les *Deux Tourtereaux* que montre la fantaisie de Guérin et de Ginisty, et ils auront beaucoup d'enfants, et on pourra donner leur bonheur comme un exemple de la vertu enfin récompensée.

Mais, en reconnaissance du sort enviable et si guigné que la société, tant marâtre aux vaillants, fait à quelques repris de justice, ils lui rendent un grand service, celui de relever une des institutions auxquelles elle attache le plus de prix, le mariage. Les relégués positivement l'ont remis à la mode, il est fréquent dans leur monde, et quand de toutes parts on l'attaque et on le démolit, eux proclament son prestige. Oui, certes, quand on y songe, il faut le remercier de nous fournir l'occasion encore de noter un mariage où il n'est pas question d'argent, où les cœurs sont vraiment dignes l'un de l'autre, et les consciences à l'unisson. Ce n'est pas là d'ordinaire ce que nous montre la *Gazette des Tribunaux*, et, ma parole, il était temps.

Petite reine.

18 avril.

La jeune reine Wilhelmine, accompagnée de sa maman, promène d'exquises vacances à travers Paris. Elle a visité les palais, le musée des Antiques, la Sainte-Chapelle, Notre-Dame, et dans son incognito, çà et là impénétré, elle a dû jouir délicieusement des allures de la liberté, tout en constatant ainsi peut-être avec surprise, que rien ne distingue, quoi qu'on pense à la Cour, une reine d'une autre femme.

Chemin faisant, de pittoresques détails. Sur je ne sais plus quel point du parcours, un sergent de ville, d'un simple mouvement de son bâton blanc, arrêta la voiture de cette printanière souveraine qui, elle, demain, portera un vrai sceptre. Et la princesse rit, du cœur le plus joyeux, à cet épisode qui sera du nouveau pour la *Gazette de Hollande*. Aussi bien il est charmant, il veut être apprécié, et le triomphe du sceptre de bois, ce parent pauvre, sur le sceptre tout en or, est d'un symbolisme qui, par ce temps de réunions publiques, flattera à souhait les électeurs.

Quelle impression la jeune reine rapportera-t-elle de cette brève tournée? Elle sait tout, l'art militaire et l'art naval, la politique, l'histoire, le droit, la physique, la chimie, l'anglais, l'allemand et même le malais; mais voici la Vie qui se révèle, s'ouvre, bat devant elle. Plus de maîtres dans un vieux palais, le souffle du large. Et il est vraiment intéressant ce premier contact de la petite reine avec le dehors. C'est quelque chose comme le premier bal, pour une jeune fille. En réalité, la vue de ce grand Paris aura frappé son intelligence, confirmé ses moyens dans le culte de ce qui est supérieur, et Paris laissera, espérons-le, dans son cœur un de ces souvenirs qui décident à jamais des sentiments. Et ce ne sera pas un des moindres succès de la Grand'Ville, d'avoir conquis ce cœur que les princes vont se disputer, le cœur de la petite reine blonde, qui peut-être lui fera envoyer du vrai curaçao.

La soif du sang.

19 avril.

Les moyens par lesquels d'habiles artistes soutirent aux gogos leur argent sont toujours amusants à relever, et si j'osais, je dirais la sympathique curiosité que m'inspirent les fruits de leur fertile imagination. Après tout, leur industrie s'exerce aux dépens d'une bêtise telle, d'une crédulité si épaisse, qu'il semble permis de sourire aux mésaventures qu'elle cause, et de les juger très congrûment méritées. Mais voici de l'inédit et cette fois ce n'est pas à la cupidité, à l'hallucination du gain que viennent de s'adresser les escrocs qui, ces jours-ci, fonctionnaient à Nassandres.

Quelques individus ont réussi, paraît-il, à faire croire aux habitants de ce village, récemment illustré par le troppmannisme de Caillard, que la guillotine ne pourrait venir à Nassandres parce que M. Deibler ne consent à se rendre dans les campagnes qu'en échange d'une forte rétribution. Et comme ces bons paysans ont à cœur de voir exécuter, de leurs yeux, de leurs propres yeux, ce qui s'appelle exécuter, l'assassin devant la maison où il commit son forfait, une souscription instantanément ouverte au bénéfice du bourreau se trouva en peu d'heures en excellent état, et dans la main de ces hardis opérateurs. Non, pas une minute, ces bons paysans, ces cœurs agrestes, avides du plus hideux spectacle qui soit, altérés de sang tout autant que l'avait été celui qu'on veut châtier, ne se sont avisés que la cour d'assises n'avait pas encore agi, que la peine n'était pas prononcée ; tout de suite, par besoin, d'instinct, inéluctablement, ils sont allés donner dans ce piège tendu à ce que la nature de l'homme a de plus vil, ils n'ont pas déçu l'espérance fondée sur leur cruauté, et en vérité, cette gogoterie-là, sinistre, vous ôte toute velléité de se divertir.

Je ne dis point que, puisque la peine de mort existe, cette terrible brute n'en soit pas particulièrement digne ; ce serait infâme, à finir par vous dégoûter de tout, que celui-là y échappât, quand on veut l'infliger à un pauvre et brave enfant, le soldat Jamin, qui avait frappé un sous-officier, après quelques rasades de trop. Mais de si sanguinaires frénésies ne sont pas pour hausser le caractère de cette étrange institution sociale. Lui attribuer une valeur de justice ? prétendre qu'elle donne satisfaction à l'idéal du droit et du devoir ? Il faudrait s'avouer plutôt qu'elle caresse, inspire, favorise tout ce qui croupit d'abjection en nous, qu'elle égare et déshonore les consciences qu'elle veut satifaire, et qu'elle ne met dans cette fameuse voix du peuple, qui se vante d'être la voix de Dieu, que le cri des bouchers de l'abattoir.

La corde sensible.

20 avril.

L'histoire est navrante, quoiqu'un peu ordinaire aujourd'hui, de ce jeune homme qui s'est tué parce que sa fiancée, après serments et tendresses, l'avait grossièrement trahi, et chaque fois qu'il en tombe un ainsi, en plein espoir, en pleine intelligence, il semble que notre jeunesse entière soit frappée. Combien hélas il en avait vu mourir, de jeunes filles, le poète! Maintenant c'est comme un souffle de mort qui passe sur ceux aussi qui sont l'avenir et la force de la patrie. Mais qu'a-t-elle donc la jeunesse? quel mal nous l'attaque, la fane et la fauche? Et pour répondre, on dit qu'elle ne croit plus, qu'elle sombre dans les affres du doute, qui n'a d'autre fin qu'un saut à travers la nuit.

Il ne paraît pas cependant qu'il faille accuser la jeunesse d'un si terrible scepticisme. Elle ne plus croire? allons donc! Au contraire, j'ai idée que si elle souffre ainsi dans la tourmente c'est parce qu'elle est trop confiante encore, et trop jeune précisément. Nous sommes de faux schopenhaueriens, nous avons beau accuser la Vie ou la blaguer, nous ne laissons pas, en entrant, les illusions au vestiaire. Malgré tout, elle reste pour nous parée des couleurs roses qu'on nous avait promises, et nous tombons dans ses pièges éternellement, et toujours le réveil est horrible.

Oh! peut-être que si vraiment ils étaient les indifférents, les railleurs, les cœurs fermés qu'on prétend, ceux d'aujourd'hui, la vie leur serait moins lourde! Prévenus solidement qu'il importe d'abord de ne compter sur rien ni sur personne, de n'avoir point à prendre au sérieux le doux sourire qu'on vous fait ou cette larme qu'on vous exhibe; avertis que les mots sont vides, que les choses elles-mêmes mentent, et que c'est une jouissance aussi d'avoir dans le cœur une force méprisante qui ne transige point, — ils iraient plus sereins, plus fermes, et on ne verrait pas tant de sang pur rougir les ronces du chemin...

Le minotaure.

21 avril.

Le Congrès des professeurs vient de décider, et d'organiser du coup, une création qui fait le plus grand honneur à sa compréhension de la solidarité. Il a établi le fonctionnement immédiat d'une Société d'assistance et approuvé le système d'une société d'assurance mutuelle. Ainsi les maîtres de tout grade, tous ceux qui désespérément peinent à meubler la mémoire des cancres, ou à faire pour plus tard des victimes nouvelles de l'éducation, trouveront un réconfort, un appui professionnels, et cette institution propice compensera ce que le sein de l'Université offre de trop maigre à ceux qu'il prétend nourrir.

Presque simultanément, les médecins se sont avisés de grouper, d'armer les intérêts de leur corporation; ils fondent une caisse de secours, et par sa contribution « le Sou médical », versé par les élèves comme par les maîtres, les débutants et les sommités, donnera la certitude d'un soutien à ceux que frappent de trop lourdes épreuves.

Nos félicitations les meilleures à l'esprit de ces

initiatives. Elles constituent une force, en même temps qu'une démonstration très décorative pour le renom de nos sentiments. Mais en vérité, se produisant si tard, après de si longues et longues expériences, n'ont-elles pas une inquiétante signification? Quoi, c'est à cela que pour finir tout aboutit? Voilà le résultat le plus net? les sacrifices consentis, le travail, l'espoir qu'on avait de trouver dans les carrières libérales à se défendre et à vivre, se résument dans cette conclusion suprême qu'il devient impossible de s'en tirer sans artifices, et qu'il faut chercher à côté? Eh bien, oui, c'est la réalité même, chaque jour dit davantage le douloureux combat, la précaire destinée qui, dans l'encombrement, attendent les prolétaires intellectuels, et si quelque chose pouvait guérir de cette sottise, de cet orgueil néfastes les pères de la petite ville ou du village qui veulent à tout prix faire de leur fils un monsieur, c'est cette affirmation nouvelle. Pauvres vieux, qui dédaignant en masse ce qui est la vie normale, féconde, sûre, se croiraient déshonorés si le champ, ou la vigne, ou la fabrique, suffisaient aux moyens étonnants de leur petit, et qui ne se sont privés tant que pour habiller sa misère d'un habit noir, et qui ne l'aiment tant que pour le faire dévorer.

22 avril.

L'opposition.

Les huissiers de l'arrondissement de Douai viennent de se distinguer en adressant au Sénat un projet qui a l'avantage de réduire, plus efficacement que ne le font les dispositions d'une loi nouvelle, les frais nécessités par les oppositions faites sur le salaire des ouvriers. Ce serait certes un progrès déjà, si cette procédure perdait quelque chose de sa ténébreuse avidité, si le malheureux « qui doit » pouvait cesser d'être, sous l'œil bienveillant de la Justice, taillable et corvéable à merci. Mais puisqu'il y a réforme dans l'air, n'est-ce pas au principe même de l'Opposition que devraient s'attaquer les rénovateurs, et ne se trouvera-t-il personne pour offrir de démolir cette autre Bastille ?

En réalité, celle-là aussi sent son vieux temps de barbarie, d'abusif bon plaisir, de tyrannie odieuse. Est-il juste, est-il humain que, du jour au lendemain, parfois avec tous les raffinements de l'animosité, pour une erreur, pour la folie même d'un moment, un pauvre diable qui s'use au travail les paumes ou l'intelligence, puisse être exposé à se voir porter ce coup fatal dans l'estime nécessaire de ceux dont il relève, à être dépouillé, en tout ou partie, de ce qu'il gagne durement, strictement pour sa vie, celle des siens ? A défaut d'une plus généreuse raison, est-il logique de l'entraver, de le frapper dans ce qu'il lui faut pour être ou pour soutenir les apparences de ce rang hors duquel il gagnera moins, de diminuer ainsi ses chances de se libérer, le gage vivant qu'il constitue ? Aussi bien, avec ce procédé, c'est seulement l'abîme qui se creuse un peu plus, le courage qui s'en va, et le respect même et le souci de cette dette, qui pour finir vous a fait trop souffrir, et que l'infortuné juge suffisamment payée par tout ce qu'elle lui a coûté de sacrifices inutiles, d'humiliations et de larmes.

Un député qui prendrait et poursuivrait l'initiative d'une campagne contre cette véritable violation du droit à la vie, des droits du travail, contre cette spoliation légale, si équitablement réservée aux producteurs et à ceux qui précisément songent le moins à se dérober, serait assuré d'une belle œuvre. Souhaitons que la Chambre prochaine produise quelques hommes qui pourront soulever cette question avec autorité et sans être soupçonnés, par la spirituelle galerie, de plaider pour leur saint (1).

Veillée de guerre.

23 avril.

Le Président Mac-Kinley est occupé à traduire par un ultimatum la résolution conjointe des deux Chambres fédérales, et rien n'a pu couper l'accès de fièvre jingoïste, qui va soulever une des guerres les plus odieuses de futilité, de préméditation, d'hypocrisie, dont se soit déshonoré le monde. En hâte on met sous vapeur des vaisseaux qui, cette fois, transporteront des cargaisons de viande à canon, on rassemble les réguliers, arme les volontaires et tout est bon pour cette besogne de sang, traitée comme une affaire, tout doit servir, et le colonel Cody lui-même. Ce colonel n'est qu'un colonel de Cirque ; c'est notre excellent Buffalo-Bill, celui que de superlifiques affiches

(1) Dès le dix-septième siècle, La Bruyère, ce grand cœur et ce libre esprit, n'hésitait pas à poser la question. Ouvrez plutôt les *Caractères* : « Il faut des saisies de terre, des enlèvements de meubles... je l'avoue ; mais justice, lois et besoins à part, ce m'est une chose toujours nouvelle de contempler avec quelle férocité les hommes traitent les autres hommes. » Éclatante confirmation de la douloureuse pensée de Plaute : *Homo homini lupus*... Aucun progrès, hélas! Et nous sommes en 1899.

nous montraient naguère chevauchant, sa belle barbe au vent, la carabine esthétiquement manœuvrée, à travers l'immense plat d'épinards d'une prairie du Far-West. Mais ce chef d'aventures devait avoir sa place en celle-ci, et le voilà chargé de reconnaissances de cavalerie, — ce qui d'ailleurs ne manquera pas d'originalité dans une guerre qui promet d'être surtout navale.

Pendant que s'organise avec ivresse cette calamité, l'Espagne, provoquée, contrainte, donne un saisissant exemple de dignité, de juste orgueil, de confiance dans la force qu'inspire l'idée d'un droit, de l'embellissement immatériel qui naît de l'idée d'un devoir. Dans le jeu des chances, auquel on s'adonne généreusement déjà, il n'apparaît pas que les probabilités lui soient favorables; elle-même peut-être a scruté l'angoissante disproportion de ses moyens et de ses forces, mais son énergie en redouble, et aussi sa grandeur. Ce sont de très vieilles choses celles qui lui inspirent une telle attitude, et d'un vieux jeu parfaitement ridiculisé : les traditions, le point d'honneur, l'héroïsme individuel, l'obéissance, un caractère national, un culte. Ce sont ces choses-là pourtant qui compenseront l'inégalité de la lutte et assureront à l'Espagne, quoi qu'il advienne, — et au fond on ne sait pas, sait-on jamais? — ce qui reste encore de cœur à l'Europe.

Mais en vérité ce n'était pas la peine d'être le Nouveau-Monde, une aurore, et l'avenir, pour prendre ainsi du coup au Vieux ce que dans son long passé il a de plus humiliant.

L'officielle blancheur.

24 avril.

Il paraît qu'on se préoccupe à nouveau de la création au Collège de France d'une chaire exclusivement vouée à la Morale. Du Bérenger en action. Mais quelle morale? Ce pauvre M. Nisard, auquel l'hypocrisie en a tant voulu pour sa théorie des deux morales, était encore un modéré, dans cette classification. Deux morales, c'est pour rien. Il y a autant de morales que de peuples et de températures, et toutes également ont de valables raisons. Ce qui est vérité dans le vieux monde est erreur dans le nouveau; ce qui est vertu à Paris peut n'être pas vertu, même à Marseille. Et la princesse de Ligne, avec un coup d'éventail, disait qu'elle ne connaissait, comme vertus, que vertubleu, vertuchoux et vertugadin.

Aussi bien, la vertu enseignée comme l'art de faire des bottes, cela fera sourire tous ceux qui ont aimé, souffert, vécu. Il n'est de morale active que dans la conscience. Le patron n'existe pas, sur lequel on voudrait tailler uniformément les conduites. Et vraiment ceux qui ont tué chez nous toute illusion, toute croyance, toutes les générosités, et qui sur ces ruines détestables se piquent après coup d'édifier un enseignement de principes, nous la baillent belle. Il est bien temps!

De la nécessité d'un enseignement de la morale? Mais ce qui pouvait soutenir les faibles et consoler les forts, on l'a stérilisé. Sous le couvert des plus belles déclamations on n'a semé que la sécheresse; les struggleforlifeurs sont apparus, et règnent, comme les détenteurs de la suprême leçon du mérite, de la solidarité, de la sagesse ; de grâce, laissez-nous donc maintenant nous tirer d'affaire tout seuls. Ce pays, moralement abandonné, garde par bonheur dans l'âme une clarté qui le guidera sans cette tardive intervention. Et mieux vaudrait cesser l'étalage vain de ces soucis d'officielle blancheur. Vous n'avez plus le droit de jouer aux bons petits saints. Après Tartufe, cette industrie, d'ailleurs, a perdu son originalité.

Quand même.

25 avril.

M. Goblet, faisant trêve aux stérilités de la politique, s'est honoré en allant défendre devant la Cour d'appel d'Amiens l'acquittée de Château-Thierry, cette pauvre fille que sa détresse avait poussée à voler un boulanger. En vain l'avocat général a-t-il tenu le langage de son métier ; en vain son zèle supérieur est-il descendu à rechercher dans les médisances et les mesquines passions du village tout ce qui pouvait accabler, achever cette triste créature : le jugement final n'en a pas moins libéré à nouveau l'accusée.

Il est vrai que dans ce résultat d'autres moyens sont intervenus. La Cour a rejeté les motifs des premiers juges ; elle a mis sa dignité, son respect professionnel à déclarer solennellement que la société ne doit rien à ceux qui ont faim, et, non sans quelque imprudente franchise, que la magistrature n'a pas dans sa fonction le souci de ce qui serait humain et les devoirs philanthropiques. Et c'est uniquement parce qu'ici l'intention frauduleuse n'était pas suffisamment établie, que la Cour s'est embellie d'indulgence (1).

Mais qu'importe? De ces deux arrêts un seul restera, celui qui est dégagé de toutes les nuances juridiques, qui est en harmonie avec cette Justice dont s'idéalisent nos aspirations. Ce qui demeure, c'est la parole de vérité, de fraternité, de vie, du tribunal de Château-Thierry, c'est l'action personnelle du président Magnaud aidant de sa bourse l'infortunée qu'il avait dû juger. Voilà un grand pas de fait, dans l'accord des lois avec l'existence, des textes avec les sanglots. Et quoi qu'en aient dit ceux qui deviennent « bien pensants » dès qu'il s'agit de propriété, de grand-livre, de digestion, et de gendarmes, ce sera l'honneur de ce magistrat, ancien officier, d'avoir ouvert cette brèche au vieux mur contre lequel viennent heurter du front les misérables et de leur avoir montré, au-delà, un peu de la terre promise.

Au petit marché.

26 avril.

Le petit marché installé à l'angle de la rue de La Rochefoucauld et de la montée de Notre-Dame-de-Lorette vient d'être détruit par un irrespectueux incendie. Il y avait là, en étal, des langoustes et des dentelles, des côtes de mouton et des pantoufles, des radis noirs et des chemises. Un recoin pittoresque, d'une particulière physionomie, et dont la disparition

(1) Voyez plus haut une « Quotidienne » du 14 mars.

soudaine changera quelque chose à l'aspect, à la vie de ce quartier La Rochefoucauld, où les Maximes sont spéciales.

C'est dans ces parages qu'un matin de printemps, mis en verve par ce coquin, un ancien ministre rencontra certaine Louise qui, sans corset, allait aux provisions, et dont la complaisance extra lui fut si fatale ; c'est là, que dégringolées des étages d'alentour, toutes elles viennent aux achats, vers les midi, en peignoir rouge ou le caraco blanc sur une jupe de satin, les cheveux tordus en broussaille, un filet à la main. Elles sont placides, souriantes, en boule ; il semble que ces rues où la nuit, longtemps, elles ont vagué, trimé, truqué, leur soient au plein jour d'autres rues ; trêve au triste et dur métier : maintenant ce sont de bonnes ménagères, qui tiennent à honneur de payer exactement, d'être considérées par le marchand, qui font elles-mêmes leur fricot, et gaies, alertes, honorables, comme lavées de leur état par le sommeil, elles vaquent avec amour à ces soins de domestique, par où plus d'une, un moment, se trouve ramenée à son point de départ, au bon temps, délicieusement...

Mais le petit marché à bas, avec ses vieux bois, ses auvents familiers, son histoire, et un autre surgissant tout en superbes pierres, il y a des chances pour que tout se modifie, se transforme autour de lui, et ainsi peu à peu s'efface ce qui fut la couleur parisienne. Certes les pasteurs de la morale ne verront pas grand inconvénient à la disparition d'un tel tableau : mais en vérité M. Béranger lui-même pourrait trouver un charme original d'intimité, d'activité laborieuse, de simplicité à un spectacle si imprévu, et par le contraste qu'il révèle entre ce que de pauvres créatures paraissent être et ce que souvent elles sont, il invite à de bien jolies considérations philosophiques sur le mystère des tréfonds.

Grande vitesse.

27 avril.

Madame la duchesse d'Uzès vient de passer son examen de conductrice d'automobile. Un ingénieur des ponts-et-chaussées, deux experts de la préfecture de police, l'ont déclarée digne du beau titre de chauffeuse, qu'elle saura porter avec la crânerie la plus distinguée. Ainsi les mêmes mains que, dans le petit atelier de la rue Poncelet, j'ai vu souvent façonner la glaise sensible, le contour de Notre-Dame-des-Arts, ou le buste de la duchesse de Brissac, ou tel florentin aux lignes délicates ; et les mêmes mains qui lançaient au Bois, dans la poésie des matins, les deux petits poneys qu'on connaît bien, vont manœuvrer sur la lourde machine qui sonne un bruit de ferrailles, et traiter la vapeur terrible comme un jouet.

Trente-six kilomètres à l'heure. C'est le triomphe de la mode, ou du progrès. Toujours plus haut, disait-on naguère ; toujours plus vite, dit-on aujourd'hui. Comme si la vie ne nous emportait pas assez, comme si on avait trop le temps de voir, de réfléchir, de s'emplir les yeux de ce qui sourit, d'être heureux, voici qu'on redouble l'allure, et ce n'est plus la promenade à travers la Vie que disait Renan, c'est la course. Mais en vérité tout cet automobilisme est bien le symbole d'une époque de fièvres, où les étapes se brûlent, où d'un bond on veut être au but, où la force prime la grâce quand ce n'est pas le droit, où l'on ne cueille plus une fleur sur le chemin.

Hélas, inclinons-nous devant ce nouveau maître... Mais tandis que de toutes parts il menace de changer la face des choses, et aussi le fond des sentiments, conservons l'espoir que quelques retardataires encore s'obstineront à préférer le luxe, la beauté, la fierté d'un noble attelage ; et sans doute cet inexorable perfectionnement aura quelque jour ce résultat, d'inspirer à plus d'un le regret mélancolique du temps évanoui de la bonne diligence, qui vous permettait de se reconnaître, de se ressaisir, de rêver...

La forêt libre.

28 avril.

Le bois de Verrières n'a rien de la Forêt que magnifie M. Paul Fort dans la deuxième série de ses *Ballades Françaises*, de cette forêt à laquelle il dit, dans une admirable ferveur de nature, en grand poète, en âme qui chante : Ce que j'ai chanté avec le plus de foi, ce que j'ai compris avec le plus de joie, c'est ton calme, c'est ton cœur solitaire, ô forêt, c'est ton ombre, ô ton ombre, ô forêt ! Mais pour n'être pas cette Forêt majestueuse, le bois de Verrières n'en a pas moins de grâce, et le Parisien y trouvera de quoi se réjouir de la délibération municipale qui tend à supprimer par là le droit de chasse, et à faire du bois de Verrières une promenade libre, comme celle du bois de Meudon.

Aussi bien c'est là un vrai cadeau aux dimanches

de la Grand'Ville. Ce petit bois est plein de profondeurs exquises, de trouées sur l'horizon qui rit, d'échappées, sur Bièvres ou sur les premiers motifs de la vallée de Chevreuse ; les verdures y ont des sincérités encore ; les bruyères une sève jeune, et partout, au pied des chênes, des mousses tendres, les jacinthes, les muguets, les fougères vigoureuses ; des sentiers où l'on n'a pas encore passé à deux, des routes qui font cordon, des clairières emplies de murmures, des huttes de bûcherons, des fermes, des fortins, et puis au-delà, après la descente sur Verrières, après la Croix aux Femmes, le chemin serpentin de Palaiseau, ou Châtenay, ou Amblainvilliers aux petites maisons roses, ou Igny qui en mai sent la fraise, tout le groupe des clairs, des joyeux villages éparpillés à travers champs, où l'on se dit qu'il ferait si bon vivre, et qui vous sont pourtant des rêves impossibles.

Mais par là aussi des gardes veillent, par endroits des treillages, des mailles de fer, disent au flâneur comme au paysan qui est cependant sur son sol de France : « Tu n'iras pas plus loin. » Les plus beaux paysages, les plus doux coins de terre, sont ainsi capturés par de petits seigneurs. Dans ce grand département de Seine-et-Oise, une des merveilles du monde, heureusement peu connues, ce retour à la féodalité est en honneur particulièrement. Qu'il nous soit donc permis d'applaudir au premier coup porté à un si blessant privilège, à cette singulière façon d'exproprier le Français de ce qui est son bien, et saluons cette liberté nouvelle, qui en vaut peut-être bien une autre, ô Révolution, — celle du plein air.

Le mal tricolore.

29 avril.

Misérable ! menteur ! voleur ! vendu ! canaille ! assassin ! Ce n'est rien, ce ne sont que des gens qui ne pensent pas de même, des électeurs, des candidats, et sur toute la surface de ce beau pays, où la politesse fut célèbre, il en va de la sorte en ce moment. Mais il est juste de reconnaître qu'en cette période vraiment décevante pour la délicatesse, l'esprit et le goût français, quelques candidats ont pourtant imaginé mieux que le triomphe par l'épithète insultante, et dans cette plate grossièreté des ambitions il convient de noter l'idée d'un brave monsieur de Nantua. Celle-là, au moins, a le mérite de ne pas relever d'un charretier : c'est plutôt l'idée d'un dentiste, et ce n'est pas peu dire, que le suffrage universel en soit réduit à tirer quelque ornement de cette différence.

Nous avons eu le député en veste bretonne, le député en blouse, le député au burnous, Soubigoux, Thivrier, Grenier, — lumières ! L'homme de Nantua renchérit. Il se présente dès maintenant dans les réunions publiques, cafés et granges, en un costume tricolore, qu'il s'engage à porter au Palais-Bourbon, s'il est élu. Ce drapeau d'habillement se décompose ainsi : pantalon bleu, gilet blanc, habit rouge. Et si vous ne savez pas ce qui constitue un député vraiment national, voilà.

Je me rappelle une image qui eut grand succès après la guerre. Elle représentait « trois Dames de Strasbourg » passant devant un des postes prussiens de la ville, où l'officier, sur le seuil, fumait sa longue pipe de porcelaine. Et à elles trois, — l'une ressemblait à la comtesse de Pourtalès, à laquelle d'ailleurs on attribua l'idée, — elles faisaient, par les couleurs de leurs robes, celles du drapeau défendu. Exquise pensée. Mais si de pareilles manifestations empruntent à la douleur du temps une éloquence, une grandeur émouvantes, elles ont je ne sais quoi qui indispose, offusque aux heures normales, et en vérité, de tous les cabotinages dont nous sommes envahis, celui-là n'est pas des moins haïssables, qui opère avec un symbole qui ne gardera de vertu que s'il demeure sacré.

La paralysie.

30 avril.

La France veut des colonies. Elle s'en est fait avec de l'or, du sang, et même de la boue. Mais quand après l'œuvre de la bravoure, il faut aborder celle de l'utilité, c'est aussitôt une rage de complications et d'empêtrements qui n'appartient qu'à nous. Et à peine le Tonkin et l'Indo-Chine conquis, voici qu'on s'étonne à l'idée que quelques compatriotes aient pu essayer de mettre en valeur ce champ nouveau. Vraiment, au lieu de laisser opérer Anglais et Allemands, ils ont songé à se faire octroyer des fermes productives, et des concessions de lignes, et des constructions de ports? Vite, allons chercher ce qui peut déconsidérer et ruiner cet effort; ce serait une monstruosité historique que de voir servir à nous-mêmes une terre payée de nos victoires, et dans le sein du Sénat, avant l'adieu paraît-il, on s'est inquiété des facilités accordées, du nombre de démarches faites par des fonctionnaires et des députés, et pour un peu, la susceptible et liliale pureté de quelques-uns se serait offusquée, jusqu'à l'interpellation, de cette apparence de protection bien entendue, d'intrigue, « d'affaires ».

En vérité c'est pousser un peu loin les scrupules, les exigences vertueuses, le fameux couplet sur les mains nettes. S'il n'est plus permis à un homme public d'intervenir, sans être à soupçonner, pour un projet d'affaires, d'industrie, de commerce qu'il juge intéressant, autant vaut décréter la stagnation et la faillite obligatoires. Et si ceux qui se cherchent ainsi des appuis doivent aussitôt être convaincus de mijoter quelque corruption, autant vaut proclamer l'abandon forcé de toute initiative.

Mais, à qui fera-t-on croire qu'il soit possible aujourd'hui de réussir sans recommandations, sans parrains, même quand on n'ambitionne qu'une place de marchand des quatre-saisons? Le paysan du Danube, arrivant tout seul avec son idée au ministère? Allons, messieurs qui donnez aux derniers scandales ce triomphe de peser quand même, si vous connaissez un ministre capable d'écouter, d'encourager, d'accueillir seulement un brave homme sans influences, ni pistons, ni tuyaux, nommez-le, donnez son nom, et je vous réponds qu'on lui fera un joli succès.

Le mannequin.

1er mai.

Alexandre, le chanteur de Montmartre, a connu hier que réellement la loi punit le contrefacteur. Il a été condamné, en Cour d'appel, sur la plainte de Bruant, pour port illégal du costume de Bruant, et désormais il lui faudra pour se faire un parterre trouver autre chose que le grand feutre, le cache-nez rouge, la veste de velours, et, pour excursionner dans l'égout chanté de Paris, chausser d'autres bottes.

On conçoit que de ce château, entre prés et vignes, qu'Aristide Bruant a conquis sur le besoin de s'encanailler des femmes du monde, sur la curiosité d'engueulement qui pendant des mois a frappé la galerie la plus élégante, il éprouve quelque déplaisir à voir exploiter par un copiste cette image commerciale qu'à ses risques et périls il avait créée dans le brouillard des pipes et l'odeur chimique des bières, continuer son industrie sans l'avantage qu'on retire d'un fonds cédé. Mais s'il faut rendre justice au sens pratique, imprégné des beautés du Bottin et des Petites-Affiches de cette revendication, comment ne pas s'étonner à l'imprudence naïve que vient de risquer le tragique poète, le poignant inspiré, l'artiste puissant qui est dans Bruant? Quoi, vraiment, tout Bruant se réduit à cette trouvaille de friperie! Pour être Bruant c'est seulement de cela qu'il faut? Son originalité, son talent, n'ont pas d'autres moyens, son succès d'autre raison? Aussi bien, il semble que personne jamais n'ait osé cet aveu, cette inconvenance, cette injustice, aussi crânement que Bruant lui-même.

Mais peut-être convient-il de ne voir dans cette procédure obstinée du châtelain qui n'aime pas qu'on braconne sur ses terres, qu'une ironie suprême, sa flèche de Parthe aux bourgeois qu'il méprise maintenant doublement: et s'il a voulu constater, proclamer ainsi, qu'il n'y a pas à se faire illusion, que c'est effectivement toujours le mannequin qu'on applaudit, que le beau buste importe plus que l'idée, et que c'est bien l'habit qui fait le monsieur, — il faut célébrer une fois de plus en lui l'amour de la vérité.

Le Cid.

2 mai.

Que les parents me pardonnent, — je lui trouve malgré tout un air charmant, à cette escapade de deux petits Parisiens qu'on vient d'arrêter à Bordeaux, comme ils filaient sur l'Espagne. Tous deux « d'excellente famille », l'un seize ans, l'autre dix-sept, ils ont eu le tort de prendre la forte somme au trésor paternel, mais c'était pour acheter des fusils, des revolvers, des cartouches, et quand on a ouvert leurs grosses malles neuves on y a trouvé des appareils de sauvetage, des médicaments, de la charpie. Et tout cela pour rendre visite au Cid, et combattre avec lui.

Ce n'est pas l'influence cette fois de Robinson Crusoé sur une imagination vivace, c'est celle du grand Corneille, et en vérité est-il si déplorable de constater qu'il y a place encore dans les jeunes cœurs pour l'amour des combats, pour la valeur qui n'attend pas le nombre des années, pour l'ambition du sublime ? Trop souvent ce n'est pas à des folies de ce genre qu'invitent les approches du baccalauréat, et si les chefs-d'œuvre ont quelque action sur les cervelles qu'on gave, c'est plutôt vers les Chimènes de boui-boui qu'ils tournent le désir. Quand se dessine cette *crise virile* que M. Albert Juhellé observe dans un livre plein de relief, l'idée qui agit sur les jeunes hommes d'à présent fait plus volontiers d'eux des impatients de brasserie et de lapin, des collectionneurs de cravates, des raisonneurs, et il ne semble pas précisément que se soient maintenues en honneur, dans les rêves de *Bébé* et dans ces phrases que disait la spirituelle comédie, les beautés de la chevalerie.

Sourions donc plutôt à cette imprévue manifestation, à ce retour aux vaillances instinctives, à cette promesse de tempérament et d'énergie. Voilà qui n'est pas très parisien, mais bien français, et sans doute les parents ont ouvert déjà leurs bras aux deux petits guerriers; ils les auront même refermés sur eux, en songeant avec émotion peut-être, que c'est ainsi qu'on devient Bayard ou Duguesclin.

Aspect de guerre.

3 mai.

L'attaché militaire d'Espagne à Paris est en ce moment la proie des inventeurs. C'est à qui lui apportera un engin de mort magnifique, une machine génialement destructrice, de l'inédit épouvantable, et cette émulation de l'intelligence humaine à faire des ruines et des cadavres est vraiment belle, et c'est une grande gloire pour l'espèce.

L'Amérique elle aussi donne réellement un sublime spectacle, bien digne d'un peuple jeune, épris de fraternité, privilégié entre tous dans la possibilité d'échapper à de monstrueuses fatalités. A-t-on lu que dans l'enthousiasme déchaîné les cuisinières elles-mêmes demandent à s'enrôler ? Et cette trouvaille, le régiment de la fièvre jaune ? et cette frénésie pour quelques pauvres bateaux capturés parce qu'innocemment, sans savoir, ils transportaient leur cargaison marchande, et pour une mule tuée à Matanzas ? Tout cela est loin de ce qu'admirait Laboulaye, et pour la seconde fois il pourrait rendre l'encrier.

Mais il est une compensation à la défaveur dont de pareils accidents couvrent la civilisation, et dans cette guerre, par bonheur, semble se glisser un peu de ce ridicule qui devrait suffire à tuer. En vérité, c'est un étrange tableau qu'offrent ces gens qui déclarent la guerre comme on invite à dîner, sans avoir à l'avance les moindres provisions ; qui s'en vont après seulement chercher des hommes, des canons, des navires, de l'argent, une ligne de conduite, un plan ; et cette guerre, qui pour quelque temps encore promet d'être une guerre pacifique, est vraiment d'un nouveau jeu, qui n'est point tout à fait étranger à l'opérette. Certes il faut s'en féliciter, mais d'autant plus que pour la première fois la Guerre infâme, la Guerre tragique, la Guerre hideuse montre un côté grotesque, et que jamais elle n'a eu plus de chances de paraître démodée.

Le sucre créateur.

4 mai.

Le professeur Schenk avait promis qu'il donnerait au monde une miraculeuse recette, celle qui permettrait de déposer à volonté des filles ou des garçons dans les petits moïses. Et voici que la fameuse découverte se réduit surtout à cette observation, que les femmes atteintes de diabète ne donnent généralement le jour qu'à des filles, et qu'elles n'ont pas besoin d'être des diabétiques avérées pour affirmer cette préférence : la plus modeste élimination suffit pour décider du sexe d'un trésor attendu, et certes il n'est point banal d'apprendre que celles de qui nous viennent tant d'amertumes ont dans leur pâte d'origine tant de sucre.

Oui, vraiment, c'est un progrès sur la légende de la côtelette d'Adam, sur nos communes affinités avec la boue, et l'humanité peut être flattée de cette réputation imprévue, de se laisser influencer par la douceur. Mais peut-être ce regard scientifique sur la chimie du mystère ne suffira-t-il point à assurer la solution poursuivie, et semble-t-il au contraire que cette association de la Maternité avec la Maladie, ce rapport direct établi entre le sang innocent et un sang vicié ne soient pas pour maintenir un prestige que les mœurs du jour, des procès, des discussions comme celles des docteurs dans l'affaire Boileux et dans l'affaire Laporte, ont déjà entamé. Évidemment pour ceux qui réfléchissent au protoplasma initial, aux monnères trouvées dans la baie de Villefranche, à l'échelle de vie animale, il n'y a rien dans toutes ces considérations qui offusque. Mais si les savants font les Académies, ce sont les femmes qui font la France, et peut-être que chaque coup porté au respect, à l'idéal, à la déification de leur travail est une chance de plus pour la faillite.

Heureux temps, celui où l'on croyait à l'influence d'un baiser ou d'une étoile. C'était le temps aussi où l'on contait aux enfants, qui y croyaient, l'histoire du beau chou, dans le beau jardin du bon Dieu. Maintenant, maîtresses et épouses, commencez par vous inquiéter de ce que pense le pharmacien qui fait des analyses, et si dans l'ennui, le dégoût de toutes ces histoires d'officine, intervenues aujourd'hui dans l'Amour, vous ne songez pas tout de suite à Malthus qui supprime tout ça, c'est que vous êtes vraiment des anges.

Un mystère.

5 mai.

Et voici le premier anniversaire de la Semaine funèbre. Dans le recueillement des messes, dans le bout de l'an des souvenirs, pieusement reviennent les noms des pauvres femmes qui ont payé de la vie leur amour du prochain. D'ordinaire, le sablier peut bien monter ou descendre comme il veut, et nous laissons faire à sa guise le grand vieillard à barbe blanche qui le tient dans sa main ; l'oubli est prompt de ce qui nous a été une douleur et même une joie, la vie en torrent ne s'attarde point à ce qui fut : cette fois cependant il semble que le Temps n'ait pas fait son œuvre coutumière et l'horreur qui nous saisit, la colère contre ces heures si stupidement tragiques, se retrouvent intactes (1).

C'est que peut-être plus encore que la pitié, plus que le culte dû à ces mémoires d'élite, agit sur nous l'impénétrable contre-sens, l'angoisse persistante, inassouvie toujours, de savoir comment, pourquoi, des créatures humaines, à l'instant même où elles s'efforçaient vers la perfection du bien, et vers la vertu chrétienne, ont pu être frappées d'un supplice qu'ignorent les pires. Hélas! ce qui restera de cette catastrophe du Bazar de la Charité ce n'est pas seulement une commé-

---

(1) Le Bazar de la Charité brûla le 4 mai 1897.

moration d'épouvante, M. de Mackau en correctionnelle, et la légende du mauvais gardénia, c'est un coup porté à la plus efficace des croyances, à l'idée du poète que donner au pauvre c'est prêter à Dieu, mériter et s'entr'ouvrir un coin du ciel. La trace laissée par elle est comme un sillon de doute, de désespérance, de découragement pour la bonne semence, et ce n'est pas un de ses moindres ravages, d'avoir ainsi désorienté les confiances, dérouté les élans, diminué dans ses enchantements le plus fécond des mobiles.

Maintenant, à la Madeleine, à Sainte-Clotilde, à Saint-Honoré-d'Eylau, à Saint-Pierre de Chaillot, la prière courbe des fidèles, et des extraits de l'*Ecclésiaste* les invitent à la méditation : mais sans doute, en ces âmes, auxquelles le geste du Père Ollivier n'a pas suffi, y aura-t-il quelque remous, quelque retour offensif des droits de la logique, une conception autre de la Justice, et peut-être les raisons qui nous poussent à l'action de fraternité ne sont-elles pas assez en nombre pour qu'on reste indifférent lorsqu'il s'en égrène une sur le chemin...

L'impossible statue.

6 mai.

Le Balzac de Rodin s'est fait enfin visible. On peut l'admirer au Champ de Mars, et même le trouver détestable. Le Comité de la Société des gens de lettres, qui commanda l'œuvre, ne se fait pas faute de préférer la seconde manière : il manifeste une déception indignée, et comme il s'est ôté le droit de refuser « le travail » dont Rodin lui ferait la remise, il songe déjà à le reléguer dans un coin de son hôtel, et à faire l'impossible pour empêcher que cette statue aille en ville.

Mais de telles représailles vous ont plutôt un air fâcheux de mesquinerie, et j'ai grand'peur que, dans cette protestation, il y ait autre chose qu'une déconvenue d'idéal, que l'amour et le souci de cet Art auquel Tolstoï vient de vouer des pages si poignantes. Entre Rodin et le Comité on sait qu'il est une vieille querelle; il y eut un libre-échange de discourtoisies, et il serait strictement humain que le Comité ait, en cette occasion, amoindri sa compétence de quelque animosité. De toute façon, il est affligeant de voir accuser de commettre sciemment une œuvre inacceptable, de descendre à une si indigne gaminerie un artiste de cette haute inspiration; et juger capable de mettre, pour la circonstance, pour le plaisir d'une vexation, son nom immortel sur une chose qui le déshonorerait un homme de cette allure, c'est outrageant pour des écrivains, et c'est véritablement une conception de marchands de comestibles.

Il résultera de cette déplaisante histoire que pour quelque temps encore Balzac sera sans statue. Beaucoup le déploreront. Mais j'avoue n'en éprouver nul chagrin. Celui-là par exemple n'a pas besoin de ça. Qu'importe à sa gloire, qu'il soit sur un piédestal, contre lequel on viendra coller des affiches, et que madame de Nucingen, Eugénie Grandet, ou Modeste Mignon soient, en bas-reliefs, éclaboussées de professions de foi électorales, comme l'est présentement la divine Clorinde d'Augier? La gloire par les statues n'a plus son éloquence d'hier, les carrefours l'ont tuée. C'est par le manque de statues que se distinguent aujourd'hui les génies, et il faut bien reconnaître que la consécration du marbre et du bronze pèse moins que celle du pain d'épices.

La poche.

7 mai.

J'ai lu quelques professions de foi, et constaté que nous n'en avons pas fini avec l'impôt sur le revenu. Il semble même que le projet de M. Léon Bourgeois soit en grande faveur, et qu'il faille s'attendre sérieusement à une réforme qui pourrait être juste si elle frappait les riches par hérédité, par mariage, ou coup de veine, ceux aussi qui se retirent après fortune bouclée dans l'inutilité d'un gros ventre, mais qui par malheur atteindra en même temps la petite vie, le salaire, le travail. Quoi qu'il en soit, l'apparence seule de cette réforme donne déjà des résultats.

Il y a quelques années, je me trouvais à Baden, petite ville exquise du canton d'Argovie. C'était au printemps, personne encore, et l'hôtelier fort intelligent voulait bien m'offrir sa conversation, tandis que sur ma table paradaient les truites de la Limatt. Je l'interrogeais alors à propos de l'impôt sur le revenu qui fonctionne en Suisse, et je me souviens d'une de ses réponses : « Oh ! monsieur, ici, dans notre ville, et dans tout notre pays, on montrerait au doigt l'homme qui déclarerait au fisc un chiffre faux ! » Délicieuse et candide Helvétie. La neige des glaciers n'est pas plus pure que le fond de son cœur. Ce n'est pas chez nous qu'on se ferait un crime de flibuster les enquêteurs si le projet était voté, et bien mieux, on n'entend déjà que résolutions de ne pas se laisser « embêter », c'est à qui prendra ses précautions, et des maisons anglaises ont offert à l'avance d'excellents procédés de fraude.

Voler le fisc, ce n'est pas voler : les meilleurs esprits professent cette opinion aimable, et apportent même toute une ironique fierté à rouler les bureaux ; çà et là, c'était un petit jeu innocent, idoine au demeurant, à la qualité frondeuse de Français. Aujourd'hui le cadre s'élargit, on ne s'en cache point, ce sera la lutte en grand et en masse, pied à pied, avec des ruses d'Apaches : comédies, dols, filouteries, mensonges fieffés, transports à l'étranger, déconsidération sur les fonds nationaux, toute la lyre, et on ne verra pas sans une patriotique émotion un grand peuple se ruer, sous prétexte de représailles, à cette duplicité. De haut en bas, la même émulation, le même spectacle. Ombre de Schylock, veillez sur nous. Et voilà ce que peut la Poche, et voilà la première conquête du projet nouveau, — sur le sentiment national de l'honneur.

Ce jour.

8 mai.

C'est aujourd'hui que le peuple est souverain. Il ne faut pas le voir de près dans l'exercice de cette puissance d'élections générales où s'assouvissent les rancunes et les appétits de clocher, les plus farouches imbécillités, et des instincts qui ne sont pas précisément à l'honneur du progrès. Mais dans un recul, dans la perspective des théories, une journée comme celle-ci peut paraître émotionnante, d'un bel affranchissement, et non sans grandeur humaine. Le peuple « maître de ses destinées », choisissant ses serviteurs, des hommes, — trop d'hommes, qui pendant quatre ans seront le pourquoi et le comment de toutes choses, oui certes, si ce peuple avait la conscience scrupuleuse, éclairée, virile des devoirs que ce droit suppose ; si en possession de ce qu'il souhaitait le plus il n'en arrivait pas à l'indifférence ou au dédain ; si sa capacité de choisir des individus se haussait au souci de quelques considérations générales ; si l'un n'était pas élu seulement parce qu'il est propriétaire, l'autre parce qu'il voudrait l'être, celui-ci parce qu'il s'engage à être le valet de l'arrondissement, celui-là parce qu'il a su mentir avec bonhomie, oui certes, ce serait là l'idéal réalisé.

L'attente d'une Chambre inconnue, c'est comme l'attente d'une bonne fortune : espoir nouveau, reprise possible d'illusion. Mais à vrai dire, les chances semblent plutôt médiocres pour que l'Attendue diffère de son aînée, comme l'exigeraient les problèmes en suspens, les difficultés à l'horizon, les dégoûts subis, et déjà il ne paraît pas que l'électeur se soit suffisamment intéressé à faire rendre tout ce qu'il pouvait, à faire remplir tout son mérite à ce privilège désormais irréductible, dont il est pourtant si jaloux. Allons, résignons-nous donc. Voici revenir des acteurs de la même qualité, et ce sera la même comédie. Et le temps passera à souhaiter que ceux-là aussi s'en aillent en vacances, jusqu'à ce qu'il en vienne d'autres, qui ne seront pas autres, et il en sera ainsi jusqu'à la consommation de toutes les bonnes volontés...

Mais nous, qui avons rêvé l'éclaircie par la liberté, un redressement, la justice, une œuvre décisive, nous serons devenus des vieux sans avoir rien vu de toutes ces belles choses, et nous serons ridicules, pour avoir tant aimé et tant cru, et nous hocherons la tête tristement (1).

Vers l'or.

9 mai.

Le ministre de l'Intérieur vient de commettre une bonne action surprenante. Que s'est-il passé tout d'un coup dans le cerveau de cet homme très politique, pour qu'il condescende à vouloir du bien à quelques pauvres diables ? quelle fantaisie l'a piqué, comment en est-il arrivé à s'inquiéter des malheureux qui pourraient se laisser tenter par tout ce que promettent les lanceurs de certains gisements aurifères ? Mystère, — mais initiative excellente, et il est bien juste de dire que tout arrive.

Par une circulaire, M. Barthou recommande aux préfets de prévenir consciencieusement les émigrants, les colons de l'or, tous ceux qui mettraient leurs dernières ressources ou leur dernière énergie dans l'expatriation d'une aventure quasiment polaire, des difficultés, des déboires, des maux qui les attendent ; qu'ils le sachent bien, c'est la lutte plus atroce encore, c'est une fois de plus le mirage organisé, cette fortune qui miroite dans un immense lointain, c'est la ruine, c'est la mort. Voilà une sollicitude qui paraîtra d'autant plus précieuse qu'elle est tardive. Mais il ne

(1) La période électorale, ouverte le 8 mai 1898, se clôtura le 22 mai. Les résultats ne semblent point précisément exquis. L' « Attendue » ne diffère pas sensiblement de son aînée.

faudrait plus regretter rien, des forces, des millions perdus, et du sang, si les épreuves accumulées nous constituaient une expérience, et si véritablement, enfin, nos maîtres s'avisaient de voir un devoir dans la protection des faibles, du courage au travail, et de l'épargne.

Aussi bien la France telle qu'elle est, avec ses féodalités républicaines, ses classifications, ses citadelles bourgeoises, son trop-plein de situations acquises, ne suffit pas aux activités, aux besoins légitimes d'avoir sa place au soleil ; il y a d'autres Frances, par delà les mers, qui ne sont là que pour un renouveau. C'est même leur seule raison d'être, leur unique excuse. Nouvelles-Frances qui ont toutes les richesses en germe, qui ne tromperont aucun espoir, et auxquelles il ne manque, — que des Français, c'est par là qu'il faut chercher, c'est vous qu'il faut regarder comme la terre promise, et c'est vraiment une curieuse chose que dans ce pays où tout le monde voudrait un patrimoine, on ne songe pas à user de celui que vous fournit la patrie.

Du nouveau...

10 mai.

On voit des médecins devenir ministres des colonies, des préfets ambassadeurs, des avocats préfets, des pasteurs directeurs d'École normale, des abbés conférenciers de Bodinière, des ingénieurs chefs de l'armée, des gentilshommes chauffeurs, mais il est rare de voir un homme préposé à l'objet de son mérite et de sa compétence, et l'installation officielle du docteur Napias comme directeur de l'Assistance constitue un événement extraordinaire. Il faut vraiment qu'il y ait quelque chose de cassé dans la machine, pour qu'elle ait fonctionné si bien.

Oui, il y avait un homme que ses études désignaient, qui, longtemps avant qu'on ne songeât à lui, avait, dans un livre à la fois d'attaque et de méditation, formulé ce qui serait la perfection et l'idéal d'une assistance, et c'est cet homme qu'on a choisi, et c'est le pamphlétaire de l' « *Assistance publique dans le département de Sambre-et-Loire* » qu'on sollicite. Voilà qui n'est pas dépourvu de piquant, et ce qui serait plus original encore, c'est que M. Napias mît aujourd'hui d'accord ses programmes et ses actes et n'oubliât pas, à l'instar des meilleurs esprits du temps présent, le réformateur dans l'homme pourvu.

Disons-le, l'œuvre est lourde; elle recèle dans son flanc, dans ce qui précisément la devrait servir, les difficultés les plus grandes, mauvais vouloirs, bureaucratiques résistances, consécration sacro-sainte des abus et des préjugés : mais elle assurerait d'un lustre des plus enviables celui qui seulement saurait donner l'impulsion. Il s'agit d'humaniser cette institution d'humanité, de la moraliser, de la simplifier. J'ai dit assez les douleurs qu'elle a bernées, les sanglots qu'elle a entretenus, les pratiques tristement grotesques de ses paperasseries, les pitoyables effets de sa grâce. Docteur, vous avez là de belle besogne, et puisque c'est la mode, une belle excuse cette fois à trancher dans le vif. On attend.

Effets de musique.

11 mai.

Pour attendre le fameux théâtre populo-lyrique, M. J. Bertain, professeur de la Ville, pourvu de références et de titres, trop peut-être pour réussir, propose au Conseil municipal d'organiser, en échange d'une subvention modeste comme la violette, des conférences-concerts pour les élèves des écoles, dans les salles de mairie, les dimanches. Et pourquoi la Musique ne serait-elle pas enseignée dans ses rapports aussi avec l'Humanité, elle qui traduit les douleurs et les joies, et dans ses rapports avec l'Histoire, elle qui a su refléter le caractère des nationalités dans les chants populaires? Et pourquoi dans des causeries explicatives, d'une psychologie simple, qui précéderaient l'audition des morceaux choisis avec méthode, logique, selon un plan harmonieux lui aussi, ne chercherait-on pas à impressionner, éclairer, former au beau, au vrai, au patriotisme, par des émotions d'art, toutes ces jeunes âmes qui ne demandent qu'à se donner? Le Conseil municipal, quelque blasé qu'il puisse être sur les imaginations de tous les contribuables qui « ont eu une idée », sans doute retiendra celle-ci, et il ne serait pas déplaisant, en tous cas, que dans la sensibilité et le souvenir de l'enfant, se déposât et pût agir autre chose que des bribes d'idiote ou salissante chanson.

Assurément, et même après Jean-Jacques, il y aurait à dire, sur l'influence de la musique, sur son action qui n'est pas sans péril, son charme qui n'est pas sans poison. Mais dosée, sélectionnée, sainement appliquée, elle n'est pas forcément contraire à la sécurité des familles, et il faudrait même, si l'on en croit ce prodigieux et cher Michelet, que la musique fût nationalement enseignée. Les Allemands, observe Michelet, sont d'excellents soldats parce qu'ils sont d'excellents musiciens ; et il explique cet ingénieux, cet exquis aperçu en affirmant que l'usage des trios et des quatuors, de la musique côte à côte, leur donne la rectitude du mouvement, l'habitude des ensembles, le goût de la discipline. La Ligue des patriotes n'aurait pas songé à cela, et il serait vraiment piquant qu'on se mît à faire des petits soldats, dans les familles de France, par des applications de leur divin Mozart, de leur Beethoven et de leur Schumann, — piano, violoncelle et violon.

L'affreux prodige.

12 mai.

Avec délire, comme s'il s'agissait d'un simple bateau marchand d'Espagne, on se montre en ce moment à New-York le petit Willie Gwin, qui a cinq ans tout juste, et qui vient de remporter au concours de l'Université un diplôme d'anatomie et d'ostéologie. En cette circonstance, le fameux principe de l'éducation américaine, huit heures de sommeil, huit de travail, huit de liberté, semble avoir subi une rude atteinte, et si le fait n'était certifié authentique par une revue très autorisée, on pourrait croire à quelque nouveau coup de l'imagination jingoïste, en mal, comme on sait, de faire mousser dans toutes les parties du monde la gloire américaine.

Aussi bien, la France n'a pas encore eu à exhiber de pareils phénomènes de précocité et de surmenage. Mais ce qu'elle produit en ce genre est déjà suffisant pour inquiéter les hygiénistes, les psychologues, les pédagogues, la famille. Des statistiques récentes dénoncent le plus sûr résultat de ces travaux forcés auxquels les programmes d'étude et d'examen, la vanité du maître ou du père, l'usurière avidité de l'État qui veut être payé en succès de ce qu'il fait pour les pauvres, condamnent l'enfant. Dépression physique, prédispositions aux contagions épidémiques, troubles nerveux, céphalalgies, neurasthénie, hémoptysie, fièvre typhoïde, phtisie, tuberculose. Jolis cadeaux à faire à un enfant, et il faut espérer après cela qu'on ne poussera pas chez nous, comme dans la patrie du petit Willie Gwin, jusqu'à l'assassinat.

En réalité, ce qui importerait plutôt, c'est l'effort contraire, c'est le retour à l'équilibre et au développement normal des moyens. Parfaite, évidemment, et touchante, l'idée qu'eut ces jours-ci l'administration d'intervenir dans un établissement très parisien pour défendre à un acrobate de faire partager à son petit des exercices périlleux, les sauts de voltige et les dislocations. Mais peut-être les Zemganos pailletés, de Cirque et de Music-Hall, ne devraient-ils pas être ainsi privilégiés, et il est temps enfin qu'un peu de cette belle sollicitude aille aux pauvres petits de la dislocation universitaire, et qui, eux, sont dans leur cerveau la proie des bateleurs.

Deux routes.

13 mai.

La mort a été très parisienne ces jours-ci. Elle nous a ôté cette charmante Julia Depoix, et personnellement elle m'a affligé dans la perte de deux hommes que j'aimais, le marquis de Cherville et le comte Maurice d'Hérisson.

Pauvre marquis, pendant des années nous nous retrouvions le mercredi, fidèlement, dans un cercle d'amis ; c'était le jour où quittant sa maison de Noisy, il apportait au *Temps* sa *Vie à la Campagne*, si amusante, si vraiment imprégnée de nature, si sincère dans son amour des bonnes bêtes, des belles roses, et des fruits lourds. Et sur nous il répandait le charme de sa vie à lui, celle d'un philosophe aimable, avec des côtés ingénus, des souvenirs sur la grande époque de production de Dumas et d'Eugène Sue, parfois malicieux mais souriants, et quelque chose d'apaisant, d'infiniment doux, se dégageait d'un peu d'intimité avec ce robuste en qui il fallait envier un sage. Ce n'est pas cette impression qu'on pouvait demander aux dernières années de d'Hérisson ; lui, jusqu'à la fin, resta le lutteur, dans les traditions, et dans le regret peut-être, d'une jeunesse brillante, inquiète, accidentée ; membre du Jockey il fut soldat, soldat il fit des livres : écrivain il se fit nommer au Congo, et il meurt à Constantine, pauvre et désabusé. C'était une énergie, un beau caractère de loyauté et de noblesse, qui valait double parmi les effacements de l'heure présente ; mais je ne sais quelle tristesse venait de lui, quelle leçon sur les efforts perdus et les vaines agitations...

Et maintenant je songe au contraste de ces deux existences, dont l'une est si parfaitement représentative des chaos du temps, de la loi du struggle, des amertumes de tout ce qui est factice. Oui, en vérité, voilà à nouveau proposée à notre observation l'image des deux routes, et quoique toutes deux, pour finir, aboutissent à la même poussière, c'est la plus obscure qui est la plus certaine, et celle qui passe à travers champs la plus belle.

Des mains.

14 mai.

De braves parents, excellemment connus, et pour fils un assassin, l'assassin de la rue Poissonnière. La douleur de ces pauvres gens est profonde, et faite aussi de l'humiliation pour leur sang d'avoir produit un tel monstre, d'une angoisse de savoir par quel mystère, par quelle injustice du bon Dieu, un être maudit a pu sortir d'eux. Cette fois, ce n'est pas l'hérédité qu'il faut accuser ; au casier héréditaire du criminel, néant. Mais il y a comme une autre prédisposition dans le cas de cet assommeur de dix-sept ans, une restriction peut-être à son libre arbitre, une fatalité, et ce n'est pas impunément qu'il pouvait avoir la main spéciale des assassins. cette main que définissait Lombroso, le pouce en dehors et les doigts en spatules.

Oui, il avait cette main-là. Son signalement est sans caractères, mais c'est par cette main extraordinaire, cette main sinistre, véritable instrument d'homicide, que dès l'abord, tout de suite, Albert Martin frappait, inquiétait l'attention, et voici que tout d'un coup, l'événement a donné raison à la théorie des observateurs. Mais dès lors, s'il accomplissait la fonction de cette main particulièrement organisée pour tuer, qui a le crime dans sa structure, qui est l'outil tout prêt du crime, faisait-il autre chose que le fauve irresponsable avec ces griffes que lui voulut la nature, ou que l'oiseau de proie avec l'arme de sa serre ? Il est conséquent avec son espèce, il la subit, et son intelligence même s'exerce dans le sens des moyens d'action dont il est pourvu.

Que pèse au juste sa responsabilité, quel hasard a présidé à la production d'un tel phénomène, quel bouleversement de la logique et de l'harmonie des causes ? Les savants n'ont pas encore élucidé le problème, les psychologues n'osent l'envisager. Mais ce qui dès maintenant est acquis, c'est l'anxiété, le frisson qui doit secouer les mères quand on leur présente le petit qui vient de naître, le tragique de ce regard qu'elles laissent tomber sur le crâne si tendre et sur les menottes si roses, — l'Inconnu, adorable ou horrible, sans qu'on n'y puisse plus rien.

L'avenir.

15 mai.

M. Jaurès est résolu à ne plus user son temps parmi ces *Valets* dont M. Georges Lecomte a fixé la physionomie dans un livre si marquant, et battu à Carmaux, dans le milieu même qu'il avait nourri de son éloquence, il a refusé la compensation de Paris. Mais il ne se retire sous la tente qu'à demi, et seulement pour fournir à loisir de nouvelles armes à son parti. Plus de discours, de l'organisation ; plus de phrases si belles, si parfaites, si prédicantes, l'œuvre éducatrice ; il s'agit de faire appel aux jeunes gens de la bourgeoisie pauvre, savants, chimistes, ingénieurs, professeurs, qui sont pénétrés de l'idée socialiste ; de mettre leur savoir en contact avec la force révolutionnaire, au service de ce qui chez les foules n'est qu'un instinct, et de préparer le prolétariat à l'action par la science.

Encore un programme, et celui-là, certes, d'une haute apparence. Mais si toutes les fleurs de la rhétorique de M. Jaurès n'ont pas fait avancer la question, il ne semble pas que les fruits de son raisonnement lui soient plus profitables. Aussi bien, ce qui a manqué jusqu'ici aux revendications les plus justes, les plus émouvantes, ce ne sont pas les Intellectuels, et il serait plus exact d'affirmer que les théoriciens, les stratégistes de système, les spécialistes littéraires ou scientifiques, tous les docteurs brevetés de misère, ont au contraire plutôt nui à ce qu'ils prétendaient servir, et que c'est du fatras des mots et des spéculations en chambre que la cause a pâti le plus. On les connaît, ceux qui ont des solutions sur le papier, des formules mathématiques, et qui, en pantoufles, vous établissent la mécanique d'une société selon les bons auteurs, et c'est même précisément ce procédé qui a fait éclater la déception significative des clients de Jaurès et de M. Jules Guesde.

Des réformes s'imposent, dans le travail, dans les conditions de la lutte, dans les répartitions, dans les prérogatives de la fortune, dans les mœurs bourgeoises, dans les abus d'un État vorace, et elles seront.

Mais il est permis de douter de leur accomplissement par la simple vertu des périodes ou des théorèmes ; tous les savants, faux ou vrais, feront moins qu'un brave homme d'initiative, et ce n'est pas par la science que se fera la Révolution, c'est par la conscience.

Un type.

16 mai.

Rue de l'Odéon, sur la droite en montant, il est une boutique de boulangerie, jaune et dorée comme les blés, et c'est là que vient de mourir un brave homme qui n'était pas un boulanger ordinaire. Le père Cotet, tout en vendant ses croissants, appartenait depuis vingt ans à l'Odéon, en qualité de fidèle habitué des coulisses et du foyer des artistes.

Chaque soir il passait devant la loge du célèbre Émile, distribuait des poignées de main, tutoyait dans le répertoire classique et dans l'autre ; il connaissait tout le monde, et, trônant, donnait des idées et des conseils. C'était une façon d'oncle, qui savait son histoire de l'Odéon et la parlait, pour faire pendant à Porel, qui l'écrivit ; il a vu les directeurs se suivre ; quelques-uns lui demandaient même ses impressions sur les pièces, les auteurs, les interprètes, les becquets et les coupures, les costumes et les décors, comme si par son métier il devait avoir vraiment la compétence des fours, et on l'aimait pour son invincible amour du théâtre, ce patriotisme d'Odéonie, et maintenant sans doute le départ du bon papa Cotet fait un vide. Mais avec lui, c'est un type aussi qui disparaît, et l'Odéon seul, qui naguère, logeait sans que personne de son administration ne le sût, un savetier dans ses combles, pouvait encore le rendre possible.

Oh! cet « amateur de spectacles », est-il assez de la Petite Ville, est-il assez du bon temps, et ne semble-t-il pas surprenant, touchant, comme un reste oublié parmi nous des mœurs d'autrefois? Pour celui-là, l'heure du dîner n'existait pas; il ne se satisfaisait point aux spectacles en plusieurs entr'actes et il lui fallait la belle mesure; il respectait ces messieurs de la critique et des concours, il croyait aux règles, à l'effet obligatoire quand le rideau tombe sur le trois; mais ce qui le distinguait par-dessus tout c'est la grande fierté et la joie qu'il éprouvait de ses relations avec ces messieurs, dames et demoiselles du côté Cour et du côté Jardin. Brave père Cotel, oui certes, c'est en cela surtout que vous étiez d'un autre bateau, car, en vérité, le charme est un peu rompu, le prestige défraîchi, et il nous paraît au contraire à nous que la plus sûre manière de conserver l'amour de la comédie, c'est de ne pas connaître de trop près le comédien.

Le retour des amis.

17 mai.

Les députés frais élus ont étonné leurs circonscriptions avec des programmes très divers, des opinions tranchées; ils se sont laissé cataloguer socialistes, progressistes, conservateurs; on a cru à l'abîme qui les séparait; au nom de ces différences on a assassiné à Roubaix et joué ailleurs de la canne plombée et de la mailloche, — et pour finir, dès les premiers jours de l'exercice de Paris, de nouveau tout cela s'estompera, se fondra, et tous ces farouches ennemis, dans la dissolution du milieu parlementaire, seront vite comme de bons amis. Étrange phénomène, auquel la Chambre neuve n'échappera pas plus que ses aînées, et qui ne compte pas pour peu dans les grisailles, les impuissances, les déceptions de la grande vie politique.

Je me rappelle avoir vu autrefois, dans les coulisses de la Chambre, Gambetta arrêté près du Laocoon avec Mgr Freppel, et souvent Clemenceau entrer avec Paul de Cassagnac. Certes, dans cette province, où l'agent-voyer ne fraie pas avec le notaire catholique, où le capitaine de gendarmerie se croirait perdu s'il saluait le châtelain du voisinage, où le rédacteur en chef du *Mémorial républicain*, au café, parle de manger le nez de son confrère de la *Gazette conservatrice*, de pareils rapprochements offenseraient, dérouteraient l'opinion et seraient regardés comme un crime de lèse-sincérité. Mais ici ces inattendues conjonctions ne sont plus que de la politesse, une certaine grâce attique ; nous avons ici l'entendement plus souple, et rien ne tire à conséquence.

Du moment qu'il n'y a plus parmi nous de ces puissantes haines qui soulèvent un peuple, lui font une beauté et une richesse d'action, les petites nuances, les petites querelles n'intéressent pas, et l'on est ridicule de s'y attarder. Non, en effet, rien à cette heure, dans l'organisation présente, ne vaut une intransigeance, une âpreté, une colère, et il convient bien de se donner la main, dans l'inanité et le zutisme de tout.

Un phénomène.

18 mai.

Très congrûment passionnel, le drame de Maisons-Laffitte. Une jolie femme infidèle, un mari bonasse, et l'amant, — qui reçoit une balle dans la tête. L'intérêt de ce cas semble devoir s'améliorer plutôt dans la suite, quand le procès dira les détails et les dessous de cette petite combinaison de bonheur, et si je le relève aujourd'hui c'est uniquement parce qu'il vient tout juste mettre en un relief poignant la beauté d'un autre, celui que nous apportent en même temps les faits-divers, de cette bonne vieille de Vaugirard, morte le soir même du jour où mourait son mari, et pour ainsi dire de la même maladie : contraste et compensation.

Les deux vieux de Vaugirard, après une communion de labeur, de tendresse, de dévouement, ensemble ont été enterrés hier matin. Inclinons-nous devant cette charité du sort qui ne les a pas voulu séparés. Après avoir vécu une existence longue où tout était par moitié, s'en aller ainsi presque dans un seul soupir; après avoir partagé l'effort, aborder à deux l'énorme silence, c'est un enviable destin, et cela devrait être l'ordinaire récompense des justes, qui ont aimé.

La parole du fabuliste sur la perte d'un époux est toujours vraie. Elle a pris même une vérité qui éclate davantage. Nous savons ce que valent les larmes les plus passionnées et les plus pompeux désespoirs. Ici on coupe ses cheveux, comme faisait la duchesse qui servit à Alphonse Daudet, là on jure d'user ses genoux sur la pierre sinistre du caveau, — et tout se renoue, reprend, s'oublie... Mais, précisément, n'est-ce pas pour cela qu'il faut adresser le suprême salut à cette originale, à cette merveilleuse créature, à la femme qui, ayant perdu le cher compagnon, a senti jusqu'à en mourir qu'elle perdait tout? Cette fidélité dans l'au-delà, cette éloquente et touchante union de mort, en ce temps de divorces et de petits cœurs, c'est comme un cantique admirable et surprenant à l'Amour.

Vingt francs.

19 mai.

A l'écluse de la Monnaie, on a repêché hier, et sauvé, une jeune fille qui avait voulu mourir dans des conditions qui étonneront bien l'illustre Bordenave. Elle jouait dans un petit théâtre, elle était sage, elle gagnait deux cents francs par mois, sur lesquels, ponctuellement, à jour fixe, chaque semaine, elle envoyait vingt francs au village, aux vieux. Cette semaine il ne lui restait plus que vingt francs pour ce pieux devoir, pour la location d'un costume à paillettes, pour sa faim; elle expédia ce suprême argent à ces vieux qui eux ne devaient pas pâtir tant qu'elle serait vivante, et puis, sans ressources, sans appui, refusant les bons avis des bonnes petites qui, elles, ont un bon ami, à la tombée du jour elle alla songer sur le parapet du quai et se précipita.

Ce drame de Paris n'est évidemment pas très parisien. Il n'a rien de commun avec le nouveau jeu. Il ferait hocher la tête de Sarcey. Et vous, Sorel, qui avez tant de grâce, et vous, Ugalde, qui plaidez contre ce cher docteur, et vous toutes les autres si heureuses et brillantes dans du laqué blanc, qu'en pensez-vous? C'est bien de son village en effet qu'il faut être, pour supposer encore que le Théâtre permet d'arranger sa vie comme on veut, de se garder, de choisir le genre de bien qu'on fera; voici qu'à nouveau l'épreuve est faite, des fatalités et des détresses du métier, et à tout prendre cela vaut mieux; mieux vaut qu'elles sachent, les pauvres petites qui rêvent encore de l'essai loyal.

Mais, si naïve et si désarmée, celle-là nous plaît, émeut. Oh! ce mandat, qu'elle allait prendre au même guichet, guichet où on la connaissait, non ce n'était pas le mandat dont plutôt on a coutume, — pour la nourrice; et je pense à ces vieux de là-bas, qui doivent être fiers d'avoir une fille si intelligente, comme ils seraient fiers d'avoir fait de leur fils un monsieur, lequel d'ailleurs crèverait de faim également. Mais sauvée, qu'est-ce qui l'attend? et demain? et après? Hélas! la société se juge parfaitement en règle, quand d'un geste magnifique elle a empêché un être au désespoir de mourir, et elle ne s'inquiète pas de savoir si ce faisant, elle n'a pas simplement assuré mieux sa proie au Malheur...

Le sage cocher.

20 mai.

Il est certain qu'à côté de fortunes comme celles dont on nous rabat pompeusement les oreilles, de ces véritables excroissances de millions que présentent les héritages d'une famille Furtado-Heine, ou les inventaires des marchands de pétrole, un pauvre petit lot de cent mille francs, gagné au Crédit foncier, n'est rien, et fait piteuse figure. Mais pour cent mille francs miraculeusement tombés du ciel, plus d'un brave homme perdrait de son équilibre, et il faut recueillir précieusement le cas de cet excellent Dulaud, cocher de la Compagnie des Omnibus, qui lui, aujourd'hui, déclare qu'il restera fidèle à son siège nonobstant, à ses bêtes, à son fouet.

Non, avec la fortune, l'idée ne lui est pas venue de faire quelque chose en grand, ou simplement de s'arranger une vie de médiocre heureux, ni même l'inquiétude, explicable pourtant en un temps où l'on l'on vous subtilise cinq cent mille francs de titres, dans un fourgon en marche, en plein Paris. L'exemple est joli, et les voyageurs de la ligne Montmartre-Place Saint-Jacques, sans doute sauront savourer le piquant d'être conduits par un bonhomme, selon toutes probabilités un peu plus calé qu'eux.

Cocher Dulaud, certes votre décision de ne pas abandonner le labeur quotidien honore le Travail, en prouvant qu'il devient lui aussi une habitude, une seconde nature très douce ; qu'une fois pris le pli d'une tâche régulière, on ne peut plus s'en détacher sans déchirement, et qu'il faut lui rester fidèle sous peine de tristesse et de nostalgie. Mais pour les philosophes aussi cette résolution a son élégance : elle ramène l'importance de l'argent à une plus juste interprétation, et en pensant que l'argent qu'on possède doit être considéré seulement comme l'instrument de la liberté possible, tandis que celui dont on a besoin est l'instrument de la servitude, cocher, vous pouvez être fier : vous pensez, cocher, comme, dans les *Confessions*, Jean-Jacques Rousseau.

Le lien.

21 mai.

La loi récente qui permet aux femmes d'être témoins dans les actes de l'état civil reçoit aujourd'hui une application qui ne manque pas de relief. La reine Isabelle et la duchesse de Valence, avec le marquis de Casa-Riera et le général Borgnis-Desbordes, assisteront comme témoins, à la mairie comme à l'église, au mariage d'un officier français. Et je ne vois nul inconvénient à cette conquête acquise des Droits de la femme; elle semble même s'accorder parfaitement avec le dilemme de Proudhon, aux pinces si terribles, et la participation plus large des femmes à tout ce qui se rattache à la famille ne peut que sourire à ces esprits rétrogrades et médiocres, qui ont l'inconvenance encore de vouloir la femme très femme.

Mais si ce progrès réussissait par surcroît à ajouter quelque chose au prestige de la fameuse cérémonie, il serait doublement bien venu. Aussi bien, la collaboration des femmes, qui suppose toujours une augmentation dans la grâce et dans l'harmonie du décor, a toutes chances de rehausser ce triste protocole, et d'améliorer l'impression sous laquelle il vous fige. De la sorte, peut-être, il y aura une place pour une dépense un peu plus réelle de sensibilité, pour un peu plus d'émotion et de délicatesse intime.

Le législateur a prévu tous les cas; l'obéissance et l'assistance, la fidélité et la protection; par l'extrait du Code, que lui lit un monsieur en écharpe, l'épousée, ô délices et suprême joie, est avertie qu'elle a le droit de tester sans l'autorisation de son mari; et ce rapide aperçu des droits, renforcé de quelques considérations monotones, banales, omnibus, sur les devoirs, constitue le fondement d'un si beau jour. Mais la moindre petite fleur bleue, au milieu de cette aride et froide solennité, serait plus chère, profitable, précieuse au souvenir. Et peut-être était-il temps, en effet, de demander aux femmes, parentes ou amies, qui toujours sur elles en ont quelques-unes de réserve, d'en apporter. Elles trouveront à glisser quand même la douce parole qui se grave, et si tout n'est qu'un mot, parfois un mot bien dit est tout.

La chute d'un ange.

22 mai.

Dans l'*Écho du Merveilleux*, journal du paradis et de l'enfer, officiel moniteur des maladies de foi, M. Gaston Méry donne une grave nouvelle. L'ange de mademoiselle Couesdon est décidé désormais à s'abstenir de toute communication, et la Voyante ne fera plus connaître les propos qui lui tombaient en strophes mirlitonesques du ciel. Cy-finist la belle histoire de Gabriel et d'une bonne damoiselle.

Il faut avouer que l'ange n'avait pas eu de veine ces temps derniers, avec le terrestre canal qu'il s'était choisi. Mademoiselle Couesdon avait prédit la mort du ministère Méline avant les élections, et M. Méline, — on dit monsieur d'instinct, comme on disait autrefois Monsieur Thiers, — s'est méchamment gardé de tomber. Par contre, la guerre d'Amérique et d'Espagne a éclaté, et le verbe omniscient de la rue Poissonnière n'a pas laissé supposer même qu'un tel conflit menaçait. C'était pourtant une belle occasion d'éclairer les pauvres gens, et démonstrative comme aucune.

Aujourd'hui l'ange se rend de lui-même à ses chères études et la demeure de mademoiselle Couesdon redevient un simple appartement au troisième. Mais, en vérité, nous regrettons la décision d'un hôte si illustre, et qu'adviendra-t-il de Paris, menacé par surcroît de la bouderie des Américaines exquises? Positivement on éprouvait quelque orgueil de voir une Française élue par un archange, et la présence de cet agent d'en haut parmi nous, la confiance qu'il nous témoignait, sa permanente manifestation, étaient devenues une habitude très douce. On se disait : « Nous ne sommes donc pas Sodome et Gomorrhe qu'un ange s'intéresse à nous? Il n'y a donc pas à s'inquiéter de l'anathème du P. Ollivier, puisque le bon Dieu nous dépêche un messager? et tout l'avenir n'est donc pas châtiment puisque, prévenu, on peut se défendre? » Mais il faut espérer que l'ange Gabriel ne restera pas sans successeur parisien, et qu'un autre viendra tenir son rôle. Cela ne doit pas être très difficile à trouver dans une ville où l'on dit qu'il y a tant de faiseurs d'anges.

Versailles.

23 mai.

Aujourd'hui se rouvre le cauchemar, aujourd'hui plus d'un Français sentira sur lui le poids d'une tristesse pleine d'angoisses. Quand les nuages les plus sombres grossissent, quand de toutes parts nous arrive comme un tumulte de forces et de dangers qui se ramassent ; quand l'Empereur Guillaume organise ouvertement au château d'Urville le quartier général d'où il lancera sur nous ses régiments à l'offensive ; quand le discours de M. Chamberlain révèle que celui qui fut notre ennemi héréditaire ne demande qu'à être l'ennemi de demain, — nous, nous occupons nos soldats avec des avocats, et quand partout les soldats sont les héros du respect, ici ils sont ceux de l'outrage.

Et maintenant elle est loin de ses origines, l'affaire Dreyfus ; elle est loin de ce qu'elle aurait dû être pour des consciences inquiètes, loin de ce qu'elle pouvait trouver d'explication dans le besoin instinctif de la Justice ; à ceux-là mêmes qu'au début troublait quelque scrupule, il n'est plus permis d'ignorer que ce n'est pas à une réparation qu'on travaille, mais à une brèche ; c'est l'affaire maudite, trop espérée ailleurs, trop à souhait pour la débâcle des débâcles, et comme le paysan de chez nous, qui rêvait de déposer, par représailles, un phylloxéra dans ces vignes du Rhin dont ils sont si fiers, il est trop apparent qu'on ait voulu semer ici cette affaire pour la destruction de ce qui s'annonçait trop bien.

Espérons encore que les heures de Versailles, — ô Versailles, Jules Favre et puis Bazaine, — nous épargneront les douloureux et répugnants spectacles qui, dans le ricanement des scribes étrangers ici comme chez eux, nous furent infligés. Ils ne sont pas donnés impunément, et peut-être ce pays en méritait-il d'autres. Aussi bien, ce n'est pas là un procès appréciable au jour le jour, sous le choc immédiat, avec des nerfs ; on ne traite pas de ce qui affecte si tragiquement la vie même d'un peuple, comme des bandeaux de mademoiselle de Mérode, et mieux vaut laisser parler les faits. Recueillie, notre pensée n'en sera pas moins là-bas, au milieu de ce chaos, dans l'attente du coup de la fatalité. Mais pourtant, c'est une effroyable chose, que tout ce qui intéresse la Patrie, depuis des années, toujours, inéluctablement, aboutisse à la cour d'assises (1).

Great attraction.

24 mai.

Les amateurs d'émotions fortes ne se plaindront pas. Aujourd'hui ils trouveront dans deux cours d'assises à la fois une ample pâture. A Versailles, le crime de la trahison, enrichi des hors-d'œuvre les plus tragiques ; à Paris, le crime de la fameuse champignonnière où Carrara brûla le garçon de recette, un beau crime en son genre, et qui eût ravi J.-J. Weiss en tous points. Et ainsi au moins pendant quelques jours, on ne dira plus qu'il n'y a rien dans les journaux.

Une statistique officielle notait que la vente des feuilles se ressent, dans une proportion marquante, de l'intérêt qu'offrent les procès de Cour d'assises, et la venue en jugement d'un viol ou d'un assassinat exerce, paraît-il, sur le tirage des journaux de toutes classes et de toute qualité, une influence qu'un écrivain de talent, un penseur, envieraient. Sans doute la psychologie que M. Albert Bataille apporte dans ses comptes rendus, la couleur pittoresque de M. Antony

---

(1) On se rappelle que cette audience de Versailles fut occupée surtout par la procédure, et que le procès ne fut pas jugé.

Aubin, la vivacité de M. G. de Maizières, ne contribuent pas peu à un tel succès : mais l'instinct du lecteur en masse se satisferait à de bien moindres valeurs, et c'est plus au fond même du régal qu'il tient, qu'à son accommodement. En réalité, dans les milieux les plus calmes, le plus honnêtement organisés, des parents à l'enfant, du salon à l'office, c'est la même recherche de l'odieux, le même amour du frisson inavouable. Il semble que ce qui est ignoble, dégradant, outrageant, seul ait le privilège de ne pas amener de satiété. Admirable besoin de la nature humaine, qui ne se vante pas moins de tendre toujours à la perfection.

Il y a des chances pour que de ce côté, le public soit toujours pourvu, et pour que ce plaisir ne chôme pas. Mais peut-être est-il possible tout de même d'envisager une société qui donnerait à son imagination, à ses goûts, à ses transcendances d'autres aliments : un état de mœurs où comme preuves de l'énergie et de la vitalité nationales on trouverait à produire autre chose que l'ingéniosité ou l'audace de criminels, et un régime d'ensemble qui proposerait et fournirait des thèmes plus élevés à nos variations.

Les petites choses.

25 mai.

Voilà enfin une réforme qu'on sera heureux et fier de saluer : les aigles en bronze doré qui décoraient les caissons de serrures, aux portes des salons de l'Élysée, sont remplacées en ce moment par des profils de la République : prochainement ce travail d'une si haute importance sera mené à bien, et les aigles s'en iront dormir leur légende dans le silence du bric-à-brac national.

Certes on comprend de si énergiques désaffectations au lendemain des événements, dans la fièvre de l'heure, dans l'ivresse d'une prise de possession inespérée. Mais à distance, après bientôt trente ans, ces représailles contre ce qui fut l'Histoire d'hier, et quand par surcroît on ne prévoit pas au juste ce que peut être celle de demain, ont je ne sais quoi qui invite le sage à sourire. Et quand on songe que la Ville conserve par ailleurs un patrimoine de passé sur lequel il est impossible de porter la main ; quand partout dans la gloire des monuments et des palais persistent les ineffaçables H, les L, les N, sur fond de lys ou d'abeilles, cette exécution de détails gagne encore en petitesse, et sans doute ce n'est pas par ces enfantines vanités que la République affirmera la qualité de ses œuvres.

Hélas, dans ce même bric-à-brac, combien déjà de ses choses à elle? les Mac-Mahon en bronze, les Grévy en Sèvres, les Perier en plâtre, et les Thiers en photographie, et la République ornée d'épis, et la République au glaive, et la rose et la rouge! Pour elle aussi, les heures passent vite, et c'est une médiocre conception celle qui attache, dans la vie d'un peuple, tant de signification à la minute présente, et croit qu'il suffit d'un trait de plume ou d'un changement d'accessoire, quand c'est dans l'espace et le temps qu'il faudrait regarder. Mais tout peut bien aller avec le torrent, la République veut par-dessus tout être chez elle, avec du linge marqué, à sa table : et voici que malgré moi me revient une des phrases d'Alphonse Daudet, en ses Carnets, — table mise, maladie, mort.

Nécessité d'un Corneille.

26 mai.

Les théâtres subventionnés s'occupent des à-propos qui célébreront, dans quelques jours, l'anniversaire du grand Corneille, et ce nom de Corneille tombant parmi nous, dans l'heure présente, ne prend-il pas une grandeur nouvelle, une signification imprévue ? « Si Corneille avait vécu de mon temps, s'écriait Napoléon, je l'aurais fait prince ! » Napoléon avait pressenti que ce poëte serait l'éducateur national, le représentant des enthousiasmes virils, le gardien de la flamme sainte. Prince, ou plutôt ministre, — car c'était là la vraie pensée de l'empereur touchant Corneille, — un ministre comme celui-là, taillé à l'antique, nourri de la gloire et de la robustesse romaines, obsédé par le souvenir des dévouements imposants, c'était une sécurité, c'était l'assurance que tous allaient être formés d'après les desseins et selon l'idéal du devoir. Quelle génération nous eût fait le grand Corneille ! Quelle formidable levée de consciences et de courage, et quel rappel des vertus anciennes, — qui ont été nôtres !

Il manquait à Napoléon ? comme il manque à la République ! Si tout d'un coup, lui, qui de toute sa hauteur d'historien aussi, a flétri les décadences, lui qui a le châtiment dans une réplique et la vérité immuable dans un alexandrin, il pouvait se lever, là, parmi nous, et regarder ? Quelle besogne fourniraient les partis à son étude redoutable, avec quelle éloquence il aurait à nous avertir ? il ferait justice, il remettrait droit les sentiments faussés, et sa voix nous étonnerait, jusqu'au frisson salutaire.

On demande un Corneille pour forger les âmes et raffermir les bras. Tout s'abaisse, les rires et les larmes ; ce qu'on propose à nos efforts est inepte, ridicule ou odieux, — paraissez Navarrais, Maures et Castillans, et au lieu des petitesses de la vie, dites-nous les grandeurs de la mort. Au fond, nous ne sommes pas si éloignés du Sublime qu'il y paraît. Il est, — il dort, en nous. A l'appel d'un Poëte, la résurrection serait facile, et l'on verrait à nouveau surgir les fiertés ; qu'il vienne, et nous le saluerons, car sa venue dans le siècle qui finit assurera l'aurore du siècle qui commence.

Joie de vivre.

27 mai.

Les époux Berger se disputaient si violemment chez eux, avant-hier soir, que le bruit de leur querelle mit toute la maison en émoi. Un des locataires, Léon Berckmann, eut la fâcheuse idée de vouloir intervenir dans la discussion et de chercher à réconcilier les époux. Bien mal lui en prit, car il reçut en pleine poitrine un coup de couteau que lui porta Berger, et dont il est mourant à l'hôpital Tenon. Et pour laisser esthétiquement son allure de fait-divers à ce récit, n'oublions pas d'ajouter qu'entre l'arbre et l'écorce il ne faut pas mettre le doigt.

En réalité, le nombre des femmes à qui il plaît d'être battues, et des hommes qui ne détestent pas les joies fortes de l'incompatibilité d'humeur, est plus grand qu'on ne suppose, et ce généreux, cet intrépide Léon Berckmann, en qui palpitait trop l'âme d'un membre de la Société protectrice des animaux, aurait dû y songer. Mais il était jeune sans doute, et n'avait pu expérimenter cette vérité, que la première condition pour vivre à peu près tranquille est, dans une société bien organisée, de ne point s'occuper de ce qui peut advenir à son voisin. Si c'est du bonheur, il convient de ne pas s'en apercevoir trop parce qu'il deviendrait insolent du coup ; si c'est du chagrin, on risque de s'en faire un ennemi de plus, pour l'avoir surpris dans un état d'infériorité.

L'idéal évidemment est autre, même l'instinct, et il n'était pas écrit dans les cœurs qu'il faut laisser prudemment son semblable à sa destinée : mais cette pratique de réserve et d'indifférence devient, à n'en pas douter, le fond de la sagesse, la base d'une existence bien administrée, et quelque humiliant que cela puisse paraître pour l'espèce et pour le Prix Montyon, on en arrive à parfaitement concevoir le monsieur qui reste superbement froid devant le désagrément survenu à un de ses contemporains, — mais qui ne peut voir, sans souffrir, un pauvre chien traîner la patte.

Le monstre.

28 mai.

Tandis qu'à Cuba les flottes attendent le bon vent des combats, la guerre a déjà des résultats à Chicago. Un jeune Américain de vingt-cinq ans, qui s'adonnait paisiblement au commerce des blés, dès l'annonce du conflit avait eu l'idée d'acheter tout ce qu'il pouvait en rencontrer sur les marchés, et pour son coup d'essai dans l'art de l'accaparement, si près d'un âge tendre, il vient un de ces derniers matins de réaliser quatre-vingt-dix millions. Cela constitue un joli réveil. Et le voici qui promet de prendre place quelque jour parmi les grandes figures du Dollarisme.

Salut aux maîtres, à John-Jacob Astor, dont les cinq cent mille acres, au Honduras, traversent les gisements les plus riches de pierres précieuses, d'argent, et d'or ; Astor, le double milliardaire, propriétaire de presque tout New-York, et qui tient dans sa griffe tout un État ; salut aussi à Rockfeller, le roi du pétrole ; celui-là, sans qu'il soit obligé à un mouvement, un geste, une idée, par la puissance des intérêts, à chaque seconde que marque son chronomètre, s'enrichit de six francs ; quand le matin il se fait barbifier, cela lui prend un quart d'heure, il donne à l'artiste soixante-quinze centimes, et lui, pendant ce temps, les bras croisés, il a fait, en divers, un bénéfice de 2,385 50. Ces rois du capital reconnaîtront avec émotion un cousin dans ce bon jeune homme de Chicago, dont la jeunesse est pleine d'ivresses pratiques, et sans doute nous aussi admirerons tout ce qu'annonce de goûts élevés, de généreuses tendances, de nobles émotions cette précoce vocation de grand faiseur.

Mais en rendant d'autre part l'hommage qui convient à de si hardis draineurs, en enviant même peut-être quelque chose de leur capacité, comment n'être pas frappé de la monstruosité de telles richesses, de l'outrage qu'elles font au travail, à la liberté, à la conscience, et comment ne pas songer, comme faisait Paul de Saint-Victor, devant une anomalie si fantastique : l'Argent, seul dans la nature, se reproduisant et se fécondant par lui-même !

Nos gloires.

29 mai.

Un nom qui hier encore tenait une grande place dans les fastes du chic parisien, de la finance, de la politique, va cesser de voler sur les lèvres des hommes. Le symbolique Mazas va manquer au langage courant. Adieu Mazas. Dans quelques jours, Mazas aura vécu. Oh ! la lugubre ceinture de murailles brunes, en plein grouillement, et la mélancolie de ces profondeurs de couloirs que, dans le train de Nice, les heureux apercevaient avec leurs mornes feux ; et ces préaux en rayons, où les Parisiens du dimanche, en route pour les bords pelés qu'arrose la Marne à Saint-Maur ou à la Varenne, cherchaient avidement à distinguer la promenade du prisonnier ! A la place de tout ce funèbre réceptacle de crimes, d'infamies, de douleurs, un hôtel va se dresser, en pierres joyeuses, et certes, si l'âme des choses elle aussi a quelques chances d'immortalité, les nuits pourront être palpitantes, des passagers qui vont giter là.

La prison, paraît-il, était un vrai bijou cellulaire ; on n'avait jamais fait mieux pour l'anéantissement des êtres, et quelque raffinement qu'ait acquis depuis l'art de vous démantibuler un homme, il sera difficile, croit-on, d'atteindre à plus de perfection. Mais qu'on se rassure, sur ce chapitre il y a toujours progrès, et si, en attendant, les prisonniers sont transférés à la Santé, ils ne perdront rien pour attendre : on va leur arranger quelque chose, qui sans doute sera prêt pour l'Exposition, et qui saura, comme il convient, nous faire encore honneur. Le Département a déjà brillamment réussi avec la maison de correction pour jeunes garçons ; il a dépensé un argent fou pour qu'ils ne puissent ni éternuer ni bâiller loin d'un œil de lynx, et pour les conférences moralisatrices qu'ils doivent écouter, on a installé, dans une grande salle, des petites cages où ils sont parqués, séparément, avec la tête seule qui dépasse. C'est extrêmement ingénieux, hygiénique, et tout à fait infaillible pour le redressement des consciences.

Nul doute donc qu'un grand architecte judiciaire une fois encore ne se révèle et que la supériorité, la richesse de la France ne se manifestent à nouveau. Des palais, oui, certes, elle en construit, mais cela sent déjà son vieux jeu, et l'on sait qu'il n'y a que deux choses qui comptent dans une civilisation qui se respecte, — les casernes et les prisons.

Chaos.

30 mai.

Lorsque l'enfant paraît, le cercle de famille n'est pas toujours dans la joie et l'orgueil que chantait Hugo. Une mère, hier, dans le quartier de la Bastille, a accouché d'un enfant qui avait une tête de crapaud. Il était, pour tout le reste, admirablement constitué, et né à terme ; il a vécu quelques heures, puis a été recueilli dans l'alcool, et par les soins du docteur Daum il ira enrichir le catalogue des horreurs humaines du Musée Dupuytren. Le père de cette chose est fou de douleur, la mère écrasée d'épouvante. Et comment deux êtres n'éprouveraient-ils pas un effroi d'eux-mêmes, une atroce humiliation, un dégoût des sources de la vie, devant une monstruosité pareille, née de leurs entrailles et de leur tendresse ? Par quel mystère, un homme et une femme, au sommet de l'échelle des êtres, peuvent-ils redescendre les degrés dans leur produit, et qui dira que nous ne sommes point l'animal, puisqu'il suffit de quelques troubles au moment de la conception, pour que, de la plus belle et de la plus aimée, il sorte le cher enfant, — à tête de veau ou de crapaud ?

On sait la classique fantaisie de Grandville sur les rapports d'un profil d'homme avec celui d'un de ces mêmes crapauds ; mais plus saisissante encore est la série des dessins originaux où Charles Lebrun, dès le siècle de Louis XIV, représentait les ressemblances typiques qui existent entre hommes et bêtes. Le lion, l'ours, le bœuf, le chameau, le hibou, le bouc, le perroquet, le chat, sans parler du singe, qui est de relation familiale trop évidente, se retrouvent parfois dans nos traits, nos attitudes, et si éloigné qu'il semble du temps où il se dégageait insensiblement de l'apparence primitive, du temps de l'épuration animale, il devient certain de plus en plus que l'Homme a tous droits à se considérer chez lui parmi les hôtes du Jardin des Plantes. Il y a certes là de quoi blesser son fameux préjugé de roi de la création, pour qui tout fut créé : mais les travaux de la science ne paraissent pas se soucier d'épargner les vanités bourgeoises.

Et je songe aux layettes, aux splendides berceaux et aux berceuses, aux petites étoiles d'ivoire, et aux fêtes qu'on prépare pour la venue de ce qui sera l'avenir et l'espoir. Suprêmes minutes d'attente, d'angoisse, d'inconnu. Hélas ! que sait-on ? de quoi être certain ? Au plus merveilleux de notre royauté et de la civilisation, voici qu'un caprice du Destin, bien à l'aise dans sa nuit, peut nous ôter ce qui paraissait le plus à nous, notre forme extérieure, et nous replonger dans le chaos. Pauvres mères, on ne les respectera, on ne les aimera jamais assez, pour tout ce que, parmi les supplices connus, elles doivent en subir encore d'inavoués...

Cruelle énigme.

31 mai.

Les associations de la Presse ont donné à l'Odéon une représentation au bénéfice de leur caisse de secours, qui fut délicieuse, et pour laquelle on a trouvé comme toujours le dévouement des artistes empressé, et leur cœur ouvert au large. Pour embellir la recette, on improvisa une vente d'autographes ; Granier, Sarah Bernhardt, Marie Laurent, Jane Hading, mesdemoiselles Bréval, Cléo de Mérode ont incontinent fourni de leurs pensées, et cela fit un pot vraiment charmant. C'est dans ces impromptus que se trahit un caractère, une vérité, et sans ce hasard de charité, on n'aurait jamais su, par exemple, ce que fait Mérode quand elle danse.

Naïf et profane public, qui s'imagine que cette exquise étoile ne paraît en vaporeux tutu que pour faire des pointes et qu'elle est toute à ces jetés-battus, orgueil de Hansen ! En vérité, ce ne serait pas digne de l'époque, et l'on ne comprendrait pas que Mérode ne fît pas autre chose que ce qui est sa spécialité. Ce qu'elle fait quand elle danse ! Elle pense. « Je pense quand je danse », dit-elle. Elle pense, donc elle est.

Elle pense. A quoi? Elle ne le dit point. A la bicyclette, aux Pyrénées, aux États du Dollar, au malheur de la princesse Louise de Belgique, à la concurrence des bandeaux, à la pipe de Falguière? Ou simplement, comme dans le *Petit Faust*, panse-t-elle les blessures qu'elle fait? Non, vraiment, en regardant ces jours-ci un album consacré à sa gloire, où sont reproduites ses photographies à tout âge, depuis le plus tendre, quand madame mère la tenait encore par la main; et en considérant ces diverses étapes de beauté et d'intelligence, non, l'idée ne m'était pas venue, je l'avoue, qu'il pouvait y avoir sous ce front tant et tant de pensées.

Espérons qu'un jour le mystère qui entoure tout ce qui vient du cerveau de cette Parisienne, que je ne me pardonnerais point de désobliger, et qui ne veut pas être frappée même avec une fleur, sera éclairci et que nous saurons au juste vers qui, vers quoi vont ces précieuses pensées, leur couleur et leurs dispositions. Mais, en attendant, il convient déjà de lui rendre hommage, et cela est réellement original, d'avoir des pensées, fussent-elles quelconques, quand on est si jolie; et rencontrer une ballerine qui pense, cela nous console de bien des gens auxquels, précisément, à juste droit, on demande de penser, — et qui dansent.

Une silhouette.

1ᵉʳ juin.

Une physionomie bien moderne disparaît. Après de cruelles tristesses et de longues souffrances, Jacques Saint-Cère meurt à quarante-deux ans. Je l'avais connu, il y a quelque quinze ans, au *Voltaire*, un des derniers journaux où subsistât une camaraderie étroite, l'illusion des liens, et dont on pouvait dire qu'ils sont une maison. L'arrivée parmi nous d'un nouveau venu, qui débarquait de Munich, d'où il envoyait des correspondances, souleva d'abord une hésitation ; mais à force de bonne grâce intrigante, Jacques Saint-Cère conquit les plus rébarbatifs. Parlait-on d'un livre rare, il le possédait et se faisait une joie de l'offrir le lendemain ; il avait des poudres et des élixirs merveilleux pour le moindre bobo et vous les apportait aussitôt ; il était au courant de tout, et d'une obligeance inépuisable, comme son fond d'habileté et d'ambition. Puis il disparut, pour devenir quelqu'un ailleurs.

Et on connut ce salon de la rue Auber où l'on ne parlait que littérature, art, musique ; et on vit le Journaliste influent filer dans son urbaine à grelot, et l'effet de sa fourrure aux Premières, dans les couloirs où il distribuait la poignée de main très boulevardière. Oh ! cette poignée de main cursive, distraite, importante, d'un homme de qui l'existence aura été comme un de ces filets de la *Vie Parisienne* qu'il enlevait d'un coup de plume, tout le monde en était friand ; c'était la poignée de main du *Figaro* et du *New-York Herald*, celle des Deux-Mondes. Puis enfin l'accident, — et, malheureux, pris dans un de ces à-coups de Justice dont on a peine à s'expliquer la manière, il fut renié avec autant d'empressement. Non jamais n'apparut aussi clairement que les ressources de la cruauté et de la lâcheté humaines sont immenses.

Sans doute aujourd'hui encore il sera apprécié avec quelque sévérité, par ceux-là surtout qu'il avait obligés. Mais son indomptable volonté, son extraordinaire faculté de travail, certaines morsures de son esprit sembleront intéressantes. Et si l'on se refuse à le plaindre, au moins faut-il plaindre en lui le type du prolétaire intellectuel parvenu dans la tourmente, et d'une certaine espèce de Parisiens excellents, dont l'éclat est fait d'alliages forcés.

Palais-Bourbon.

2 juin.

On rentre, on choisit le président, on a demandé sans doute quelque chose déjà, pour l'électeur influent, son fils ou l'âne, à ces mêmes ministres qu'on se prépare à renverser, et une série nouvelle commence. Dans son discours de Saint-Étienne, le Président de la République a constaté le grand calme et la dignité de ces élections, qui sur plusieurs points pourtant furent notables en coups d'assommoir et en fantaisies de la plus répugnante grossièreté. Souhaitons à un si consolant optimisme longue durée, et honneur toujours à l'Espérance.

Mais il faut avouer qu'on ne réussit point à se faire de l'avenir parlementaire une idée flatteuse sans effort ni peine. Et quoique dans cette Chambre neuve figurent des hommes comme Cassagnac et Drumont, comme le jeune ardent qui s'appelle Zévaès, et même un nègre, qui évidemment pourront remplir d'intéressantes ou de pittoresques heures, il y a des chances graves pour que les courants d'hier l'emportent, et que la présence, en quantité marquante, d'éléments anciens ne pèse sur la vitalité rêvée. Quelques semaines suffiront, pour que la contagion ait fait son œuvre, et que les jeunes espoirs soient sous l'influence des vieilles lunes.

Le remède ? Tout ce que la France a de bons esprits est précisément à sa recherche. C'est même un très curieux spectacle, que celui de ces innombrables travaux cliniques, pharmaceutiques et vétérinaires autour de la Constitution. Le plus simple et le plus efficace, peut-être, serait dans l'interdiction imposée aux députés de se faire élire pour des législatures consécutives. Non, cela ne serait pas déplaisant que le mandat cessât de devenir comme une industrie ; et quelle garantie, dans cette impossibilité, ce changement des cadres, contre l'intrigue ourdie de longue main, les calculs, les marchandages, l'usure du personnel, l'affaissement moral, la domestication, la stagnation ! Après tout, ce serait parfaitement conforme aux origines de la France contemporaine, — et au *solve senescentem* d'Horace.

Un beau carrousel.

3 juin.

D'aventure, quelques fois encore, on se redit le phantasieux sonnet du pauvre Monselet, à son tour dans la galerie des Oubliés et des Dédaignés, sur le cochon. Animal-roi, cher ange, en qui tout est bon, et qui mérite tout honneur. Après l'énumération de tous ses titres par le poète, qui eût pensé que le cochon trouverait à se faire une gloire nouvelle ? Il y est parvenu, et ce n'est pas sans émotion qu'il faut saluer sa dernière incarnation, le triomphe imprévu qu'il obtient en ce moment à la fête des Invalides.

Un propriétaire de chevaux de bois, craignant sans doute la concurrence de la Grande Semaine hippique, et en mal d'originalité foraine, a eu l'idée de décrocher ses vieux coursiers déteints, à crinières et à queues faméliques, pour les remplacer par des cochons. C'est la faillite de M. de Buffon au profit de saint Antoine. Et le carrousel de porc, dans l'odeur du pétrole et le grincement de l'orgue de barbarie, fait la joie et la fierté des plus exquis Parisiens ; et ce sont aussi des petits cris de femmes, amusés, contents, délicieux, *margaritas super porcos*. Oui, tous les soirs, le porc fait carrousel comble, et jamais, semble-t-il, plaisir ne fut mieux approprié aux goûts et en harmonie aussi parfaite avec les mœurs. Un symbolisme auquel on ne reprochera pas de manquer de clarté, et les moins compréhensifs en seront tout illuminés.

Aussi bien, il y aurait quelque hypocrisie par trop anglo-saxonne à déplorer superbement une telle innovation. Elle est bien joliment dans la note générale de l'humanité, et il n'y a pas de quoi s'offusquer d'un rapprochement aussi immédiat, que tout indiquait. Écoutons ce forain, qui est décidément un grand observateur : A cochon, messieurs ! En réalité, si hier tout homme avait dans le cœur « un cochon qui sommeille », maintenant en avant, ce compagnon est tout à fait réveillé.

Le carillon.

4 juin.

Quelques fois encore, dit une des plus belles légendes qui soient, on entend, du plus profond de la mer, les cloches de la ville d'Ys, à la place où la ville et son clocher, une nuit, tout d'un coup, dans l'Océan s'abîmèrent. Mais on n'entend plus guère les cloches dans le bourdonnement vital de Paris, et la Savoyarde elle-même doit regretter d'avoir fait le voyage, comme un simple petit Savoyard de M. Alexandre Guiraud. Si les fidèles, en la grand'ville, sont privés d'une si émouvante et noble vibration, ils vont recevoir cependant dans quelques jours une compensation, et voici que s'installe le carillon de Saint-Germain-l'Auxerrois.

Il a eu bien des malheurs avant de fonctionner, il est d'une horlogerie parfaitement compliquée, et certes, comme effet sur les âmes, il en aura moins que la simple petite cloche de Rueil, que Napoléon ne pouvait écouter au loin sans songer. Mais dans ce recoin auguste du vieux Paris, ses notes claires, légères, piquées, seront d'une fantaisie remarquablement digne des grands bazars de l'Exposition, des tapissières Cooks, et d'ailleurs tout à fait suffisante pour les besoins d'extase des voyageurs du tramway de Vincennes.

Saint-Germain-l'Auxerrois. — le signal de la Saint-Barthélemy, Charles IX à la fenêtre du Louvre, Coligny au gibet de Montfaucon, la tragédie, l'horreur grandiose, et maintenant des petits airs de musique de M. Lulli, et de M. Rameau. Enfant, j'ai connu le carillon de Saint-Nicolas de Nancy, qui tous les jours à midi jouait *le Roi Dagobert* et *la Fille de madame Angot*: plus doux, un peu plus proche de l'orthodoxie peut-être, sera le carillon de Saint-Germain-l'Auxerrois; mais quel contraste déjà entre les notes alertes qui vont s'égrener là et la sombre histoire du beffroi, ce présent d'ariettes et ce passé de sanglots ! Ainsi va la vie, et il faudrait souhaiter que toujours ainsi des joies puissent éclore sur ce qui fut un sillon sanglant.

La veuve.

5 juin.

Il n'y a pas que les honnêtes gens qui connaissent la difficulté de se caser. Voici que la guillotine aussi cherche, et ne trouve pas, l'emplacement où elle remplira désormais ses hautes destinées. Les cinq fameuses dalles de la Grande-Roquette vont disparaître avec la prison ; habitué de cœur à ces parages, à la clientèle d'élite nocturne qui en était l'ornement, M. Deibler ne sait pas encore où il lancera ses têtes dans le panier à son, et toute l'Administration est en quête pour lui de l'endroit rêvé. Admirable passe-temps des bureaucrates tranquilles et souci vraiment digne de la civilisation.

Le préfet de police déjà vient de faire savoir quel est le lieu de sa prédilection, la place où selon lui toutes les conditions du pittoresque et du confortable se trouveront réunies ; c'est là-bas, boulevard Arago, tout auprès de la Faculté de Théologie protestante, et ce rapprochement en vérité ne manquera pas d'ironie, et par les beaux matins d'exécution il y aura là une suggestive matière à réflexions : sur le même alignement, presque côte à côte, la philosophie du pardon et le châtiment suprême. Mais ceux dont le quartier doit être ainsi privilégié ne semblent pas faire à cette faveur l'accueil qu'on espérait ; de toutes parts les protestations surgissent. Cela ne veut pas dire qu'elles aient des chances d'être écoutées, mais il faut reconnaître que c'est bien un peu le droit du contribuable de ne pas vouloir la guillotine à sa porte, et de préférer comme embellissement les procédés de M. Alphand.

Cependant, puisque la « veuve » est si singulièrement en état de vagabondage, l'occasion serait excellente pour reprendre le vieux projet qui voulait la fixer solidement à l'intérieur même de la prison. Plus d'exécutions publiques, ce serait un progrès déjà sur l'immonde spectacle, qu'on a trop vu, de badauderie sanguinaire, de cruauté blasée. O Femmes de Versailles qui frappiez à coups d'ombrelles les vaincus enchaînés, votre espèce n'est pas finie ! Quant à l'objection grave tirée de l' « Exemple », lequel constitue le principal bienfait de la peine de mort, tout le monde sait qu'en effet l'Exemple est si salutaire et décisif, que depuis qu'il y a des bourreaux il n'y a plus d'assassins.

Le jardin de gloire.

6 juin.

Enfin le buste de Sainte-Beuve va se dresser au Luxembourg, et le poëte des rayons jaunes, l'amant de Volupté sera en gloire. Ainsi peu à peu les héros et les demi-dieux partagent l'espace de leur jardin et les ombrages avec de simples mortels, mais qui ont chanté. La série déjà est belle de ces élus ; elle s'embellira encore, et c'est là-bas aussi qu'une statue de Leconte de Lisle va être inaugurée. Les morts vont vite, non plus comme autrefois dans le sens de l'oubli, mais dans l'apothéose, et si les génies attendent, les grands hommes sont servis à la minute. En quelques jours, une lettre de M. de Heredia a provoqué un Leconte de Lisle, une souscription l'a assuré, et demain la statue sera en place, avec sans doute le jaguar symbolique accroupi.

Si l'on a choisi le voisinage du Sénat pour rendre hommage au parfait bibliothécaire que fut aussi Leconte de Lisle, tout s'explique ; mais si c'est pour la glorification du poète, est-ce là le Bois-Sacré qui lui convienne ? Le jardin de la vingtième année à cet impassible ? Ce coin riant, au dédaigneux au cœur d'airain de qui l'inspiration n'a pas connu ce qui va fleurir et murmurer autour de son immortalité ? Qu'il soit en bronze, en marbre, en superbe matière n'importe où, mais ce coin devrait être la récompense de ceux qui ont chanté, souri, vécu sans tant de prétentions à l'Olympe, et qui ont simplement, doucement, parlé aux âmes et aux rêves.

Leconte de Lisle près des marronniers qui ont vu Mimi et Musette, c'est une ironie plus qu'un honneur, et dans ce contre-sens de la gloire, il aura l'air magnifique d'un étranger. Mais si l'on nous dit que dans sa forme impeccable, où rien ne palpite, il est devenu le poète de la jeunesse d'aujourd'hui, plaignons la jeunesse et pleurons Musset.

Les beaux banquets.

7 juin.

Après une carrière longue, belle d'art pur, noble d'isolement, Henner a obtenu la médaille d'honneur, et déjà un banquet s'organise pour célébrer avec retentissement le poète de la chair, l'idéalisateur inspiré du nu, l'incomparable symphoniste du roux, du vert, du bleu. C'est un couronnement d'œuvre dont se réjouiront tous les amis de ce robuste qui demeura toute sa vie hors des banales amitiés, et qui, fier et doux, a poussé droit son rêve devant lui. Or donc encore un banquet ; Goncourt, Puvis de Chavannes, Sarah Bernhardt, la série commence à compter déjà de ces cérémonies d'apothéose autour du filet jardinière et de la poularde du Mans, et certes ce n'est pas moi qui jamais trouverai à redire, quand il s'agit de glorifier un homme pour autre chose que son argent.

Mais quelle significative invention, et d'un modernisme bien aigu, celle de ces fameux banquets! On a éreinté un homme, quel qu'il soit, pendant des années : on l'éreinte même en s'installant à cette table qui sera la table d'honneur, et soudain, quand la mastication générale est finie, on va le couvrir de fleurs, l'étouffer de palmes, l'étourdir d'encens! Cette époque de débinage à outrance a imaginé cette compensation, l'hommage outré. Elle apporte brusquement à vous acclamer l'inconscience et la rage qu'elle mettait à vous démolir ; il lui faut des victimes ; elle a besoin de grands manitous, et en un tour de main le grand manitou du jour c'est la victime d'hier : il faut ou qu'elle insulte ou qu'elle s'aplatisse. Un peu plus de mesure et de vraie justice lui serait pourtant un joli ornement.

Au lieu d'assommer à l'improviste les gens d'épithètes magnifiques et de pavés d'éloges quand ils sont arrivés, mieux vaudrait leur tenir compte de l'effort successif, les soutenir quand ils sont dans le plein de l'ouvrage et lorsqu'un mot d'intérêt, d'encouragement, un seul, parfois pourrait les empêcher de douter, les sauver d'un désespoir. Des banquets pour couronner une carrière, parbleu, messieurs, c'est charmant. Mais combien, tandis qu'il souffre dans le dur travail, un verre de vin à l'ouvrier serait parfois plus généreux !

Le mâle.

8 juin.

Tandis que Jules Lemaître et Gabriel Bonvalot exposent à la Sorbonne un admirable programme d'éducation, et préparent de la façon la plus vivifiante la France de demain, dans l'application de la Justice aussi une ère nouvelle s'affirme, et non plus seulement en promesses, mais dans les faits, et c'est encore au tribunal de Château-Thierry que revient l'honneur de chercher et de trouver la justice au delà des textes. Une pauvre fille s'est vengée en lançant des pierres contre l'homme qui, l'ayant prise sage à l'atelier, l'a abandonnée et trahie, après de longues intimités, après la naissance de l'enfant. Le crime de lancer des pierres est parfaitement prévu et puni par la loi ; mais le crime de faire un enfant à une malheureuse qu'on détourne et qu'on laisse se débattre ensuite avec son fardeau comme elle peut, ne l'est pas. Il le sera, et le jugement du président Magnaud, qui ne condamne la coupable qu'à un franc de dommages-intérêts, avec le bénéfice de la loi Bérenger, et déclare qu'elle n'est pas moralement atteinte, contribuera éloquemment à cette conquête de la conscience.

Dans ses attendus, il constate cette lacune de notre organisation sociale qui laisse à une fille-mère toute la charge de l'enfant qu'elle a conçu, alors que celui qui sans aucun doute le lui a fait concevoir peut se dégager allègrement de toute responsabilité matérielle ; et il flétrit l'homme dont le cœur est assez sec et le niveau moral assez bas pour accepter qu'une pauvre créature supporte, quoique sa situation à lui soit aisée, les charges, les hontes, les douleurs du plaisir qu'il a eu. Les fils du père Poirier et ceux aussi du marquis de Presles, des bourgeois-gentilshommes et des gentilshommes-bourgeois, méditeront. Et l'on comprend assurément que cette apparition de la responsabilité dans la fantaisie, du devoir dans la belle jeunesse, des droits de la fille pauvre et sincère devant le fils riche de tout excepté de générosité, des droits de l'humanité dans la jouissance, ne soient pas du goût des cavaliers qu'inquiéta déjà le « Fils Naturel » de Dumas. Et c'est en effet un rude coup aux sécurités de la morale des meilleures familles. Mais il serait un peu trop surprenant qu'en ce temps où l'on a tant d'indulgences pour les passionnelles et le vitriol, les abandonnées de la maternité seules fussent rigoureusement jugées, et que le lit où se fait l'amour ait plus de privilèges que le berceau.

Regardons avec attention vers ce petit tribunal de province d'où par deux fois nous arrive une parole de vie, d'espoir social, révolutionnaire dans le sens le plus fécond, et, sur ce point particulier féministes convaincus, applaudissons, en raison même de toutes les protestations, à cette Justice qui se mêle de voir dans l'homme un peu plus que le mâle.

Le cas de M. Jules Lemaître.

9 juin.

M. Jules Lemaître s'était fait la spécialité d'un talent mousseux, ondoyant, avec un petit air improvisé de psychologie et de parisianisme emprunté ; tout cela, encore que fluide, n'était point sans grâce, et peut-être même la grâce s'affichait-elle trop. Mais brusquement dans le charmeur averti et amusé des bagatelles de l'âme, dans l'observateur préoccupé des liseuses sentimentales, dans l'universitaire qui faisait pardonner à l'Université tout ce qu'elle déverse aujourd'hui de pédants et de prétentieux dans la littérature, un homme apparaît, et c'est merveille de voir avec quelle autorité, quel amour, quelle lumineuse sincérité, M. Jules Lemaître s'affirme dans cette métamorphose qui fait de lui, non plus le virtuose de la minute présente, mais un préparateur de demain.

Maintenant il travaille à répandre des opinions qui toutes ont d'utiles et hautes visées ; il apporte à l'action du Comité Dupleix l'aiguillon d'un esprit délié, pénétrant, curieux de mouvement ; à la Sorbonne, il dessine à grands traits saisissants, avec une netteté gagnée comme par miracle, et pourtant un art infini, le programme de la France de demain. Il faut faire à Jules Lemaître le plus grand mérite de cette évolution ; et comment n'en être pas impressionné, ou plutôt, comment ne pas noter le courant qui entraîne à cette heure vers les questions vitales, les problèmes généreux des activités fécondes, les renouveaux de l'énergie nationale et sociale, les esprits qui semblaient éloignés le plus d'un tel exercice ?

De plus en plus, il devient impossible, il n'est plus permis de ne pas s'extérioriser, de rester sourd au tumulte des luttes ouvertes, muet devant ce qui crie. Le vieux fond des écrivains craque de toutes parts ; une réalité autre, et même un rêve autre, les sollicitent, s'imposent à eux : M. Jules Lemaître a fait mieux que de subir cette exigence, il l'a comprise, il l'a traduite, il l'a rehaussée incomparablement. Son cas est un symptôme, une promesse pour l'inextinguible grandeur de la France, et aussi un honneur personnel.

Dans un monde trop vieux.

10 juin.

Il y a longtemps qu'on n'a entendu parler du remords. Il semble un peu démodé. Il nous vaut de moins en moins de ces beaux coups qui rassuraient la morale et facilitaient leur besogne aux gendarmes. Ainsi, deux assassins viennent d'être pris, après de longues recherches ; comment ont-ils supporté leur forfait ? Assommeurs tous deux, travaillant dans le même style, Schneider et Peugnez, l'homme de la rue Saint-Denis et l'homme de Saint-Maurice, ont passé après le crime des jours de nopces et plaisirs, des journées véritablement exquises, et que rien ne troubla, sinon la peur instinctive de la bête qui se sent traquée.

Schneider a été arrêté à Mulhouse, tandis qu'il s'amusait royalement à une représentation de *Madame Sans-Gêne*; Peugnez, sans quitter le pays, a, du café aux baraques de foire, des guinguettes au beuglant, de la Seine aux sentiers du bois, mené la plus joyeuse balade. Ah le bon temps, « et jamais, a-t-il dit au juge, il n'avait pensé qu'on pût rigoler ainsi. » Il y aurait, peut-être, un essai de saisissante psychologie à écrire sur ces heures d'errances tragiquement fêtardes, sur ces bonnes rigolades d'assassins, sur Caïn qui s'offre des chevaux de bois. Et sur les accidents singuliers qui aujourd'hui signalent à l'attention d'un oculiste suprême, ce fameux « Œil », qui paraît se fatiguer maintenant d'être toujours là.

Mais si dans le crime de Saint-Maurice, la *Conscience* a reçu une atteinte nouvelle, l'*Espoir en Dieu* n'a pas été épargné non plus. Est-il quelque chose pour poigner, navrer, déconcerter davantage, que la mort de ce pauvre petit, frappé par Peugnez au moment où, assis à la table ronde, pour s'exercer à l'écriture, il copiait le *Pater* sur un beau cahier? Quand l'assassin a frappé, la prière s'arrêtait à ces mots : *Pardonnez-nous nos offenses*..... O poètes, la réalité répond, la nuit se fait sur les lumières que vous avez allumées. Il semble que tout ce qu'on a aimé, respecté, glorifié, reçu en foi, veuille se jouer de notre misère, et voici que, lentement, les plus beaux couplets, dirait-on, se mettent à manquer à cette vieille romance que Jaurès montrait berçant l'humanité.

La petite bête humaine.

11 juin.

Il y a dans Erckmann-Chatrian un récit qui n'est pas sans grandeur. Cela se passe au moment, où, pour la première fois, des ingénieurs s'établirent dans un village perdu des Vosges ; on va creuser la montagne, poser le chemin de fer, ouvrir un tunnel. Et, farouches, devant cette invasion du progrès, ce viol, les trois fils de *Daniel Roch* décident qu'avec des faux ils attendront la première locomotive, feront reculer le monstre : et quand au jour dit, le monstre sifflant et vomissant des flammes apparaît à la sortie du tunnel, — il écrabouille, comme brins de paille, ces héros ingénus et sublimes. L'attitude de mon ami M. Hugues le Roux, résolument armé d'un revolver contre les automobiles, me fait songer à ce conte symbolique.

Comment un esprit d'une grâce si équilibrée s'est-il laissé gagner par tant d'emportement ? Comment un philosophe qui a des clartés de tout est-il ainsi du coup devenu enragé ? C'est que simplement cet animal est si méchant qu'il se défend quand on l'attaque. Il ne veut pas être écrasé, il ne veut pas qu'on lui rapporte les siens en bouillie, parce qu'un monsieur aura voulu crâner pour la galerie, et en réalité tout le monde comprendra cette indignation d'un homme devant la lâcheté qui file à toute vapeur, le malheur fait, et cette révolte d'un Parisien qui ne trouve plus la sécurité dans sa rue, pourtant pleine de sergents de ville, et dans son Bois émaillé des gardes.

Mais, hélas, combien de chances pour que cette juste protestation, malgré tous les simulacres de satisfaction obtenus, se perde dans la mode inexorable, toujours montante, et qui prime tout ? Demander à l'automobilisme, qui a été créé pour les voluptés de la vitesse, de ne pas aller vite, ce serait demander à une Parisienne à laquelle on vient d'offrir un bijou de ne le porter jamais. Et quoi que nous promette le préfet de police, j'ai grand'peur que le faible continue d'avoir tort, qu'il faille se résigner à subir à notre tour les inconvénients d'une crise de transformation, l'ivresse du pouvoir où parvient ce maître nouveau, et que de longtemps on ne puisse obtenir des chauffeurs, gens pourtant très-chic, cette merveille trop psychologique : que sachant conduire leur machine, ils sachent aussi se conduire eux-mêmes.

Sainte réclame.

12 juin.

Un Parisien bien spirituellement grincheux plaide contre la Compagnie de l'Ouest à laquelle il reproche les réclames qu'elle inscrit sur les cartes personnelles d'abonnement, et sa prétention de faire tenir ainsi au voyageur le rôle de l'homme-sandwich. Comme abonné de Paris à Poissy, il se refuse à servir de véhicule à la publicité dont la compagnie croit devoir enrichir ses affaires, et sa dignité de citoyen libre s'offusque. Je ne suis pas éloigné d'éprouver comme lui qu'il peut paraître exagéré, lorsqu'on a payé cher déjà un droit d'être utilisé par surcroît pour des bénéfices à côté, et qu'il y a là quelque chose d'attentatoire à notre noble personnalité.

Mais en réalité on aurait trop souvent à ce point de vue l'occasion de protester, et que faisons-nous tout le long de cette vie, sinon subir la réclame et la propager ? Plus même nous sommes supérieurs, plus il semble que nous soyons condamnés à ce métier. On achète un livre d'amour, et sur la table du home, ô profanation, il laisse échapper une feuille rouge qui contient le boniment d'un bottier ; on pose son chapeau, et c'est pour montrer au fond de la coiffe blanche l'adresse et la signature du fournisseur, et parfois même cela constitue un orgueil parfaitement snobique ; on est en déplacement et villégiature, et c'est pour fournir au journal prétexte à faire mousser la qualité de sa clientèle ; au théâtre, et c'est pour que l'administration, fière de sa chambrée, joue, en communiqués, de votre nom. Libre échange d'intérêts et de vanités, et au fond, on est toujours le courtier de quelque chose ou de quelqu'un.

Rien n'est sacré pour la Réclame. Elle se sert de palais et monuments sur lesquels elle écrit Liberté, Égalité, Fraternité, pour célébrer les beautés de la République ; elle figure jusque dans les écrins des palmes académiques ; demain elle trouvera moyen de se nicher dans le coin d'un billet de banque, — et je ne pense pas que personne le refuse pour cela. Il est un peu tard d'ailleurs pour s'élever contre cette américanisation des mœurs, qui pour beaucoup est devenue un idéal, et mieux vaudrait voir dans ce mouvement perpétuel des idées, des ingéniosités, de la production, un symptôme de vitalité. Trop heureux, quand cette publicité reste brutale, naïve, sincère, quand elle ne vous conduit pas perfidement de Napoléon à un corricide, et ne vous cite pas un poète pour aboutir à un remède contre la conspiration !

Où va la feuille de laurier...

13 juin.

Dans un compte-rendu du procès en demande d'interdiction fait par madame Munckazy contre son mari,

J'ai lu ceci : Maître X... se présentait pour madame Munckazy; pour l'autre côté, *personne*. Personne ! Et ce seul mot évoque-t-il d'une façon assez saisissante l'immense faillite de l'être, le naufrage, la maison de santé, le fauteuil maudit où tout s'écroule ? Personne. C'est le mort vivant et je ne sais pas de vision plus lugubrement humaine. Et pour marquer plus encore que c'est la fin, on vient de vendre ce qui meublait l'atelier de Munckazy, les choses familières qui virent les grands coups de fièvre de son inspiration et son travail. Quelques-unes ont été payées très cher; des tapisseries, des armes, des cuivres, l'indispensable bibelotage : mais sa boîte à couleurs a été vendue vingt francs.

Certes il n'y aurait pas là de quoi surprendre, si ce temps était encore celui où un Millet, un Corot vivaient obscurs et dédaignés ; où les peintres n'avaient pas de clientèles de salons, où l'on ne posait pas, dans l'épicerie parvenue, pour la passion, le culte, le fétichisme du grand art. Mais dans une société qui se pique en masse d'élégance et de ferveur artistiques, il est véritablement surprenant qu'il ne se soit pas rencontré un admirateur, voire américain ou hongrois, pour recueillir cette épave de la renommée et s'offrir le chic d'une pieuse pensée. Il avait pourtant tout ce qu'il faut, celui-là, pour spécialement intéresser le snobisme ; c'était un grand organisateur d'épatement général ; il avait le cabotinisme de la couleur, il sacrifiait tout à l'impressionnabilité la plus inférieure de ses contemporains. Et malgré toutes ces concessions, ces avances, — vingt francs, pas le moindre témoignage, pas un fidèle.

Mais si cette aventure semble dire le néant de la gloire, elle dit mieux ce qu'est la vraie gloire. Et plus d'un des jeunes maîtres du champ d'Apollon, — que de maîtres, juste ciel, quand les vrais maîtres se vantent de rester toujours des élèves ! — se trouvera par là averti à nouveau que tous les honneurs de la vogue ne valent pas qu'on leur immole un rêve fier, et que l'applaudissement des foules offre moins de sécurité que leur mépris.

Des « pichoux... »

14 juin.

La saison se termine par quelques bals très riches. Trop riches même, d'après la peinture des historiens de mondanité, car au prix qu'atteignent aujourd'hui les cotillons, bientôt les bi et tri-millionnaires seuls pourront donner à danser, et laisser venir à eux les jeunes filles. Tout le monde en effet ne peut pas mettre vingt mille francs à des accessoires; en revanche, tout le monde est susceptible d'assez de sottise pour ne pas vouloir paraître inférieur : dès lors abstention, et c'est la jeunesse de tout âge qui pâtira de la rareté forcée de ces fêtes, devenues plus un sacrifice qu'un plaisir.

Des bracelets, des broches, des fleurs en émail et en or, des boutons de manchettes, des épingles de cravate. Non plus le souvenir exquis d'un rien qui fut charmant et vécut autant que les roses : du solide, du positif, du cossu. Danseurs et danseuses se retirent avec un bénéfice. Et tout cela devrait se passer sur l' « air des Bijoux ». Mais, aussi bien, il y a dans ce luxe singulier, qui offrirait à Baudrillart une matière

inédite, autre chose encore qu'une transgression de
goût, qu'une manifestation sans délicatesse de fortune,
que l'écrasement de la fantaisie, de l'élégance, de la
personnalité, par une force brutale. Je soupçonne plus
d'un excellent homme de penser qu'en vérité il y a
dans cette mode nouvelle, pour son enfant et pour lui,
par surcroît, je ne sais quoi d'humiliant, et qui rapetisse singulièrement une joie. Quoi, un cadeau pour
avoir dansé ? une façon de rétribution pour avoir
égayé, orné un salon ? Ce qui s'expliquerait pour des
danseuses professionnelles prend tout juste l'air
d'une impertinence vis-à-vis de jeunes filles qui n'ont
pas toutes des millions en leur grâce, et c'est étrangement traiter le charme d'un sourire.

M. Gaston Jollivet, qu'on n'accusera pas de sévérité
à l'égard de la Comédie Mondaine, pousse un petit cri
d'alarme devant cette aurification générale. Et il faudrait l'accentuer, si en réalité cette outrance même ne
faisait ressortir davantage encore le mérite, la délicieuse valeur, la supériorité véritablement aristocratique de la simplicité, et si cet excès précisément ne
préparait à Sainte-Mousseline un retour adorable, sur
un chemin jonché de fleurs naturelles et dans des
parfums de printemps.

Les mères.

15 juin.

Ce n'est sans doute pas assez difficile de réaliser et
d'instituer une œuvre d'utilité urgente, de salut : il
faut encore, lorsqu'elle fonctionne, qu'elle aille

par surcroît compliquer d'elle-même les obstacles et contre son propre but.

On a vu ainsi la querelle que la direction de l'asile Michelet n'a pas craint de chercher pour des raisons de boutique et autres, à l'hôpital de la Pitié. L'asile Michelet a été ouvert pour servir de refuge aux femmes enceintes ; il leur donne les soins d'attente ; lorsqu'elles arrivent à l'échéance, il doit les diriger sur les hôpitaux pourvus d'un grand service. Admirablement organisée, la Pitié recueillait jusqu'ici la plus grande partie de ces pensionnaires, et brusquement plus rien. Au lieu de l'accueil certain, prévu dans les moindres détails, efficace, la course de porte en porte avec le fardeau qu'on traîne, d'hôpital en hôpital, l'effroyable recherche du coin où l'on pourra mettre au monde l'innocent. Voilà à quoi se trouvent condamnées les femmes qui ont eu confiance. En vérité tous ceux qui préparent à l'avance à leur chienne un bon petit panier, bien ouaté, éprouveront qu'il est monstrueux que des mères soient livrées à ces errances, à ce hasard. C'est ainsi qu'une infortunée, il n'y a pas longtemps, a accouché en pleine rue, dans une brouette, sous l'œil des sergents de ville, qui à grand'peine chassaient les voyous ; c'est ainsi que sous les porches, dans les cours, sur les bancs, naissent par centaines de pauvres petits, qui eux, quoi qu'il advienne, n'auront aucune raison pour dire avec le poète : « O dieu de mon berceau, sois le dieu de ma tombe. »

Mais il faut inviter le directeur des affaires municipales à intervenir énergiquement et à faire cesser cet état de choses qui ne fait qu'ajouter officiellement aux laideurs, aux souffrances, aux injustices d'une société qui à ce point de vue n'a pas besoin d'être encouragée. Et si cette fantaisie devait s'éterniser, il n'y aurait qu'à débaptiser l'asile Michelet. Car ce qui s'y produit est comme une insulte à celui qui a respecté la Femme et chanté l'Enfant.

La petite bonne.

16 juin.

Mon ami George Auriol, dans son joyeux petit dernier, *Ma chemise brûle*, considère les appartements parisiens au point de vue du pittoresque, de l'échappée des paysages, de la fantaisie de l'heureux locataire. L'*Avant-Courrière*, qui, elle, n'a pas la mission d'être gaie, les juge avec moins de grâce, conformément à son but d'humanité, à son zèle de revendication féminine, et elle accuse la disposition de nos appartements de tout le mal, non pas que font nos domestiques, mais qui leur advient.

Il faut avouer en effet que dans la pensée de l'architecte l'hygiène de l'office n'a pas pris grande place ; sur près de cent vingt mille domestiques qui opèrent à Paris, la bonne ou mauvaise moitié arrive du village, et la petite chambre au sixième lui est comme une prison délétère ; comment ne pas se préoccuper d'autre part des tentations, des occasions qu'offre l'entière liberté dont jouissent grâce à cet éloignement, à ce défaut de contrôle, des filles jeunes, impatientes, si désirées parfois que leur recherche est la spécialité des meilleurs esprits. et qui n'ont point de raisons pour se montrer plus rigoureuses qu'un bon lot de leurs maîtresses ?

Il y aurait là aussi un essai à tenter, — le sauvetage par la qualité du logis. Mais cela ne suffirait point aux vœux de l'*Avant-Courrière* : il s'agit encore de l'encouragement au bien, de l'amélioration morale de la petite bonne par les maîtres, par des âmes patronnesses et mondaines. Hélas, on la connaît, la petite bonne qu'on fait venir de l'orphelinat, du couvent, et qui a reçu des principes. Celle-là est la plus décevante de toutes. Et il faudrait voir cette duperie nouvelle, cette occasion merveilleuse de se faire fiche de soi : Madame essayant d'empêcher Adèle d'être Adèle, et Germinie Lacerteux d'être tendre. Les plus nobles paroles, les soins les plus chrétiens n'y feront rien. Et pourquoi ces étrangères, de chair et de cœur pleins d'alliages, nous écouteraient-elles plus que ne nous écoutent nos propres enfants ?

La toque et la robe.

17 juin.

L'inadmissible déférence du conseil de l'Ordre des avocats à l'égard des agissements de M. Barboux, pour qui la correspondance d'autrui n'a pas de secrets, et classé désormais avec gloire dans la galerie des escamoteurs, n'aura pas porté bonheur au tabernacle que représente cette petite assemblée. Le conseil a dû subir les protestations les plus énergiques de ceux-là mêmes qui lui ont commis la garde de la dignité professionnelle, et voici qu'un avocat, ancien membre de ce conseil, incontestablement autorisé et respectueusement sincère, M. Paul Moysen, lance une étude qui ne tend à rien moins qu'à une complète révolution.

Il a été placé mieux que quiconque pour constater que l'Ordre s'effrite de toutes parts, que la fiction dont il vivotait encore s'épuise, et que pour le rajeunir il faut exécuter des coupes hardies dans l'épaisseur de son orgueil suranné, de ses préjugés, de ses hypocrisies, de ses résistances. Pour restituer à la profession son utilité et son prestige, il s'agit tout à la fois de rendre plus difficile son accès et d'élargir son cadre ; de permettre à l'avocat de devenir un mandataire, de traiter les affaires de son client directement, sans intermédiaires ni parasites, d'être mieux qu'un platonique conseil, — un guide, capable de contrôle et d'action ; et il s'agit enfin de le soulager de l'enfantin et ridicule protocole qui lui interdit de considérer des honoraires autrement que comme une gracieuseté libre, ou de mettre son nom sur une plaque, à sa porte. Toutes ces restrictions ne constituent pas une garantie de délicatesse et d'honnêteté ; les plus éminents bergers n'ont jamais empêché les brebis galeuses, et il n'est pas de dignité mieux administrée que par soi-même.

Mais si, comme il faut l'espérer, les avocats réussissent à approprier leur profession aux exigences d'une vie sociale renouvelée, ils feront bien d'ajouter un petit effort à ce grand. Il serait temps en effet que, voulant justement devenir des hommes comme les autres, ils voulussent aussi renoncer au plus révoltant de leurs privilèges : celui d'outrager impunément, et de couvrir lâchement la calomnie de la Justice.

Tu.

18 juin.

Le plus grand plaisir des Parisiens, c'est le théâtre,

— mais à l'œil. Même ils ne le comprennent plus guère autrement. Les trucs sont copieux, et en honneur dans les meilleures compagnies, pour subtiliser une belle loge. C'est en ces matières surtout que les amis de nos amis sont nos amis, et le tapage des places un des plus jolis exercices de l'adresse à savoir vivre de rien. Trop heureux les théâtres, quand ils n'ont pas à se défendre contre de véritables filous. Ainsi pendant un an, un théâtre du boulevard a comblé de ses faveurs une famille entière, qui a eu le goût de choisir mon nom pour demander et obtenir. Mais enfin tout un lot de hardis amateurs vient d'être déclaré de bonne prise, et la neuvième chambre a appliqué la peine la plus rigoureuse à ces Athéniens.

Une fois encore le Hasard a été la providence des justes lois. Recevant une lettre qui commençait par le traditionnel « Cher monsieur » et signée du nom d'un camarade qu'il tutoie, le directeur d'une grande scène suivit cette piste et fut conduit par elle à toute une association. Hasard subtil et charmant. On frémit à la pensée des fraudes qui auraient pu prospérer là, si ce boulevardier parfait n'était tombé tout juste sur le nom d'un camarade ; et voilà, semble-t-il, de quoi réhabiliter, de ce qu'en général a de déplaisant, cette camaraderie cursive, vide, de pur simulacre, banalisante, qui fait le fond de nos relations. C'est effrayant ce qu'on se tutoie rapidement. A entendre deux excellents Parisiens se tutoyer, on croit qu'ils sont des amis anciens et éprouvés : le plus ordinairement cela veut signifier qu'ils ont passé des nuits côte à côte au tripot, ou dîné régulièrement dans le même cabaret, ou fait la fête en chœur. Cette magnifique facilité est à l'amitié ce qu'est le picolo au Musigny, et il ne faut pas s'étonner d'entendre dire si souvent que l'amitié n'est qu'une vieille blague : il y a erreur, car l'on ne saurait exiger d'une improvisation ce que crée un lien véritable. Hélas, nous avons tous ainsi beaucoup d'amis : et quand il en faut un, le plus souvent c'est comme, dans la chanson de Ponchon, en revenant de Carcassonne.

Mais dans ce cas particulier il faut avouer que le procédé peut avoir du bon. La quantité parfois est une garantie. Il n'est pas mauvais de connaître beaucoup de gens pour s'aider à rester sur ses gardes, et de toutes façons il convient de célébrer cette occasion unique où l'on a vu un tutoiement sur le boulevard n'être pas tout à fait vain.

Une proie.

19 juin.

La Parisienne donne beaucoup en ce moment. Réjane se réconcilie, Liane de Pougy va reparaître sur l'affiche, la sympathique Pétomane du Moulin Rouge se fait plaideuse, — et voici, avec la comtesse de Berck, connue chez les notaires sous le nom plus authentique de Bazin, un procès qui évoque une des pages les plus glorieuses de notre cher Théodore de Banville. Il s'agit des millions de M. Emile Récipon. Des millions c'est toujours tentant : mais sous le beau ciel de Cannes, des millions de jeune poitrinaire, cela semble fait pour être cueilli comme une simple mandarine. Et par un testament que la famille attaque aujourd'hui en invoquant la captation, mademoiselle Bazin se serait fait appliquer cette fortune, après quelques mois seulement d'exercice.

Saisissante vision, qui se dessine à travers l'accusation. Quinze jours après la connaissance faite, une villa mystérieuse où loin du monde on soignerait le cher enfant, l'adoré malade, et lui verserait au moins encore un peu de cette joie de vivre, — dont chaque goutte serait plus sûrement la mort ; le vieux domestique écarté, les lettres interceptées, le docteur choisi par la mère remplacé, la calomnie coupant tout lien. Oh ! cette chambre du pauvre enfant cloué, maigre et blanc, avec un soleil qui ne le réchaufferait point, où elle montait paraît-il la garde, rôdait, combinait, couvait le décès, inexorablement tendre, providentielle et meurtrière, et d'où elle ne sortait que pour le laisser « vanné, rendu, conquis » ! Voilà bien une des plus sinistres besognes dont puisse s'enorgueillir l'humanité. Tout y est, l'avertissement aussi qu'il faut se méfier surtout quand Elles la font au dévouement, et certes il faut supplier le ciel qu'il veuille bien nous préserver des Anges.

Et maintenant, quand on considère ce type, les divines procureuses de l'ataxie et de la paralysie générale, qui elles au moins s'attaquent à la santé, les classiques sangsues, les pieuvres, les vampires ne gagnent-ils point énormément ? Et quand on songe à la Dame aux Camélias qui, elle, mourait, ne l'aime-t-on pas davantage, dans son doux rayonnement ? Maintenant elle ne meurt plus, elle travaille à regarder mourir, elle consomme des ombres, elle aime dans des draps mortuaires, elle est la Dame aux Immortelles, pour amants condamnés, jeunes et riches. Temps exquis, où les grâces de la charité remplacent, dans le grand jeu, l'arsenal des coquetteries, mais où dans le « Bon Cœur » même, agit la boue ; et c'est véritablement une grande tristesse, qu'on ne parle plus de l'Amour que pour une proie qu'il veut ou une victime qu'il fait, l'infamie ou le malheur...

Le vase de cristal.

20 juin.

Le temps d'un rapide coup de balai ou de torchon, et les nouveaux ministres prennent la place des anciens. Rien de changé ; l'un sort, l'autre entre, et les meubles demeurent dans la même posture, avec le même air ennuyé, la même signification d'officiel provisoire. Comment dans les mêmes choses, si administrativement respectées, ne retrouveraient-ils pas les mêmes idées? Les idées du prédécesseur flottent dans l'air avec la poussière qu'il a laissée. Et peut-être doit-on expliquer ainsi la totale absence de personnalité, d'originalité, qui distingue la plupart de nos maîtres successifs. Il y a toujours un reste de ce qui fut hier, dans l'ambiance, et ils ne peuvent être « eux » dans ce qui fut, est, et sera également à tous.

Je me souviens pourtant d'avoir certain jour constaté un petit changement. C'était au ministère de l'intérieur où régnait alors mon ami M. Georges Leygues. J'étais allé le trouver pour lui demander de vouloir bien s'intéresser au cas d'un jeune sous-préfet de ma connaissance, atrocement affligé de la perte de son vieux Paris, et qui voulait être « rapproché ». Et pendant cette visite de quémandeur, tout d'un coup, sur la table, j'aperçus quelque chose qui contrastait avec la banalité obligatoire du lieu. Entre les lourds dossiers et les rapports entassés, parmi l'embrouillis des fils de communication, c'était la forme claire d'un vase de cristal. Et dans ce vase pur, doucement, baignaient quelques roses. Et l'imprévu était charmant, de cette innovation, d'une telle échappée de nature et de poésie, sur la massive et politicienne table des ministres de l'intérieur.

Mon cher ami, c'est vous qui avez raison. Une rose devant soi n'empêche pas la solide besogne, elle la rehausse, au contraire, de tout son éclat et de tout son parfum ; elle dit l'éternel renouveau, ce qui ne meurt pas quand les ministres passent, et pour être le bon semeur il faut aimer ce qui fleurit.

Paris.

21 juin.

Il est certain, qu'en ce moment, à Paris, la princesse de Metternich cherche en vain son cher Paris d'autrefois. Tout ce qu'elle a gardé de lui dans son souvenir doit lui paraître antédiluvien, — et en effet cela remonte à un déluge de sang. Mais en vérité la spirituelle princesse, celle de Compiègne et de Saint-Cloud, celle des charades impériales et des jeux diplomatiques, et qui ces derniers temps n'avait, dans ses relations viennoises, de la France que M. Lozé, — lequel lui fit donner les palmes académiques, — peut bien hésiter à reconnaître Paris : nous qui ne l'avons pas quitté, ne le reconnaissons point, et d'année en année, presque de mois en mois, c'est une autre ville qui naît, moins belle, sur les beautés qu'à plaisir elle sacrifie.

Le Conseil municipal vient ainsi de continuer une de ses œuvres de prédilection : la désaffectation des

Champs-Élysées. Demain les petites baraques à jouets, les traditionnelles et les chères, aimées par le monde des bébés et des nourrices au long ruban cramoisi, vont disparaître ; elles sont remplacées par des kiosques massifs. Au lieu de l'étalage pittoresque, léger, et si souriant sur l'emplacement où campèrent les Cosaques, de l'architecture, le style commun, le chic d'une quelconque rue. C'est le complément fatal du système : envahis par des cafés, des cabarets, des tramways ; défigurés par des maçonneries énormes de rapport ; déshonorés par d'écrasantes concessions, ces pauvres Champs-Élysées sont comme une fleur qui étouffe et va mourir entre les pierres.

Protester ? le mal est fait, et toutes les protestations n'auraient rien pu, au contraire, sur les élus de Charonne ou des Épinettes : ils ne sont pas là pour se préoccuper de ce qui n'a qu'un intérêt général, et n'est qu'un décor pour gens heureux. Mais c'est vraiment une chose affligeante autant que française, qu'il suffise de posséder ce qui fait l'admiration pour en éprouver aussitôt le mépris et que, le meilleur du progrès consistant ici dans l'abatage de tout ce qui est supérieur, les choses y passent après les hommes.

Le seuil du tripot.

22 juin.

Le valet de pied préposé à l'antichambre d'un cercle, aux environs de l'Opéra, a reçu ces jours-ci des mains d'un monsieur très élégant, — c'est maintenant paraît-il le signalement des plus remarquables filous, — un paquet à garder, qui ne fut point réclamé, et que, soupçonneux, il alla porter chez le commissaire de police. Enveloppés dans un vieux journal, c'étaient un manuscrit de J.-J.-Rousseau et un exemplaire précieux du Roman de la Rose. Et l'on prévoit tout ce qu'une telle découverte a pu causer de déroute dans l'esprit d'un valet de pied très parisien.

Non vraiment, il ne pouvait reconnaître là le genre de dépôt qu'on lui commet d'ordinaire, quand debout, raide dans ses mollets à bas blanc, obséquieux et méprisant, il reçoit sur le seuil le client qui se débarrasse. L'un lui confie sa serviette pleine de papiers importants, une grosse affaire, qui, si elle réussit, permettra d'en « tailler » de belles ; l'autre son chien, qu'on ne peut laisser seul à la maison ; celui-ci la bouteille de Janos qu'il reprendra pour rentrer le soir ; celui-là, un rouleau minuscule, la chemise de soie du découchage. Le valet de pied connait ça, il flaire, reconstruit toute la vie des gens, à la seule qualité de ce qu'on dépose à l'antichambre. Mais des manuscrits, des livres anciens, ce n'était pas naturel, ce n'était pas dans la note, il devait y avoir en effet quelque chose làdessous, car les manuscrits habituels ce sont seulement les lettres de créanciers qui attendent derrière le grillage, et les vieux livres sont tout au plus des bouquins du quai, les Probabilités du Jeu et la Montante de d'Alembert.

Et en réalité, elle offre de bien pittoresques contrastes, la présence en un tel lieu de quelques pages de Jean-Jacques. Il avait tous les vices ; il confesse qu'il fut fourbe, menteur, voleur, plein d'aberrations, mais il n'était pas pour les cartes. Et sans doute son ombre serait bien étonnée aussi d'apprendre où vient d'échouer ce manuscrit. Mais peut-être, en y songeant, ce hasard n'est-il pas tout à fait perdu, et il ne faudra regretter rien, si d'aventure, à l'évocation de ce nom de Rousseau, quelqu'un de ceux qui étouffent et se tuent à passer leur nuit au gaz, au gaz qui combat, dans le tripot, si douloureusement et si grotesquement les premières clartés de l'aube innocente, se reprenait à l'amour de la belle Nature...

Le char de Sainte-Hélène.

23 juin.

L'Empereur a eu les honneurs encore du Salon et l'État a acheté quelques-unes des œuvres qui glorifient l'Homme et la Légende, comme le « Curé de Sézanne », l'admirable composition de Pierre Méjanel, d'un mouvement si tumultueux, d'une grandeur si noblement tragique, d'un coloris de ciel et de sang qui fait frissonner. Certes il faut louer l'État et les Beaux-Arts, auxquels M. Henry Roujon préside avec tant de supériorité, de cette fidélité à l'héroïque souvenir, au culte du géant. Mais si cette résurrection napoléonienne est dans les âmes, les espérances, le livre, le tableau, au théâtre, la réalité ne semble pas s'en douter, et on ne peut noter sans mélancolie le contraste qu'elle offre avec nos enthousiasmes. Oui, glorifions le petit chapeau et l'épée de Rivoli ou d'Iéna : mais tandis que nous manifestons, plus d'une des choses qui devraient être sacrées gisent dans l'abandon de l'officiel bric-à-brac, et je songe à ce qui est remisé sans amour ni pitié dans les ténèbres du Garde-Meuble.

C'est ainsi qu'en une espèce de hangar que nul ne vient visiter, empli de déchets, sous des couches insultantes de poussière, le char funèbre de Sainte-Hélène est relégué dans l'oubli. Son luquage s'est émietté et tombe; les ressorts cassés font vieille ferraille; la bâche noire, repliée sur la carcasse qui, n'était le dôme branlant, fait penser au corbillard des pauvres, n'a jamais été soulevée. Et c'est pourtant ce char qui a porté de la vallée de Longwood à James-Town son lourd cercueil; il a représenté la patrie reconquise par le martyre et la mort; des soldats anglais l'ont salué au son du canon, comme si Hudson-Lowe n'était pas Anglais, et derrière lui le prince de Joinville a pleuré.

Douloureuse relique, digne entre toutes de pèlerinage, dans un temps qui se pique de ferveur, car c'est là-dessus qu'il a fait son dernier retour, — et nul n'a songé à faire un sort à cette relique quand tant d'insignifiances deviennent historiques, et cette planche sur laquelle il fut couché tout du long a moins d'honneurs qu'une tabatière ou une tasse. Dans une de ses savantes études, M. G. Lenôtre rapporte que les Anglais avaient fait une écurie de la chambre où il mourut. Mais nous! chez nous! Cette profanation est-elle croyable? a-t-elle une excuse? peut-elle durer? C'est l'ingrate Patrie. Mais si le grattage des aigles sur les serrures de l'Elysée est doucement ridicule, voilà qui est tout à fait déshonorant.

Carnavalet-Journal.

24 juin.

Une nouvelle occasion est offerte au Parisien de s'instruire en s'amusant, comme si cette formule n'était pas usée, avec toutes les autres. Le musée Carnavalet, hier, a été inauguré officiellement dans ses modifications, et cela ne manque pas de piquant, de voir le Président venir rendre hommage au culte des vieux souvenirs, au moment même où l'on décroche les aigles, aux portes élyséennes. Mais le Parisien songera-t-il à jouir de tous les trésors groupés dans l'antique hôtel où madame de Sévigné eut mal à la poitrine de sa fille, et une course au Marais ne lui paraîtra-t-elle pas un voyage démodé, à cette époque de grandes routes à records de tout genre ? Il ne va pas au Louvre, le vrai Parisien ; il ne connaît pas le musée d'artillerie, il ignore les collections de l'arsenal, depuis le salon de Sully jusqu'à la chemise de Latude, il dédaigne les vitrines des Archives où il y a de si passionnants bibelots d'histoire sanglante : et en vertu de ce principe que ce qui est de chez nous nous intéresse médiocrement, et que nous n'avons de beautés que pour les méconnaître, voilà sans doute encore une gracieuseté pour visiteurs Anglo-Saxons seulement.

Il y a pourtant là la vie même de notre Paris, par les Debucourt, les Demachy, les Cochin ; les restitutions de détail et les vues d'ensemble, tout ce qui a compté dans les frissons de la Ville, de Camille Desmoulins au tsar Nicolas, du tragique à la fantaisie, M. George Cain a tout recueilli et harmonisé ; c'est du Dangeau et du Mercier en objets, et c'est par là tout juste que Carnavalet semblerait désigné, cependant, pour quelque faveur parisienne.

En un temps où le journal est la lecture par excellence, celle qui suffit au besoin de savoir et de se passionner, le musée Carnavalet est approprié, en perfection, à ce goût caractéristique. C'est là encore, à proprement parler, du journalisme, c'est le journal par les choses, l'actualité traduite par le réel, c'est la minute laissant une trace, c'est la salle d'exposition des événements d'hier, et on dirait une prime offerte par les gazettes du passé. Aussi bien, passants, préparez-vous à entrer : on vous a fait le musée qui convient à ce que vous pouvez supporter, et l'ingratitude serait grande de ne point s'offrir ça, pour moins cher que cinq centimes, un sou.

Maître Jacques, ministre.

25 juin.

Tout passe, tout lasse, tout casse, même le plaisir de voir tout cassé, et il faut reconnaître que la crise n'a pas eu le succès des beaux jours d'autrefois. On commence à se désintéresser de cet accident au vieux char de l'État, qu'on voudrait un peu plus automobile, et ce n'est plus amusant de voir ces combats d'ambition, de coteries, de médiocrités, dont les péripéties sont usées. Il y a pourtant dans ces conflits de la politique quelques ridicules ou des laideurs qui semblent en progrès, et chaque fois, contre toute attente, il y a encore du nouveau, mais non point à notre avantage. Ainsi, ce qui se passe depuis huit jours, dans la petite bourse des portefeuilles, mérite bien tout de même une aimable attention (1).

M. Ribot, M. Sarrien, M. Peytral se sont vu confier tour à tour la fabrication d'un ministère; ils ont

---

(1) Le ministère, présidé par M. Brisson, était défunt depuis huit jours, à la suite d'un vote de la Chambre.

cherché, amalgamé, consciencieusement combiné les attributions. Mais que doit penser ce pauvre Jean Public, si confiant, d'un bon sens qui pourrait être redoutable, quand il lit qu'au même homme, selon les besoins de la petite chose, on colle les affaires étrangères ou l'intérieur? A l'un est dévolue la guerre, mais en un tour de main il passera aux finances; l'autre a été d'abord reconnu valable et bon pour l'instruction publique? qu'à cela ne tienne, il fera tout aussi bien aux colonies. Grand Dieu! comme il faut admirer l'universalité de ces hommes! A-t-on idée d'une force de savoir et d'expérience aussi magnifique? C'est véritablement merveilleux qu'un homme seul ait des aptitudes si multiples, et il y a là de quoi être très fier pour la grandeur d'une race. — à moins qu'il n'y ait seulement de quoi s'inquiéter.

Précieuses compétences, spécialités bien faites pour rassurer. Et l'on peut être certain que les affaires seront conduites avec autorité et lumière. Mais tandis que défilent les personnages à tout faire, que rien n'est stable, que rien n'offre de sérieuses garanties, comment ne pas songer qu'il y eut une fois un monsieur qui s'appelait Louis XIV, lequel sut distinguer un nommé Colbert, fils d'un pauvre petit drapier de Reims, et pour son talent, ses services, l'imposer aux plus puissants seigneurs?...

La gloire de Cambronne.

26 juin.

Il a un bien joli sentiment de la grandeur militaire, M. le juge de paix de Courbevoie. Rien, un petit procès de rien, et pourtant quel parfum, quelle saveur! Un couple parisien portait plainte contre une blanchisseuse qui, ayant déversé sur lui tout le répertoire de Gervaise, ne s'était pas privée du mot de Cambronne, au contraire embelli sur ses lèvres d'un énergique roulement d'r, qui ressemblait à celui d'un tambour. Mais ce mot terrible, qui de Hugo sauta à la tribune et fit à M. Margue, ancien sous-secrétaire d'État, sa seule célébrité, constitue-t-il, comme pourraient le croire des gens délicats, une insulte? Le juge de Courbevoie estime que non, et il déclare qu'ayant été *illustré* et *consacré* par un général français, il ne pouvait être retenu comme injure.

M. de Coislin, qui fut l'homme le plus poli de France, s'il nous était rendu serait évidemment fort contristé pour le beau langage. Mais dans l'état actuel de la conversation, dans cette délicieuse Vulgarité dont ne s'effraient pas les plus fines bouches, il faut savoir gré à ce magistrat d'avoir songé à relever de la sorte, par le prestige de l'armée, par la grandeur de l'Histoire, les petites laideurs acclimatées dans la langue de Bossuet, et d'avoir réhabilité notre mauvais goût par notre gloire. En réalité, sur plus d'un point, nous aurions besoin de pouvoir nous excuser par de tels exemples.

Saluons donc cette influence bienfaisante d'un général sur le dictionnaire, — c'est toujours cela pour les amis du sabre, et quoique, à ce compte, il suffirait que tout autre mot exquis, chameau, cochon, abruti, gnaf and C°, fût employé par un caporal pour devenir aussitôt sacré. Mais c'est au moins la revanche de la belle nature, c'est le retour imprévu d'un peuple trop civilisé vers la simplicité; et désormais, ineffable joie, les amoureux n'auront plus le droit d'être inquiets en s'engageant dans le sentier que dit la chanson, le sentier rempli de mer...les.

Sous le couteau.

27 juin.

On n'éprouvera aucune pitié pour ce Carrara exécuté hier. Dès l'instant que la peine de mort fonctionne, celui-là l'a méritée (1). Mais si l'horreur qu'il inspire naît de la cruauté lâche de son crime, comment ne pas ressentir l'horreur aussi de tout ce qu'ont eu de lâche et de cruel ces représailles!

Il pleut, le ciel de cette aube est noir, la foule hurle et rit, la machine est longue à se dresser ; enfin les gendarmes, les sabres au clair, la porte qui s'ouvre à deux battants, le condamné. Un homme? la plus lamentable chose, telle qu'on n'en avait pas encore vue, un paquet de chair inerte, blanc et vert, pantelant, qu'on porte sous le couteau. Un condamné à mort, mort déjà. La séparation de l'esprit et du corps par avance accomplie. Et c'est sur cette misérable chose que s'est exercée la grandeur du châtiment, la souveraineté de la justice. La société qui prétend punir au nom de la conscience, et pour l'exemple, n'a frappé que ce qui n'avait plus conscience de rien, et l'on ne voit pas quel exemple il peut y avoir pour les hommes dans le châtiment de ce qui n'est plus un homme. Toutes les forces de la société, ses magistrats, ses bourreaux, tout ce qui est terrible, sacré, impec-

(1) Il avait assassiné un garçon de la Banque, venu pour encaisser le montant d'un billet à ordre.

cable, soit-disant, — et c'était seulement, à proprement parler, pour le saignage d'un porc. Ignoble besogne, dégradante puissance, et c'est vraiment un grand spectacle, celui de ces égorgeurs d'abattoir déguisés en justiciers, et de toute une société majestueusement acharnée sur ce qui est déjà un cadavre.

Quand le condamné parut, sur la place qui grouillait, on ne s'en découvrit pas moins ; tout le monde tête nue, une politesse sinistre l'exige. On salue le même homme qu'on a condamné, on salue la Mort ignominieuse, — à moins que ce ne soit la guillotine vénérable. C'est admirable d'inconséquence, de mensonge ; oh ! ce salut ! le triomphe suprême du respect humain, un respect fait à souhait pour nos hypocrisies, qui permet d'être barbare et civilisé, de paraître avec un peu de cœur encore quand on fait ruisseler du sang, et de se réclamer d'un idéal quand on est en pleine abjection.

La favorite.

28 juin.

On a vendu hier, après mort, et avec un véritable insuccès, les meubles, bibelots, partitions d'une femme qui a eu son heure, et Paris a laissé partir sans attention cette intéressante Emilie Ambre qui fut pourtant un peu reine, avec un sceptre de main gauche et une couronne... de roses. Telle qu'elle est restée dans mon souvenir, alors qu'elle chantait en province Haydée et Mignon, elle n'était point belle, ni même jolie ; mais avec ses cheveux et ses yeux noirs, son teint pâle, un long nez à l'arête fine, sa bouche ardente, elle avait un type qui aurait pu faire honneur indifféremment à Naples ou à Alger, — et qui a trouvé son triomphe à La Haye. C'est là qu'un jour elle vint, se fit voir, et vainquit.

Elle occupa la Hollande, sa gazette et son roi (1). Elle fut anoblie, titrée, dotée, régnante; elle appliqua tout au long sa devise, *fiat, voluntas mea*, elle tint son rôle de favorite jusqu'aux intrigues de palais, elle fut si extraordinairement un pouvoir, qu'une révolution véritable l'obligea à la fuite, un soir, au milieu des huées, sous les pierres. Et la chère tulipe de Sa Majesté, la tulipe classique de Hollande, ne fut ce soir-là que la tulipe orageuse. Puis les tristesses, les luttes des dernières années, le cours d'études lyriques, l'enseignement excellent pour étoiles futures; puis la maladie brusque, pendant la présence même de la reine Wilhelmine à Paris, — petits jeux de la Destinée; puis le départ, et l'immédiat oubli, comme si quelque chose n'était pas resté quand même sur elle jusqu'à la fin, du prestige de son aventure.

Oui, elle avait beau courir le cachet et être officier d'académie, toujours, obstinément, pour l'imagination, elle demeurait celle qui a connu un roi; un respect, une superstition, de l'envie rétrospective l'auréolaient, pour cette chance de choix, et si méprisable est notre badauderie, si inférieur notre instinct, que pas un instant, dans cette femme d'intelligence, et de vaillance, on ne songea à distinguer un autre titre que celui d'avoir couché d'une façon exceptionnelle. Aussi bien, ce n'est pas encourageant pour celles qui s'en remettent à leur mérite, à leurs efforts, à leur

---

(1) Le roi Guillaume, dernier rejeton mâle de la maison d'Orange-Nassau, et le père de la jeune reine Wilhelmine.

travail. Quel intérêt cela peut-il offrir? Il n'y a de vraiment important que de savoir défaire son lit.

L'infâme espoir.

29 juin.

Cette pauvre Jeanne Ludwig, si alerte dans sa grâce, si brillante dans son talent, est morte hier, en pleine jeunesse, et il y a deuil sincère à la Comédie-Française. Le mal implacable qui l'emporte, s'est révélé il y a trois ans à peine. Trois ans ont suffi pour réduire cette force d'intelligence et d'amour, pour liquider cet épanouissement. C'était un soir ; après avoir joué, elle s'était fait conduire en voiture découverte au bois. Oh! la fraîcheur des grandes allées désertées, le besoin de solitude, d'espace, d'illusion, de ciel étoilé ! on va, confiant en cette joie parisienne, dans ce simulacre d'un peu de nature mis là pour tenter, et c'est une embûche de plus, c'est une cruauté nouvelle du sort, inexorable même quand il a l'air de faire quelque chose pour vous. Un frisson léger, la toux, des mois de langueur, l'impossibilité cuisante de reparaître sur le cher théâtre, le départ pour le Midi, Beaulieu, l'espérance encore, toujours, quand même.

Non, ce ne sera rien ; un peu de bleu, le doux soleil, le calme, les mimosas, et Elles partent. Hélas! combien en avons-nous vu partir ainsi et accompagné, et que ces trains de luxe sont mélancoliques, et que ces adieux réconfortants ont d'amertume ! Celle qui part pour le Midi est là, sur les marches du wagon ou dans l'encadrement du coupé ; dans son costume de voyage elle est délicieuse, elle se sent déjà autre, un peu maigrie certes mais plus joliment fine, et elle sourit, et elle est sûre de revenir bientôt pour une belle vie. Et tandis qu'elle parle, parle et se grise, à l'écouter on se sent plus affligé encore, car on sait trop que ce beau Midi jamais ne réalise l'espoir, il est le suprême mensonge, il est la dernière ironie du Destin. Et l'on voudrait pleurer devant tant de foi, et c'est horrible à voir à quels jeux s'amuse un mal qui sait bien que pour finir il ne pardonnera pas.

Brève, illogique, stupide vie, dont la pire duperie est l'Espoir, l'éternel espoir, l'infâme espoir, qui ne vous quitte point, qui vous roule sans cesse, qui vous empêche de considérer les choses en face, de les accepter, et de prendre ses dispositions en conséquence. Pauvre Ludwig, elle aussi a été roulée. Enfin c'est le dénouement... Elle a joué le *Passant :* nous le jouons tous. Mais on se souviendra d'elle, le long de la route.

Une cigarette.

30 juin.

Les dissertations les plus graves sont engagées. Une question se pose, tout à fait sérieuse, et l'on dirait vitale, si ce qui touche à la vie même du pays intéressait. Le Président a-t-il, oui ou non, le droit de griller une cigarette dans un garden-party de l'Elysée? Le cas est-il prévu, le protocole permet-il, cette cigarette ne serait-elle point anticonstitutionnelle et la marque d'un gouvernement personnel? Problème angoissant, bien digne de retenir les esprits, mais dans lequel il faut distinguer surtout le goût de la majorité des

Français pour les menus incidents de la vie d'un maître.

Ils ont beau s'être émancipés des habitudes et des coutumes d'hier, et avoir proclamé la seule souveraineté des principes, ce que fait le Monsieur, comment il s'assied ou se mouche, est toujours d'importance, et rien n'est plus caractéristique que ce besoin de faire un sort aux moindres détails de son ordinaire et de l'étiquette. Avec attendrissement, de braves gens qui se piquent de ne point regretter les Tuileries, voudraient regarder par le trou des serrures de l'Elysée ; il n'y a plus ni chambellan à clef ni Grand-Maréchal, mais le nom de Crozier est extraordinairement doux aux imaginations. Crozier, c'est encore quelque chose d'un pouvoir maudit et pourtant flatteur, c'est au moins le simulacre, une fiche de consolation, et en réalité il est peu de vertus assez républicaines pour abdiquer les badauderies d'un courtisan parfait. Vieux levain qui ne demande qu'à monter, admirable garantie pour un gouvernement. Dès l'instant que tout un grand peuple s'intéresse à la manière officielle dont peut se fumer une cigarette, il n'est pas nécessaire de chercher plus loin.

Mais je me garderai d'insister, ne fût-ce que pour ne pas donner à M. Brisson l'occasion de hocher son front mélancolique et d'être plus austère encore. Il ne réussirait pas d'ailleurs à modifier ce fond de notre nature, et mieux vaut sourire à cette particularité nationale qui consiste à appliquer des instincts de sujet fidèle à des prétentions d'homme libre. Qu'il soit permis seulement de s'étonner un peu, quand on voit les meilleurs esprits faire tant de bruit pour une cigarette, alors que ce peuple si spirituel devrait s'être aperçu depuis longtemps que tout s'en va en fumée.

Un commis, sur le boulevard.

1er juillet.

Encore un trou à la physionomie du boulevard que nous avons aimé et quelqu'un qui va manquer au plus brillant des différents villages qui constituent le grand Paris. Le père Renoul, l'ancien compagnon de l'incomparable Achille à la Librairie Nouvelle, quitte les livres, l'étal, le Répertoire, les clients, et pour qu'il quittât tout cela il fallut qu'il fût mort. Il l'est d'hier, et on ne verra plus, sur le seuil de chez Floury, sa bonne figure souriante, un peu rouge, sous les cheveux blancs, — une pivoine sur laquelle il aurait neigé, ni ce geste souverain avec lequel il conseillait tel volume de nouveauté, ou vous révélait qu'il venait de trouver dans sa mémoire spéciale le titre du vieil ouvrage qui vous serait utile. C'était un commis de librairie, mais qui aimait le livre, vivait de tout ce qui est la vie du livre, excellait à juger du goût, de la capacité, de l'état d'âme d'un passant, et un soir que Valtesse était désabusée je l'ai entendu lui recommander l'Imitation de Jésus-Christ.

Oh ! ces soirs déjà lointains, où on allait faire une demi-heure dans la boutique du coin Grammont, salon pour causer debout, le chapeau sur la tête, le cigare aux lèvres, autour de la caisse, dans l'amoncellement des livres ! Scholl, entre deux whists dans la petite salle du café Riche, étalait une érudition dramatique méticuleuse ; Ada Blanche, qui venait de danser sur *le corde*, feuilletait un livre à images ; Gustave Claudin parlait ses Mémoires, de M. de Lamartine à Anna

Deslions ; Alfred Stevens s'inquiétait avec Gervex de documents exacts pour leur panorama du Siècle, tandis que Paul Robert dégustait un mot de Forain ; ce délicieux Amédée Joubert, qui se tua, contemplatif peignait de sa main indolente sa barbe d'or ; le comte Skogeski montrait à Paulin Ménier, toujours ganté de suède, les livres qu'il envoyait en Pologne ; Léon Cléry et Meilhac, Armand Silvestre, Albert Carré, Philippe de Massa ; une entrée de souveraine : Jane Hading ; une entrée spirituelle : Gyp ; des yeux de flamme, des lèvres de sang : Marthe Brandès. C'était un refuge d'intimité et de grâce, c'était le beau temps où les brasseries toléraient autour d'elles quelque chose encore de parisien...

Brave Renoul ! il avait vu, morceau par morceau, s'en aller ce temps-là ; il a assisté au krach du livre, par le journal et par la bicyclette, et il était devenu lui-même un type. Flâneurs, reluqueurs de pages, humeurs d'inédit, musardeurs de l'esprit, vous tous qu'écrase l'automobile, regrettez-le. La vie nouvelle ne semble plus avoir beaucoup de place pour les père Renoul, et tout ça c'est du vieux jeu.

Livre d'amour.

2 juillet.

La publication des Mémoires de 'Liane de Pougy commence aujourd'hui. D'amicales indiscrétions promettent au lecteur la confidence d'un cœur de femme, ou mieux, celle des plusieurs espèces de cœur que renferme le cœur d'une femme, et rarement ces tentatives de sincérité, ce besoin de faire son inventaire de sentiments et de sensations, ont été sans intérêt. La vision en tous cas est jolie, de cette femme tant aimée, si terriblement consommatrice de joies, si brûleuse d'heures, s'arrêtant un instant pour ressaisir une larme ou fixer un sourire, pour songer, rêver, sur la page blanche. C'est une trêve à la comédie, c'est l'affranchissement momentané, c'est le permis d'être autre, vraie, doucement triste, et ce qui fera paraît-il le prix de cette confidence, c'est précisément une tristesse.

En réalité, cela nous eût trop changé, de voir une enchanteresse dont toute la vie fut d'amour être reconnaissante à l'amour, et ne pas regretter d'avoir cru, et se déclarer heureuse par lui. Trouve-t-on jamais ce qu'on cherchait? L'exemple existera-t-il jamais, dans la pluralité des mondes et des demi-mondes, d'un être qui dira : je n'ai point de regrets, ce que j'attendais fut, et le jeu en valait bien cette chandelle qui par les deux bouts fut brûlée. Dire cela, c'eût été chez Liane de Pougy vraiment trop d'originalité, et l'on ne pouvait espérer ces actions de grâces à l'Amour d'une femme qui connaît l'amour.

Mais on recueillera avec curiosité cette poussière d'or, cette fine cendre, et peut-être même faudra-t-il recommander cette lecture à plus d'une de ces honnêtes femmes qui aiment à s'écrier : si vous saviez ma vie, vous en feriez un roman! Et sur ce mot, les voilà parties, avec du blanc qui roule dans l'œil, à demi pâmées. Un roman, le simulacre, le mirage, le songe creux, le piège, des fantômes. Venez donc dire, ô Liane, à ces mères de famille de ne pas se fatiguer ainsi l'imagination, et que, bien placée pour savoir, votre conclusion à vous serait, en effet, que la vie la plus heureuse est tout justement celle dont on n'aurait pas à tirer un livre à sensation...

Les Renés.

3 juillet.

Des pèlerins intellectuels, en théories, font ce matin le voyage de la vallée aux Loups, où dans un grand parc de châtaigniers reste quelque chose de ce qui fut le chalet de Chateaubriand, et là-bas aussi, autour de ce tombeau de Saint-Malo, que heurte la vague devant l'immensité, on célébrera le cinquantième anniversaire de la mort de René. Pauvre René si triste de ne pas savoir au juste pourquoi il était triste, toujours incertain, écrasé d'ennui, d'impuissance, d'inquiétude, errant sans but même quand il allait rejoindre une ambassade, sans amour même quand subitement tout était amour pour lui, il y a bien du théâtre dans sa mélancolie, il y a bien de la recherche dans sa géniale désespérance, et l'on ne peut oublier que, le premier, il railla tous les Renés que révéla et encouragea son œuvre, comme devait faire Gœthe pour les Werther : mais quelle grandeur et quelle noblesse prend cette maladie des débuts d'un siècle, quand on la compare au mal final que portent en eux la plupart de ceux qui tiennent à figurer dans l'acte de piété d'aujourd'hui ?

La maladie d'âme de René l'a-t-elle empêché d'être le traducteur magnifique de la Nature, l'interprète de ses harmonies, l'analyste de ses bruits ? l'a-t-elle empêché d'avoir la foi et de l'appliquer même à la description d'un nid de bouvreuils sur un rosier ? l'a-t-elle empêché enfin d'intervenir dans l'histoire ? a-t-elle étouffé le cri vengeur dont il frappait le Maître, alors qu'évoquant Néron prospère il montrait Tacite déjà né dans l'Empire et osait dire que dans le silence de l'abjection, quand on n'entend plus retentir que la chaîne de l'esclave et la voix du délateur, l'historien paraît, chargé de la vengeance des peuples ! Admirable maladie, qui laisse toutes les forces debout, et qui en vérité fait paraître bien pitoyable le cousinage où prétendent les Renés de la présente République.

De la famille, qui dira qu'ils en sont ? de cette famille qui avait des énergies, des passions, un idéal. Allons, notre René, dites zut à tout, prenez votre morphine ou votre coca, faites-vous même chauffeur, mais de grâce ne vous flattez d'aucune ressemblance. Renés d'aujourd'hui on voudrait vous voir en faire autant. On bénirait alors la maladie. Elle serait plus belle et plus féconde que la santé. Mais, hélas, après les gloires, ce sont les maladies elles-mêmes qui dégénèrent...

Les légendes.

4 juillet.

C'est Michelet qui aura cette année les vrais honneurs du Quatorze Juillet. Le programme de sa fête d'anniversaire est arrêté d'hier, il est digne de cette gloire qui est une vraie gloire, et plus d'un Parisien sans doute respirera d'aise en voyant passer au second plan une commémoration dans laquelle entrait plus d'instinctive générosité, de superstitions, de préjugés, que d'historique et de rigoureuse vérité.

Les papiers de la Bastille, aujourd'hui retrouvés, catalogués, étudiés, ne sont pas, il faut le reconnaître, les documents d'accusation qu'on pouvait supposer ; cette terrible Bastille ne fut pas tout à fait dans la réalité ce que les légendes la montrent ; le régime des prisonniers n'y manquait pas d'une certaine élégance, et pour celui d'entre eux qui est resté le plus cher aux imaginations, pour ce fameux Latude particulièrement, il est établi que le traitement dont il fut l'objet passa de beaucoup son mérite. Cette victime-type de la Bastille, y connut des jours qu'eussent enviés plus d'un des vainqueurs du noir cachot. Il eut toutes les aises de la vie, une table de choix, des vins de Bordeaux, la liberté d'écrire, de faire de la musique, de se promener dans les jardins; il eut des compagnons de jeu ; quand il exigea du linge, on lui fournit deux douzaines de chemises à vingt livres pièce, et quand il demanda un vêtement de fourrure, on en chercha un à sa convenance, chez dix marchands de Paris. Sans compter les offres honnêtes de la royale cassette.

Cela n'empêchera pas la Bastille d'être solidement installée dans l'horreur populaire. Mais le philosophe éprouvera quelque soulagement à l'idée d'être, pour ce prochain Quatorze Juillet, débarrassé de l'évocation sentimentale d'un bonhomme qui ne fut que la plus vulgaire des fripouilles. C'est vers Michelet que nous regarderons. Cela nous changera, d'élever nos pensées, d'embrasser d'un coup d'œil une immensité. Enfin quelque chose d'une âme flottera sur nous, et les quinquets ignobles seront réhabilités.

La chemise sale.

5 juillet.

Les familles se préparent à tirer le plus grand honneur du surmenage : la période des examens est ouverte. Mais ces jours ne sont pas uniformément l'orgueil des parents, et quelques-uns en sont réduits à perdre un peu de cette superstitieuse vénération qu'ils professent pour tout ce qui tient aux parchemins. Le père d'une jeune fille de seize ans me fait part ainsi de la surprise indignée qu'il vient d'éprouver à certaine question posée, dans une épreuve préliminaire, à son enfant par un examinateur de la Ville. La candidate est devant l'homme redoutable, et elle l'observe, son petit cœur serré : non, il n'a pas l'air méchant, il est âgé, il est très respectable, il doit n'avoir qu'indulgence et délicatesse, il doit ne se préoccuper que de ce qui, dans le programme, est vraiment utile ou noble pour l'esprit, et tout cela, elle est tranquille, elle le sait. Elle sait ce qui constituera son devoir de femme ; elle sait de l'histoire, de la philosophie, de la science, de la littérature ; et tandis qu'en cette minute décisive elle s'efforce d'être distinguée sur tant de points, l'examinateur se recueille, réfléchit, cherche la plus belle question, puis ouvrant une large bouche, que contracte ce sourire des vieillards qui devient si facilement hideux :

— Mademoiselle, dit-il veuillez m'expliquer ce qu'il y a dans une chemise sale.

Troublée, déconcertée, rougissante, la jeune fille se tait ; alors, des indications pour l'aider, la mettre sur la voie ; des détails complets, amoureusement donnés, une description, faite avec la plus délicieuse complaisance, de tout ce qui compose un tel produit ; et la délectation était grande, d'un sadisme d'ailleurs catalogué, de pouvoir parler ainsi, officiellement, à une jeune fille, de ces choses dont l'évocation partout ailleurs eût mérité tout net ce que connaît si bien le postérieur de Scapin.

De tels manquements de tact, de si grossiers abus sont-ils tolérables ? Il se peut évidemment que la connaissance de semblables matières soit conforme à l'idéal de certaine pédagogie ; il s'agit, dira-t-on, d'orienter vers les réalités l'éducation des jeunes filles et de faire une femme de la poupée. Mais peut-être n'est-il pas indispensable pour cesser d'être une sotte, de cesser d'ignorer les plus répugnantes chimies, et si c'est là la nouvelle tournure qu'on se vante de donner aux rêves des jeunes filles, houcrons leurs rêves les plus fous et glorifions Musset. Sale, ce monsieur a tenu absolument à ce que la chemise fût sale. O chemise qui a inspiré l'admirable « Chanson de la Chemise », chemise que Gautier montrait tombant comme un grand lévrier blanc aux pieds de mademoiselle de Maupin, à nous il la faut sale, nous la voulons sale, instinctivement, fatalement. C'est un symbole.

La belle élection.

6 juillet.

On n'a pas achevé à la Chambre l'examen des élections, que des élections nouvelles vont occuper Paris.

Mais cette fois, c'est la revanche des femmes qui ne votent point ; par une fantaisie du hasard que ne pouvait prévoir Ledru-Rollin, les femmes seront seules à voter, et il faut se hâter de reconnaître que l'objet de leur consultation a plus de grâce et de prix que notre objet habituel. A nous la politique des phrases, les promesses tumultueuses, les mensonges : mais avec les Parisiennes qui viennent de recevoir leur carte d'électrice pour le choix d'une Muse, c'est la réalité, c'est quelque chose de la vie même, c'est le triomphe véritable du mérite, du travail et de la vertu.

Exquise idée, celle de Gustave Charpentier, de symboliser dans une ouvrière élue la poésie de l'atelier, la grandeur saine, haute et belle du peuple, et de faire rendre cet hommage à la plus digne, par des compagnes de labeur, d'épreuves, de tentations, précisément bien placées pour savoir ce que ce mérite qu'on voit suppose par surcroît de mérites dont on ne se doute pas. La Muse de Paris ! Muse dont on s'entête à dire la robe éclaboussée, le sourire pervers, le baiser flétri. Mais voici la réhabilitation et la vérité : cette Muse-là peut montrer à ses doigts la piqûre noble de l'ouvrage, elle sait encore le droit chemin si dur, elle a sur les lèvres quelque chose de divin. Et toute une Ville qu'on dit Sodome et Gomorrhe, Babylone et Byzance et qu'on voudrait voir Carthage, allant chercher dans les faubourgs, et trouvant, pour la fêter, pour lui faire gloire, pour la désigner comme patronne, une humble enfant laborieuse, jolie et pourtant pure, c'est un spectacle grand, souverainement réconfortant et délicieux.

Et quand cette jeune fille aura été choisie, c'est elle qui déposera l'immortel laurier du centenaire sur le front de notre Michelet. Plus belle, plus touchante, plus féconde que la Déesse Raison, elle représentera en cette minute la leçon magnifique que Michelet tira du passé et l'indestructible force de l'avenir. Et nul discours ne vaudra ce geste d'une pauvre fille du peuple couronnant celui qui aima, comprit, étreignit l'âme du peuple, et illumina son histoire. De pareilles heures affirment la personnalité d'une nation, et il faut incontestablement qu'extraordinaire soit la nôtre, pour ne pas sombrer dans l'impersonnalité de ceux qui dirigent.

Merci final.

7 juillet.

D'une angine de poitrine, compliquée de congestion pulmonaire, Cornelius Herz est mort. Il n'a même pas donné aux médecins la satisfaction de mourir du diabète. Il aura volé tout le monde. Mort? il l'est, si invraisemblable que cela puisse paraître de la part de ce hoffmanesque professionnel de l'agonie. Et il meurt au moment même où disparait ici, définitivement, de la vie publique, le nom de Reinach.

Il est vrai que, maintenant, il n'avait plus rien à faire. Les temps sont accomplis où l'industrie de proie des cosmopolites de cette marque pouvait s'exercer. A défaut d'autres bienfaits l'heure présente a tout au moins réalisé celui des justes méfiances, la place est balayée pour longtemps, et quand on y songe, il faudrait avoir pour cet homme la reconnaissance qu'on a pour le fléau qui ne sévit que pour purifier. Sombres années, celles qui s'incarneront dans le nom, heureusement étranger, de ce malfaiteur prodigieux, tratiquant d'un peuple et de ses ministres, de sa générosité comme de son honneur, des innocences comme des faiblesses; mais il n'en faut pas médire, parce qu'elles ont raffermi les consciences et vivifié tout ce que cet homme se flattait d'avoir sali de sa main et de sa bouche. Parfois les philosophes évoquent et appellent la Guerre comme la suprême régénératrice. Ce qui est vrai pour la tache de sang, peut être vrai pour la tache de boue. Après, on est plus propre, et l'ignominie est bonne à toucher du doigt.

D'autres chercheront avec amour dans ce cas extraordinaire les hideurs qu'il offre à foison, et trouveront évidemment à sourire amèrement, à cette idée que le Cornelius, sur le point de finir, a pu connaître cette joie de voir qu'il était question encore et toujours de M. de Freycinet. Mais à quoi bon? A présent que pèsent l'infernale audace d'accusation, l'insolence, la vilenie, la plaque de la Légion d'honneur de cet aventurier? Mieux vaut regarder en haut, et remercier, pour finir, l'oiseau de nuit maintenant cloué, de nous avoir fait aimer la lumière.

Vivre.

8 juillet.

Immense est la mer, et pourtant le Destin veut qu'on s'y rencontre, s'y heurte, comme sur un simple trottoir de Paris. Quatre heures du matin. Le sommeil. Un choc. Un craquement au navire. La mort sur l'Océan couvert de brume, et quelle lutte pour la vie! Ce qu'on avait vu, rue Jean-Goujon, dans le feu, on l'aurait pu voir sur l'infini des eaux, et les détails de ce sauve-qui-peut sur la *Bourgogne* coulant à pic, de cette suprême mêlée de désespoir et de rage des six cents victimes fatalement promises au gouffre, sont d'un horrible à satisfaire les imaginations les plus exigeantes. Oh! l'effroyable piétinement des femmes et des enfants, la sauvage fureur des plus forts à atteindre les canots, les coups de poignard des Italiens pour se faire place, et dans cette inutile frénésie, cet épouvante homicide, l'héroïque sérénité du commandant Deloncle, des officiers, attendant à leur poste l'inéluctable minute, soumis au devoir comme au sort!

Certes, par-dessus tout, il ne faut éprouver ici qu'une douloureuse pitié et ces jours sont de deuil; cette fois encore il faut se dire qu'on ne sait pas ce dont on deviendrait capable soi-même en face d'une telle étreinte d'horreur; les considérations sont belles après coup et la philosophie est aisée, de ce rivage que dit Lucrèce. Mais en présence d'un si furieux, si barbare, si meurtrier cramponnage à la vie, quelle périlleuse admiration ne vous vient pas pour ceux qui la quittent délibérément, de leur propre gré? Les amants qui s'en vont en pleine tendresse, les hommes qui ont le dédain d'espérer quand même et toujours, les malheureux qui ne veulent pas tromper leur misère. On prétend le suicide une lâcheté : mais les vraies lâchetés viennent de l'amour de la Vie. Et il apparaît à travers de tels exemples qu'on n'a pas le droit de douter du courage de ceux pour qui la fin n'est pas cet épouvantail, et l'on ne peut dire que le détachement de vivre ne soit pas une grandeur.

Hélas, tout ces passagers n'étaient pas des heureux sans doute, et tous cependant pour se sauver eussent dévoré leurs semblables. Mais puisqu'il est entendu que nous ne voulons pas nous en aller, que c'est plus fort que nous, que même atroce la vie nous est précieuse, pourquoi l'accuser toujours, et se lamenter? En vérité, voilà qui est d'un ridicule profond. Si nous avions un peu de logique ou de dignité, nous ne passerions pas notre temps à cracher sur ce qui nous tient le plus, et ce serait bien plus agréable pour les compagnons.

Là-bas, là-bas...

9 juillet.

Paris reçoit la visite de quelques grands et nobles chefs d'Ethiopie. Il est attiré par leurs manteaux brodés d'or; il stationne devant les fenêtres du Grand-Hôtel; il voudra contempler les fauves que la mission destine au Muséum, il admirera sans les voir les dents d'éléphant rapportées pour la Présidence, il aura la badauderie enthousiaste. Mais cette fois, convenons que Paris a une excuse, il fut admirablement préparé et entraîné par avance (1).

Que de récits, de descriptions, de légendes! Jamais pour les terres neuves aussi, mais qui sont à nous, pour des terres payées de sang, et très probablement aussi intéressantes, on n'en a dit et fait autant. Il a suffi de la fantaisie intrépide d'un prince, des allées et venues d'un comte russe, d'un portefeuille de mi-

(1) Il s'agit ici de l'ambassade envoyée à Paris par le négus Ménélick, et que « pilotait » l'un de nos anciens confrères, M. Casimir Mondon, conseiller d'Etat auprès du monarque éthiopien.

nistre trouvé là-bas par un très spirituel compatriote, pour que ce royaume noir devînt aussitôt quelque chose d'immense et de magique. Et M. Jules Lemaitre se plaint de notre incapacité à se passionner pour ce qui serait un peu plus loin qu'Asnières seulement. Voilà pourtant un bel exemple. Presque un cas. Éthiopie, Éthiopie, dernier mirage parisien.

Non point que cette physionomie du roi Ménélick manque de prestige. Pour moi, il restera toujours le vainqueur de ces prétendues civilisations qui veulent dépouiller et chasser des êtres de leur bien naturel, simplement parce qu'elles les supposent faibles ; il est l'homme qui a infligé le plus retentissant échec à ces mœurs voraces qui se font honneur de ne tenir nul compte des droits de l'occupant ; et quelque flatteuse, évidemment, que paraisse cette politique européenne de rapt, d'expropriation, d'iniquité, d'outrage à l'égalité humaine, toujours elle a blessé mon sentiment. Mais le plus bel hommage ainsi rendu, peut-être pardonnera-t-on à l'impression, sans doute absurde, d'un passant qui malgré lui se défie des apothéoses trop réussies, des fleurs trop embaumées, des édens trop chantés, et qui lui-même est allé assez loin, à travers le monde, pour connaître dans ce qu'il racontait les périls et les délices de l'exagération…

De petits enfants.

10 juillet.

Parfois dans les gares, aux arrêts des grands parcours, de la portière de son wagon on voit, revenant en hâte du buffet, du télégraphe, ou d'ailleurs, des êtres qui, tête nue, le visage ombré de suie, l'œil fouilleur, le geste désespéré, donnent plus nettement encore la sensation que notre vie est de toqués. Ce sont les voyageurs qui, descendus un instant, ne retrouvent pas leur place. Ils font tous les compartiments ouverts, examinent les grosses dames, les vieux messieurs décorés, les valises dans les filets, les journaux froissés, les creux laissés dans les coussins ; ils montent une marche et en redégringolent, s'enlèvrent, s'angoissent, interrogent, invoquent les premiers venus, cherchent aide et protection ; véritablement cette infériorité soudaine du roi des animaux qui n'a même pas l'instinct fait pitié, et ce spectacle grotesque, pour l'observateur tranquille, est comme une déchéance.

D'excellents bureaucrates enfin ont pris soin de si cruelles aventures, et leur sollicitude a eu des loisirs suffisants pour trouver un moyen de les éviter. On vient ainsi d'expérimenter un système qui sans doute était trop simple pour qu'on y songeât plus tôt. Chaque wagon porte un signe distinctif, extérieur, qui facilitera l'effort de nos pauvres mémoires ; sur l'un on met une étoile peinte, sur l'autre un bouquet de coquelicots ; ici c'est une tête de cheval, là de chien, ailleurs c'est un oiseau. Quelque chose de facile à retenir, même en voyage ; c'est le principe du jeu de l'Oie appliqué à la vapeur ; chacun saura sa case par ce petit emblème colorié, des images amusantes, — comme pour les enfants. Assurément le brave homme qui a inventé cela n'y a pas mis de malice ; c'est un papa pour voyageurs. Mais l'ironie déborde malgré lui, et sans qu'il l'ait voulu il semble qu'il ait traité comme il convenait nos prétentions les plus superbes, et ramené les choses à leur exacte proportion.

Nos capacités sont énormes, nous nous vantons des plus hauts essors : où n'atteindrons-nous pas ? Et en réalité cette machine est si puissante et si merveilleuse, que nous ne savons même pas nous reconnaître à cinq minutes d'intervalle, pour avoir acheté une sandwiche. La nécessité d'un petit truc se faisait absolument sentir ; on l'a : soyons fiers. Mais puisque le premier pas est fait, on peut espérer qu'un monsieur, quelque jour, découvrira de quoi secourir en toutes choses les mémoires fugaces, et celui-là aura autant de besogne que d'honneur, qui réussira à enrayer notre faculté immense d'oublier...

Le maître de ballet.

11 juillet.

Un à un disparaissent ceux qui furent les maîtres du Prince Impérial. Il en est mort un hier encore, bien peu connu sous cette qualité, à Versailles, où il s'était retiré, dans un rez-de-chaussée encombré de souvenirs, boulevard du Roi. On le rencontrait souvent, promenant ses quatre-vingt-trois ans dans les solitudes du parc que seuls viennent troubler d'impuissants maçons, et appuyé sur sa canne-béquille, doucement, en souriant, il allait. Et ce vieux, au pas encore comme rythmé, obstinément élégant dans sa peine à marcher, c'était Lucien Petipa, ancien maître de ballet à l'Opéra.

Il a fini dans la ville des Rois, mais assidument il avait fréquenté à Compiègne, chez l'Empereur, qui s'en était remis à lui pour enseigner au petit prince les grâces majestueuses dans la grâce enfantine, les attitudes, les harmonies du geste, l'équilibre parfait. Certes la mission était grave, des précepteurs chargés de lui apprendre l'histoire militaire, diplomatique, politique, financière ou commerciale, et des esprits distingués appelés à réussir en cet enfant cette éducation spéciale d'un Prince, dont Arthur Meyer aime à tracer les lignes. Mais pour être de moins prétentieuse apparence, l'action du maître de ballet n'en est pas moins essentielle, et même, si l'on ose dire, c'est elle qui semble offrir la plus sérieuse importance. Elle assure le maintien qui plaira plus que le mérite véritable, l'avantage de poser le pied au bon endroit, de savoir paraître; de séductions, elle revêt cette forme qui toujours subjugue et règne plus que le fond; elle procure ce qui flatte, autrement efficace que ce qui impose, et dans un menuet il y a plus de choses encore que ne supposait Vestris.

En réalité le maître à danser, que réclamait déjà J.-J. Weiss, tient le secret des pouvoirs les plus heureux. Sans la sagaie du Zululand, qui sait? Cet enfant peut-être aurait dû aux leçons données devant la glace le charme qui attire, cette aisance nécessaire, ce talent de plaire qui maintenant brillent et ici plutôt par leur absence. Et n'est-ce point un peu aussi de cette facilité à saisir, à exécuter les mouvements justes, de cet assouplissement, influent sur la pensée même, qui nous manque? Naguère Gambetta prenait les leçons de Coquelin : il y aurait quelque chose à faire ici pour M. Hansen, l'actuel maître de ballet, et affligé du départ annoncé de mademoiselle Cléo de Mérode, il trouverait de quoi se consoler avec Marianne.

L'exproprié de soi.

12 juillet.

Le juge d'instruction chargé de l'affaire de cette aventurière qui, sous le nom de marquise de Knaff, dévalisait les bijoutiers, éprouve en ce moment d'intéressantes surprises. Il semble de plus en plus certain que cette coupable n'est qu'une bien pauvre créature, qui ne volait ni pour son compte, ni de son propre mouvement. Elle était sous l'influence d'un individu qui d'un seul regard prenait possession de sa volonté, lui ordonnait par suggestion mentale de lui faire de l'argent pour les courses, en dérobant et revendant des bagues et des bracelets, et volée à son tour de son libre arbitre, cette femme, dont la vie n'offrait point de particularités, contre laquelle on n'a relevé rien, avant qu'elle fût à un si redoutable amant, — le nouveau jeu de l'Alphonsisme, — cette femme obéissait, mécaniquement, irrésistiblement.

Le temps est proche encore où des magistrats pouvaient avec quelque excuse accueillir d'un sourire de telles explications. Elles ont quelque chose de vraiment commode et pratique. Mais ces phénomènes ont passé de l'empirisme dans la science, et si peu disposée que la Justice soit, par tendance et par habitude, à restreindre le cercle des culpabilités, il faut bien maintenant qu'elle considère des vérités acquises, et fasse état de ce facteur nouveau. Il est indéniable; il se dresse entre la conscience du prévenu et celle de son juge, et le Christ même qui préside aux débats invite à y songer, lui qui sut et appliqua les forces du fluide, et fut indubitablement un grand magnétiseur d'hommes pour devenir un Sauveur sublime.

Le malheur est que, jusqu'ici, ce pouvoir prodigieux ne paraît s'être généralement affirmé que dans la détérioration de la personnalité morale ; il a fait des assassins, des empoisonneurs, des voleurs, des incendiaires. Mais il est sans effort admissible qu'il puisse s'exercer de même pour des évolutions honorables et pour le perfectionnement ; M. Liébault, M. Beaunis, M. Bernheim, et les pratiquants aussi de la Doctrine spirite, diront son action excellemment psychologique. Et en réalité il ne faut pas désespérer de voir cette chose originale : des hommes voulant et faisant du bien à leurs semblables.

Une veuve.

13 juillet.

Aujourd'hui appartient à Michelet. Des discours, des vers, son buste au Panthéon, des pèlerinages. Et tandis que s'apprête cette glorification, pour les cent ans qu'il aurait en ce jour (1), je songe à tout ce qui revit obstinément de lui dans celle qui fut sa compagne élue, et à la grandeur de ce culte de Madame Michelet, où se réalise véritablement ce qui est l'idéal du culte d'une veuve.

Non, dans cette maison de la rue d'Assas, qu'une plaque indique aux passants, près de la grille du Luxembourg, dans cette grande maison grise, pro-

(1) La date exacte de la naissance de Michelet est le 21 août 1798. Mais nos édiles ont tenu à faire coïncider son « Centenaire » avec le traditionnel 14 juillet.

vinciale, qui ne suppose ni électricité ni téléphone, rien de ce qui fut lui, son travail ou son amour, n'est changé ; l'appartement reste ce qu'il était quand il le quitta pour aller mourir à Hyères (1) ; dans le salon aux meubles bourgeois, le canapé de velours où il s'asseyait n'a pas été dérangé d'une ligne ; voici, vénérable, comme encore animée de son esprit, la table de son labeur ; nul étranger jamais n'a occupé sa chaise, dans la salle à manger ; les oiseaux empaillés, les lithographies, les livres, les papiers, ses vêtements, tout, dans ce milieu cher qu'emplit son âme, conserve sa marque et sa vie ; comme s'il allait rentrer, la servante aère la « chambre de Monsieur » ; et gardienne jalouse des monuments de sa pensée, qui pourtant n'ont pas besoin d'être gardés, cette Veuve, qui à la lettre fut une moitié, ne veut connaître d'autres choses que celles dont il se servit, celles qui furent témoins.

L'admirable côté de ce culte, et qui n'en est cependant que le petit ! Qu'en disent les veuves éplorées qui, sous prétexte que leur douleur est trop vive, bouleversent et brocantent aussitôt que la décence le permet, les choses qui virent l'absent ? On sait l'antienne : il ne faut pas entretenir inutilement son chagrin, à quoi bon s'obstiner à ce qui vous fait mal ? Ce n'est pas ça qui les fait revenir ! Et la douceur, et la noblesse ainsi se perdent, de la piété, du respect, de l'illusion, dans une société qui pratique l'art de s'étourdir, suit la mode des mobiliers et a les raisons les meilleures pour ne pas faciliter leur tâche aux revenants. Aussi, quand l'exemple se produit d'une madame Michelet, il semble que l'humanité entière en soit étonnée, puis embellie, et comme réhabilitée.

(1) Le 9 février 1874, à midi, par une belle journée.

Cette femme, de la fin du siècle, qui comprit le travail d'un génie, qui fut belle, qui fut jeune, qui fut heureuse auprès d'un vieillard, et l'adore mort comme elle l'adorait vivant, avec l'émotion la plus reconnaissante il la faut saluer : c'est une aubaine inespérée pour la réputation de l'espèce.

L'Éthiopien et le 14 Juillet

14 juillet.

J'ai noté déjà, il y a quelques jours, que la cérémonie de Michelet était cette fois comme une régénération du 14 Juillet. Mais, les nobles paroles évaporées, les grandes évocations évanouies, la fête n'en sévira pas moins, et M. Paul Mounet, dans le costume d'un commissaire aux armées, aura beau dire la *Marseillaise*, la Rue aujourd'hui n'aura rien de valeureux ni d'inspiré. Tout au plus le grand combat des confetti, l'enthousiasme des niches, stupides ou lâches, et si dans leur curiosité de tout juger, les ambassadeurs du roi Ménélick assistent aux coups de cette misérable folie, ils trouveront véritablement de quoi rapporter des impressions étranges.

Certes, ils ne peuvent avoir de répulsion pour le matériel des fêtes de la Ville, ces mâts vert pomme, les oriflammes, les quinquets, les velours vineux, les estrades de foire : tout cela peut passer encore pour beautés de la civilisation. Mais comment expliqueront-ils à leur auguste maître ces hoquets de rire, ces convulsions, le chahut échevelé aux carrefours, le rut fantastique de la nuit ? C'est de cette manière, diront-ils sans doute, que les Français entendent honorer les héros; ils sont tellement supérieurs aux autres peuplades, qu'ils traduisent autrement qu'elles le sentiment du respect, de l'admiration, de la reconnaissance ; plus ils affirment qu'ils sont dignes de leurs ancêtres, moins ils tiennent à en paraître dignes ; dans le monde entier il n'y a qu'eux pour célébrer les grandes choses par leurs contraires, la vertu par le vice, la vaillance par des ronds de papier, l'honneur par la prostitution, l'enthousiasme par l'abrutissement, et c'est par là qu'ils sont incontestablement remarquables.

En vérité, s'ils disaient cela, ces princes éthiopiens, dans leur compte-rendu au trône ; s'ils ajoutaient aussi que les Français estiment n'avoir pas défiguré assez, sous prétexte de commémoration, cette grandeur nationale, et que leur pitié particulière se prépare à en faire autant pour une nommée Jeanne d'Arc, ces hommes d'Afrique témoigneraient d'un sens d'observation, d'une entente de la psychologie admirables. Et certainement il faudrait avoir la plus complète confiance en l'avenir d'un pays sauvage où les hommes ont une capacité de jugement inconnue chez nous.

Tache rouge.

15 juillet.

Tandis que les différents ministères produisent en ce moment l'inerte travail de bureau des nominations dans l'Ordre national, et qu'on sait trop le cérémonial de la croix remise devant les autorités du chef-lieu, un chevalier de la Légion d'honneur vient d'être fait, dans des conditions qui relèvent la récompense. M. Tillaye, — il n'est pas superflu de dire que c'est un ministre — a décoré hier le mécanicien Aviez qui resta sur sa locomotive envahie de flammes par un accident de machine, et se soumit aux plus atroces souffrances pour arrêter le train, sauver les vies qui lui étaient confiées. Les quelques mots officiels prononcés en cette circonstance ont le mérite d'exprimer la sincérité d'un honnête homme devant la vaillance d'un autre ; et cette fois il semble que le protocole se soit grandi d'une émotion, et la vanité d'un enseignement. On n'y est pas habitué.

N'ayant pas cette fois à pratiquer la déshonorante flatterie à l'ouvrier, trop dans les mœurs du pouvoir, mais appuyé sur la réalité même ; en présence des compagnons, de braves gens en tenue de travail, ce ministre a connu la joie de dire l'essentiel en peu de phrases : l'instinctive noblesse des enfants du peuple, la suprématie de l'idée de devoir, la beauté indestructible d'un dévouement. Et si des heures comme celles-là suffisent à faire envier les fugitives prérogatives de l'état de ministre, elles sont pour une société défaillante comme un cordial.

Voilà une croix civile qui vaut bien celle du soldat, de celui-là même qui est le soldat d'un champ de bataille. On ne dira pas qu'il a fallu un uniforme à cet homme, pour qu'il fût brave, ni des clairons ; il a pris son héroïsme dans son propre fond, et sans nul doute, l'empereur de la Grande-Armée reconnaîtrait là un des siens, et dans cette occasion, il pardonnerait au mésusage qui déforma son but. Etait-il nécessaire absolument qu'on distinguât par cette petite tache rouge Aviez de ses semblables ? Une vue détachée, trop haute, conclurait par la négative. Mais puisque l'institution est, tous ceux qui ont lu, aimé, gravé en eux les pages sublimement affranchies de Léon Tolstoï éprouveront que ce militarisme — d'humanité — vaut certainement l'autre.

L'inutile fuite.

16 juillet.

M. Méline, en compagnie de M. Henry Boucher, promène son loisir à travers la Bretagne ; sitôt après l'admirable revue de Longchamps, M. Félix Faure a pris le train de Rambouillet, quitte à se retrouver le lendemain matin, huit heures, à l'Elysée. Et de tous côtés, on boucle des malles, on part, on emporte le livre du voyage, les spirituelles *Pointes sèches* d'Adolphe Brisson, *le Vœu* d'Adolphe Aderer, livre de grâce et de sentiments choisis, le passionnant *Théâtre d'amour* de G. de Porto-Riche, *le Saint-Cendres* de Maurice Maindron, *les Chants de France* d'Eugène Billard. Et c'est un invincible besoin de se déplacer, de croire en la magie des verdures, de chercher un renouveau.

Heures exquises, où l'on s'imagine tout gagné parce qu'on tourne le dos aux soucis, aux laideurs de la maison, où l'on s'enorgueillit d'une tendance vers l'infini et constate avec émotion qu'en soi il y a place encore pour un peu d'affranchissement. Et ceux qui sont rivés au travail, au dur pavé, regardent partir avec un redoublement de leur misère, une oppressante envie, ces heureux ; des visions les hantent de ciel doux et de bois frais ; ils songent qu'ailleurs est un air pur que traversent des parfums, des vols légers, et ils étouffent davantage dans la damnation des murs, et c'est comme une révolte de prisonniers.

Mais ceux qui restent ainsi ne connaissent pas leur bonheur. On les plaint : il faudrait les envier à leur tour ; ceux-là au moins ne souffrent pas d'une abominable illusion de liberté de paix, et de grandeur ; n'ayant pas quitté la chaîne, ils ne se meurtrissent pas à l'inéluctable reprise ; la douceur de fuir est incomparable, mais il faut revenir, tendre le cou, il le faut, toujours, quand même, et moins résigné, moins endurant, après cette évasion. Vaine, perfide, cruelle joie, puisqu'on est certain de réintégrer ce qu'on croyait aboli, certain que tout ce qu'on croyait écarté vous attend fidèlement, vous ressaisira, et ces retours ne sont qu'une immense poussée de bétail vers le joug ou l'abattoir.

La naissance des étoiles.

17 juillet.

M. Mounet-Sully vient de recevoir un de ces petits coups dont l'ensemble constitue la joie de vivre. Depuis des années le doyen de la Comédie était membre du jury des concours du Conservatoire. On sait la droiture si originale de son caractère, son scrupule dès qu'il s'agit d'apprécier ses proches, sa sévérité envers lui-même ; sa réputation de galant homme avait précédé sa réputation de grand artiste, et sur la galère du théâtre, il est quelque chose à part, ce huguenot romantique.

Toutes ces solides vertus, dont il ne fait pas vanité, n'ont pu le défendre contre une déplaisante aventure. Brusquement il vient d'être prié de ne point siéger au jury parce que son frère Paul Mounet est professeur et qu'il pourrait trouver trop d'invites à l'indulgence, au privilège, dans un lien si étroit de famille. Cette appréciation avant la lettre, cette partialité posée en principe acquis, étonnent les honnêtes gens, et ceux qui vivent en dehors de l'atmosphère spéciale du bâtiment. Mais comme cette interprétation spontanée est bien dans la nature de ce milieu particulier, et dans la note ! Oui, immédiatement, instinctivement, les élèves eussent estimé que l'opinion de ce juge était tripatouillée, et que le « piston » serait d'un fraternel inévitable. Entendez-vous toutes ces étoiles, tous ces espoirs, ces Célimènes, ces Agnès, ces Rodrigues, ces Perdicans papoter dans la cour ? les « ma chère » indignés, les « penses-tu » sardoniques ? L'idée qu'une déception, un échec puissent s'expliquer, c'est de l'invraisemblable ; du talent, parbleu, on en pète ! La seule chose évidente, c'est qu'on a été volontairement méconnu, sacrifié, victime, et Delobelle souffle à l'oreille de madame Cardinal que c'est à vous dégoûter de l'art. Ainsi, dans ce monde exaspéré, déformé, rien ne saurait plus paraître normal et concevoir seulement un examinateur affranchi des clans, des petites potbouille, des petits canapés, c'est trop.

Mon cher Mounet, cela vous apprendra à n'avoir rien à vous reprocher. Il est parfaitement inutile d'avoir toujours voulu saisir les choses par leur beau côté. Ça ne prend plus, n'a plus aucune valeur, ne protège pas contre les camouflets. Il n'y a de véritablement intéressant, il n'y a comme droits acquis que les susceptibilités de ces adorables petites personnes qui, à coup sûr, en fait de talent, auront au moins celui de dépenser comme mademoiselle Pierny mille francs par mois de chapeaux.

Leur enfant.

18 juillet.

Le scandale le plus magnifiquement supporté, l'amour pour l'amour, rien que l'amour, de lit en lit, de ciel en ciel, — et l'enfant ; les grands crus, la griserie des alcools qui brûlent — et la fièvre de lait : la vie de Clara Ward vient de se fermer paraît-il sur ces deux accidents, et par un saisissant contraste, sur quelque chose de tristement doux. Robuste, heureuse, la Princesse avait traversé la maternité selon le Code, et c'est par le berceau d'amour qu'elle est frappée. On ne peut certes préjuger de la tendresse qu'aurait eue cette mère, qui dans le passé ne se rappela pas qu'elle était mère, et ne trouva rien d'assez éloquent, d'assez définitif dans sa fécondité. Mais une pitié vous saisit, un besoin de la plaindre, et aussi de remercier la destinée qui lui a permis de disparaître dans la grandeur d'une tâche par où se relèvent toutes les femmes (1).

Mais comment ne pas songer à ce que cette même destinée peut réserver au pauvre petit être né de telles vibrations ? Donnera-t-il raison à la croyance qui embellit les enfants de l'amour ? portera-t-il au contraire l'empreinte des secousses subies ? Et, si, excessif, déséquilibré, portant la tare des baisers et des aberrations, il se présente quelque jour à l'épreuve de la société, quelle sera au juste sa responsabilité, jusqu'à quel point sera-t-il libre d'être ou de n'être pas selon la formule, de vouloir, de pouvoir ? Les hommes ont

(1) La nouvelle de cette mort fut démentie le lendemain.

de singulières prétentions, et les lois, qui se piquent d'être égales pour tous, ne manquent pas d'audace. En quoi, par exemple, cet enfant peut-il être assimilé à ceux que produisent les nuits de calmes et pondérés bourgeois ? est-il sorti de conditions normales, et en équité doit-on juger ses pensées, ses actes, d'après un système applicable à tous ?

Problèmes, et qui valent bien ceux que posent les progrès de l'automobilisme. Il serait curieux de suivre dans les évolutions successives l'organisme, la conscience de cet enfant. Mais indubitablement, plus tard, la société aura dans son devoir de tenir compte à ce membre nouveau des particularités de l'origine et d'ouvrir son casier héréditaire. La vraie justice serait là. Et c'est pourquoi personne n'y pensera ; et c'est pourquoi tout cela risque de finir simplement par la lamentation de Job : « Que le jour où je naquis périsse et la nuit où il fut dit qu'un homme est né ! Que ne suis-je mort dès la matrice ! »

Le petit Parisien.

19 juillet.

M. Émile Zola jure que Dreyfus est innocent. Mais on ne pourra dire qu'il a hâte d'abréger son supplice. Hier, pour la troisième fois, cette fameuse vérité en marche n'a pas voulu marcher. Elle s'est même défilée avec empressement. On jugera comme il convient des hommes d'action, des paladins de la justice, des vengeurs farouches, qui ne sont armés à toute épreuve que de procédure. Laissons donc cette sinistre épopée se dégonfler dans la chicane, et détournons les yeux pour considérer l'effort et l'œuvre de quelques simples bonnes gens.

Elle est charmante, l'idée de M. Charles Blanc, d'envoyer à la campagne les enfants des gardiens de la paix. Ils vont partir à plus de trois cents ; les uns vers la Mer, les autres vers la Montagne. Michelet a écrit des pages admirables sur le voisinage de l'Océan, et sur le souffle de vie qu'on emprunte aux sommets, et cette inspiration d'un préfet de police se trouve être le plus délicat de tous les hommages qui viennent de glorifier son centenaire. Ah! les pauvres petites poitrines, où se loge en patron le microbe de la chambre étroite, le bacille de l'école pour tous, le vibrion de la rue empestée! Et pourtant ces enfants devront être des hommes, et l'on exigera d'eux, désorganisés, débilités, dévorés, exactement ce qu'on exigera plus tard de l'enfant poussé aux champs, dans la force de la nature, — qu'il manie l'outil, qu'il porte le sac, qu'il peine, qu'il paie. Assurément les bienfaits de l'instruction, des mutuelles, du progrès, des lois, des autorités de tout calibre sont imposants. Mais quand on songe que ces splendeurs sont destinées à de pauvres gens qui, par la force des choses, n'ont que d'insuffisantes résistances, tout cela n'est pas sans ironie et fait penser à ces armures trop nobles pour des corps débiles.

En réalité, c'est par le souci de constituer des hommes capables de faire œuvre d'hommes qu'il faudrait commencer. L'initiative de ce préfet de police marquera, s'étendra. C'est la rénovation graduelle qui peut résulter de cet essai encore si précaire, et cela ne serait pas une surprise déplaisante, que de voir une pensée douce aux pauvres devenir aussi précieuse à la patrie.

Nos maîtres s'amusent.

20 juillet.

Cette fournée nouvelle de préfets, présente comme un dernier écho des élections. Remerciements et représailles. Je me trouvais dans la Haute-Marne, dans le beau pays de Bourbonne, pendant cette période d'affiches et de gestes, et j'ai rapporté de là-bas un souvenir dont la grâce exquise s'augmente encore, depuis l'avènement ministériel de celui qui en est le héros, M. Mougeot, maire et député de Langres. J'ai entrevu souvent ce candidat d'alors dans l'exercice de son dur métier. Il n'était dans cette opération générale d'escamotage, de cabotinisme, de mendicité politique, ni meilleur ni pire qu'un autre, et pour conclure il l'a emporté sur son adversaire M. Maurice Cabasse, ancien chef du secrétariat de M. Méline, à une majorité qui tomba drue sur l'imprudent. Mais s'il faut faire crédit aux heures de lutte, c'est dans la manière dont les hommes entendent et pratiquent le triomphe qu'il les faut juger, et ce qui s'est produit à Langres, le lendemain de l'élection, avec l'agrément du vainqueur, n'est pas pour glorifier un état d'âme.

Dans le plus grossier des simulacres il consentit à ce qu'on fit par les rues, ses rues, l'enterrement du concurrent ; il y eut un mannequin funèbre, des billets de part, un cortège, des larmes d'argent, des pleureurs, des cierges, des de profundis ; la même cérémonie bafoua des croyances respectables et la dignité des choses du pays ; ce fut le triomphe du macabre et du grotesque, des litanies et la Carmagnole, la cagoule et le bonnet phrygien, la croix et des litres, la comédie de la mort et ce que la vie a dans ses rires de plus répugnant. Cela s'est passé dans la ville de Diderot, dans un milieu dirigeant, dans un pays où l'on célèbre la noblesse souveraine du suffrage universel et l'ascension des idées.

Peu après cette honorable manifestation, son bénéficiaire ambitionnait précisément la Justice et les Cultes. Il dut s'assouvir d'un simple sous-secrétariat. Mais de cette place encore il pourra sans doute affirmer ses qualités de tact, de délicatesse, de haute vue. On peut être assuré que ce ministre au moins sait s'affranchir des personnalités, des aspects mesquins. Quand on a cela dans son bagage on est tout désigné pour l'approbation des masses, et peut-être en effet, pour faire un véritable conducteur d'hommes, faut-il commencer par n'avoir rien de supérieur.

Disparu.

21 juillet.

Ce n'est pas sans mélancolie que je songe obstinément à Emile Zola. Le voilà au loin, coupé de sa gloire, errant d'hôtel en hôtel. Tout ce qu'il édifia d'un labeur si puissant, tout ce qu'il fut dans le culte supérieur des lettres, finit en fait-divers. Et qu'un homme de cette énergie, de cet orgueil, ait pu se voir acculé aux moyens de procédure, aux trucs d'avocat, cela dit assez ce qu'est devenue cette cause au choc des passions. D'une question de conscience on a fait une façon nouvelle de boulangisme, le boulangisme sentimental, et celui-là, par une répétition instructive, exactement se comporte comme l'autre.

Les idées généreuses, le souci de la justice et les scrupules, — dès que peuvent paraître incomplètes les garanties consécutives aux droits du citoyen, — ne sauraient être réprouvés, et pour dire mon entière pensée, tout en croyant fermement Dreyfus coupable, l'éventualité d'une revision ne m'embarrasserait point. Mais ce que je ne saurais accepter, ce que sans retour je condamne, c'est qu'on coopère avec les Schwartzkoppen et les Panizzardi, qu'on combatte la parole française par la parole étrangère, et qu'on attente à l'œuvre nécessaire de force et de confiance. Or l'homme qui a précipité ce qu'il appelle la cause du droit dans ce chaos, qui l'a faite inaccessible à plus d'un homme de bonne volonté, est précisément celui qui aujourd'hui lâche pied (1). Il sera jugé sévèrement, autant par ceux qu'il prétendait servir que par ceux qu'il a tenté de déshonorer : car par ses écrits et ses actes, pour le seul gonflement de sa personne, il a disqualifié sa protestation, rendu impossible ce qui pouvait honnêtement s'obtenir, et contraint à l'impuisance, à la réprobation, des gens qui peut-être eussent pensé que la vérité n'est jamais trop vraie.

Oui, cette fin d'un grand esprit est comme une faillite; ce qui navrera, c'est qu'elle entraîne avec elle l'inspiration, le noble travail, l'amour du ciel bleu, le paradou. De tout ce que fut ce grand homme il ne reste qu'un homme voué aux plus atroces polémiques, et en rupture de patrie. Quand il peignait les ruisseaux de Paris, toujours il mettait dans les fonds trou-

(1) Zola se rendit d'abord en Suisse. Au moment où paraît ce volume, l'auteur de *Nana* se trouve en Angleterre.

bles le scintillement d'une étoile. Maintenant l'étoile est éteinte.

La fibre.

22 juillet.

Il nous arrive du Jardin des Plantes de bien tristes nouvelles : l'hippopotame se meurt. Et depuis que ce bruit sinistre court dans Paris, c'est à qui veut être rassuré et s'en ira aux informations. Que serait-ce, dieu grand, s'il s'agissait d'un singe, qui lui au moins serait de la famille ? Interrogé sur une si réelle catastrophe, le garde fidèle de la ménagerie s'est livré à quelques doléances, et des larmes aux yeux, il a révélé à l'un de nos confrères que l'ordinaire de ses chères bêtes allait être rogné, par mesure d'économie, d'un trente-troisième.

Assurément il convient de professer vis-à-vis de l'hippopotame les sentiments de l'hospitalité la plus large. Paris sans hippopotame serait en vérité dégradé dans sa beauté de capitale. Pour quelques souteneurs et le lot de bobonnes caqueteuses dont il fait la joie, l'hippopotame doit être prospère, et radieux. Mais combien joli, ce cas d'une ville, pleine d'affreuses luttes, et préoccupée, et émue tout d'un coup de la santé d'un pachyderme ? Quel mignon ! Pauvre mignon ; tout plutôt que de le perdre.

La Société protectrice des animaux, que je tiens pour une des institutions de fraternité les plus belles, m'en voudrait de ne pas applaudir à un si grand besoin d'attendrissement, à une si touchante affection : respectons donc tout ce que cette badauderie contient de ressort sentimental. Il nous sera permis cependant de regretter qu'un hippopotame qui souffre de rhumatismes ait plus de succès, semble plus digne d'intérêt et de commisération que les pauvres gens dont hier encore on pouvait lire l'histoire de misère, et qu'en plein Paris on puisse mourir sans un secours, sans une pitié, de privation et de douleur, partout ailleurs qu'au Jardin des Plantes.

Espana.

23 juillet.

M. Albert Carré va profiter de ses vacances pour s'en aller faire le tour d'Espagne. Mademoiselle Georgette Leblanc, elle aussi, veut être vue dans Barcelone où frémit l'Andalouse au sein bruni. Et ce double voyage n'est que pour la grandeur nationale de l'Opéra-Comique : la nouvelle salle sera inaugurée par une reprise de *Carmen*, et pour cette solennité, le directeur et sa sculpturale pensionnaire travaillent à nous donner une Carmen qui précisément ne soit plus d'opéra-comique. Assez de conventions, d'espagnoleries batignollaises, de couleur locale prise au fond des accessoires ; l'inspiration de Bizet désormais animera des choses vues, des tableaux coupés dans le réel, et, dégagée de tous les détails de chic, vibrera, rajeunie, dans la vérité.

La tentative est d'un joli souci d'art, et s'en aller à l'heure sombre que disait Ruy-Blas, où l'Espagne agonisante pleure, la glorifier dans l'immortalité de son type de beauté, d'amour, de passion, et dans la surprenante grandeur de ses décors, n'est pas d'une conception banale. Mais tout en louant comme il sied cet effort d'exactitude, cette entente des exigences en progrès, il semble que cette désaffectation de l'ancienne Carmen, de celle qui est dans les cœurs et qui chante sur nos lèvres, ne soit pas sans quelque risque. Tel qu'il existe, le type a reçu son souffle d'un génie; ce qu'il a de suranné, les aspects qui font sourire, tout cela s'est accepté, s'anéantit dans la sublime vitalité de l'œuvre, et c'est justement le propre d'un chef-d'œuvre, de supporter sans pâlir des vieilleries, des ridicules, des taches, auxquels ne résisterait pas la médiocrité. Une restauration, même très pieuse, ne désorientera-t-elle point le culte établi, l'habitude d'admirer? toucher à ce qui fut sanctionné n'est-ce pas remettre tout en travail, et s'il est vrai qu'un rien suffit pour que Ninon ne soit plus Ninon, qu'adviendra-t-il de Carmen?

J'avoue que les faux Espagnols, pas plus que les Anglais et les Américains de théâtre, ne me gênent. Il y a même toutes chances pour que les types exacts soient autrement choquants. La mise en scène la plus scrupuleuse, et celle-là même où excelle Carré, n'empêchera pas que l'Espagnol authentique paraisse plutôt celui dont nous avons l'accoutumance, et que le véritable Espagnol nous semble obstinément être tout juste celui qui n'est pas du tout Espagnol. Il est ainsi un tas de choses auxquelles une douce philosophie enseigne que le sage ne doit point apporter de réforme. Et cette philosophie serait délicieuse, si elle n'était pas celle des gouvernements.

Une rotule.

24 juillet.

On a toujours quelque récompense à aimer Paris. Il n'est pas de ville moins ingrate. Le plus petit sourire à son adresse la rend aussitôt amie, et si elle a parfois les nerfs d'une jolie femme, elle en a le cœur spécial. Ainsi, peut-il se plaindre de nous le prince de Galles? Pour un accident qui n'a rien de majestueux, voici pourtant que les bulletins de santé, les indiscrétions, les condoléances abondent. Il s'est cassé un brin de rotule, et le royal pansement n'a plus de secrets pour le badaud parisien; il veut savoir que lord Lister a été appelé avec tout son cortège d'antiseptiques, que le prince grâce aux vertus du théâtrophone ne s'ennuie pas sur sa couche, et n'a laissé se compromettre rien de son élégance classique.

Oui, rassurez-vous, braves gens, l'excellent Galles, comme on dit dans les bars, a fait la culbute en beauté, et il n'est pas perdu pour le chic de la République française. Mais les démocrates de cette République sont bien singuliers, qui ne peuvent laisser un prince à ses petites affaires sans s'en occuper passionnément; par le menu, ils connaissent le Gotha, les familles souveraines, les cours; leur sentiment du respect, de la hiérarchie, du prestige, travaille dans l'importation étrangère, et plus ils affichent de farouches principes, plus, incorrigiblement, le vieux fond se révèle des très humbles et très obéissants sujets. Quand les Grands-Ducs sont à Paris, tout va, me disait avec enthousiasme un industriel du boulevard. Quand le prince de Galles daigne occuper une baignoire aux Variétés, c'est une consolation nationale, presque un honneur.

Certes je ne contredis pas à l'utilité d'un prince anglais, en l'état actuel d'une décadence trop connue. Il est, hélas, absolument certain que sans son exemple nous serions tout à fait incapables de porter un chapeau, de choisir une cravate, une paire de gants, une fleur, de savoir l'art de boutonner son gilet. Sagan lui-même, de qui nous venait la lumière, n'était qu'un reflet. Mais tant de mérite proclamé, et une part si importante faite à la juste reconnaissance d'un peuple qui éprouve toujours le besoin de prendre son rehaussement hors de chez lui, j'avoue que cela ne me choquerait point de voir un peu de cette tendre sollicitude prodiguée à la princière rotule, se poser sur un simple mortel d'ici, et tant d'adjectifs empressés aller à l'accident d'un noir faubourg.

Un prince heureux.

25 juillet.

Il est en ce moment un prince heureux, — ce qui est assez rare d'ailleurs pour consoler ceux qui ne sont point des princes. Le prince de Galles se casse la rotule, mais comme si le sort voulait indiquer que l'inégalité existe aussi pour des maîtres, le prince de Bulgarie vivement franchit les étapes. Le voici toastant à Péterhof; les préventions accumulées contre sa personne et son règne sont anéanties, il est accueilli, reconnu au cœur de la Sainte-Russie, les mânes de Stamboulof en doivent frissonner, et ceux-là seuls qui savent les luttes, les angoisses, les dégoûts que le prince Ferdinand dut parcourir, pour atteindre à cette justice, mesureront sa joie.

J'ai eu l'honneur d'être plusieurs fois son hôte : dans le train spécial qui l'emmenait vers Philippopoli où l'on fait la récolte des roses, vers ces champs qui fournissent d'essences pures tous les Houbigans du monde et sont comme la cassolette de l'Europe ; dans le palais de Sofia, où les vaisselles sont frappées aux fleurs de lys, — Versailles brusquement évoquée au fond des Balkans ; mais qu'il fût confiant ou affligé, spirituel ou songeur, mordant ou attendri, occupé des choses de l'État ou de l'impeccable élégance de sa petite cour, d'une loi agraire ou d'un fin bijou, d'une réforme financière ou d'un bouquet de chrysanthèmes, toujours deux sentiments le dominaient, le résumaient : l'amour de cette France à laquelle il appartient, puisqu'il est le petit-fils de Louis-Philippe, que la princesse est petite-fille de Charles X, et le respect de cette Russie qui libéra du Turc sa patrie d'adoption. Aujourd'hui, ces deux sentiments sont satisfaits ensemble, de concert ; ils se complètent ; l'un s'harmonise, s'unifie avec l'autre, et ce n'est certes pas là une des moindres surprises du temps présent.

Mais tandis que s'affirme ce triomphe de l'esprit politique, de la volonté, de la connaissance des devoirs d'un prince, et aussi des qualités de charme, qu'il soit permis à un ami d'une heure moins resplendissante d'hommages, et moins fertile en dévouements, de garder l'ému et fidèle souvenir de cette heure-là surtout. Maintenant les événements vont se hâter sur le chemin aplani, et à la prochaine occasion ce prince incontestablement grand par son œuvre, sans doute ira jusqu'à la couronner. Pourtant, qui sait si la vraie joie de vivre ne consistait pas plutôt, comme en amour, dans les préparations, si toute cette réalité vaudra jamais le songe, si les marches le plus légitimement pompeuses vaudront ce chant du pauvre grillon, qu'on écoutait, une nuit d'été, à Bania, dans l'air léger, devant les solitudes immenses et sous les étoiles si douces...

La petite marmite.

26 juillet.

On enterre aujourd'hui un Parisien d'espèce particulière. Ce brave Lucien Claudon, « le patron » du Café Américain, a fini par mourir. On ne verra plus autour des tables sa silhouette, que pour être tout à fait dans la note de son enseigne il avait américanisée aussi, et son œil louchonnant pour jamais a quitté la vue des chariots où se transbahutent les roast-beafs saignants. C'était au fond un bon garçon, sensible à la joie de ventre du client et au-dessus de son métier, dont il a su faire oublier les aspects divers aux nombreux compagnons de théâtre, de cercle, de yachting, qu'il s'était acquis.

Mais si demain, les vieux Parisiens seuls, entre deux coups de cure-dent, se souviendront de lui, un trait de sa carrière vaut cependant d'être noté, car cet industriel certain jour eut une idée philosophe. Ce fut lui qui inventa et institua la Petite Marmite, le pot-au-feu pour passants boulevardiers, cette écuelle en terre brune, de quat' sous, qui tranche, si délicieusement, avec l'obligatoire clinquant du cabaret. Et ce fut à proprement parler une trouvaille de génie, que cette manière d'attirer par l'illusion du chez soi, de la famille, de la sincérité d'un beau bouillon, authentiqué de carottes et de poireaux, des gens qui n'ont pas de foyer. Dans la mêlée indifférente, dans le décousu des existences, dans l'abandon, quelle aubaine, quelle bienfaisante minute de mensonge ! Ce trafiquant de la grande vie avait soupçonné, pressenti, escompté le sentimentalisme gastronomique, les tristesses, le besoin de se tromper soi-même, de tricher avec les apparences, des marcheurs vieux et jeunes, et voilà qui touche plus à la connaissance des cœurs pharisiens qu'à celle des estomacs.

Ce malin est dans la vérité. C'est d'un simulacre en effet qu'il se faut contenter, partout, en toutes choses, toujours. Garçon, une petite marmite, avec une garniture sérieuse, et du gros sel ! Cela a je ne sais quoi d'émouvant. Mais, hélas, nous avons beau faire, non ce n'est pas la même chose, ce n'est pas le même goût, l'électricité ne peut être la lampe au-dessus de la table ronde, et ce à quoi nous réussissons seulement, c'est à compromettre le Bœuf nature dans les mauvais lieux.

Des gens bien armés.

27 juillet.

Au Conservatoire, du violon, du chant, des tirades : à la Sorbonne, dans les Facultés, dans les lycées, des prodiges de surmenage ; aux Beaux-Arts des prix de Rome, — partout des concours. Tout ce qui est jeunesse, espérance, sue lamentablement à décrocher quelque peau d'âne, et ce n'est pas sans valable raison que ce mois de Juillet peut être considéré comme un des plus affligeants, pour qui examinerait le ressort individuel, la force de production, la marche de ce pays. Maintenant c'est l'heure spéciale où triomphe l'Ecole, la coulée des esprits dans un moule uniforme, la domestication des activités. Malheur à ce qui dépasserait l'alignement, déborderait des programmes, s'affranchirait des coteries ; le mot d'ordre est de ne pas être par soi-même, le gage d'un bel avenir est dans l'acceptation du joug. Et c'est sans doute pourquoi ils sont si harassés, si mornes, si tristes, tous ces candidats qu'en ce moment, par la ville, on voit aux quatre coins, stationner comme par troupeaux.

Le point d'arrivée? Un prix ou un brevet. C'est-à-dire rien. Quand ils auront l'un sous le bras ou l'autre dans la poche, ils se figureront que la partie est acquise : elle n'est même pas commencée. L'Etat pour la gloriole ou l'intérêt duquel ils auront travaillé, obéi, payé, les lâchera superbement ; ces récompenses dont ils sont si fiers ne serviront qu'à rendre toute besogne pratique odieuse et impossible à leur vanité, ce parchemin ne leur donnera que le droit d'honorablement mourir de faim.

Combien on en a vu, on en voit, on en verra, de ces grands premiers prix d'un tas de choses, qui n'auront été opprimés dans leur personnalité que pour rouler avec leur soi-disant transcendance dans le plus sinistre fossé? Des prix de discours français raccommodent les chaussures ; les pianos de beuglants de Montmartre connaissent plus d'un prix d'harmonie ; je sais un ancien lauréat de l'Ecole de droit, ex-orgueil du bon père Labbé, qui tient une buvette pour maçons. Et l'on entend des gens qui parlent doctement, gravement, du choix d'une carrière, de la garantie des études, de l'appoint des concours, de la beauté des institutions. En réalité, la vie n'est faite que de faux départs. Sait-on ce qu'on fera, ce qu'on pourra, où l'on va? Jusqu'à vingt ans on se prépare ; jusqu'à quarante il faut réapprendre, et quand on croit qu'enfin, pour de bon, ça y est, — messieurs, on ferme.

Une prédiction.

28 juillet.

Ce pauvre Chaulin-Servinière n'avait pas à la Chambre ce qu'on appelle une situation Député depuis des années, son nom était resté dans les douceurs de l'obscurité. Ce qui ne l'empêchait point d'être capable, avisé, très spirituel, et la preuve peut-être en est tout juste dans ce peu de place qu'on lui accorda. Nous nous rencontrions souvent chez des amis. On aimait sa verve malicieuse, la brusquerie voulue par où il s'accommodait une façon de chic militaire, sa rondeur de bon convive et d'homme en toutes choses heureux. Un soir qu'on constatait précisément, peut-être bien avec, chez quelques-uns, une pointe d'involontaire dépit, cette condition privilégiée, il dit :

— Ne vous pressez pas... Ça porte la guigne de parler de ces choses-là... Sait-on jamais? D'ailleurs regardez ma main... On m'a prédit que je finirai de mort violente, par accident... Ce serait bien ennuyeux.

Et il souriait tranquillement, avec un air de ne pas « couper » dans toutes ces indiscrétions sur la Destinée.

On vient de ramasser son corps en miettes, sur la

ligne du Mans. Il est très vraisemblablement tombé par la portière mal assujettie de son wagon. On l'enterre aujourd'hui. Et malgré moi, obstinément, je songe à cette étrange prédiction. La voilà accomplie : l'impossible s'est réalisé, les lignes brisées, les croix fatales de Desbarolles et de madame de Thèbes ont eu raison. Aurions-nous donc vraiment sur nous les signes avertisseurs, chacun porte-t-il son sort inéluctablement marqué, et toutes nos agitations sont-elles encore plus vaines qu'il ne semblait? L'hypothèse ne serait pas incompatible avec l'action d'un créateur, omnipotent, omniscient ; elle serait même logique. S'il sait d'où tout vient, il doit savoir où tout va ; maître du Temps, il peut être celui de la minute ; si c'est lui qui a donné le signal de la course, il est parfaitement admissible qu'il en règle par avance le détail. Mais en vérité sa miséricorde ne serait pas ce qu'on croit, si le voile se pouvait soulever : Dieu juste, quelle vie si l'on savait ! Ce qu'on sait, est déjà bien suffisant, et pour les estomacs les plus robustes.

Les petits métiers.

29 juillet.

Tandis que la pharmacie devient de plus en plus ronflante et impose le luxe de ses chimies, il est dans le quartier des Halles un petit marché auquel président une dizaine de braves gens. Ce sont les marchands de simples. Tout ce qui ferait de mirifiques produits d'officines se vend là aux ménagères dans la sincérité de la nature ; de la campagne, directement arrivent sur ce point, les feuilles de frêne et de noyer, la menthe, les queues de cerises, l'armoise, la centaurée, les camomilles, les fleurs de tilleul ; une odeur exquise d'herbes coupées fait de ce coin parisien comme un carré de champs, et ce petit commerce de flâneurs sur les routes, de chemineaux, de sagaces cueilletistes hier encore était prospère dans son ingénuité, dans tout ce qu'il évoque d'un temps disparu.

Il va recevoir lui aussi le coup de grâce, il subit la destinée des plus faibles. M. Homais, tout-puissant, a juré la fin du pauvre herboriste dont les chapelets de verdure séchée trouvent paraît-il moyen encore de porter ombrage à ses affaires, et ainsi une fois de plus c'est la mort du gagne-petit. Allons, qu'il disparaisse ! il peut bien s'en aller mourir de faim où il voudra : le monstre Capital ne tolère personne auprès de lui, et de ce qui le gêne il ne fait qu'une bouchée. Comment s'arrangent-ils, ceux des petits métiers, des petites industries, pour lutter encore ? Oh ! le courage, la constance, l'ingéniosité qui se déploient dans leur dure vie ! D'un homme qui a gagné des millions en triturant la marchandise et l'ouvrier on dit : c'est un malin ; mais combien de ces triomphateurs feraient pitié, si on comparait leur mérite à celui de ces vaincus ! Et si inoffensifs, si humbles, ils sont encore de trop : il n'y a pas de petits bénéfices pour les grande exploitation, il n'y a plus de place pour qui n'a que bonne volonté.

Des simples ! Oui, parbleu, il faut être fou pour croire qu'on vous laissera vendre de ça, pauvres gens. Des simples, — tout juste l'antipode de ce qui est. Cela serait évidemment trop beau, qu'on pût trouver encore dans Paris à ne pas payer de la forte somme ce qui vaut deux liards, et cela mettrait en péril, sur toute la ligne et en tous genres, trop de satisfaits, si on s'avisait de revenir, ainsi tout d'un coup, à ce qui est naturel.

Plaque bleue.

30 juillet.

On savait que dans la vie ordinaire les comiques sont tristes. Ils sont très sérieux aussi en matière de bonne administration. Ce sont les fantaisistes à tous crins qui dressent le mieux inventaire du moindre cheveu ; ils font rire à se tordre, mais, chandelles éteintes, deviennent de parfaits notaires. Toujours des actes, — mais de propriété, et au fond, on ne saurait les blâmer de n'avoir pas le goût des représentations à bénéfices et des boniments de vieillesse. Le « Roman Comique », c'est bon maintenant pour les bourgeois.

L'excellent José Dupuis, lui, a placé ses niaiseries et grimaces en solides immeubles à Nogent. Un des maîtres de ce genre hilaro-capitaliste. Cet homme possède par là-bas toutes les variétés de terrain ; ces belvédères rouges des bords de la Marne, ces pignons sur rue, ces jardins à boules sont de sa collection. Le tour du propriétaire prend sa matinée. Un si bel amour du sol de Nogent ne valait-il pas une récompense ? Emu, le conseil municipal vient enfin de l'octroyer : la rue José Dupuis est née, — ô Panthéon, il est une rue José Dupuis, — et si les joueurs d'orgue, trimardant par la banlieue, n'y jouent pas de l'Offenbach à tour de bras, c'est qu'ils n'auront pas le sens de la flatterie.

Mais gardons-nous du mauvais goût de paraître peu enthousiastes en un si pur jour de gloire. Si pour ce conseil municipal, avoir entassé moellons et baux suffit pour être digne du comble de l'hommage, si voulant faire l'honneur de ses plaques, dans tout le passé et dans le présent de ce pays il n'a trouvé qu'un comédien belge, tant pis pour lui. Peut-être en effet, lorsqu'on y songe, ce brave Dupuis a-t-il bien mérité de la République en nous donnant l'illusion qu'on peut y rire encore, y passer quelques bons moments, et l'on ne voit pas pourquoi le Comédien, qui dans cette société est au bout de toutes les avenues, ne serait pas si officiellement consacré. Puisque tout se résume en lui, à lui croix, rues et statues. On a les grands hommes qu'on peut, et qu'on mérite. Quand plus tard les enfants de Nogent demanderont quel savant, quel poète, quel patriote, fut ce José Dupuis, les vieux répondront avec orgueil : il joua la *Grande-Duchesse*, et alors elles comprendront tout, ces générations de demain, qui vont porter la peine de notre temps.

De pauvres filles.

31 juillet.

L'Hôtel de Ville à son tour distribue par grosses des diplômes. Il se fabrique en ce moment plus de deux mille institutrices. Avec ce brevet élémentaire, de pauvres filles, munies d'un petit fonds d'orthographe, chercheront des familles aisées où le faire valoir. Le pain quotidien, au prix des humiliations les plus atroces, celles qui ne veulent pas avoir l'air d'humilier, avec le danger égal d'être apprécié trop peu ou trop dans la maison étrangère, avec le petit cancre qui vous pince en cachette. Et si triste est cette condition, si bien faite pour excuser l'insensibilité progressive, la haine, la révolte ou le désespoir dans tant de cœurs lassés, qu'on se demande comment des créatures ont encore le courage d'apprendre en vue d'un tel supplice et de se décider.

Mais comme si cette perspective de souffrances variées n'était pas suffisante, un autre péril immédiat guette l'institutrice, au moment même où elle espère le plus. Jeune, sans défense, parfois aussi désirable qu'une héroïne très George Sand, elle est d'excellente chasse ; certains industriels ont pris la spécialité de son placement : oui sa photographie a plu, elle fera l'affaire ; et quand, sur la foi d'un engagement superbe elle part pour quelque pays lointain, trop heureuse, elle tombe dans un vieux château isolé, dont le vieux maître n'attendait impatiemment qu'un joyeux article de Paris, ou aux mains de gens qui ne demandaient pas une institutrice, mais une souriante et docile pensionnaire. Ceux qui sont honnêtes se contentent de la voler en commissions, les autres la déshonorent. Traite ignoble, connue, et qui tranquillement prospère. Le marché est ouvert, et sans doute, dans ce moment même, aux abords de l'Hôtel de Ville, il y a des gens qui flairent de la chair fraîche pour l'exportation, et ont le regard d'Hassan au bazar des esclaves.

S'il restait assez de temps pour des enquêtes utiles, nos consuls pourraient être efficacement interrogés ; ils diraient les plaintes amoncelées, les rapatriements qu'ils ont dû consentir, l'outrageant scandale de cette exploitation. Mais la chose est, paraît-il, sans intérêt. Du moment qu'il ne s'agit que de victimes obscures et impuissantes, il n'y a pas lieu d'intervenir. Et tout le monde sait que si l'État veut bien s'occuper de la prostitution, c'est seulement pour l'aider.

Bismarck.

1er août.

Ce mort d'hier fut incontestablement grand. Mais de son vivant déjà le Temps vengeur avait mordu sur sa gloire, car il n'est pas de gloire, même gagnée au service d'une patrie, avec l'iniquité comme moyens. Par bonheur pour la conscience des peuples, et pour notre réconfort, Bismarck a parlé : il a, avec un orgueil cynique, tout en caressant ses molosses, avoué à son confident Maximilien Harden la longue préméditation, le guet-apens, la falsification des dépêches d'Ems, l'épouvantable mensonge. Et à cette heure il est acquis que le vertueux empereur Guillaume, celui qui aimait tant les bleuets et n'avait à la bouche que le saint nom de Dieu, savait, et avait donné son consentement au crime.

Avec une méritoire impartialité, on admirera M. de Bismarck dans tout ce qui fut l'œuvre de sa diplomatie ; quand il dupa audacieusement l'Europe, depuis les affaires du Danemark jusqu'à Sadowa, il eut raison, c'était son devoir, il agit comme une force de l'esprit, et la Prusse put être enviée, d'avoir un tel homme dans ses destinées. Mais cette œuvre s'est couronnée par un des forfaits les plus hideux qu'ait essuyés l'humanité. La guerre voulue, machinée, forcée ; une fable monstrueuse préludant à la tragédie. La victoire pourtant n'absout pas le chancelier de fer et de sang. Si la force avec lui primait le droit, la vérité primera l'hypocrisie scélérate, et son armure de géant ne protégera pas sa mémoire, et rien n'empêchera que dans le Prince l'avenir ne juge le malfaiteur.

Non, ce n'est pas le vainqueur qu'il faut maudire le plus, aujourd'hui surtout, dans cet homme ; ce n'est pas le bon époux, le bon père auquel la princesse de Bismarck écrivait qu'il fallait exterminer ici jusqu'aux enfants, ce n'est pas l'impitoyable railleur du pauvre Jules Favre ; tout cela est loin. Ce qui demeure, ce qui ne saurait s'effacer, c'est l'horreur universelle que doit inspirer un tel fléau. La France a eu Richelieu, elle a eu Talleyrand, elle a eu des diplomates du génie de M. de Bismarck : à son honneur il faut dire qu'elle n'en a pas eu pour outrager à ce point la civilisation. Les Allemands vont faire à Bismarck des obsèques solennelles, pleines de cantiques et de hurrahs : il y en a peut-être pourtant quelques-uns que troublera, malgré eux, la pensée du vrai Dieu qui n'est point celui de l'imposture et de l'assassinat ; plus d'un sans doute, songera, dans cette apothéose, que ce qui est né d'une si prodigieuse infamie ne saurait être grand, et qu'on ne fonde rien avec les bouchers.

L'exquis bibelot.

2 août.

Tandis que sur tous les points le pic entame la sinistre enceinte de Mazas, hier, ce qui reste de Parisiens dirigeants dans la grande ville s'est répandu par les couloirs d'ombre croupie ; il y a eu là des grâces et des frous, on s'est arraché des souvenirs, l'Hôtel Drouot à la prison. A qui cet escabeau de cellule ? A qui cette gamelle infecte ? à qui cette lourde serrure ? Les plus jolies femmes se sont grisées à l'odeur persistante du prisonnier, elles ont voulu toucher, elles ont emporté chez elles avec ravissement, tant qu'elles ont pu, ce que l'ignominie et le vice avaient sacré. Une enthousiaste même, a offert d'enlever à ses frais, pour le fidèlement reconstituer, un pan de mur couvert d'inscriptions, maculé de dessins, qui ne laisse aucun doute sur le plus grand supplice de l'homme seul. Ce ne sont point précisément des cœurs transpercés que figure cette symbolique série, et il faut rendre hommage à l'imagination, à la sensibilité vraiment supérieure qui brûle ainsi de palpiter devant l'ordure. Les femmes, Pascal l'a dit, n'ont ni goût, ni dégoût.

Evidemment ces répugnantes badauderies, cette prédilection marquée, de tout ce qui prétend être chic, pour les bas-fonds, ne surprendra pas ceux qui trop de fois, dans les nuits ignobles de la Roquette, ont constaté la rage et l'étrange pâmoison de tant de délicates personnes. Les clientes des plaisirs de l'échafaud peuvent bien être celles du bibelotage dans les prisons. Cela se tient, délicieusement.

Mais il y a dans ce spectacle de Mazas pillé par les salons quelque chose d'un modernisme inédit. Naguère on se ruait sur les vieux châteaux, emplis de trésors. Maintenant, foin des bergères authentiques, des flambeaux au motif pur, des bonheurs-du-jour, des pastels, — c'est le criminel, le faussaire, le souteneur, qui donne aux choses une âme. Pour qu'en leur langage elles soient comprises et aimées, elles ne doivent évoquer plus ni le charme, ni la vertu, ni le parfum des roses, mais le sang et la boue. Et en vérité, rien ne caractérise mieux l'heure, que cette acclimatation tranquille, souriante, naturelle, parmi les honnêtes gens, de ce qui représente l'infamie.

Passé lointain...

3 août.

Le prince de Bismarck ne reposera pas dans le Dôme, comme le voulait l'empereur, auprès des Hohenzollern : la famille réclame pour son repos les hauteurs d'une colline qui domine Friedrichsruhe, et aux témoignages officiels elle préfère les couronnes et les dépêches d'une admiration sincère. L'étalage de cette simplicité sert son juste ressentiment, et l'empereur Guillaume sans doute sera médiocrement flatté de voir tout ce qu'il projetait peser moins que les adjectifs d'un Crispi. Merveilleuses en effet sont les lignes où Crispi glorifie Bismarck et célèbre « sa loyauté ». Entre tous, il est bon connaisseur celui-là ; la loyauté du vivant a tout ce qu'il faut pour chanter la loyauté du mort ; ce sont deux loyautés du même genre, avec cette différence que l'une s'est élevée aux sommets de la canaillerie, tandis que l'autre continue de s'agiter dans les bas-fonds.

Recueillie, la France assiste à cette apothéose de celui qui s'efforça d'être pour elle plus un bourreau qu'un vainqueur. Les mêmes nations qui la laissèrent égorger, après bientôt trente ans n'ont pas assez d'enthousiasme pour l'artisan de son malheur, et par delà la victoire, malgré les révélations des Louis Schneider, des Busch, des Harden, leur haine imbécile est heureuse d'exalter celui qui fit de l'Europe ce qu'elle est, une caserne sur un volcan. Mais si partout ailleurs la gloire de sang de cet homme est restée aussi intacte, nous au moins, dans notre recueillement, avons-nous gardé intact le souvenir spécial qu'il nous doit laisser?

Certes, depuis deux jours, ce nom de Bismarck partout ici soulève l'exécration, et dans cette actualité soudaine, nous remontent des bouffées de colère et de haine. Mais combien ces sentiments seraient plus précieux si on les constatait vivaces dans le silence, dans l'ordinaire vie, indépendants de l'évènement du jour, obstinément, quand même, ainsi que cela se devrait! Quel enseignement, quel gage de force pour un peuple, dans la permanente évocation d'un nom haï religieusement! Hélas, ce sont les historiettes sur M. de Bismarck, qui peu à peu ont remplacé ce qu'on pensait écrit en rouges lettres dans notre histoire. On nous a divertis de ses bons mots, on nous a intéressés à Bismarck fabricant de papier, Bismarck forestier, Bismarck fumeur et buveur, Bismarck rhumatisant, Bismarck grand-père, et un « Bismarck Intime » a même paru, chez nous, ces temps-ci, qui nous donne tranquillement la photographie de son berceau. Voilà. Evidemment tout ceci ne manque pas d'une assez jolie tournure philosophique. Mais peut-être sans « s'hypnotiser » pouvait-on pratiquer une plus profonde, plus active mémoire du passé, et en tout cas personne n'a songé en Allemagne à faire des amusettes d'un Napoléon, après Iéna.

La ferblanterie.

4 août.

Le cas de M. Léon Bourgeois est suggestif. Politicien, il prononce les discours de tout le monde. Mais sitôt qu'il incarne l'Université, il est exquis, le mot et la pensée prennent une grâce attique, les Muses baisent son front. Dualisme peu flatteur pour le fond du suffrage universel : rien jamais n'a établi mieux son incompatibilité avec la distinction de l'esprit. On ne s'étonnera donc point que, devant à l'Université les enjolivures de sa réputation, le ministre reconnaissant se préoccupe de rehausser tout ce qui la concerne, et si, de ce ministère de réformateurs, il ne sortait que la grande réforme que M. Bourgeois prépare à l'honneur des palmes académiques, ce serait toujours quelque chose pour l'Histoire.

Dans un projet, très étudié naturellement, l'actuel Grand'Maître, pour combattre l'abus du ruban violet, commence par en allonger la vente de plusieurs aunes. Au lieu de douze cents officiers d'Académie, l'année normale en fournira deux mille, et cinq cents rosettes, au lieu de trois cents, s'en iront faire joujou sur les poitrails des deux sexes. Mais les conditions d'admissibilité prennent une rigueur dont on attend un lustre nouveau ; la coupe ne s'emplit ainsi que pour s'éloigner davantage des lèvres, et dès maintenant il est entendu qu'aucune distribution ne pourra être faite dans les cérémonies officielles sans la présence du ministre. Statuaires, architectes, archivistes, fabricants de cantates, pleurez ; et vous aussi, préfets, qui perdez une si belle occasion d'être gouvernementalement émus : maintenant, à moins que le ministre ne se dérange, les inaugurations seront comme les corps sans âme et comme le jardin sans fleurs.

Pour porter un coup si rude à ce qui est la force déterminante des citoyens, aux exigences d'une démocratie si logique, il fallait un ministre singulièrement pénétré du prestige de sa fonction. Supposer que la seule présence d'un ministre suffira à retaper et solenniser la petite chose, c'est avoir une haute opinion de ce que l'emploi peut conserver d'autorité et d'auréole : honneur à M. Bourgeois qui se donne le chic imprévu d'être ce ministre-là. Il veut ignorer que l'énorme consommation faite exclut la qualité, il se croit encore à l'âge d'or où un ministre devait paraître forcément supérieur, où de toute sa personne ne rayonnait que gloire : ah ! l'heureux ministre, le séduisant original, et comme il faut regretter qu'une illusion si jolie ne coure pas les rues !

L'homme de l'Opéra.

5 août.

Je rencontrais souvent ce pauvre Charles Garnier qui vient de mourir, — est-il, par le fait seul qu'il meurt, si pauvre que cela ? — aux environs du Café de la Paix. De loin, sa tête de Florentin, aux cheveux bouclés, son nez un peu judaïsant, ses lèvres épaisses, son veston à l'artiste, marquaient. Et petit, malingre, le teint jauni, j'aimais à le voir en méditation devant son Opéra énorme, resplendissant. L'homme était chétif, mais la conception grandiose. Et invinciblement attiré vers ces parages, fréquentant le trottoir d'en face avec amour, posté, admiratif, songeur, l'homme se délectait à s'étonner soi-même du contraste philosophique qu'offrait l'œuvre et l'ouvrier, de la toute-puissance de l'Esprit, dans une minime enveloppe.

Ainsi surpris, il avait toujours une raison prête pour justifier sa présence ; c'était un détail à maintenir, un autre à perfectionner ; et tout d'un coup, avec un air comme par miracle indifférent à ce qui le hantait le plus, il vous passait précipitamment le bras, entraînait le fâcheux en lui racontant une anecdote spirituellement choisie pour dérouter ses soupçons, et même lui faisait en confidence la politesse de son dernier sonnet. Divertissante supercherie, — exquise pudeur plutôt, d'une âme d'élite, qui avait la terreur de voir son juste orgueil rapetissé par le vulgaire, et sa joie incomprise.

Mais, chaque fois que je le rencontrais par là, avec une douceur amie, sans paraître comprendre, je le ramenais ; et longuement on devisait du concours où il l'emporta sur cent soixante concurrents, de l'escalier, de l'arbre qui pousse dans une fente du portail (1), de la Danseuse ; un jour même il me communiqua l'étrange pressentiment qu'il avait eu, pendant qu'on travaillait à l'entrée particulière de l'Empereur, que jamais l'Empereur ne franchirait cette porte aux aigles de bronze. Et tandis qu'il me parlait, avec envie je contemplais en sa personne le cas incroyable d'un être qui, lui, a pu réaliser son œuvre, la vivre ; et je songeais que par un privilège aussi, mais un peu

---

(1) Cet arbre, aujourd'hui bien connu des Parisiens et des touristes, pousse dans une fente du pylône d'entrée, du côté du boulevard Haussmann. C'est un minuscule robinier, ou faux acacia.

décevant, ce manieur de ferrailles et de pierres, qui pouvait mesurer, embrasser d'ensemble, palper son œuvre, pouvait se dire plus favorisé des dieux que Hugo.

Un jeune marcheur.

6 août.

Le vicomte Bohémond de la Garancière, qui n'est vicomte que par pseudonyme, pour cabarets de Montmartre, et descend sans fatigue d'une famille de braves bourgeois, vient d'essuyer un petit ennui. Pincé au cœur par une chorégraphique artiste du Moulin, ce bon jeune homme s'est vu contraint, par cette ingénue, qu'il voulait quitter après des mois d'un bonheur parfaitement filé, à souscrire pour solde de tout amour un billet de cinq mille francs. Cinq mille, c'est le chiffre fatidique, c'est toujours cinq mille qu'il faut à un galant homme et même à une femme galante. Affolé, sous menaces, il signa, s'enfuit, alla conter la chose à monsieur son père, qui la conta au Parquet, lequel intervint et sévit.

Sans doute, plus tard, quand il sera sérieusement établi, ce jeune marcheur aimera à se rappeler, avec une amertume de connaisseur, cet épisode de jeunesse, et pour cette petite somme d'argent, qu'il n'aura même pas payée, il se croira le droit de dire pis que pendre des femmes. Il y a beaucoup de pessimismes qui ne tiennent pas à des causes plus élégantes. Mais sans excuser la petite manœuvre de la blonde enfant, il ne semble pas que ce jeune homme chic, et son papa, aient appliqué ici les principes d'une philosophie avisée. Voilà bien du bruit pour une omelette au lard. Ce pauvre B. P. F. 5,000 valait-il tant de déploiement, de publicité, et n'eût-il pas été préférable de s'en référer à la sagesse des nations, qui a prévu jusqu'à la manière de traiter le linge sale ?

D'ailleurs, quand on y songe, c'est l'idée d'un remerciement plutôt qui aurait dû venir à la famille. Cinq mille, en vérité, c'est pour rien, le petit vicomte s'en tire à bon marché ; de par ces cinq mille francs, c'est un homme maintenant, on ne la lui fera plus, il est vacciné dans les coins, il sera un malin. Le taux de l'expérience d'ordinaire est plus élevé. Les plus intelligents, les meilleurs, ne l'acquièrent pas dans ces prix-là. Il y a des honnêtes femmes qui, pour vous apprendre la vie, vous prennent plus cher que cela.

Les Cadets de Gascogne.

7 août.

Les cadets de Gascogne sont en route, tout ce que Paris compte de célébrités nées à Toulouse, Agen, Montauban, Carcassonne, est allé se raviver à l'air natal et faire le pèlerinage du clocher. Le Midi revient au Midi, peintres, sculpteurs, musiciens, poètes, romanciers, journalistes, acteurs, députés, ne font qu'un convoi, et par le grand nez de Cyrano, et par le saint Cassoulet, on ne s'ennuiera pas !

Ils ont parbleu raison, ces braves et charmants cadets, dont beaucoup ont eu le talent rare de rester jeunes en effet sous les ans ; et sur le boulevard on a beau avoir quelque sourire obstinément prêt, pour railler l'amour à grand panache qu'ils ont de leur soleil et leur irréductible fidélité au terroir, il faut bien reconnaître que ceux-là nous sont supérieurs et sont heureux, qui ont dans leur cœur une image toujours vivante, toujours chère.

Pour moi, je n'ai jamais pu rencontrer, entendre parler un de ces Parisiens du beau Midi sans l'envier : ah ! l'enviable chose, que de porter dans soi, au milieu des amertumes, des colères, des chocs de la grande ville, le souvenir, ou mieux la présence même, de la petite patrie attendrissante et pleine de douceurs ! Les odeurs de Paris existent-elles pour ceux qui restent parfumés de leurs jardins ? Qu'est le supplice des horizons lourds pour qui peut s'évader, se reposer dans l'évocation d'un paysage familier, d'un coin de fraîcheur, de grâce et de joie ? De pauvres forçats au contraire, sont ceux qui pour se retremper, se consoler, loger un rêve, n'ont que la vision des fortifs, qui sur le dur pavé n'ont pas un village dont parler, et ne savent pas la chanson « du pays ».

D'être du Midi, et des Midis les plus divers, Gascogne, Languedoc, Provence, cela n'empêche pas d'ailleurs ces privilégiés de représenter excellemment, et dans sa spécialité même, la marque très parisienne. Sans perdre rien de leurs particularités, ils viennent dire que Paris est à eux, et il l'est, et ils sont Paris, dans ce qui passe pour être le plus étonnamment Paris ! C'est un comble, — mais d'une ironie délicieuse, et peut-être aussi rassurante. Voilà au moins des déracinés qui ne donnent pas à penser à quelque France en petits compartiments ; c'est l'ensemble merveilleux que précisément ils révèlent, c'est le trésor commun, le génie un et indivisible. Et à ce prix-là, ils peuvent bien être quelquefois insupportables, dans les cafés,

Quelques mots de Lockroy.

8 août.

Les manœuvres de Brest se sont terminées par un petit discours de M. Lockroy aux représentants de la Presse. Est-ce coquetterie d'ex-vaudevilliste, ou habileté politicienne? toujours est-il qu'on a entendu, à la préfecture maritime, salon jaune, le ministre de la marine remercier les journalistes réunis, de la patriotique ardeur qu'ils mettent à s'occuper des choses de la Défense, de l'action utile que plus d'une fois ils ont exercée. Quelques-uns soupçonnent que ces beaux sentiments pourraient bien recéler l'ironie d'un homme agacé, et heureux de ne complimenter que pour se payer la tête des gêneurs. Mais si l'on est trop incertain de la sincérité de cet hommage, il serait en tous cas mérité, et s'il y a beaucoup à dire sur les journalistes, qui d'ailleurs n'ont aucune raison d'être plus angéliques que les médecins, les avocats, les notaires, il faut bien reconnaître que leur profession, sur plusieurs points, s'est manifestée non sans honneur.

On ne dira pas au moins qu'ils sont restés indifférents aux efforts, aux soucis de l'heure ; l'armée, sous tous ses aspects, les sollicite : armement, équipement, casernes, service, manœuvres, tout ce qui intéresse le relèvement les trouve attentifs, renseignés, compétents, dévoués. Le chroniqueur militaire est venu, presque toujours un ancien officier, qui excelle à maintenir le goût de ce métier qu'il aime ; il a pris une place en vue, il s'est fait un public immense, qu'il sert et émeut, qu'il captive et virilise à la fois, et pour lequel son incessant contrôle est comme une garantie. Le sentiment qui préside à ce journalisme-là est de ceux dont on aimerait à savoir la source inépuisable, et que des journalistes se soient voués couramment à ces questions, qu'un public se soit trouvé pour les applaudir, cela caractérise étonnamment la métamorphose des mœurs, une époque. Andoche Finot en serait bien dérouté, et Villemessant n'aurait jamais cru que des histoires de soldats remplaceraient l'histoire de Blanche d'Antigny.

Il est pourtant de bons esprits pour déplorer que les choses militaires soient traitées ouvertement par la presse. Et j'avoue avoir été plus d'une fois impatienté, à lire les indications qui innocemment s'étalent au milieu des journaux. Avec ce système, la tâche des Schwarzkoppen peut être ramenée à des proportions bien douces. Mais il serait aisé de remédier à un tel inconvénient. La consigne n'a pas été inventée pour des prunes. Il y a des gens pour la recevoir : il ne manque qu'un homme pour la donner. On demande un homme qui ne soit pas trop effrayé de tout ce qui l'attend de besogne.

Les ailleurs.

9 août.

Le colonel Panizzardi, le fameux attaché militaire italien de l'affaire Dreyfus, a laissé dans un cœur aussi trace de son passage. Le temps que ce guerrier ne donnait pas à la confection de ses rapports, était tout à Zaïre. Mais dans ce sens encore son œuvre n'a pas été sans désagrément, et sur la plainte d'un mari qui ne badine pas avec l'amour, le tribunal correctionnel vient de condamner brutalement pour adultère la « correspondante » du colonel à trois mois de prison. Quoique la cause ait produit plus d'un savoureux détail, il serait peu généreux d'y insister à présent; laissons donc les femmes de chambre faire dans ce procès leur office ordinaire et servir les histoires cueillies entre deux portes; la matière, aussi bien, n'est pas neuve, et ce n'est pas d'ailleurs l'opinion qu'on pourrait avoir de madame T. de M***, qui empêcherait d'autres madames de faire comme elle.

Mais dans le compte rendu de cette affaire, dont la seule beauté serait d'être sincèrement passionnelle, trois noms de villes frappent l'imagination : Versailles, Aix-les-Bains, Menton. Et ces trois noms se suivant, ne sont-ils pas tout le pourquoi et le comment, et le symbole de la petite chose? Rien qu'à les lire, on voit la marche, le développement, le genre de bonheur de l'aventure. D'abord l'obligatoire sécurité du rendez-vous, dans la ville morte, et l'amour qui se suffit, dans le mystère; puis le besoin d'étaler sa joie et de se compromettre audacieusement par elle ; puis, sous la garde d'une habile supercherie, le rêve d'être bien loin, ensemble, l'un à l'autre, pendant des mois, comme mariés, — jusqu'à ce que vienne l'inéluctable et vengeresse satiété. Le cycle est complet.

Versailles, Aix-les-Bains, Menton, — choix délicieux, c'est par là que l'héroïne a conduit son roman. Il y a retrouvé beaucoup de romans anciens, et des romans nouveaux, parfaitement identiques, s'y essaieront de main. Tout cela est d'une géographie fatale. O routes toujours les mêmes, avec au bout le même néant ! Mais quand on y songe, rien n'est plus ironique, plus triste, que cette obstinée, éternelle, éperdue fuite des amants, avec une valise, vers les mêmes « ailleurs », qui au fond ne peuvent rien pour eux, et dont pas un ne peut montrer un amour qu'il fit heureux...

La bonne nature.

10 août.

Ce mois d'été a pour divertissement ordinaire les confidences de « nos plus jolies artistes ». Des journaux recueillent pieusement le menu de leurs villégiatures et des questionnaires même leur sont adressés, afin que rien ne reste ignoré de si adorables et précieuses existences. Comment employez-vous vos vacances? vous habillez-vous? pensez-vous au théâtre? Et quelque fantaisie que galamment on suppose à des Parisiennes, le fond du répertoire ne varie guère : bicyclette, pêche à la ligne, petits chevaux, hamac, veulerie, néant délicieux d'idées. Et la banalité toute gracieuse de ces communications est on ne peut plus rassurante sur le sort de ces cerveaux et même de ces petits cœurs.

Mais voici du nouveau. Il faut en faire honneur à mademoiselle Emma Calvé. Qui n'a applaudi cette admirable passionnée, subi la brûlure de sa flamme? Elle a eu beau chanter selon le protocole des Cours, cette femme est un cri; elle a eu beau connaître l'épreuve des plus déchirantes souffrances, elle est une force. Et elle vient de témoigner qu'elle est capable de comprendre tous les amours, comme de les inspirer. Ses vacances à elle se passent au milieu des champs, et si quelque questionnaire lui était parvenu à Cabrières, elle aurait pu répondre : « Tout mon plaisir a été d'installer une grande et claire maison qui, pour commencer, va recevoir douze petites filles pauvres de la ville; deux religieuses veilleront sur elles; elles seront pendant des mois sous ma protection, pourvues et défrayées de tout; elles se réchaufferont au libre soleil, se raviveront à l'air de nos prairies, et si l'on peut revoir sur ces lèvres anémiées un beau sourire de santé, une belle promesse pour l'avenir, je serai payée. »

Il n'y a pas longtemps, après une opération dont les suites s'éternisaient, désespérée, mademoiselle Calvé eut une inspiration : tous les jours, dans son jardin, parmi les herbes, à l'heure de midi, elle se couchait, de tout son long, bras relevés, et immobile, demi-nue, si pâle, elle laissait lentement agir sur tout elle la bonne nature, et dans l'air plein de bourdonnements et de parfums cette douce chaleur c'était de la vie, et le soleil cicatrisa la blessure, le merveilleux et pur soleil guérisseur. Je ne sais si c'est en souvenir de cette cure, dont seul un Incas ne s'étonnerait point, qu'aujourd'hui mademoiselle Calvé assure à de pauvres enfants le bienfait d'un peu de ce même soleil : mais la pensée en tous cas est exquise, et cette façon d'utiliser ses loisirs devrait passer en exemple, des villas de la plage aux châteaux de la montagne. Voilà de la charité expérimentale, la seule sincère, et il y a des œuvres d'éclat qui valent moins que cette toute petite, d'une âme.

Potz.

11 août.

On vient d'achever à Mold le tombeau monumental

élevé à la mémoire de celui qui fut pendant les dernières années le compagnon de M. Gladstone. C'était son chien. Et l'épitaphe de cette bête porte en lettres d'or, ce qui risquerait d'être une ironie cruelle s'il s'agissait d'un simple homme : « Petz, né à Schwalbach, mort à Hawarden, fidèle jusqu'à la mort. »

C'est la première fois je crois bien, qu'un bon chien reçoit des honneurs si officiels, et l'on ne sait pas d'ailleurs jusqu'à quel point l'espèce peut se sentir flattée d'être assimilée ainsi à la nôtre. Jadis la marquise de Lesdiguières dédiait au fond de son parc un mausolée à ses chats ; communément de tendres âmes traduisent leur attachement, leur reconnaissance par l'empaillement ou par quelques legs fait à un vieux domestique qui continuera la panse ou le lait. Et doucement, d'ailleurs, chaque fois que cette manifestation d'un amour si vrai, si honorable, si consolant se produit, les esprits forts s'amusent. Que diront-ils de la consécration extraordinaire qui vient d'être donnée au brave Petz? Assurément il y a là matière à de très spirituelles railleries, et même, en Angleterre où l'orthodoxie protestante règne par les clergymen et leurs demoiselles, plus d'une susceptibilité croyante déjà paraît-il se déclare blessée de cette sorte d'égalité établie entre l'homme et la bête. Oui, on sait, la dignité humaine ne s'accommode pas d'un tel rapprochement : l'homme est le roi de la création, comme le voulut Dieu, et les animaux, qui n'ont point d'âme, ne sauraient être traités comme lui.

Mais en vérité ce n'est pas la peine d'avoir donné à la science un Darwin, de posséder un homme qui, comme William Crookes, a démontré les réincarnations de l'âme en des vies successives, pour en rester à un si mesquin orgueil. Brave Petz, qui regardait son maître avec des yeux parlants, qui savait ses habitudes, ses gestes, ses besoins d'affection, ses pensées, qui communiquait avec lui, il n'avait pas d'âme ? Il en avait une parfaitement, et si bien, qu'il ne serait pas étonnant qu'on la retrouvât quelque jour dans l'enveloppe même d'un Anglais très authentique. Avant d'être celle d'un animal supérieur comme le chien, elle s'est exercée dans des types moindres, et même dans le monde végétal, et suivant cette progression, qui sait si elle n'ira pas se loger dans un subtil éléphant, puis dans un singe, puis dans un sauvage, pour devenir enfin quelque chose de très européen ? Brave Petz, nous n'en savons rien, tout est possible, nous n'avons nullement le droit de la faire à l'orgueil humain, car dans cette formidable immensité de mondes et de forces, nous ne sommes pas plus que toi : peut-être même en y réfléchissant, nous sommes moins.

Un fournisseur.

12 août.

Ont-ils si tort, tous ceux qui, instinctivement, quand on leur montre un monsieur qui fournit l'armée, se sentent en alarmes, sur la défensive, et restent assaillis par les plus lugubres souvenirs ? Voici encore qu'un boucher d'Aix vient d'être pris à vendre de la vache tuberculeuse pour la troupe. Et non point par accident ou ignorance: Cet industriel savait, et même son ingéniosité s'exerçait à l'œuvre d'une ignoble chimie, pour faire accepter sans encombre cette marchandise mortelle, et tromper mieux la vigilance d'une inspection. Je regrette de n'avoir pas présent le nom de cet homme : on aurait plaisir à le clouer.

La justice au moins, suppose-t-on, l'a énergiquement frappé ; elle a saisi cette occasion pour ôter à beaucoup d'autres le goût d'un si infâme métier, et stigmatiser une fois les fortunes faites contre la vie du pays ? Ce serait trop beau. Les juges d'Aix, qui pour un gros mot adressé à leur robe ou à leur peau de chat, sans hésitation, magnifiquement, auraient sévi par le maximum, n'ont trouvé moyen d'appliquer à une telle abomination qu'une peine d'un mois de prison, — le temps tout juste d'inventer dans le recueillement un procédé plus sûr de maquillage et de mort. Un mois de prison, ce n'est pas la peine en vérité de se gêner ; à ce compte-là, il n'y a qu'à marcher. De telle sorte qu'un individu qui, avec préméditation, a tenté d'assassiner tout un bataillon, est châtié moins que s'il avait attenté à l'existence d'un seul, du premier monsieur qui passe ; c'est un crime, de jeter quelques pincées de poison dans la tasse d'un contribuable quelconque, mais vouer en masse des soldats à la plus terrible fin, ce n'est rien. Chair à canon, et pour tout ce qu'il plaira.

Pauvres et chers braves gens ! c'est très joli, certes, de les montrer officiellement comme dans une arche sainte, de leur servir des couplets de bravoure et de crier haut qu'il ne faut pas « toucher à ça ». On n'y touchera point, les honnêtes gens n'y veulent pas toucher, mais ce n'est pas pour que des exploiteurs et des malandrins y puissent toucher, eux, par privilège, librement, impunément, et peut-être qu'un peu de vraie sollicitude, de scrupule, d'énergie serait d'un autre prix que tant de phrases empanachées.

Un vol

13 août.

Le vol dans les grands magasins est devenu de parfaite banalité ; il est dûment inscrit au catalogue des faiblesses féminines, et les kleptomanes sont à ce point prévues qu'à l'avance se trouve réglé tout le cérémonial de leur arrestation : la visite dans un salon isolé, le speech de l'inspecteur du Bonheur des Dames, l'aveu écrit qu'elles auront à faire et même la petite indemnité qu'elles paieront, pour qu'on les laisse libres. Et on ne saurait trop apprécier tout ce que suppose de philosophie supérieure cette façon de normaliser les délits, et de les considérer comme inhérents à notre nature même.

Voici cependant un cas qui se recommande par autre chose que l'inconscience. Une femme à cheveux blancs vient d'être prise au moment où elle pillait tout un rayon des trousseaux et layettes ; elle avait très grand air dans son air de misère ; on l'interroge : c'est une grand'mère, l'enfant est tombé à sa charge, elle n'a rien de ce qu'il faut, et cette pénurie lui est d'autant plus affolante, qu'elle a pu rêver pour ce petit une autre destinée, qu'hier encore elle était riche, habituée à tous les luxes, heureuse de les faire partager. Et elle dit : « Dans cette douloureuse circonstance, qu'on me pardonne, mais malgré moi, ne pouvant maintenant plus rien, j'ai pensé au temps où pour des sommes énormes j'achetais dans ce même magasin ; je sais ce qu'il m'a coûté, ce que je lui ai fait gagner, et je songeais qu'en vérité ces misérables objets, détournés par amour maternel, ne représentaient qu'une faible partie de ce que je lui ai valu de bénéfices. »

Évidemment un tel raisonnement complique le cas de cette pauvre femme ; on admet volontiers l'aberration, mais inacceptable est la logique. Elle est même subversive. Il n'en est pas moins vrai que cette idée d'une reprise, d'un rétablissement de l'équilibre, d'un proportionnement plus équitable, jaillit de la source la plus naturelle, et c'est à celle-là sans doute que s'alimenteront les progrès futurs. Ce qui s'est produit dans le cerveau de cette grand'mère, par tendresse, hante par souci d'idéale justice plus d'un homme de réflexion. Quand on voit ces drainages, ces formidables excroissances de fortune, il est impossible de ne pas songer aux ruines multiples et diverses qu'il faut pour faire un riche impitoyable, et peut-être l'heure viendra-t-elle où, souhaiter qu'il n'en soit plus complètement ainsi, ce ne sera plus outrager la société.

Ondoyant et divers.

14 août.

Les quelques phrases de M. Buisson sur l'armée, sur la livrée du militarisme, sur le devoir qu'auraient les mères d'affranchir l'éducation des enfants d'un chauvinisme de gloire, ont soulevé une légitime angoisse. Un tel langage ne s'harmonise ni avec notre race, ni avec la gravité de l'heure. Il nous blesse dans nos origines, et nous frustre dans nos espoirs. Et venant d'un homme qui a dirigé les destinées de l'Enseignement primaire, qui a eu pour mission précisément de veiller à la qualité nationale d'une première empreinte, il serait doublement intolérable.

Mais, dans une lettre à l'un de nos confrères, voici que M. Buisson s'explique. Les passages incriminés ne figurent dans aucun de ses livres : ils ont été empruntés à une improvisation dont le compte rendu même n'offre aucune garantie ; et loin de dater d'aujourd'hui, d'après ces douleurs qui nous imposent de si intransigeantes opinions, des efforts si ennemis de tout rêve, ils remontent à 1869, à l'époque où Hugo pouvait parler des Etats-Unis d'Europe, au Congrès de la paix de Lausanne. M. Buisson était alors très jeune ; il avait le droit aux utopies ; il suivait l'impulsion des générosités à la mode, désormais défendues. Et depuis, paraît-il, il n'a pas été des derniers à regretter cet élan, à reconnaître qu'avant les illusions et les beautés humanitaires, dont la jeunesse a la faveur et la joie de se bercer, s'impose le solide établissement de la patrie.

Mais en réalité qui n'est exposé à infirmer ainsi, répudier, déplorer, ce qui fut l'impression sincère de la vingtième année ? Comme le proclamait Jules Ferry, il n'est pas un homme qui, ayant discouru ou écrit jeune, n'ait laissé derrière lui quelques idées avec lesquelles on le pourra frapper. Et le droit de changer d'avis et d'orientation, de rectifier son tir, de se déjuger même, n'est-il pas le corollaire de l'expérience, son privilège ? C'est pourquoi, ceux qu'il faut plaindre et redouter à la fois, ce sont les magnifiques imbéciles qui ne sont capables ni d'une erreur ardente ni d'une abjuration, et qui de la majorité à l'âge mûr restent toujours pareils. avec un siège inébranlablement fait, d'obstination et de stupide orgueil. On voudrait bien savoir qui, dans l'heure présente, se sentirait de force à se composer, s'attribuer un programme, des principes, des sentiments, une conduite dont il n'y aura pas à sortir. Plus on va, moins au contraire on peut se vanter d'avoir découvert la formule, conquis du définitif, et quand tout se renouvelle, fermente, craque en travail, le ridicule serait trop grand de dire qu'on a fixé sa vie.

Les Maries.

15 août.

Le marché aux fleurs de la Cité, qui d'ordinaire, dans l'air lourd, ne répand ses délices qu'au milieu du calme de minuit, s'est ouvert hier dès huit heures du soir, pour la fête de Marie. Des fleurs, des fleurs, par charretées; toute la palette, toute la cassolette des jardins, en pots, en gerbes, en bouquets. Et sur le trottoir, c'est comme la Morgue des roses. Mais toutes les Maries aujourd'hui auront un sourire, et quand on songe à ce qu'il y a de Maries par le monde, sans compter les pauvres *Jean-Marie*, de M. Theuriet, et le Marie Ier qui fut roi des Sedangs, il faut bien reconnaître que le philosophe le plus chagrin a des occasions de constater qu'en cette vie il est encore des ensembles de joie et de grâce.

Et il se trouve que, vulgaire, banal, dépersonnalisé, ce nom de Marie comme par miracle n'en a pas moins conservé un charme très doux, d'intimité, de poésie, d'harmonie. Les Louises, les Marguerites, les Jeannes, ont perdu dans un usage par trop indiscret la parure que donne un nom : les Maries, elles, dominent le calendrier, défient le nombre, demeurent malgré tout, et dans les conditions les plus opposées, riches et humbles, Parisiennes et paysannes, jolies ou laides, avec le privilège de représenter à l'imagination quelque chose de modeste, de tendre, d'élu. Et quand, dans le tourbillon, les Maries cessent d'être des Maries, on dirait que par une faveur spéciale, ce nom-là ne doit pas déchoir : aussitôt, comme par tacite entente, et instinctive pudeur, ces Maries deviennent Marions...

Fête de l'Assomption, fête des multitudes de Maries, fête des billets d'aller et retour — mais souvenir donné, qu'on le veuille ou non, à la chapelle d'une église, et lien mystérieux. *Ave Maria,* — du piano mais de l'orgue, du Gounod mais du prêtre, et rien peut-être ne dit mieux la profonde, l'admirable connaissance du cœur des fondateurs de la religion. De toutes les figures dont s'anima le catholicisme, celle de Marie est la plus chère : elle est celle aussi qui fut le plus habilement évoquée, dessinée, enchâssée. L'idée seule de faire dans l'encens, le culte, l'adoration, place à une femme, est de génie : aussi tout lasse, passe, casse, mais ceci résiste, tient, et rayonne.

Joie de vivre.

16 août.

Pour ceux qui ont vu samedi, tout autour de la gare Saint-Lazare, la joie fiévreuse et l'orgueil aussi des heureux qui filaient vers la mer, cette catastrophe de Lisieux est plus navrante encore. On part, le train ne va pas assez vite, on croit qu'il peut y avoir trêve aux lourdeurs de la vie, déjà on s'épanouit à l'air du large, et tout d'un coup, dans la minute même où le souhait semble accompli, le destin ne veut plus, c'est le malheur et la mort. Et comme si le fait seul de cet accident ne suffisait pas dans son ensemble à marquer le néant des plus belles illusions, les détails se chargent de le préciser par surcroît.

Est-il une histoire plus tristement humaine, que celle de ces deux enfants, du bon peuple, mariés de la veille, et partis en allégresse, de Montrouge, pour aller montrer à un vieux parent leurs alliances si neuves? Lui à peine sorti du service, installé au travail; elle, seize ans; il vient d'expirer à l'hôpital; elle, elle a été tuée du coup. Et dans le récit qu'on a pu arracher aux sanglots du pauvre garçon, il soupire : « Je ne me rappelle rien... je ne sais rien... je sais seulement qu'au moment de l'accident, Marie dormait sur mes genoux... » Marie. Une Marie pour laquelle le ciel oublia que c'était l'Assomption. Elle dormait. Sur lui, contre lui, toute petite, abandonnée, souriante. Oh! la vision de cette félicité de braves cœurs qui s'aiment, qui ont tout fait pour que tout soit bien; oh! sur le dur bois des troisièmes, ce tableau charmant de jeune sans-gêne, de vérité, d'espérance! On aurait voulu voir ça, rencontrer brusquement cette merveille, deux êtres qui feraient croire que le bonheur existe. Et voilà. Elle dormait dans le beau songe d'une nuit d'été, confiante elle dormait sur ses genoux, et c'est juste à cet instant, que la voix dit : « Non, il n'y a rien de fait... »

Aussi, qui peut se vanter d'être heureux, se croire heureux seulement? La vérité serait de prendre ce qui vient d'heureux comme une aubaine, sans compter que cela soit réel ou puisse durer; il n'est point d'exemple d'une installation pour le bonheur qui réussisse, toujours la trop naturelle confiance s'expie, et quand on voit des gens aligner les projets et magnifiquement se carrer, hélas! ce n'est pas de l'envie qu'il faut éprouver, c'est une grande tristesse.

Une fille de Musset.

17 août.

On parlait ces jours-ci de la vieille gouvernante d'Alfred de Musset, qui met toute la ténacité de son cœur à défendre l'éclat d'une chère mémoire (1); voici qu'entraîné par cette actualité, — ô gloire de poète, qui a besoin d'occasions! — un de nos confrères rappelle la découverte que fit naguère Aurélien Scholl d'une fille de Musset, morte très jeune aux environs de La Rochelle. Et à cette enfant blonde, née d'un baiser de Rolla, fragile comme la fleur de l'églantier, çà et là vont des piétés encore attendries.

Si elle vivait, quel hommage irait à une fille de Musset, de quel culte on entourerait son nom! disent quelques obstinés fidèles. Une fille de Musset, ce serait l'adoptive pour tous les poètes et pour tous les amants! Dans la réalité, il est probable qu'on ne lui aurait même pas trouvé un bureau de tabac. Et qu'augurer de cet amour, de ce respect qui irait à une fille de Musset, quand ses filles immortelles elles-mêmes ne trouvent plus grâce devant nos indiffé-

(1) Madame veuve Colin, l'ancienne gouvernante de Musset, tient une petite boutique d'horlogerie, dans le faubourg Saint-Honoré. Elle a donné aux *Annales* de mon confrère Adolphe Brisson de curieux et maternels souvenirs sur Musset. Cette aimable vieille fait songer à la bonne « grand'mère » de Béranger : « Vous l'avez connu, grand'mère, vous l'avez connu? »

reures, et quand les vieilles demoiselles, en personne, avec une moue dédaigneuse, assurent qu'il n'avait pas la forme ?

Hélas, le temps des poètes semble accompli : le prestige de ceux qui seulement chantent est balayé. A part quelques exceptions, qui tiennent d'ailleurs au triomphe de la coterie, aux habiletés de la petite paroisse, ou à la prestidigitation, c'est à l'œuvre et à la descendance des vétérinaires dont traitait Gambetta que vont plutôt la compréhension et la gratitude des foules. Merveilles de l'imagination, sourire des muses, rayons du génie, larmes ou enthousiasmes sublimes, qu'êtes-vous maintenant ? De l'idéal ? On n'est plus assez riche pour se payer ça ; on n'a plus le loisir de s'attarder à de tels enfantillages, on est trop pratique, on est trop fort. Mais c'est de cette force-là qu'on expire.

Les fossettes.

18 août.

Une Parisienne, très préoccupée de damner le pauvre monde, trouvait ces jours-ci un emploi nouveau de la Pravaz. Non, plus de morphine, c'est déjà le vieux jeu : mais des parfums qu'on s'expédie dans la chair même, et qui la feront fleurer comme violette, rose, ou tubéreuse vivante. C'est pour la même Parisienne, sans doute, qu'un ingénieux « collaborateur de la Beauté » vient d'imaginer la machine à faire des fossettes. Oh ! un rien, un petit instrument de supplice qui s'applique simplement sur le visage, dans la solitude propice de l'alcôve, et qui, muni de deux pointes, contraint la peau à se plisser savamment, et à former au bon endroit, sur la joue exquise, ce petit trou cher, que, dans l'*Intermezzo* Henri Heine appelait le « crachoir des amours ».

Las, il faut souffrir pour être belle, il y a longtemps qu'on le dit, et il faut souffrir même pour être laide. Nos grand'mères déjà savaient ce qu'il en coûte pour s'assurer les grâces, et la première qui se résigna par exemple, pour paraître en fraîcheur, à se plaquer mystérieusement sur le visage des émincés de viande crue, de la rouelle de veau, fut en vérité héroïque. Mais si averti qu'on soit des expédients, des trucs, de la chimie, qui président à la perpétration de ce qui nous ravira, et quelque doux scepticisme qu'on apporte à la célébration du miracle de la beauté, ces divulgations, cette échappée sur le fatal magasin des accessoires, toujours désenchantent, et vous font prendre en pitié plutôt ce que tant on voudrait pouvoir adorer.

Pauvres femmes qui font des merveilles, lisent toutes les quatrièmes pages de journaux, se privent du nécessaire pour un élixir, acceptent les plus basses servitudes, elles se croient quittes de tout, et en règle. Parce qu'elles auront accommodé leurs cheveux à la couleur régnante, parce qu'elles auront machiné un sourire, déjoué une ride, trituré l'artifice délicieusement, elles s'estimeront assez adroites, assez dignes d'un naïf ou d'un insolent, et tout à fait à la hauteur de l'amour. Mais il n'y en a pas une, dans un lot si charmant, qui se préoccupe de l'essentiel, du seul effort qui compterait. Eglé, belle et poète, faisait son visage et ne faisait pas ses vers. Aussi bien, elles font toujours leur visage, si quelquefois maintenant elles font leurs vers, mais ce n'est pas leur cœur qui s'embellit.

Terre de Lourdes.

19 août.

Comme tous les ans après l'Assomption, Bernadette Soubirous fait son apparition dans la vie parisienne : le train blanc est parti, douze mille pèlerins roulent vers Lourdes, et je me rappelle les jours vécus là, presque hier, et qui me furent comme une halte exquise dans la vie. De la foule et pourtant du silence ; du soleil éclatant et pourtant du mystère. Avec leurs mantes noires, presque à cagoule d'Espagne, les femmes du pays semblent glisser ; ce sont des ombres sur le gravier miroitant des chemins, de la vaste et libre esplanade qui au pied de l'église s'étend, des montées ; et sur le seuil des boutiques, collées au sanctuaire, c'est en un murmure d'oraison, que les oncles, les frères, les cousins de Bernadette, — tout le monde en la ville est devenu son parent, — offrent le chapelet d'azur, la médaille protectrice, l'image du ressouvenir.

Recueillement des choses et des êtres, qui fait autour de la haute basilique et de ses portiques en lacets, par où s'allonge la théorie des pèlerins clamants, comme une autre cathédrale à ciel ouvert. Mais ce recueillement n'est point triste. Il flotte tout au contraire dans l'air je ne sais quelle allégresse, un souffle léger et caressant qui vous berce l'âme, tandis qu'on marche. Parfois les vieilles images montrent ce petit démon cornu qui sort du front des possédés : ainsi, dans le prodige d'une telle atmosphère, de noirs papillons semblent s'échapper de nous. Couvert encore de la poussière de Paris, traînant le poids des spleens, il semble qu'une invisible main tout d'un coup épure l'infidèle lui-même, le débarrasse, le soulage, et il va, dans un charme inconnu, retrempé comme dans une jeunesse, étonné qu'une pareille bienfaisance puisse se répandre, qu'un lieu puisse exister comme celui-là et souriant sans qu'il le sache, sans qu'il y consente, à cette extraordinaire et cependant indéniable influence.

Tout ce qui est grand par la nature, se retrouve ici, et l'homme, travaillé d'aspirations, y a mis tout ce qui est doux ; voici la grotte, les monts, les vallées vertes, le Gave qui puissamment roule, le *Prat dòu Rey*, et voici l'encens, l'harmonie, l'extase. Il est impossible de se soustraire à ce ravissement, à la volupté d'une telle rencontre : essayer seulement, serait d'un homme qui n'entend rien à l'occasion ni à l'art de faire son bonheur. Et si quelqu'involontaire sourire vous vient devant le fameux « prenez garde à vos porte-monnaie », devant ces pavillons en pitchpin, — ô casino spirituel, — devant ces cabines où la prière à dire est pendue au mur à côté d'un tire-bouton en point d'interrogation, il n'en n'est pas moins certain que voilà quelque chose d'unique : une ville d'eaux pour les âmes.

La petite Lucie.

20 août.

L'accusation n'a pas encore établi que les parents de la petite Lucie Guyon fussent à la lettre des assassins : mais il devient évident que par d'indignes traitements, par séquestration et famine, ils ont affolé jusqu'au suicide cette fillette de onze ans. Son pauvre être meurtri a révélé une maigreur fantastique ; le taudis où nuit et jour on l'enfermait était immonde, et si le petit Pierre Grégoire n'avait pour lui que le cœur d'un toutou, la petite Lucie n'avait que la tendresse d'un cochon d'Inde. Le père et la mère lentement ont tué l'enfant, — le cochon peut-être l'a aimée. Honorons les bêtes.

Les consciences subissent en ce temps de rudes assauts ; elles ont vu tant d'infamies que leur force de révolte s'est peu à peu usée. Mais des crimes comme ceux-là n'ont rien perdu de leur horreur, — il faut s'empresser de dire ce qui reste à l'actif de l'humanité, et voilà donc enfin une chose qu'on n'admet pas, et sans excuse. Elle lui en a pourtant trouvé une, cette mère qui martyrisait ce qui était sa chair, son sang. Mais l'excuse qu'elle invoque est précisément le dernier mot de son abjection ; elle est d'une monstruosité caractéristique et d'un cynisme inconnu.

L'enfant, paraît-il, était « vicieuse ». Qui dit cela ? qui ose proclamer tranquillement cette turpitude ? Une femme, une mère. Rien que pour avoir eu le courage de crier cela, de salir ainsi sa bouche, de déshonorer son enfant, elle est jugée. Parce qu'elle est vicieuse, cette pauvre petite, et d'un vice trouvé sans doute dans le berceau, implacablement puisé aux moelles de ses parents, vraiment elle a dégoûté ces anges ? Cette lamentable tare a suffi pour que de pareils saints la jetassent aux ordures ? Oui, on comprend que des parents soient tristes, préoccupés et, jusqu'à un certain point, blessés même dans le sentiment de leur œuvre, leur tendresse, quand un tel malheur se produit. Il est de haut en bas fréquent, il tient à mille causes délicates, il constitue un des plus graves problèmes de la nature et de l'éducation, pour qui veut, selon tout le devoir, être un père, et pour qui fut un homme. Mais les honnêtes gens ne pensent pas que l'ignoble se guérit, ou se rachète, par l'ignoble. Ils n'ont point de ces superbes mépris. Espérons qu'un juge se trouvera pour les taxer à leur valeur, et en tous cas, il serait un peu fort, qu'au lieu de chercher à sauver l'enfant, on fût autorisé à lui faire un crime de son vice, dans un temps où tout, prodigieusement, n'est que pourriture.

Matin de dimanche.

21 août.

Les pèlerins de Lourdes entendent aujourd'hui une messe extraordinaire à la Basilique qui domine et possède la ville en souveraine. Resplendissante de maçonnerie, et fine pourtant comme si elle jaillissait du treizième siècle, elle renferme deux églises superposées, reliées par un escalier intérieur, qui tourne avec des échappées sur l'horizon. Et quand on a franchi ce seuil, non, ce n'est pas comme dans les églises d'ailleurs ; tout de suite on se sent dans une solidarité exquise, dans un lien avec tous ceux qui ont passé, souffert, cherché ; on se rattache comme à une famille sans fin, on cesse d'être étranger et d'être isolé ; là, une prière ne chasse pas l'autre, la visite d'aujourd'hui n'efface pas celle d'hier : une trace demeure de tant de passages, une preuve de chacune de ces ferveurs, et ce qu'on éprouve, ainsi se renforce et profite de tout ce qui sous ces voûtes s'est ressenti et traduit déjà.

Des épouses, des mères, des fiancées, des malades, des affligés, des inquiets, des ballottés, tour à tour sont venus à cette place, et apaisés ou raffermis, avec l'attestation qu'en réalité ces fameuses misères que nous croyons toujours faites pour nous seuls sont un patrimoine commun, ils ont laissé celle d'un secours reçu. De grandes plaques en marbre, des inscriptions d'une sincérité authentique, avec les noms, les adresses, les dates, les causes ; et de haut en bas, et derrière la nef même où Notre-Dame paraît vivre et bouger sous le flot tendre des lumières, les murs parlent. Ce n'est plus le Mané, Thécel, Pharès, — ce sont les trois mots de l'espérance, de la charité, de la foi, qui semblent s'élancer de la pierre dure et flamboyer. Puis partout, en nombre infini, des cœurs de vermeil, des épaulettes de laine et d'or, des épées, des fusils, des croix d'honneur, des vaisseaux avec leur mâture, des quenouilles, de pâles couronnes de fleurs d'oranger, des berceaux.

Surprenante éloquence de l'Ex-Voto ! C'est le même tréfonds de toutes les vies qui se trahit là, le même rêve qui palpite, le même cri qui s'échappe. Le foyer, le champ de bataille, l'Océan, — quelle vision ! et tout tient ici ; les épouvantes et les actions de grâces, les sanglots et les joies d'un monde viennent se mêler et battre au pied de ces piliers, dans l'ombre de ces chapelles : et je ne sais point de pareille école d'égalité.

Des victimes.

22 août.

Dans la rue, très tard, on rencontre un homme qui porte dans ses bras une petite fille endormie, tandis qu'une autre le suit en le tenant par son bourgeron. C'est un excellent père, et des femmes qui n'ont point d'enfants, en le regardant passer ont un doux sourire d'envie. Un heureux celui-là; il rentre sans doute à la maison, on va coucher la petite famille. On va la coucher, — mais dans le fossé des fortifs, et le lendemain, de ces deux fillettes si gentiment blondes, l'une ne sera qu'un cadavre sur lequel les mouches vertes bourdonneront, l'autre un débris mutilé à coups de pierres. Et les pierres gisent là sous le soleil, rouges de sang.

Après la petite Lucie, Germaine et Jeanne; après les Guyon, Deblander. Non plus cette fois une mort subtilement préparée, avec de savantes tortures où se rappelle un Gille de Retz; mais un crime d'assassin, un crime brutal, audacieux, tranquille, en quelques heures, sans même la préoccupation de tromper la justice, et comme par une conséquence de cette opinion, monstrueusement acclimatée, que les enfants sont la propriété, la chose de ceux qui les ont faits. La loi, il faut bien le reconnaître, favorise cette abominable conception des droits absolus de la paternité, et dans le fond du peuple surtout on ne l'effacera pas aisément. Mais l'heure est venue pour des législateurs, s'il s'en trouve à qui leur métier de commissionnaires du suffrage universel laisse quelques loisirs, d'entourer des garanties nécessaires la faiblesse, le développement normal, — la vie de l'enfant, et de ramener la puissance paternelle à des proportions plus conformes à tout ce que la nature de l'homme révèle d'ignoble, et aux immenses progrès accomplis par lui ces temps-ci pour son renom de misérable et de brute.

Oui, certes, elle est délicieuse, notre élégie aux petits enfants qui maintenant se font rares; nous avons des larmes dans la voix chaque fois que Bertillon dénonce la faillite des berceaux, et nous dédions même de très patriotiques indignations à Malthus, dont il faudrait au moins avoir compris la pensée. Mais en vérité ce n'est pas la peine de déplorer avec tant de beau sentiment cette dépopulation qui menace. A s'entêter elle a peut-être bien de valables raisons. Au train où vont les choses, elle semblera au contraire presque providentielle. Des enfants, vous en voulez, il en faut à la pelle? Il en reste bien assez pour faire des victimes.

Les voisins.

23 août.

Si jamais l'obstination, l'habitude d'imposer, la perfidie, devaient être excusables chez un juge d'instruction, ce serait chez celui qui actuellement travaille les parents de la petite Lucie Guyon. Ces gens se défendent avec un art terrifiant, ils ont réponse à tout malgré l'évidence. Mais enfin voici des témoignages essentiels. Des voisins entrent dans l'affaire. Maintenant, tout à coup, ils osent comme par contagion, ils se découvrent l'un après l'autre, ils parlent; celui-ci avait des soupçons depuis longtemps; celui-là rapporte ce qui avait paru drôle dans le quartier; un troisième quelque fait précis. Et reconnaissante, la justice remercie cordialement ces bons citoyens.

Leur concours est en effet précieux, et tout en cultivant une instinctive défiance à l'égard de tous ces rapports en masse, on notera leur valeur. Mais comment ne pas s'empêcher de trouver bien extraordinaire, ou plutôt trop conforme à l'usage, l'attitude de tous ces voisins aujourd'hui empressés? Ils se doutaient, ils échangeaient des remarques et des histoires; ils avaient vu et ils n'ont rien dit, et ils ont laissé faire, et ils ont attendu tranquillement l'irréparable. Pas un n'a estimé de son devoir de bouger pendant qu'il en était temps, pas un n'a eu l'idée d'une mesure de salut, le courage d'une intervention. Et *après*, les voilà à la queue leu leu, heureux et fiers de coopérer à l'œuvre de cette même justice à laquelle ils n'ont pas voulu permettre de sauver une victime. Bizarrerie de l'être humain, qui ressemble plus qu'on ne pense à ces bonshommes d'opéra-comique, lesquels crient aux armes en se vissant sur place, et toujours on a besoin de savoir un peu de galon dans l'affaire pour se décider.

Aussi bien, j'entends parfaitement l'explication à fournir, et en supposant qu'un de ces bons voisins me fasse l'honneur d'une protestation, sans nul doute il écrira : « Que voulez-vous, monsieur ! on a des suppositions, on croit, mais l'on n'est pas sûr... ah ! si l'on était sûr ! » Parole d'un sage, parole qui vaudrait son pesant de mérite. Oui parbleu, c'est parler. Mais il sera permis peut-être de s'étonner que tant de braves gens se laissent arrêter par ces scrupules quand il s'agit d'une existence à protéger, et qu'ils ne les éprouvent en rien quand il s'agit de briser un pauvre homme dans sa confiance, dans sa joie, et dans ce qu'on appelle bien à tort son honneur.

Famille.

24 août.

Plus hideux que tout ce qui a précédé est le supplice du petit Georges Desjardins. Encore un ! voyez le petit martyr du jour. La série continue en s'embellissant : jamais ouverture pareille ne se fit sur l'abîme des ignominies humaines, et c'est à donner le vertige.

Pour celui-là l'horreur de vivre a commencé dès le maillot, et jusqu'à cinq ans, — faut-il donc tant que que cela pour faire un ange ? — jusqu'à son dernier souffle, il a croupi dans l'infection, il a été brisé de coups, il a eu faim devant les bombances ironiques de la mère, il a eu soif devant les lippées pleines du père, il a dû chanter sur le balcon pour que les voisins entendissent bien qu'il était joyeux, chanter gaiement des sanglots. Allons, qui osera parler encore sans en rire amèrement de la voix du sang, de l'inaliénable supériorité de notre instinct ? Non seulement il a fait faillite, mais c'est la banqueroute frauduleuse, avec des combinaisons ignobles, des manœuvres atroces. Et les pattes du gorille qui bercent son petit font penser plus à Dieu que ces mains d'homme, et les entrailles des chiennes ont le droit de mépriser ces entrailles de femme.

Tout cela n'a pas été prévu par le législateur qui a fait à l'humanité le trop grand honneur de la croire incapable d'un certain nombre de laideurs. Mais je demandais hier des lois de sauvegarde et de châtiment. Elles s'imposent, elles seront, et rien n'en indique précisément mieux l'urgence, que la nécessité où vient de se trouver cette jeune fille des environs de Compiègne, qui, pour défendre son petit frère contre la puissance paternelle, a dû frapper le père. Ce misérable, de son ceinturon à gros clous cinglait le visage de l'enfant endormi : alors elle a saisi la barre des chenets et l'a assommé, du coup. Hélas, c'est toujours sous la pression de crimes que s'obtiennent les lois de progrès. Pour rendre celui-là rigoureusement inexcusable, il aurait fallu que cette grande sœur eût à sa disposition quelque autre moyen. Dans les conditions où il se produit, qui n'éprouve au contraire comme un soulagement, une sensation de justice? Quel juge condamnera? Et dans l'immense déroute qui nous pousse vers l'indulgence en toutes choses, ce n'est pas une des moindres surprises, que l'on puisse en arriver à n'éprouver plus même intégralement l'horreur du parricide.

L'errance.

23 août.

On donne volontiers aux plus fins limiers de police le hasard pour collaborateur, et c'est le hasard qui, cette fois encore, dans l'arrestation de Deblander aurait fait la meilleure besogne. La capture de ce misérable semble pourtant due à un état particulier dont au quai des Orfèvres on connaît bien le sûr effet, et que Macé, naguère, appréciait en homme averti.

En réalité, l'assassin ne peut échapper longtemps, même quand on n'est pas sur ses traces, quand on n'a aucune indication. Dès l'instant qu'il n'a pas quitté la ville, il aura beau se fier à son immensité, se dissimuler, changer de quartier comme de visage, un jour ou l'autre, le plus souvent le troisième jour, il sera pris, fatalement, il se laissera prendre plutôt et avec joie, il est vaincu par l'Errance. Si doué pour le crime qu'il soit, si imaginatif, si solide, l'homme ne peut résister à cette fréquentation unique de son moi, à son monologue de meurtrier, à cette balade d'angoisse, entreprise d'abord avec présence d'esprit, audace, fierté, mais où s'use peu à peu le jarret, l'œil, et jusqu'à la perception nette de la cause. Dans les premières heures, avec quelle âpre volupté, quel air de défi, il s'attable, vide un litre sous la tonnelle de banlieue, dévore un ordinaire! à ce moment, c'est encore un lutteur, il joue une partie, il est ivre de sang, de liberté, d'admiration pour son forfait, de mépris pour cette société qui n'a pas su l'empoigner aussitôt ; puis, après une nuit de hasard, quand le lendemain il retrouve en bloc toutes ces sensations, elles ne le soutiennent déjà plus, il en est las, il s'ennuie, il retourne ses poches, il traîne son vide, sa peur, et tout d'un coup, voilà qu'il s'en fiche, faut que ça finisse, et il se trahit, il se livre ; et pour une peccadille se fait pincer le même individu qui avait organisé supérieurement un meurtre.

Le plat de lentilles de Deblander arrêté pour avoir voulu griveler un restaurateur de la Villette, vient sanctionner cette rapide psychologie. Les lentilles l'ont perdu. Des lentilles, — elles n'avaient plus fait parler d'elles depuis l'histoire du droit d'aînesse : mais cette manière n'est point banale, de reconquérir l'attention des honnêtes gens. Aussi bien, admirons cette fantaisie du destin. Le philosophe verra là de quoi faire concurrence au nez de Cléopâtre et au grain de sable de Cromwell. Et sans aller jusqu'à prétendre avec le bon Bernardin de Saint-Pierre que Dieu fit les puces noires pour qu'on les vît mieux sur la peau (1).

---

(1) L'étonnante assertion de Bernardin se trouve dans les *Études de la nature*. Elle n'a point échappé à l'ironie de Flaubert, qui voyait là de l'excellente copie pour « Bouvard et Pécuchet ».

rien peut-être n'indique plus l'ensemble d'une grande œuvre que cette action des petits moyens.

La Seine homicide.

26 août.

On ne peut reprocher à l'administration d'ignorer le crime qu'elle commet en servant aux Parisiens de l'eau de Seine. Elle en est parfaitement consciente, elle s'en frappe la poitrine, elle a par surcroît des délicatesses de Choppart, dit l'Aimable, — mais elle s'en voudrait de ne pas le commettre. De telle sorte que dans trois arrondissements déjà, dont le cinquième aux terrasses joyeuses, c'est le plus hideux véhicule de fièvre typhoïde qui emplit les carafes, et à ceux qui d'aventure, par là-bas, seraient tentés de cultiver la tempérance, ce qu'on offre en régal, c'est le plus bourbeux et le plus saumâtre produit. Moïse au moins fut sauvé des eaux.

On avait vanté pourtant au pauvre contribuable les beautés de la captation, de la canalisation, de l'adduction : l'étendue des sacrifices et des travaux accumulés, les inépuisables douceurs de la Vanne, de la Dhuys, de l'Avre, des sources de la Vigne, de toutes les petites rivières détournées de leur lit de cristal, et c'était délicieux de penser qu'au moins ces tendres eaux n'avaient pas souffert en vain du rude contact des ingénieurs et que, si elles avaient perdu en grâce des champs et en idylles, elles gagnaient en utilité. Mais il n'en est rien : ces promesses, ces fameux progrès ne résistent pas à la première expérience ; pour un robinet laissé ouvert un peu trop longtemps dans la cuisine, pour un peu trop de tub, pour le plus léger grapillage du bon arroseur public, pour quelques capucines sur le balcon, c'est la faillite, c'est le déshonneur, c'est la mort, — et nul ne se plaint, et l'on accepte cela sans protester, parce que c'est l'affiche blanche qui opère, et l'on dira encore le Français ingouvernable.

En réalité, c'est se moquer suprêmement du monde. Au prix qu'il paie, avec tout ce qu'on lui soutire pour l'entretien d'officiels messieurs, le contribuable a peut-être droit d'exiger qu'on lui assure ce minimum de la revendication sociale, l'*aqua pura*. Cela n'est pas bien méchant. Ce n'est sans doute pas assez méchant. Car si au lieu de réclamer innocemment de l'eau potable, les citoyens demandaient net du vin, à l'envi députés et leaders s'intéresseraient à eux, et feraient à cette occasion d'admirables discours sur la justice, l'égalité et le droit à jouir.

Un suicide.

27 août.

La poésie a chanté Sorrente, la musique a dit le rythme de ses flots, les amants ont aimé son ciel et ses parfums, et ce paradis n'est, semble-t-il, si idéal que pour servir de décor aux plus sombres catastrophes. Singulière et ironique destinée : là-bas, là-bas la nature est radieuse, elle est sublime, elle est céleste, elle devrait n'inspirer à l'homme que douceur et beauté de vivre, — et quand l'homme s'agite en ces merveilles pures, ce n'est plus, dirait-on, que pour des sanglots ou des crimes.

La dernière fois que l'actualité évoqua la douceur de Sorrente, ce fut avec le petit Menaldo et le marquis de Nayves : voici la tragique mort de madame Postel, roulée à son tour au fond du gouffre, le soupçon abattu sur ce mari qui précisément n'avait point voulu de témoins pour l'excursion, qui allait bénéficier congrument d'une prime d'assurance très sérieuse, et le suicide enfin de M. Postel, hier, dans un cabaret du boulevard. Le drame est parfait d'émotion et de mystère. Sarcey le trouvera exemplaire. Et même le rideau baissé il intéressera. Mais si jamais le suicide a pu être taxé d'indigne faiblesse, si jamais il a pu être répudié comme preuve, c'est en cette circonstance. Pourquoi cet homme s'est tué ? On ne saura point si c'est pour échapper à l'effroyable supplice d'une accusation imméritée ou si c'est pour s'affranchir du remords ; si c'est par affolement d'innocent ou par terreur de meurtier, par haine de ses semblables trop prompts à l'accabler ou par simple dépit contre une Compagnie trop lente à payer. De telle sorte que cette fois il se confirme qu'il y aurait eu réellement plus de courage à vivre, et quand on songe qu'il laisse son nom et l'honneur d'une famille en pâture à toutes les suppositions, on peut dire plus d'honnêteté.

Mais la société est ainsi faite, que c'était peut-être beaucoup que de demander un tel courage à ce malheureux. Elle n'est pas optimiste, elle n'est pas tendre, elle n'accorde pas volontiers le crédit nécessaire à la lutte ; pour elle on est plus immédiatement, presque plus naturellement, un misérable qu'un brave homme. Si au lieu d'être assurés par avance des mauvais vouloirs, des ironies, des coups qui achèvent, ils se savaient au contraire garantis d'un peu de patience et d'encouragement, combien essayeraient, de ces infortunés que brise le moindre choc! Ce serait là le premier devoir d'une société qui se vante de tant de droits.

Le Baedecker parlé.

28 août.

L'institution des guides ayant réussi aux Invalides, devant des trophées et des canons, on se dispose, paraît-il, à l'essayer devant les tableaux du Louvre. C'est ce qui s'appelle avoir conscience de la supériorité de l'esprit. Des spécialistes à galons et bicorne diront exactement la date de la naissance de Rembrandt, celle de la mort de Rubens; s'ils veulent être tout à fait distingués, ils citeront telle phrase auguste de Paul de Saint-Victor, tel passage de Gautier; et d'ici, on entend leur redoutable érudition devant ce sourire de la Joconde, dont l'énigme est restée à travers les âges la cruelle.

Les Cooks assurément trouveront là quelque utile simplification; des Parisiens même ne seront pas fâchés de se voir traiter en nobles étrangers. L'aubaine aussi de recevoir sans effort une opinion tout accommodée sera précieuse à plus d'un, et ce n'est pas méconnaître une des vertus essentielles du bon public, que de se préoccuper ainsi de lui fournir par avance ce qu'il devra penser. Mais pour ceux qui déjà s'offusquent, maugréent, s'impatientent quand ils se sentent sur les talons le fâcheux surveillant des Palais Nationaux, ou qui, s'enfonçant dans les profondeurs de Notre-Dame, ne peuvent s'éjouir de mystère parce que derrière chaque pilier guette un trop obligeant marguillier, suprêmement odieuse, et même dans son apparente discrétion, serait cette présence dans les nobles salles du Louvre de professionnels du boniment, de « récitants » de l'admiration, d'empêcheurs de s'attarder. Le procédé peut être excellent dans les auberges d'Interlaken et même sur la tour Eiffel, mais devant les chefs-d'œuvre il a je ne sais quoi de rapetissant, et pour les chefs-d'œuvre eux-mêmes. Aussi bien n'est-ce pas contribuer à l'abolition chez l'homme de toute force et volupté de libre arbitre, de personnalité, d'élévation, de conscience, de rêve, et se figure-t-on que pour quelques explications bredouillées, les chefs-d'œuvre vont se laisser comprendre, pénétrer, et se donner, eux qui jalousement parfois refusent d'abord leur secret aux plus religieuses contemplations ?

Hélas, tout devient superficiel, et nous emporte bien assez vite. On eût aimé conserver l'illusion d'un sanctuaire à l'abri du camelotage, des fièvres, du tourbillon, une forte, une nécessaire école de repliement sur soi-même et d'idéal. Mais la garde qui veille aux barrières du Louvre pour la seconde fois n'y pourra rien, et il semble que l'homme mette toute sa coquetterie à se frapper lui-même, dans ses derniers refuges, et ses dernières occasions de s'embellir.

L'utile catastrophe.

29 août.

La catastrophe de Lisieux aura eu tout au moins un avantage, et les morts une fois auront servi les vivants. Le ministre des travaux publics adresse à son collègue de la justice une demande d'information judiciaire contre la Compagnie de l'Ouest, indépendante de l'instruction ouverte déjà sur les causes et les responsabilités de l'accident. Vraiment un ministre s'est trouvé, assez neuf dans la politique, assez libre dans sa conscience, pour se dresser en face de ces toutes-puissantes Compagnies, pour leur rappeler que les conventions les plus scélérates ne sauraient impliquer le droit à l'assassinat, et leur apprendre que sur ce point au moins l'État n'entend être ni dupe ni complice ? On n'osait plus espérer tant de vaillance, et l'opinion sera reconnaissante à M. Tillaye de ce premier coup porté dans les profondeurs sombres du monopole.

Un simple coup d'œil autour de soi, dans une gare, suffit à vous emplir d'anxiété et de colère. Quand on constate le peu de garantie qui là entoure la vie humaine, le peu de cas et de souci qu'on en fait, ce despotique sans-gêne, la parfaite assurance où sont ces patrons que le public n'a pas le choix et que tout est toujours assez bon pour lui, la condition de pauvre contribuable devient plus odieuse et plus humiliante encore. Dans l'affaire de Lisieux, la compagnie n'a même pas avisé, conformément à l'ordonnance, l'autorité locale, le préfet, le contrôle. Comme si la catastrophe ne concernait qu'elle, comme si ce n'était là qu'un menu fait d'exploitation, comme si en dehors d'elle aucun pouvoir n'existait. Ce n'est rien, cela n'est pas intéressant, quelques cadavres seulement, dont il serait désobligeant de parler. Et naturellement elle n'est pas responsable, personne n'est plus responsable, de rien, et c'est ce qui caractérise d'ailleurs toute l'époque.

Puisse cette intervention officielle troubler une si

surprenante et prospère habitude de traiter l'homme en marchandise, et de le livrer, fût-ce sous prétexte de plaisir, aux plus tragiques fantaisies de la « Bête Humaine ». En vérité elle a trop beau jeu; elle se moque maintenant, elle se venge de ceux-là mêmes qui lui ont donné sa force, et qui prétendent la contenir. Et c'est un ironique aveu de notre impuissance, que ce désarmement devant ce qui pourtant est notre œuvre.

La réplique des voisins.

30 août.

Ma Quotidienne à propos des « voisins » et de leur rôle dans les drames qui viennent de se dérouler autour de l'enfance m'a valu une correspondance plus étoffée encore qu'à l'ordinaire. Je m'étonnais de l'indifférence ou de la craintive réserve de ceux qui savaient, et qui pour parler ont voulu que le crime fût consommé. Les explications ne se sont pas fait attendre. Elles ont jailli miraculeusement. C'était prévu. Il me semble de stricte équité d'en détacher quelques-unes.

« Supposez, m'écrit un vieux Parisien, qu'un voisin ait pensé à mettre le commissaire du quartier au courant; ce magistrat l'eût envoyé promener, mais, en revanche, on eût vite connu la démarche de cet importun, tout le monde se serait mis contre lui, il aurait été en butte à la malveillance de toute la maison, trop heureux si les accusés ne l'eussent point poursuivi pour diffamation. La Justice en France n'est pas assez discrète. » Et ceci d'une mère : « J'ai été une de ces voisines que vous blâmez. Mais voici ce qui m'a décidé à m'abstenir. Naguère j'entendais de chez moi les coups qui tombaient sur un pauvre enfant quand sa mère était ivre, ce qui lui arrivait bien cinq fois par semaine, et les marques étaient visibles ; je suis allée chez le commissaire, moi-même, évitant d'écrire, pour revendiquer toute responsabilité ; je lui ai parlé, et il m'a répondu qu'il ne pouvait rien ; cette misérable étant chez elle, le commissaire n'avait pas le droit de s'en mêler. « Alors, lui dis-je, vous n'agirez que quand cette femme aura tué sa fille ? » Le commissaire a fait un geste vague, et n'a rien ajouté. »

Il faut bien reconnaître qu'il est de plus mauvaises raisons. On n'est guère encouragé à agir sous l'impulsion de sa conscience. L'accueil empressé ne va pas aisément au devoir. Et à faire l'ange, même l'ange gardien, on risque de faire ce que disait déjà Pascal. Mais si les lois et les usages s'opposent à ce que l'action du commissaire soit réelle, il n'y a qu'à les réformer. On fait du zèle pour moins. Et si prudent, si légitimement en garde contre le flot des potins et des délations que doive être ce magistrat, il le faut maintenant attentif et armé. C'est là comme le testament des petits martyrs d'hier.

Nous.

31 août.

L'éternel recommencement. A peine l'homme qui, aux efforts tentés naguère déjà pour un congrès de paix européenne par l'idéaliste échoué dans Napoléon III, répondait que les intérêts entre nations ne peuvent se régler que par le fer et par le sang ; à peine Bismarck est-il descendu au fond de la terre, qu'il voulait nourrir de tant de cadavres, qu'une voix à nouveau convie les peuples à un plus noble emploi de leurs forces, de leurs richesses, de leur intelligence, de leur cœur, et leur fait entrevoir les beautés de l'amour. Et ce sera l'honneur du jeune tsar Nicolas d'avoir à l'improviste clôturé ce siècle par une parole de sagesse, de justice, d'harmonie, son rescrit sur le désarmement.

Cette évocation des bienfaits et des grandeurs de la paix, appuyée par le comte Mouraview de fonciers et décisifs arguments, sera-t-elle moins vaine que les rêveries échappées du cabinet des Tuileries ? Une chance existe-t-elle pour que cette chimère du relèvement humain entre dans les réalités ? Hélas, cette fois encore le progrès caressé ne paraît devoir profiter qu'aux satisfaits. L'Allemagne applaudit à outrance ; la Russie elle-même aura tout à gagner d'une fixation *ne varietur* des avantages acquis, quitte à se tenir en repos après. Et heureuses, assouvies, n'ayant à se préoccuper que du maintien des bénéfices, on conçoit que ces nations se paient avec ostentation le luxe des plus purs sentiments, des spéculations les plus généreuses. Cela fait penser à ces fins de dîner, où, l'estomac en joie, l'œil brillant, les convives aiment à deviser de l'immortalité de l'âme.

Mais à nous, ce psychologique ornement n'est pas permis. Et ce n'est point une des moindres cruautés de la catastrophe qui nous frappa, que cette impossibilité où elle accule la France d'être fidèle à ses traditions chères, à son œuvre privilégiée d'avant-garde. Pour elle mutilée maintenant, tout cela c'est le songe d'une nuit d'été. Et quelque défaveur qu'on s'habitue à jeter ici sur les partis, et sur les journaux qui leur servent de réceptacles, il faut leur savoir gré de leur unanimité à interpréter de même cette fatalité, à s'en attrister. Parfois il semble que tout s'oublie, s'obscurcisse, s'efface. Pour un peu la débâcle des consciences semble avoir achevé le travail de l'autre. Mais voici qui réconforte. En dépit des apparences la blessure est là. Elle est sainte. Il n'est venu à l'esprit d'aucun Français, que sous une forme quelconque la reconnaissance d'un crime, et plus encore d'une faute, contre l'équité et le droit, puisse être admissible : cela suffit pour l'instant. Merci (1).

Per Angusta ad Augusta.

1er septembre.

Une épreuve nouvelle fond sur nous. On a beau se dire qu'elle ne saurait frapper les braves gens et le prestige de cette armée qui est la nation : à son choc les cœurs vacillent, et l'on sort de là comme veuf de quelque chose d'aimé et de sacré. Un officier a pu commettre une action aussi ignominieuse que la trahison elle-même, et plus peut-être, au point de vue humain. Il a voulu achever un malheureux, il s'est fait spontanément par un faux le répondant de l'accusation, le pourvoyeur de la culpabilité, et devant ses chefs, devant la justice, devant son pays, tandis que tout autour de lui frissonnait, il a laissé son imposture aller, agir, s'étendre, il n'a pas bronché, sa cons-

(1) Au mois de janvier 1899, la France a cru devoir donner son adhésion à la conférence qui traitera cette question de la paix en Europe.

cience n'a pas eu un tressaut. Le suicide seul pouvait payer cela. C'est fait.

Mais si la tristesse est atroce de cette déchéance inconcevable du lieutenant-colonel Henry, il est une consolation après un tel coup de foudre. On ne dira plus que la vérité est impossible en ce pays, on ne dira plus qu'il s'y passe des infamies par ordre. Ce ministre de la guerre qui a le mâle courage de reviser sa propre opinion, de proclamer dans les circonstances présentes une erreur, d'empoigner le coupable, sur l'heure, sans que rien ne le sauve, atteint précisément aux plus hauts sommets de l'équité et montre qu'il est encore ici des caractères, des consciences qu'on souhaiterait à plus d'un des étrangers qui nous calomnient. Ce sera l'honneur de M. Cavaignac. Et l'on frémit à l'idée que si au lieu de cet homme, il y en avait eu au ministère un plus galonné, une fois encore peut-être on n'aurait rien su, et ce serait toujours la même pesante nuit.

Je sais bien que des révélations comme celle-là ne sont pas pour rassurer sur l'ensemble ; que maintenant à l'imagination tout peut paraître possible, et que l'intransigeance qu'on aimerait à pouvoir pratiquer a subi là un douloureux avertissement. Mais cette horrible histoire aura tout au moins fait un pas. Les honnêtes gens, les hommes de bonne volonté et de bonne foi peuvent respirer. La vérité est au bout de ce long calvaire. Si après l'enquête volontaire à laquelle il se livre aujourd'hui, le ministre de la guerre vient affirmer que sa conviction est établie, que les pièces du jugement sont valables, lui qui n'a pas craint de répudier les preuves interlopes et de flétrir les basses manœuvres, on pourra le croire, on le croira, sa parole compte, enfin une parole s'imposera : il a donné des gages.

Le bureau.

2 septembre.

Dans la chambre d'arrêt du Mont-Valérien, le lieutenant-colonel Henry, chef du bureau des « Renseignements, » s'est suicidé. On lui avait laissé ses rasoirs. Il a jugé que c'était sans doute avec prière de s'en servir, et vaillamment, en soldat, il s'en est servi. Paix à sa faute, à son aberration, à son malheur. Il est certain que cet homme, dont toute la carrière avait été d'un brave, qui s'était instruit, éduqué, élevé par son propre mérite, n'a pas saisi à l'instant où il le commettait la douloureuse gravité de son acte. Son éducation sentimentale ne s'était pas faite parallèlement à l'autre. Il a tout à la fois pénétré la grandeur et subi la servitude militaire; dans le respect aveugle des chefs, dans la passion du métier et de ses solidarités s'est altéré peu à peu son moi, s'est absorbée sa personnalité, et dans le singulier rôle qui lui avait été commis s'est insensiblement obscurcie la saine et normale vue des choses.

En réalité, des officiers ne sont pas faits pour cette besogne, d'espèce spéciale. C'est même leur honneur d'y paraître inférieurs, dépaysés. Si digne de préoccupation, si nécessaire qu'elle soit, elle ne s'accorde ni avec le caractère de l'officier français, ni avec l'idéal qu'on se fait de lui. Qu'il contrôle la valeur technique des renseignements, qu'il fixe même leur orientation, soit. Mais cette cuisine à laquelle on le prépose, ce déformant mésusage de ses vertus essentielles, si manifestement en contraste avec elles, devraient être épargnés à son habitude de l'obéissance, à son instinct de l'honneur. Couramment d'Allemagne des officiers viennent ici pour faire les commis voyageurs, les camelots, les maçons. La plus surprenante perfection de vilenie leur assure l'impunité. Chez nous, les nôtres, ne font que gaffes ; ils ont beau s'appliquer, essayer de réhabiliter cette manière de pratiquer le devoir et le patriotisme, cela n'entre ni dans leur tête ni dans leur cœur. Mais félicitons-les précisément de cette gêne qu'ils éprouvent, de leur médiocrité dans ces fonctions de malins, et quoi qu'on puisse penser, j'avoue que le grossier enfantillage, que cet invraisemblable charabia même qui singularisent la pauvre invention du lieutenant-colonel Henry ne sont pas pour me déplaire. J'aime mieux ça. Il y a de quoi consoler encore dans une telle maladresse.

Autre chose par bonheur nous reste. Demain les manœuvres vont commencer. Elles diront que tout ne tient pas dans ces navrants scandales. Heureux ceux qui, après cette secousse, fuyant cette atmosphère de doute, de rancune, d'affolement, iront voir des soldats, sur les grandes routes, à travers champs, à l'air libre. La vérité de ce côté-là aussi sera en marche.

Des invités.

3 septembre.

Tandis que l'empereur Nicolas montre aux regards du monde étonné le mirage de la paix, par un contraste d'une singulière éloquence l'image même de la guerre se dessine et s'affirme ici. Demain, les grandes manœuvres défonceront ces champs et ces plaines qu'on voudrait voir dédiés seulement à la moisson d'or, et la présence des officiers et attachés étrangers dira trop haut ce qui est le souci unique maintenant, et l'ambition de l'Europe.

Ces spectateurs d'espèce particulière seront paraît-il plus nombreux encore cette fois ; on s'apprête d'ailleurs à leur faire honneur ; un train spécial les conduira à Moulins, avec leur guide le colonel de Fontenilliat ; à Dampière ils assisteront au déjeuner offert par le général de Négrier qui commande les manœuvres ; gala leur sera donné à Vichy, et ils rentreront solennellement à Paris avec le Président de la République, après avoir tout vu, noté, et pris part à la revue finale. Ce programme certes atteint aux mérites de la politesse la plus raffinée, et une telle hospitalité a de quoi flatter ceux-là mêmes qui la donnent. On ne saurait être plus brillant dans le voisinage des pires atrocités et faire plus galamment la répétition générale d'une tragédie de douleur et de sang. Mais quelque vertu qu'il y ait à se plier avec cette élégance aux nécessités protocolaires, et quelque jolie tournure, très française, très Fontenoy, qu'ait cette opération martiale, on ne peut se défendre de songer à la poignante ironie et à l'imprudence de toutes ces gracieusetés.

A qui vont-elles ? à des amis ? à des critiques capables d'équité sinon de bienveillance ? à des hommes qui au moins ne feront pas servir immédiatement contre nous ce qu'ils auront pu surprendre par invitation ? Nul ne le croira ; on sait trop la vérité, trop quel envers ont les missions de ces privilégiés, à quelle fin réelle tend cette tradition d'hypocrisie internationale. S'y résigner soit, lui sourire non pas. Il y a là je ne sais quoi qui confond le sens commun, blesse les consciences simples, et c'est véritablement un étrange spectacle que celui de tous ces gens conviés pour apprendre à vous frapper mieux, et fêtés pour tout le péril qu'ils représentent.

Le brin d'herbe.

4 septembre.

On inaugure, dans quelques jours, à Pont-de-l'Arche, une statue dédiée à Notre-Dame-des-Arts. Elle est l'œuvre de la duchesse d'Uzès, décidément infatigable, et chauffeuse aussi de l'esthétique. Après sa Jeanne d'Arc, après Emile Augier et Gilbert, cet hommage à l'idéal. Et tandis que se prépare cette cérémonie nouvelle, je songe à certain après-midi d'avril joyeux, où devant l'œuvre commencée, dans l'intimité du petit atelier de la rue Poncelet, nous causions. Un atelier véritable, pour le travail, à petite porte que la duchesse vient ouvrir elle-même, sans tentures ni bibelots, avec la seule coquetterie de ne rappeler en rien qu'une femme passe là des heures. De la poussière blanche, des plâtres, des marbres, des ébauches, un buste en train de la duchesse de Brissac en grand chapeau mousquetaire, des bas-reliefs pour Bonnelles, un chanteur florentin dont l'original fut acheté en magasin par un inconnu, passant de goût, qui donna ainsi à Manuela l'heur de la consécration la plus authentique. Et, près de la lumière, voilée sous l'épaisseur adhérente d'un linge mouillé, une masse vague, dressée haut sur la selle mi-tournée, où traînait la mirette brusquement jetée après le travail.

— Ça, dit la duchesse, c'est Notre-Dame-des-Arts.

Je lui ai donné hier une longue séance. Elle n'est pas visible... mais naturellement vous voulez voir... Il faut bien que ce soit un ami...

Et lentement elle débarrassa la statue, qui apparut dans la grisaille de sa terre humide, marquée de coups de pouce, amoncelée en bosse par endroits, ailleurs pétrie et modelée ; informe état de création, où cependant la figure déjà vivait. Mais tout à coup un cri de surprise, une invite à regarder de plus près, et la duchesse me montra quelque chose d'extraordinaire en effet, qui était là, presque aux pieds de la sainte image. C'était un petit brin d'herbe, poussé comme par miracle dans le silence de la nuit. Il avait adorablement germé du tréfonds de l'argile. Par quelle puissance, quel mystère de fécondation ? Il était là, d'un vert pâle, si tendre, et pourtant vigoureux, et beau d'attitude. Pauvre brin d'herbe, mais qui disait l'inaliénable force, l'éternel renouveau de la nature, et peut-être aussi ce qui est son dessein. Et ce brin d'herbe me semblait comme pour faire contraste au fameux grain de sable de Pascal, pour compenser aussi tout ce qu'il a de mélancolique. Le grain de sable suffit à tuer Cromwel : mais le brin d'herbe suffit à faire croire.

Un type extraordinaire.

5 septembre.

Madame Charles Blanc vient d'être victime d'une mésaventure qu'elle a rendue tout à fait charmante. Rentrée à la préfecture de police, elle s'aperçut de la disparition de son porte-monnaie. Il contenait cent quatre-vingts francs : de l'infériorité d'avoir un porte-monnaie, on perd tout à la fois. Le lendemain, cet objet d'utilité, mais combien peu esthétique entre des mains fines, était retrouvé intact. Un pauvre diable l'avait rapporté, qui, lui, n'avait ni sou ni maille, qui mourait même de faim ainsi que cela doit être dans une société bien organisée, et dont la misère, renseignements pris, était d'une honorabilité qu'envieraient bien des fortunes.

La femme du préfet de police fit rechercher cet extraordinaire individu, avec l'idée, recommandable à ceux qui donnent magnifiquement cent sous pour un paquet d'obligations rendu, de laisser la somme au malheureux ; et même, c'est une femme originale, de profiter de sa situation pour faire accorder à un brave homme quelque emploi. Mais c'est ici qu'éclate véritablement la beauté des institutions de police. Il s'agit de mettre la main sur un brave homme, et c'est impossible. Les plus fins limiers sont en course, et en vain. On n'est pas habitué à ça, dans le bâtiment. Des escarpes et des assassins tant qu'on voudra : un brave homme non pas, c'est trop exceptionnel, on n'a pas l'occasion de travailler dans cette partie-là. De telle sorte que si cet homme, au lieu de le rendre, avait filouté le porte-monnaie, il aurait déjà « fait honneur » au flair de toute une police excitée à ses trousses. Cela n'est point encourageant, et il faut reconnaître qu'aujourd'hui le métier de simple brave homme est dans le quatrième dessous. Aussi quelle folie ! On n'a plus idée de ces bêtises-là.

Mais peut-être l'homme en question jouit-il en son mystère de la plus haute récompense. Si anonyme, si inconnu, il a pour lui une satisfaction que ne lui vaudraient point les plus officielles louanges. Car, dans sa misère même, dans son humble obscurité, il peut se dire que si ce noble pays, bafoué, pillé, meurtri en son tréfonds, soupire après quelque chose, c'est après d'honnêtes gens comme lui.

Une femme.

6 septembre.

M. Cavaignac quitte le ministère en affirmant son absolue conviction de la culpabilité du capitaine Dreyfus. Et en réalité, l'initiative dont il s'honora n'implique nullement l'innocence. Mais ceux qu'avait comme moi impressionnés l'illégalité de forme où se singularise ce jugement, et qui ne peuvent aujourd'hui méconnaître la gravité du coup porté à l'un des témoignages naguère décisifs, estimeront que seule une revision sincère peut ravitailler la vérité, détendre l'angoisse, satisfaire les consciences qui ne varient point selon que la culotte est rouge ou d'Old England, et si la revision a quelque péril, le chaos présent les contient tous.

A nouveau madame Dreyfus écrit au ministre de la justice. Cette fois on lui répondra. On aura tout au moins une politesse à l'égard de cette infortunée. Etrange jeu du destin qui semble ne pouvoir faire un bonheur qu'avec la joie qu'il ôte à d'autres, jeu poignant de bascule : c'est dans le malheur d'une autre femme que cette femme trouve sa première espérance. Madame Henry est en larmes, madame Dreyfus s'essaie à sourire. Un tombeau se scelle, un tombeau s'entr'ouvre. Deux veuves, — mais qui font penser aux deux mères du sonnet de Joséphin Soulary.

L'avenir donnera-t-il raison à l'indomptable foi, à l'énergie, à l'œuvre de celle qui, pas un instant, et du jour même de la catastrophe, n'a cessé de faire entendre sa protestation? S'il glorifie l'épouse, saura-t-il absoudre tout ce qui s'est fait en son nom? Attendons, ayons la logique et la décence de désarmer les passions et les haines, puisqu'aussi bien l'épreuve sera faite. Mais quoi qu'il advienne, comment ne pas ressentir devant l'attitude de cette femme un respect dont bénéficieront toutes les femmes? Ici éclate leur supériorité, le meilleur de leur esprit, ce qui fera croire, quand même, à leur cœur. C'est le sentimentalisme qui se hausse à l'action, c'est la religion des religions. Peu importe qu'elle soit catholique, protestante ou juive, une femme qui pratique ce devoir efface le cataloguage des âmes, renverse les barrières d'église. Ce féminisme-là est la leçon des hommes, et le garant d'une humanité dont le prestige a besoin de pareilles aubaines (1).

L'heure présente.

7 septembre.

Un des nouveaux députés de la Seine avise le sous-secrétaire d'État des Postes et Télégraphes qu'il a l'intention de l'interpeller sur les divers services de son ministère. Dans l'infernale institution des téléphones,

---

(1) On sait que, trois mois après la publication de ces lignes, satisfaction fut donnée par le ministère Brisson à madame Dreyfus. La Chambre criminelle de la Cour de cassation, présidée par M. Lœw, fut officiellement saisie d'une demande en revision.

dans le fonctionnement de la carte-télégramme et du colis postal, il y aurait en effet de quoi intéresser l'activité de plusieurs Mougeots. A aucun moment les réclamations du public n'ont été aussi désespérées et plus inutiles. Une dépêche de Paris à Saint-Cloud met couramment quatre heures; l'expédition de n'importe quoi par la poste est un supplice de la pire chinoiserie. Remercions donc M. Philippe Laloge de son entreprise et de toutes les illusions qu'il semble garder encore sur l'influence d'un député.

Mais il n'est pas aisé de se réjouir quand on est contribuable, et si bienfaisante que veuille être la lettre de M. Laloge, elle ne semble pas devoir être valable de sitôt. Ce bénévole papier recèle une petite chose qui n'a l'air de rien, deux mots parfaitement inoffensifs d'apparence, mais qui sont comme le ver dans le fruit le plus beau : M. le député interpellera, mais seulement lorsque la politique permettra que l'on s'occupe d'affaires. Cela est dit très sincèrement, sans nulle distillation d'ironie, et pourtant on n'a jamais dit mieux le pitoyable état où nous sommes réduits. Dans cette petite phrase il y a tout. Les dix lignes que demandait Laubardemont pour faire pendre un homme, c'est du gaspillage : une phrase comme celle-là suffit au procès d'une époque.

Il est malheureusement trop vrai qu'on n'a plus le temps de s'occuper de la vie normale du pays. Des améliorations et des progrès ? il est bien question de cela ! une réclamation qui intéresse l'industrie, le commerce, le développement régulier des choses, non, c'est à pouffer, et cette histoire de postes et télégraphes, c'est un conte de l'autre monde. En réalité tout est suspendu, tout chôme, tout se passe comme dans un cabaret où l'on gesticule, vocifère, s'épuise en énervements et perd la raison. L'heure est atroce. Elle doit finir. On demande un homme. Cet homme-là deviat-il un maître. Et lorsqu'on songe qu'à cette heure précise les autres nations formidablement agissent et grandissent, on éprouve ici la sensation que devaient avoir les passagers de *la Bourgogne*.

Le lait de la Reine

8 septembre.

En flânerie hier, à travers le parc de Rambouillet. Tout au fond, dans l'abandon des allées que déjà mélancolise l'automne, deux pavillons rouges, unis par une haute grille ancienne, avec quelques géraniums en corbeille : c'est la Laiterie de Marie-Antoinette. Là, fuyant le triste château, qu'elle appelait la Crapaudière, elle venait chercher les joies d'une illusion champêtre, qui fut parfaite au Petit Trianon. Dans une rotonde lumineuse, à fines pâtisseries, voici la table de marbre blanc, incrustée de noir, autour de laquelle, avec madame de Polignac et Lamballe, elle s'asseyait, — ô visions de blondeurs poudrées, bergamottées, puis sanglantes ; et des taches sur le marbre évoquent encore la goutte de lait pur tombée de ses lèvres, qui furent aimées. Un rocher, des baigneuses de Sauvageon, des jets d'eau. Recoin de grâce, de poésie, de nature, les diamants de la couronne ou du cardinal et l'herbe des prés, le palais et l'étable. Le lait de la Reine ! nectar incomparable, perfection idéale du lait, don généreux de bêtes véritablement élues. Et tandis que dans la tasse à fleur de lys, il me semblait le voir, si crémeux, si sincère, sans une ride, comme serait le beau petit lac blanc d'un conte de fée, je songeais à ce que j'avais lu précisément le matin, à ce qu'est devenu le lait de la Reine, à ce que le lait fait maintenant pour les pauvres gens.

Le Bulletin de la Statistique, à la rubrique *mort*, inscrit, pour cette semaine, chez les enfants que la mère ne nourrit point 239 décès ; la semaine précédente en donnait 254 ; la moyenne des autres années était de 82. Effrayante prime à la dépopulation. Que feront les mères pour lutter contre ce fléau ? Comment arrêter une industrie qui s'affirme par tant de deuils et de petites tombes ? Le laboratoire municipal s'est prononcé, une commission spéciale a édicté les prescriptions les plus rigoureuses ; des médecins comme Roux, Budin, Auvard sont intervenus avec les conseils les plus pressants. Espérons que tant d'initiatives auront raison des falsifications éhontées, des préjugés, des négligences, des faillites de la maternité. Mais le moyen le plus sûr est ailleurs ; mais plus que jamais, devant l'œuvre de ce lait meurtrier éclate la vertu du lait sacré de la mère. Il n'est de salut, de sécurité, de beauté qu'en lui. La source de la vie est là. Et sans qu'on l'accuse de rechercher une vaine réclame, il sera permis à l'écrivain qui osa, voici de longues années déjà, *Le Lait d'une Autre*, de saisir une occasion nouvelle de glorifier les femmes qui pratiquent le devoir de nourrir et lui immolent leur sein.

Un bon tour.

9 septembre.

Il y a longtemps que nous n'avons rencontré dans

l'actualité quelque divertissement. Le fait-divers soit loué pour l'histoire de pipes qu'il nous apporte. Depuis trois mois, paraît-il, les diverses succursales du Mont-de-Piété s'étaient vu offrir une série interminable de pipes. Près de deux cents pipes avaient été engagées par le même individu, et d'un modèle parfaitement identique. Des pipes en « écume » d'une blancheur vierge, avec un peu de fantaisie au culot. L'homme aux pipes ne pouvait être qu'un cambrioleur de fabrique ; on le rechercha, et on eut cette déception de constater que le filou était un brave homme, ornemaniste de son état, qui avait eu simplement l'idée d'un bon tour. Un jour on lui avait donné trois francs d'une pipe au Mont-de-Piété, elle coûtait juste la moitié ; alors il acheta en gros quelques douzaines de ces pipes, bichonna la marchandise de fioritures, et l'écoula en nantissement, avec un bénéfice de cinquante pour cent, que venait embellir encore le trafic des reconnaissances.

Rien d'illicite, tout au plus une application de cette théorie, affectionnée du pauvre contribuable, que tricher l'Etat n'est pas tricher, et si j'ose dire, l'incorrection de ce petit truc ne m'empêche pas d'apprécier sa tournure. Quand on songe à l'ordinaire rigueur, à la méticuleuse pingrerie du Mont-de-Piété, cette aventure, où il lui est arrivé une fois d'avoir été mis dedans, ne manque pas de saveur. Il y a là comme une petite revanche, une occasion de sourire pour tous ceux qui ont éprouvé jusqu'aux larmes la superbe de cette institution de charité. Allons, elle peut supporter ça, ses moyens lui permettent d'être par hasard, et même avec quelque bonne grâce, au-dessous à son tour. Avec les dix pour cent, onze parfois, qu'elle prélève pour ses opérations, il lui restera de quoi se consoler, et en réalité tout cela ressemble fort à la déconvenue qu'essuierait un simple usurier.

Les Monts-de-Piété, organisés peu avant la Révolution, devaient à l'origine servir à délivrer les pauvres gens d'indignes exploiteurs. C'est un joli cas psychologique, que celui de cet État parti en guerre contre l'usure, pour aboutir seulement à la monopoliser. Avec ce qu'il tire aussi de la prostitution et du jeu dans les cercles, on suppose que Louis XIV serait un peu dégoûté de dire : « L'État, c'est moi. »

Les parcs.

10 septembre.

De bonne heure, à Rambouillet, est visible, dans la petite partie gaie du parc, la silhouette du Président ; sous les quinconces, sur la terrasse moussue qu'ensanglante aux bords de l'étang la pourpre des géraniums, dans les allées de la Bergerie aux mérinos d'Espagne, il dresse sa haute taille, dès le matin, et à ce moment il n'a ni guêtres ni monocle, et n'était le salut militaire dont il aime, tout civil en éminent négligé qu'il soit, à faire politesse aux passants lointains, on trouverait plutôt, maintenant semble-t-il, sur sa physionomie, comme le laisser-aller à quelques soucieuses pensées...

Mais si autour du Président le vieux parc répand encore une vague élégance, à quelques mètres, partout ailleurs, c'est le plus morne abandon. Sables, cèdres pourris, pelouses ruinées, eaux saumâtres, ponts branlants, statues mutilées, chemins en crevasses. De faméliques sapins, piqués çà et là, seuls représentent un effort d'entretien ; et le curieux pavillon aux coquillages qu'éleva là une fantaisie du duc de Penthièvre, et la pierre même sur laquelle, à la veille de la campagne de Russie, Napoléon dépliait ses cartes, et tous les souvenirs épars sur cette immense étendue, sont là en tristesse et en misère comme la nature elle-même. Et tandis que, ces jours-ci, j'allais par là-bas, arrêté à chaque pas par quelque scandaleux grillage, chassant déjà du pied des feuilles rousses, je songeais aussi à la mort de Versailles, à l'outrageante navrance où tombent ces pures beautés, au mépris des traditions et des richesses nationales qui caractérise ce temps.

Encore quelques années et il ne restera rien de ce qui fut le décor et l'histoire par les choses de ce pays. Ici on sait d'où vient l'argent : mais personne ne dira où il va. On se demande, à voir ces déshonorants résultats, à quoi servent les sommes annuellement inscrites au budget, et de quelle utilité sont des conservateurs qui ne conservent rien. Si on ne trouve pas intéressant de respecter, de maintenir l'héritage du passé, si vraiment il ne doit plus y avoir place chez nous pour des beautés supérieures au temps présent, qu'on le dise au moins et nous épargne ces comédies administratives. Pauvre République ! au fond cela n'étonnera personne, et on comprendra qu'elle se fiche un peu des grands parcs, elle qui n'est seulement pas capable de cultiver son jardin.

Luccheni.

11 septembre.

Devant le paysage des neiges ensoleillées, devant

la douce paix du lac, comme elle allait embarquer pour Montreux, un homme, par derrière, vient de frapper l'impératrice d'Autriche ; d'un seul coup de stylet italien elle est morte.

Et pas plus que Caserio, Luccheni ne pourra dire qu'il voulait venger le monde d'une iniquité ou d'une tyrannie : car cette femme, impératrice et reine, ne vécut que pour la hauteur des rêves, pour les larges horizons, les poètes, les fleurs, les larmes, et c'est le crime dans toute son imbécile horreur. Quand une autre Autrichienne, ô destinée des reines, tomba ; quand dans la tourmente le bourreau se saisit de Marie-Antoinette sublime, une apparence au moins pouvait s'invoquer, d'explication et d'excuse. Ici rien que le meurtre, par avance et sciemment inutile, l'ignoble meurtre pour le meurtre, et tout entière, sans distinctions, sans patries, l'humanité peut être aujourd'hui véritablement en révolte et en deuil. Le supplice qu'on infligera à cet homme ne la lavera pas du déshonneur dont il la couvre (1). Qu'un pareil forfait puisse s'exécuter encore, se concevoir même, c'est la faillite du dix-neuvième siècle, jusque dans ses revendications les plus émouvantes.

Et tandis que cette catastrophe nouvelle fond sur sa maison, je songe au vieil Empereur qui a perdu ses filles, qui a perdu Rodolphe, qui a perdu Jean, qui n'a échappé, lui, jadis, au couteau d'un assassin, que pour voir son empire mutilé pièce par pièce, son foyer désert. Il y a là quelque chose qui dépasse le casuel dont parlait le roi Humbert, — une force de malheur inouïe, réellement

---

(1) Luccheni fut condamné à une détention perpétuelle, le Code pénal en usage dans le canton de Genève ne permettant point la peine de mort.

tragique, comme une rentrée en scène de la Fatalité. Hélas, pour sa rentrée, il semble qu'elle ne veuille pas frapper seulement les Empereurs et les Rois, et si l'on regarde par ici, chez nous, on pourrait croire que les peuples aussi doivent faire connaissance avec elle...

L'empreinte.

12 septembre.

Voyez terrasses. Bientôt on n'y verra plus guère d'ailleurs rien de français. La brune et la blonde, partout en bocks à faux-cols, ce n'était pas assez pour l'invasion ; les « demis » copieux ne suffisaient pas : l'alourdissante manœuvre du buveur intrépide à voici que, dans les brasseries du boulevard, le bock à double anse fait son apparition. Saluons ce nouveau débarqué d'Allemagne. La vision allemande en plein Paris se complète. De la bière ? prenons-en à deux mains, hauts les coudes, paix mortelle à l'intelligence de chez nous, et *gaudeamus*, comme disent les refrains de M. de Suppé. Cependant ce n'était pas la peine de se gausser de toutes les beuveries poméraniennes, bavaroises et confédérées pour tomber à ce triomphe définitif de leur houblon et à cette déformation de nos aspects, des mœurs, et des idées.

L'absorption des vieux cafés et des restaurants français est déjà une histoire ancienne : mais par surcroît dans les « établissements » du boulevard, voici les petits nappages rouges si chers aux mains dodues et repasseuses des Gretchen ; et après les choucroutes, et après les « délicatessen » de tout l'arsenal des charenteries, dans les menus de notre vie extérieure, — ô temps lointain où tout se passait entre la poire et le fromage, — la pâtisserie des tables du Rhin a pris place. Au moins ces Français qui germanisent leur estomac gardent-ils leur marque dans l'allure ? Pour la réponse, prière de remarquer les têtes singulières que font aux Parisiens, qui se croient chic, les casquettes à la mode. Cet édifice soufflé passe pour être très russe. Il est du plus pur style allemand. Et pour mettre en joie nos snobs, cyclistes et chauffeurs, disons-leur tout de suite que cette coiffure à visière et à pont, est en Allemagne le dernier mot de la tenue, — pour les domestiques.

Que nous réserve demain ? Aucune raison pour que cette lente et sûre conquête des habitudes et du goût français se borne là. Hélas ! être le vainqueur, cela ne signifie pas seulement qu'on a le droit de vous prendre des milliards et de la terre aimée : après la paix, et même dans le relèvement, l'œuvre maudite se poursuit, le vainqueur vous frappe, vous défigure, vous dénationalise par le prestige et la superstition du succès, par la maladie infantile de l'imitation. Et ce n'est pas une des moindres conséquences de la défaite, que cette empreinte laissée par lui dans les imaginations et même dans les âmes.

Une étreinte.

13 septembre.

Obstinément vers la tragédie de Genève va la pensée. Et maintenant tout a beau être accompli, et aujourd'hui le triple cercueil où l'errante Impératrice trouve enfin une paix, a beau devoir gagner Vienne, tandis que toutes les cloches, sur l'immense parcours, sonneront la mort au passage du train, les premiers détails de la catastrophe s'imposent, et semblent dénoncer mieux encore, tant ils ont de saisissant réalisme, l'affreuse ironie de ce coup de destin où tomba ce qui fut auguste.

Une Impératrice, — ô prestige, éblouissante hauteur; Impératrice, un mot qui est toute une hallucination, quelque chose de si prodigieux qu'un crime spécial existe en son honneur; défense de toucher à cela, le moindre cheveu de cette tête devient merveilleux et sacré, défense d'oser un regard seulement, défense d'oser même un rêve. Et voilà que, tout d'un coup, un passant, le premier venu, est appelé à mettre la main sur une telle cousine de la Divinité, et voilà que la mort la jette dans l'étreinte d'un marchand de nouveautés. A l'instant où l'impératrice s'évanouissait, un M. Tessier, marchand de soieries lyonnaises, se précipita et la saisit. Le marchand l'a tenue dans ses bras; de ses yeux, il a vu ce que dans sa folie Ruy Blas lui-même n'aurait jamais espéré, il a vu, comme s'il était l'Empereur, le corset de satin noir et la chemise de linon mauve : il a vu dans une Impératrice une pauvre femme. La maison de Habsbourg et la boutique. Et l'homme de la boutique a reçu le suprême regard de la Majesté, et il a pu mesurer le néant où se ramènent les plus pompeuses imaginations, le point exact où tout redevient égalité.

Sans doute quelque naïf orgueil restera à ce commerçant de Lyon, d'avoir connu un si incroyable moment. On peut le craindre. Mais ce serait dommage que, de son importance, il amoindrît la signification d'un tel tableau. Et quelle invite à songer valut jamais celle-là ! Quelle leçon de rapprochement ? Absurde vanité des simulacres et des accessoires, faillite du manteau de pourpre et d'hermine, sous lequel il y a tout juste ce qu'il y a sous les linons de tout le monde, et même sous des loques. Et c'est, étrangement, le plus éloquent commentaire à Bossuet, que nous envoie là la ville de Calvin.

Quarante sous.

14 septembre.

Madame Charles Blanc n'a toujours pas retrouvé le brave homme qu'elle voulait dignement récompenser pour l'acte d'honnêteté dont je parlais en une récente « Quotidienne ». Par contre, ces jours-ci, d'importants bourgeois d'Epernay ont eu sous la main et à la disposition de leur générosité, un autre brave homme, qui méritait bien quelque attention aussi. Il s'appelle Lobet ; il sort à peine d'une longue maladie ; sa femme, elle non plus, n'a pas travaillé depuis longtemps, après un accident d'usine, et comme de pauvres gens sans trucs, qui se respectent, ils ont cinq enfants. Dans la rue de Châlons, à Epernay, l'homme apercevant un papier, le ramassa. Il contenait cent vingt mille francs. Un quart d'heure après, la somme était restituée à son possesseur ravi. Et cet heureux dans la chance aveugle d'être riche, et par surcroît dans celle de rencontrer un pauvre au cœur droit, au pauvre donna tout juste deux francs.

On sait bien que c'est avec de semblables procédés que se fondent les fortunes. Mais ils ne sont point pour les faire admettre. Pour oser offrir deux francs à un misérable qui vous apporte avec simplicité un pareil « matelas », il faut pratiquer à une dose véritablement surprenante cette opinion féodale du riche que tout lui est dû ; et voilà une démonstration nouvelle, parfaitement inutile d'ailleurs, les spectateurs de la comédie étant assez édifiés, de cette vérité que la générosité et la délicatesse ont la délicieuse coutume d'être en raison inverse des moyens. Quarante sous c'est une aumône, et à peine proportionnée ; il y aurait eu avantage, cher monsieur, à ne rien donner du tout : pour le sacro-saint coffre-fort d'abord, pour la dignité humaine ensuite, car avec un seul merci, j'en suis sûr, ce pauvre diable se serait senti mieux et plus noblement payé.

On peut se rapprocher des revendications sociales de plusieurs manières : par l'étude brutale des conditions de l'existence ou par les beautés de l'économie politique ; mais les détails comme celui-là sont irrésistibles, ils ont une action immédiate, ils expliquent tout. A les noter, on comprend, et tout bourgeois qu'on soit, on éprouve la secousse fortifiante des révoltes. Encore quelques histoires comme celle-là et l'on bâtira dans le neuf. En attendant, voilà d'admirables matériaux de démolition.

Le vainqueur.

15 septembre.

Ma dernière « Quotidienne » sur l'empreinte laissée ici par le vainqueur, veut être complétée. Le vainqueur ? N'est-ce pas un peu aussi de ses façons de prédilections que l'on retrouve dans le régiment qui défile, dans l'alignement à la mode, dans ce grand caracolement de sabre ou dans cette belle raie? Ce qui est indéniable, c'est que les extraordinaires dessins de Caran d'Ache nous semblent maintenant moins loin du possible, et que cet idéal d'instruction et d'apparence soldatesques nous apparaît plus proche de la grandeur que de la servitude militaire. Et tandis qu'on s'est plu à modifier l'aspect de « l'homme », sur le modèle et à la suite de ce qui se fait ailleurs, l'organisation elle-même s'est refaite sur copie, de telle sorte que, s'ils pouvaient un instant « rejoindre », avec le haut shako du sergent Fricasse ou avec le geste du capitaine Coignet, ils seraient bien étonnés, les anciens de Friedland et d'Iéna.

Et ne seraient-ils pas étonnés, eux aussi, les maîtres de la science et de la jeunesse d'antan, s'ils reprenaient tout d'un coup leur place dans le laboratoire ou dans la vieille salle de l'Université? Là, règnent des méthodes et des usages directement venus d'Allemagne; l'antisepsie à outrance n'a fait qu'un bond de la Sprée à la Seine; le microbisme quand même et le divin bouillon de culture nous arrivent solennellement du pays de Marguerite et de Koch. Il y avait à Bonn un professeur à lunettes qui a publié trois gros volumes sur le rôle de la conjonction *et* dans Virgile : ce ridicule de pédantisme, cette effroyable sécheresse d'érudition ont gagné la Sorbonne, et on ne voit plus que des gens professant la petite bête là où passait le souffle puissant de Michelet. Madame de Staël a écrit l'*Allemagne*, mais M. Lavisse est académicien parce qu'il la préconise; et naguère, quand Vaillant voulait sauver sa tête, il invoquait les forces cosmiques de M. de Humboldt. Et toi, l'étudiant du Pays latin, te voilà donc en Association générale? ce qu'on t'a planté là sur le chef, c'est encore à l'instar de Weimar ou d'Heidelberg. Si tu avais de l'argent, tu trouverais Francfort à la Bourse; si tu veux aller au théâtre, les connaisseurs t'emballeront sur M. Gerardt Hauptmann; si tu veux parler musique, tu as Wagner; si tu veux vivre, tu as Schopenhauer; si tu veux aimer, tout excepté Mimi ou Bernerette, — prends Dorothée.

Et je songe qu'ils ne faisaient pas ainsi, eux, au temps où la reine Louise de Prusse réclamait Magdebourg avec la rose. Alors ils se sont repliés sur eux-mêmes; ils se sont fermés à tout engouement; pour se ressaisir ils sont descendus jusque dans le tréfonds de leur nationalité. Et dans les écoles, et les routes, leur Kœrner a chanté.

La marche des choses.

16 septembre.

Il est question d'un tramway pour l'avenue du Bois; d'un autre pour l'avenue Malakoff; d'autres tramways encore, de pénétration suburbaine, qui auront leur point terminus devant l'Opéra. Le boulevard du Crime avait été absorbé par le boulevard Bonne-Nouvelle, lequel a passé sa clientèle au boulevard Montmartre, qui a été disqualifié par le boulevard des Italiens, dont le boulevard des Capucines a pris le lustre : et voici que dans sa migration vers l'Ouest, et sous la poussée déformante des démocraties, Paris va déshonorer et emporter ce qui tenait encore d'élégance et de beauté entre l'Opéra et la Madeleine. C'est le détrônement définitif du Boulevard. Lentement, sûrement, sans lassitude, Paris, monstre immense, s'étire, s'étend, s'appesantit ; on le croit endormi, assouvi, et il va toujours, à toute heure, dans la nuit même, consommant les espaces.

On peut se représenter déjà la rue Royale atteinte à son tour, dépossédée de son prestige Louis-Quatorzien, forcée jusqu'aux moindres fenêtres de ses nobles façades par les enseignes d'or et le plaquage des marques de fabrique. La rue de la Paix des débuts du vingtième siècle se prépare, et ceux qui, en ce temps-là, parleront des splendeurs du quartier Vendôme, paraîtront de pauvres vieux. Puis, devant le flot, la place de la Concorde cédera ses blanches statues, son obélisque, ses belles manières de grande dame. Puis les Champs-Élysées, l'avenue du Bois déjà meurtris, seront englobés et recouverts aussi ; le pic du maçon décrochera la racine des marronniers verts ; l'Immeuble, lourdement, pèsera sur cette terre à qui les corbeilles de roses sont légères ; le Jardin de Paris, cherchez-le, ce sera là-bas, là-bas, au loin, dans Boulogne ; à la place des petits chemins à bébés, là où l'on voit encore la Parisienne se risquer à ces « marches de santé », que nous nous figurons avoir prises aux Anglais et qu'en réalité pratiquaient déjà les élégantes du siècle dernier, sous l'influence des idées de Rousseau et des théories du docteur Tronchin, cela s'appelait même « tronchiner », on verra flamber le seuil des Doucet, des Virot, des Boucheron d'alors, sans doute fournisseurs de la Cour, à moins que ce ne soit déjà d'une nouvelle République...

Au total, c'est la Loi fatale de l'expansion des choses, où paraît plus mesquine encore, et plus fragile, la condition des êtres. Nous sommes dominés, broyés par elles ; quoi que nous fassions, elles ont le dessus. N'est-ce pas tout un symbole que cette marche en avant, quand même, du Boulevard déchu sur un point, pour reprendre plus loin sur un autre? entre les deux, les hommes s'agitent, font la mode, souffrent, se brisent, et disparaissent... Oui, tout se renouvelle et marche autour de nous, en dehors de nous, et cette vérité ne serait guère amie, si elle ne venait nous avertir de sacrifier tout à un peu de bonheur seulement.

Un souvenir du beau temps.

17 septembre.

J'apprends la mort d'un de mes amis les plus chers. Son nom n'offre aucun intérêt. Il était l'ennemi délicat des vaines réclames, et je croirais mécontenter son ombre par l'indiscrétion même la plus affectueuse. Si aujourd'hui je parle de lui, c'est que cet homme eut dans sa vie une idée exquise et c'est pour cette idée. C'était peu après les fêtes russes. L'empereur Nicolas était en Allemagne. Sur le boulevard je rencontre mon ami, brusquement disparu depuis plusieurs jours.

— D'où venez-vous? lui dis-je. Avez-vous fait une bonne chasse ?

— Non, j'arrive d'Allemagne.

Et avec un air de joie, singulier chez lui, me prenant le bras :

— Mon cher, une idée à moi. Figurez-vous qu'en apprenant que l'empereur de Russie partait pour Wiesbaden, il m'a semblé qu'il y avait là quelque chose à faire pour un désœuvré. J'ai donc pris mon billet, je me suis mêlé à la foule allemande, et planté au plus épais; et tout d'un coup, quand l'empereur Nicolas a paru, au milieu des « Hoch » qui montaient lourdement, officiellement, à deux pas de lui, un cri a retenti, le mien, un cri français : « Vive la Russie, vive le tsar! » Positivement l'empereur m'a regardé, salué, souri. Et à ce cri, qui était là, sur la terre ennemie, comme un écho de ce qu'il avait entendu chez nous, un prolongement, un au-delà de notre patrie apporté parmi ceux qui la haïssent, quel effet autour de moi! Ah! mon cher, j'ai passé là une minute délicieuse !

Curieusement, j'observai mon ami. Et tandis qu'il me parlait ainsi, je songeais à tout ce qu'en vérité cette inspiration d'oisif avait de grâce et de sensibilité adorables. Plus que les fêtes et dorures, elle donne la mesure de ce dont est capable cette âme de France quand elle vibre, et de tout le mépris qu'il faut jeter à ceux qui négligent de la faire vibrer.

L'éventail et les gants.

18 septembre.

Le corps de l'impératrice Elisabeth quitte la chapelle de la Hofburg pour le définitif silence du caveau des Capucins, et à tous les yeux vont s'évanouir ces attributs de la majesté dont on l'avait surchargé, sur drap d'or, en cette longue parade d'exposition. Comme de simples bibelots de pompes funèbres, disparaîtront la couronne impériale et la couronne royale placées à la tête du cercueil, et l'archiducal chapeau, et les insignes de la Croix étoilée, et les innombrables décorations en brillants. Ce fut là un magnifique attirail de douleur.

Et nul n'a songé que la seule explication au crime d'un Caserio ou d'un Luccheni pouvait être précisément dans la lourdeur de ces symboles.

Combien plus poignant, d'une plus réelle éloquence d'affliction cet autre détail : au pied du catafalque un éventail de dentelle noire et une paire de gants. Eventail qui en aile légère plus jamais ne battra, gants qui sur la main fine et longue semblaient vivants, qui peut-être ont applaudi du Glück, au temps heureux, dans la loge impériale qu'emplissait de gloire chère la jeunesse de Rodolphe, ou se sont posés sur la haute canne à pomme d'agathe sur laquelle s'appuyait l'impératrice, quand elle glissait, obsédée et solitaire, sous les pins sombres du Cap Martin. Vision de la femme, de ce qui fut la femme dans la souveraine, de ce qui fait la femme, et rien ne pouvait crier mieux, synthétiser de plus profonde et émouvante manière, toute l'horrible imbécillité d'un tel crime, que ces deux petites choses, justement de grâce et de fragilité. De l'assassinat politique ? Non point, l'assassinat tout court, quelconque, et devant cet éventail, et devant ces gants de femme, viennent tomber à leur valeur exacte les déclamations d'anarchie.

L'éventail et les gants. Attributs des vieux pastels à fond tendre et même des succès de M. Carolus Duran ; accessoires des sonnets, des romances, des sourires, de la beauté radieuse, — maintenant c'en est fait de leur spécialité exquise, du prestige de vie et de félicité qu'ils avaient pour l'imagination, ils entrent dans la section de la mort, ils se rangent officiellement du côté des tristesses. Ainsi peu à peu tout ce qui était charmant, tout ce qu'on croyait acquis pour l'évocation d'adorables tableaux, s'échappe endeuillé de nos mains ; du charme, cela ne peut durer, et l'on dirait que c'est le destin des choses aussi, de n'être assurées jamais de leur joie...

Le coup de sifflet.

19 septembre.

M. Tillaye a quitté le ministère sur le plaisir au moins d'avoir reçu, dans ses fonctions, une lettre spirituelle, de doléances. Cette épître émane de Léon Cléry. Si l'éminent avocat a fait ses adieux au barreau, il ne les a pas faits à ce démon du mot qui le rendait si bellement redoutable à ses adversaires, et même à ses clients. C'est M. Godin, — saluons ici l'Inconnu, notre maître à tous, — qui donnera à la lettre de Cléry la suite espérée, c'est le successeur de M. Tillaye qui dira si, oui ou non, l'usage continu que font du sifflet les trains en marche doit être enrayé, par pitié pour les oreilles, les nerfs, le besoin de repos du passager, et même pour la bonne venue à terme des espoirs de la patrie qui voyagent en valise maternelle.

En réalité cet abus du sifflet qui stride ou se prolonge avec trémolos, à propos de rien, pour le plaisir du mécanicien, ne se pratique que chez nous. Le sifflet est comme le galon de la locomotive. Elle en fait sa gloire. Elle en prend tant qu'elle peut. Deux secondes de tunnel, le moindre petit pont, la maison du garde-barrière, un arbre sur la route, une troupe d'oies aux champs, tout lui est bon pour manifester. Et par surcroît de la façon la plus vaine, puisque le fatal coup de sifflet qui n'aurait de raison qu'avant le danger, le plus souvent retentit pendant, et même après, inutilement exaspérant au jour, lugubre dans la nuit.

Il y aurait évidemment des réformes plus pressantes à ambitionner. Quand on songe par exemple qu'il a fallu un accident nouveau, survenu hier, en conditions identiques, dans le wagon où se produisit précisément la mort de M. Chaulin-Servinière, pour qu'on s'avisât d'examiner si ce compartiment ne recélait point d'aventure quelque vice de construction, le devoir s'impose d'un plus efficace souci des existences. Mais il y a toutes les chances pour que la réclamation patronnée par Léon Cléry fasse un chemin rapide, plus qu'aucune autre. Comme elle ne vise rien d'essentiel, on peut être certain qu'elle réussira. Et le Français sera content. Il lui restera d'ailleurs bien d'autres occasions de siffler.

L'Ève.

20 septembre.

L'administration des téléphones publie l'annuaire complet de ses victimes. La liste, qui est fort longue, prouve que le Français, en dépit de tout ce qu'on prétend, est corvéable dans l'âme, et que son aisance à se moquer comporte aussi la faculté de se moquer amplement de lui-même. Que des industriels, de notables commerçants, des fournisseurs se résignent, cela se conçoit; les quelques avantages que peuvent espérer par là leurs affaires font d'eux des victimes désignées. Mais on ne rencontre pas sans désappointement, en ce répertoire, des noms qui ne fréquentent pas précisément chez le Bottin, et l'observateur indiscret se demande à quoi par exemple peut bien rimer cet inutile objet d'utilité dans la vie d'une jolie femme.

Est-ce pour s'assurer des heures de répétition ou d'essayage que Wanda de Boncza, que Rachel Boyer, Rosa Brück, Lender, Marsy, Aimée Martial se sont consciencieusement fait infliger un numéro? Et Bob Walter, et mademoiselle Sapho de Colomba, et Liane de Lancy, et Renée Maupin, et tout ce qui est le sourire, et tout ce qui est l'amour, allô, allô! Qu'il soit dans le cabinet de toilette, souvent sur la table même de l'arsenal, ou dans quelque réduit obscur, je confesse une insurmontable antipathie pour cet administratif objet, outrage au home, aux petites mains pour lesquelles on n'avait pas rêvé cet exercice, aux lèvres qui ne sont pas pour effleurer ça. La Parisienne au téléphone, joli tableau d'intérieur, où l'idylle côtoie la commande d'un melon, où le même fil relie l'amant au cocher qu'on prévient, où la grâce s'affale en poses d'employés, où le plus exquis de la femme s'évanouit. Il y a longtemps qu'on a parlé du dernier salon où l'on cause : voici le tour du dernier petit meuble à écrire. Deux mots, dans lesquels Manon, pourtant, mettait tout son cœur? Un billet plus doux qu'une caresse, ailé comme un désir, poignant comme une plainte, un de ces billets qui se conservent et jaunissent après en relique, et disent ce que l'amour avait de meilleur? Non, plus de reliques; de l'amour? autant en emporte le vent. Tout à la minute, tout mécaniquement, tout pour anéantir sans pitié la pensée et l'illusion.

Ainsi, dans cette extériorisation de leur vie, dans cet assouvissement immédiat de leurs fantaisies, qui ne sont précieuses qu'un peu contrariées, dans ce maniement de ce qui est vulgairement pratique, les femmes laissent peu à peu ce qui faisait leur règne sur nous. Elles se plaignent de n'être plus divinisées comme autrefois. Mais sur plus d'un point, elles-mêmes ont aidé à cette laïcisation.

Une statue qui ne va pas.

21 septembre.

Il ne semble pas que la statue destinée à Allan Kardec réussisse, comme ferait sans peine la statue d'un simple politicien de province. Elle doit s'élever pour le cinquantenaire du spiritisme, et jusqu'ici, on a bien recueilli dans les vingt-cinq louis. C'est assez pour une plaisanterie, diront ceux qui dans Allan Kardec ne voient que le parrain français de ce petit jeu de guéridons dont se toquèrent, après l'Amérique, les salons de l'Empire, et pour qui toutes les idées, et le phénomène spirites, tiennent dans les coups frappés, les expériences de quelques vieilles dames et les interviews de Victorien Sardou.

Mais en réalité avec Allan Kardec se renoue la chaîne brisée de la croyance la plus ancienne. Cet homme n'a pas été comme on le dit l'inventeur du spiritisme, il a été l'agent prodigieux de la restauration d'une science, d'une doctrine, — et si le spiritisme ne prétendait se fonder sur l'expérimentation, par les moyens du positivisme le plus orthodoxe, on dirait d'une foi, vieilles comme le monde. Les initiés de l'Inde, de la Grèce, de l'Égypte, les druides de la Gaule, croyaient à la survie de l'âme, aux manifestations d'outre-mort corporelle, aux vies successives, aux réincarnations. Et le Christ lui-même, et les Apôtres, médiums d'une puissance souveraine, distinguaient « le corps spirituel » de l'autre. Les théories, les livres, les témoignages d'Allan Kardec, sont-ils, après avoir pris cette autorité au passé, restés d'autre part sans action sur l'avenir? les travaux illustres de William Crookes, qui trouva le quatrième état de la matière, d'Alfred Russel Wallace, de Zollner, d'Aksakof, de Robert Hare, de Dale Owen; les expériences du colonel de Rochas, de Camille Flammarion, du Dr Baraduc, du Dr Paul Gibier, du Dr Charles Richet, de Lombroso; les études serrées de M. Gabriel Delanne, et les sublimes livres de M. Léon Denis, — répondront.

Si solide pourtant est le préjugé, si massive est l'ignorance, que l'homme qui a suscité ce formidable mouvement de science, cette révélation dont les beautés nobles, consolantes, authentiquement chrétiennes, d'une valeur sociale immense s'affirmeront, elles, sans conciles, inquisitions, ni bûchers, reste pour l'opinion quelque chose entre un grotesque et un aliéné; et quand il s'agit d'honorer cet homme-là, on trouve tout juste ce qu'un snob qui se respecte n'oserait plus envoyer à une danseuse. Mais si effectivement l'Esprit d'Allan Kardec subsiste, — et en quoi cela pourrait-il surprendre ceux qui se piquent de croire en l'immortalité de l'âme? — il peut se rassurer, et sourire même du zèle d'ici à méconnaître tout ce qui nous éclaire ou nous élève, en songeant comment furent reçus ceux qui, pour la première fois, osèrent parler de la terre qui tourne et du sang qui circule.

L'absolu.

22 septembre.

La décision prise par le garde des sceaux (1) ne paraît pas avoir produit ce qu'on pouvait en attendre, un peu de détente et de calme, et quelque reprise de soi-même, devant la reprise de la légalité. L'imbroglio tragique s'est renoué hier avec le procès du lieutenant-colonel Picquart et l'Histoire du Petit-Bleu, avec ces mystères pires que la vérité, avec tout ce qu'il jette dans l'âme d'inextricables doutes. Et c'est à ce moment précis que M. le duc d'Orléans lance une circulaire. Non qu'une parole tombée d'en haut fût en des heures pareilles superflue : on la souhaitait au contraire, on eût aimé une décisive et reconstituante manifestation. Mais ce n'est pas du côté de M. le duc d'Orléans, et si claironnante que veuille être sa communication, il semble qu'elle sonne à faux. Immédiatement, on éprouve que l'homme de ces phrases-là n'est pas d'ici.

Twikenham, Vienne, Lisbonne, châteaux de la Sicile et de l'Espagne, fort bien. Ce sont là « doux pays », sans ironie. Mais combien il reste vrai que, pour se rendre compte de l'aspect des choses, de l'exacte valeur des sentiments, il faut être dans l'atmosphère et l'ambiance ! A lire cette opinion princière on voit trop qu'elle n'a pas participé sur place aux sursauts, aux secousses, aux hauts et bas, aux alter-

(1) La demande en revision du procès Dreyfus transmise à la Cour de cassation.

natives poignantes dont au jour le jour ont frémi nos consciences. Très cocardière, et pleine de jolis couplets, certes tout à fait selon nos goûts et nos plus chers espoirs : mais avec un je ne sais quoi, qui retarde sur les événements et les angoisses. Pour être, à cette heure, aussi affirmatif et d'une si fière intransigeance, il faut, en effet, n'avoir pas subi, vécu ici ces longues semaines démolissantes, tâté ce pouls qui battait trop vite, souffert de l'impossibilité où sont maintenant tous les gens de bonne foi d'être absolus. Il y a cas double de conscience.

Ah ! ce n'est pas un des moindres maux de cette affaire, qu'elle n'autorise plus d'intransigeance ni dans un sens, ni dans l'autre. C'est une grande douleur, de ne pouvoir être d'instinct, sans réflexion, aveuglément, ni du côté où l'on invoque l'humanité, ni du côté où l'on invoque la Patrie. Effroyable conflit d'aspirations, tel qu'aucune nation jamais n'en a essuyé. Mais, hélas, ce n'est pas avec ces demi-états d'âme qu'on fait un peuple, et quand pour un peuple disparaît la possibilité d'être absolu en ces choses-là, de les traiter en « blocs », il est frappé comme après une défaite.

Les coups de théâtre.

23 septembre.

Du fond de sa prison, le colonel Picquart, hier, était consulté par le ministre de la justice, et aujourd'hui il appartient au conseil de guerre. On ne sait pas d'ailleurs si demain, pour embellir cette série de surprises, on ne sera pas amené à le nommer par acclamation général, en même temps qu'il faudra nommer Emile Zola commandeur. Du train véritablement affolé où roulent toutes choses, il faut s'attendre au plus extraordinaire renversement des rôles, aux chocs les plus prodigieux. Sans doute c'était trop, qu'une apparence seulement d'orientation vers des voies normales et sûres; on commençait à entrevoir une route régulière, suivie après recueillement, au bout de laquelle, de toutes façons, il y aurait eu repos : non, pas de repos; non, pas même de trêve; le cri qui retentissait à l'oreille du Juif-Errant maintenant est, pour nous, — le terrible : « Marche ! marche ! » marche dans la boue, dans l'hallucination, dans la douleur !

Coup de théâtre, dit-on, et tout est dit. Nouveau coup de théâtre. Le Français est tellement épris de comédie et même de drame, et il a dans ses mœurs des façons si cabotines, qu'on croit à n'avoir pas à y regarder de si près, et en haut lieu, on fait admirablement les choses. Depuis dix-huit mois il y a du d'Ennery au gouvernement. Le quatrième acte se prolonge. Et avec des raffinements inconnus, des effets à vous décrocher l'estomac, devant une salle haletante, une salle telle qu'on n'en a jamais rêvée, une salle qui est tout un pays.

Mais en vérité c'est assez. On n'a pas le droit de jouer ainsi avec les nerfs et les cœurs d'un peuple, d'ébranler ses moelles jusqu'à perte complète d'entendement et de conscience, de tendre à outrance toutes les fibres, quitte à s'en aller après, en se lavant les mains. Un peu de discrétion, s'il vous plaît, messieurs, de pitié; ne chahutez pas ainsi au hasard les pauvres raisons, les dernier cœurs simples. Les émotions fortes tuent les vieillards. Et nous sommes des vieux, de très vieux Latins, qui ont déjà trop ricané ou trop pleuré. Si vous continuez, prenez garde, il y aura un malheur.

Le revolver de madame.

24 septembre.

Cette terrible affaire Dreyfus, l'Affaire, la seule affaire du moment, aura retenti sur tous les tons du scandale. Un député, plus connu d'ailleurs dans le parisianisme des gazettes et des on-dit que dans la politique, M. Paulmier, a éprouvé le besoin de manifester à l'improviste ses sentiments de fidèle attachement cocardier : aussitôt la polémique la plus passionnée s'est emparée de son nom, on l'a accommodé aux épithètes du jour, et comme si ce n'était pas assez de traîner dans la boue l'homme blâmable de ne pas penser comme son voisin, tranquillement, dans une proportion véritablement inappliquée jusqu'ici, on a déshonoré la femme.

Dans l'affolement de cet outrage, sans écouter personne, ni prendre langue, madame Paulmier s'est précipitée dans les bureaux de la *Lanterne* et a tiré six balles de revolver sur M. Olivier, le secrétaire du journal, un confrère excellent, qui d'ailleurs, ô justice de la justice par soi-même, n'y était absolument pour rien. Je ne dirai point que cette tentative de meurtre, même sur le vrai coupable, se doive justifier ; il se peut même que l'imagination de l'auteur trouve dans la chronique chuchotée une manière de circonstance atténuante. Mais en vérité, cette fois il y a trop pleine et trop belle mesure, et quelque ingénuité qu'il y ait à s'étonner encore des mœurs acclimatées dans la presse d'aujourd'hui, les écrivains et les journalistes seront les premiers à regretter de tels abus de pouvoir.

C'était peut-être assez qu'on n'ait plus le droit de garder un avis différent, sans devenir par cela seul crapule, bandit et assassin. Dans cet admirable état d'âme, il y avait suffisamment de quoi étonner le journalisme à double cravate de Royer-Collard, et même celui d'Andoche Finot. Les frais de la polémique faits par les femmes et les mères, si pompier qu'on risque de se révéler par une telle opinion, cela passe véritablement la liberté souhaitée, et achève de la rendre ennemie de la considération professionnelle comme du talent. Il y a d'ailleurs sur les femmes assez de vérités à dire par pure psychologie pour qu'on ne leur donne pas la revanche de pouvoir crier sur les toits à la calomnie (1).

Marchands de rire.

25 septembre.

Les théâtres rouvrent leurs portes. Un peu tardivement, et pour les mêmes raisons de température qui ont nui cette année à l'ouverture empressée des huîtres. Mais on rentre et le Parisien ne saurait tuer ses soirées à domicile. Pour cette rentrée, « l'Aînée » salue sur l'affiche « Zaza », et le retour d'Antoine sourit à celui de la Loïe Fuller, en attendant que Cyrano de Bergerac nous soit rendu, très coquelinant. Au théâtre,

---

(1) La Cour d'assises de la Seine a prononcé l'acquittement de madame Paulmier, mais l'a condamnée à 15,000 francs de dommages-intérêts envers M. Olivier, partie civile.

quand on a un succès, c'est pour longtemps. Et tous nos spectacles d'ailleurs, petits et grands, nous reviennent fortifiés de la consécration la plus cosmopolite, après tournées et adaptations. Maintenant la piquette aussi veut être retour de l'Inde.

Ces jours-ci, je lisais précisément le relevé des programmes de théâtre à Berlin. Sur une quinzaine de scènes, nos auteurs; de la vraie comédie aux turlutaines historiques, des produits français. Et parfois, de nos artistes ne craignent pas d'aller faire triompher devant les capitaines retraités qui furent à Sedan l'art français et parisien. Ça, pour nous, qu'on le sache bien, c'est la gloire des grands jours. En temps ordinaire, nos œuvres, régulièrement représentées, suffisent à démontrer par elles-mêmes la suprématie de la gaieté française, l'exquise délicatesse de nos goûts, la profondeur de nos vues, la hauteur de nos aspirations. Les écrivains allemands sans doute ne seraient pas capables de concevoir et d'exécuter ce genre de littérature : ils reconnaissent ainsi ingénument, ou plutôt peut-être avec une nuance d'ironie, qu'il n'y a que nous pour avoir ce chic-là. Nous avons conquis au moins là-bas les colonnes Morris, et on peut être fier d'être Français en les regardant.

Mais quelque lustre que nous valent ces succès de théâtre, j'avoue absurdement ne me sentir guère flatté de cette espèce de supériorité qu'on nous abandonne. Alceste jurait que l'ami du genre humain n'était pas du tout son fait : l'amuseur de l'Europe, voire de l'Amérique, devrait-il être le nôtre? A la fin, elle agace et humilie cette réputation où l'on nous enferme de divertisseurs patentés et brevetés, de jongleurs et de chatouilleurs. Ce n'est peut-être pas ce qu'on avait le droit de rêver. Les optimistes pourtant voient là une revanche. Une revanche avec Polichinelle. Et M. Auguste. Ils sont contents de peu.

Le rire Krupp.

26 septembre.

Un de mes amis qui rentre, rapporte avec lui une collection portative dont sur le boulevard il a bien voulu régaler ma vue. Ce sont des cartes-postales allemandes. Blanches et en couleurs. Illustrées. Des médaillons en photo-gravure, et même des scènes complètes, dont la suite fait paquet de six. Cela représente, avec un succès d'humour et de haine qui a éclaté sur toute l'étendue de l'Empire, les souvenirs et incidents du procès Dreyfus. Les portraits cousus l'un à l'autre, noms dessous, en tenue, de tous les généraux et officiers mêlés à l'affaire, des séries symboliques, et surtout la série intitulée « la Dame Voilée ». D'un fiacre borgne descend une femme enveloppée d'un long manteau qui ne laisse passer que des éperons; dans un mouvement pour tendre quelque chose à l'individu qui l'attend sous un réverbère, son manteau se dérange et montre sur la poitrine la croix de la Légion d'honneur : en remontant vite en voiture, elle s'embarrasse dans un long sabre; rentrée, devant la glace elle se dégrafe et apparaît en uniforme français, dans la ressemblance exacte du commandant du Paty de Clam.

Ainsi pour tous les incidents dont cette lugubre histoire a déjà frappé notre malheureux pays. Et on attend les autres occasions. A côté on s'amuse, on rit. Ces cartes sont la joie du commerce, des familles et même de la prostitution. De haut en bas, littéralement, on s'arrache cette mise en risée et ces outrages ; le noble cœur allemand s'y assouvit. Des Français n'auraient jamais fait cela. Si dégringolés qu'on aime à nous croire, de pareilles lâchetés, de si vils moyens ne sont pas de notre caractère. Ce qui en est douloureusement, c'est que de telles manifestations n'éclairent pas l'unanimité des Français sur le mal qu'on leur veut et qu'ils se font.

Mais on se demande comment un homme qui s'est, comme l'empereur Guillaume, révélé parfois avec tant de chevaleresque apparence et d'élévation, peut approuver ces procédés de grossière platitude, et comment il consent à ce qu'on les estampille, les rende quasiment officiels, par le timbre aux aigles impériales ; il y a là quelque chose qui doit blesser en lui le soldat comme le fervent de Lohengrin. Et l'on se demande comment un gouvernement peut de l'uniforme français laisser faire cet usage, et des officiers au service ce pitoyable jeu, sans au moins s'étonner.

De l'encre, du sang.

27 septembre.

Madame Paulmier a cru devoir venger son honneur comme on sait, avec un procédé qui n'est pas éloigné des pratiques d'Émile Henry et de Vaillant. M. Paulmier à son tour se présente pour venger le sien, et il envoie deux amis à M. Millerand. Après une longue discussion, les quatre témoins constitués ne pouvant tomber d'accord décident qu'un arbitre dira si les témoins de M. Paulmier doivent s'adresser au rédacteur en chef de la *Lanterne* ou à l'auteur de l'article. Il s'agit d'une question de principe. Il est permis de l'examiner.

Le rédacteur en chef, incontestablement, semble responsable de ce qui se publie dans son journal. Dès l'instant qu'il a le droit d'arrêter un article, s'il le laisse passer, il le sanctionne. Cette règle pourtant, comme toutes les règles qui se respectent, souffre des exceptions et que l'usage a consacrées. Il est certain que si l'auteur d'une attaque n'offre point les garanties suffisantes, s'il n'a pas la surface, s'il peut être récusé pour sa personnalité ou son caractère, le rédacteur en chef doit être recherché et ne saurait sans faiblesse se dérober. Mais tel n'est pas précisément le cas de M. Henri Turot. M. Henri Turot a écrit un article qu'il regrette, et la manière seule dont il a traduit ses regrets, sa douleur profonde, dit assez ce que vaut le cœur de l'homme. Son attitude émeut et l'honore. Au point de vue professionnel, si son emportement veut être déploré, nul n'a jamais eu le droit de suspecter sa correction et sa loyauté. Il est bon pour marcher, il n'y a aucune raison pour que le rédacteur en chef lui inflige une substitution offensante, il a revendiqué toutes les responsabilités, — c'est donc à lui qu'il faudrait aller, en ce qui concerne le fond de l'article en cause. Que si, dans l'espèce, c'est un député qui croit avoir à se plaindre du manque d'égards d'un collègue, il y a deux affaires. L'une vis-à-vis du journaliste, l'autre vis-à-vis du député. Elles ne sauraient se confondre.

Ce n'est d'ailleurs pas sans mélancolie qu'en l'heure présente nous assistons à ces préludes de rencontres. Le premier sang a coulé à propos de cette affaire maudite. Du sang encore, cela effraie. Le sang appelle le sang, et je ne sais quels pressentiments vous assaillent. Souhaitons avec un amour redoublé pour la patrie que la grave décision prise hier par les ministres nous rende à nous-mêmes et dissipe cette horrible odeur de guerre civile qu'on croirait sentir monter du fond des tumultes...

Une revenante.

28 septembre.

Paul Déroulède a enlevé dimanche, salle Guyennet, un grand succès personnel. Il n'a eu qu'à paraître. Si divers qu'il semble en politique, son fonds intégral, toujours intransigeant, de patriote, le place en dehors des partis. Il a un coup de clairon à lui, qui domine et entraîne, quel que soit le camp d'où il le fait partir, et qui ce dernier dimanche encore a rallié, unifié un auditoire immense, a été entendu au loin, a réveillé brusquement de son sommeil toute la Ligue des Patriotes. Et cela fait penser à la ballade de Henri Heine. On reverra donc le symbolique L. D. P. La ligue renaît et se redresse. Nous voilà rajeunis de dix ans.

Un jour était venu où elle avait pu comprendre que sa raison d'être n'existait plus, que sa tâche était accomplie. Issue de l'épreuve, du besoin de s'unir, d'espérer, de se vivifier, le but atteint elle devait se dissoudre, comme elle l'a fait, sous peine de prendre le ridicule d'une héroïne qui ne sait pas vieillir. Hélas, dans le moment présent elle ne semblera pas ridicule du tout. Si sincèrement épris de justice qu'on soit, on ne peut méconnaître qu'il y ait quelque chose à côté de la justice qui veut être maintenu. Et si optimiste devant la circulaire adressée par le garde des sceaux aux procureurs généraux (1), on ne peut considérer comme superflus l'effort des simples citoyens et leurs manifestations. La Ligue des Patriotes peut aujourd'hui se réclamer comme hier d'une action utile : mais c'est précisément à cause de tout cet « hier » qu'elle évoque et nous rend, que si nous la saluons, c'est cette fois avec mélancolie. Ces dix ans ? Un rêve, paraît-il. Un rêve de force, de confiance, de sécurité reconquises. Et c'est comme s'il n'y avait rien de fait.

Tandis que j'écris, justement de la rue qui s'affole, monte la clameur des camelots, Et dans ce monstrueux croassement un cri : Voyez le *Drapeau*, le *Drapeau!* par Paul Déroulède. Ce qu'il y a dans ce papier à images est évidemment très bien, très beau. Mais j'avoue ne pouvoir entendre ce cri-là sans un serrement de cœur. Le drapeau, le drapeau. Où nous en sommes? Le voilà dans la mêlée, près des ruisseaux, tombé de la main du soldat dans celle du marchand de scandales ; et il redevient nécessaire de le chanter, et il veut être encore défendu !

Devant l'or.

29 septembre.

Là-bas, dans les sombres caveaux de la Monnaie, des hommes travaillent. Vision d'or qui fond, ruisselle, se frappe. Et de ces mains noires l'or et l'argent

---

(1) Le garde des sceaux autorisait enfin les procureurs généraux à poursuivre les attaques contre l'armée.

ressortiront façonnés, étincelants, authentiquement dieux. Et pour ces hommes, tant d'or, tant d'argent, ô merveille! cela n'est rien, ne représente rien. Ils traitent ce métal affolant comme le pâtissier ses tartelettes, ils n'éprouvent rien devant cette magie, et ce n'est pas une des moindres beautés du labeur quotidien, opiniâtre, d'affranchir ainsi l'esprit des tentations vulgaires.

Un de ces hommes pourtant vient, paraît-il, de succomber. Il a une femme, des petits. Vivre avec son salaire? Dans une aberration il ramassait de minces lamelles de cet argent, des rognures tombées, une poussière. Un receleur lui payait le tout d'un morceau de pain qui, d'ailleurs, ne suffisait pas non plus à nourrir les cinq enfants que l'homme laissait à la maison. Et on l'a pris, quoiqu'il fût jusqu'ici irréprochable. L'incontestable et superbe loi est là. Elle atteindra ce malheureux. Elle lui fera expier, à lui pauvre et sans défense, ce qu'elle ne fait pas expier à d'autres qui, eux, opèrent dans les poches. Et il n'y a pas de doute : les enfants de cet homme ne seront pas seulement des fils de miséreux, ils seront dûment fils de voleur. La société, en temps voulu, plus tard, quand ils essaieront d'être par leur mérite propre, se fera une joie véritable de le leur rappeler.

Mais si la loi est la loi, le cas de cet homme impressionnera vivement ceux qui n'ont pas le triste honneur de l'appliquer. Ce pauvre diable, écrasé de charges qui pourtant lui sont chères, sans instruction, sans espoir, oui ma foi, on prétend qu'il soit d'une qualité de conscience ignorée parfois des gens les plus désignés pour elle. Et que lui fournit-on, à lui qui donne tout, pour avoir le droit d'être à son égard si absolu, pour exiger qu'il soit si exceptionnel, sans tentation, sans faiblesse, sans cœur même en songeant que ses enfants ont faim? On ne le rétribue même pas honnêtement de son ouvrage. En vérité, c'est admirable, admirable qu'on puisse mourir de faim en travaillant de l'or, admirable qu'une société puisse vous faire un crime d'un crime qu'elle provoque et rend pour ainsi dire inéluctable. Parfois, dans les familles, il y a encore de bonnes dames qui regardent à ne rien laisser traîner pour ne pas tenter les domestiques. C'est aussi charmant que suranné. Imprudente corruptrice et cependant justicière, la société ferait bien de s'inspirer d'une si délicate sagesse, et avant de crier si fort, de se mettre en règle avec son propre devoir.

Un déjeuner.

30 septembre.

On a déjeuné hier aux Affaires étrangères. Cuisine exquise, et convives d'une qualité véritablement intéressante. Mais c'était comme un déjeuner des funérailles. Les funérailles de Cuba. Autour de la même table, les représentants des Etats-Unis et ceux de l'Espagne, le général Horace Porter et M. Léon y Castillo, Jonathan voisinant du verre avec le Cid, toute la commission de la paix devisant *sub rosa*. Hier la tuerie farouche, aujourd'hui le charme d'une digestion très diplomatique. Quand deux adversaires, après la rencontre, se serrent la main, on sourit comme à une comédie. Mais l'hypocrisie internationale s'accommode à merveille de cette mastication sympathique, après horreurs, autour des pièces en belle-vue. Le bon sens, simpliste, ne saisira pas l'étrangeté psychologique de pareilles agapes, et dès l'instant qu'officiellement on déjeune ensemble, les malheureux qu'on a ruinés, les veuves, les orphelins, n'ont plus qu'à se déclarer contents.

Quoi qu'il en soit, c'est un succès pour Paris. On insinuera que, chômant actuellement de rois et de princes, l'Auberge de Candide se rattrape comme elle peut. Mais à l'heure présente, où nous semblons comme détachés du reste de l'Europe, occupés uniquement à nous ronger le cœur, ce choix fait de la France et de Paris, tout bruit de fourchettes à part, vient à point pour nous rappeler que notre pays pourtant, ça existe, et qu'au dehors, par bonheur, on en fait en toutes choses plus de cas que nous-mêmes. Nous aurons beau dire, et M. Léon Bourgeois, d'un mot spirituel, aura beau blaguer nos institutions devant l'étranger, comme il fit hier au congrès de l'Art, à Bruxelles, en réalité il n'y a que pour les Français que la France semble ne plus devoir compter.

Le bizarre état d'âme! Ils mettent toute leur coquetterie à s'invalider, à se déclarer parfaitement atteints, finis. Ils ont comme une nostalgie de ramollissement, une vanité d'être écroulés. Un cas qui ne s'était pas encore vu. Et l'on parle de l'immense orgueil français? C'est-à-dire qu'il faudrait au contraire souhaiter qu'il nous fût rendu, l'ancien, qui nous soutenait, et par où on s'inspirait. Je ne sais ce que veut nous faire entendre au juste ce beau jeune homme à barbe, qui depuis quelques jours, sur des affiches, annonce « qu'il paraîtra prochainement (1) ». Mais on peut prédire un rude succès à l'homme qui

---

(1) Ces affiches, très prodiguées dans Paris, représentaient M. le duc d'Orléans.

nous crierait enfin : « En voilà assez ! Pourris par persuasion, faux suicidés et piétineurs de votre gloire, levez la tête ! »

Septennat de mort.

1ᵉʳ octobre.

Il y a aujourd'hui sept ans que le général Boulanger se tuait à Ixelles. Les œillets continuent de fleurir mais ils ne disent plus rien, les refrains sont morts sur les lèvres, et ce qui reste de ce temps effacé, c'est, çà et là, seulement quelques guérites tricolores. Mais dans l'éloignement, combien ces heures d'autrefois s'embellissent, et de quelle grâce, de quelle précieuse forme de vie, maintenant se revêt toute cette ardeur vers un jeune général qui savait parler au courage, à l'espérance, aux âmes ! Il semble à présent qu'alors c'était le bon temps, et ceux-là mêmes le reconnaîtront, qui se refusaient à suivre le général dans les manifestations de cette politique pour laquelle n'étaient faites ni sa loyauté ni sa candeur sentimentale.

La vérité vraie, c'est qu'à distance, la manière dont les passions, les rivalités, les intérêts, la peur au ventre se débarrassèrent de cet homme, de qui la popularité prodigieuse menaçait les satisfaits, apparaît comme un des exemples les plus surprenants de ce qui peut se perpétrer tout en invoquant la Loi. Les circonstances actuelles prêtent à la combinaison et aux exploits de la Haute-Cour un relief saisissant. Des magistrats, des députés, des sénateurs se sont trouvés pour exprimer des faits ce qui peut-être n'y était pas suffisamment, pour dénoncer une culpabilité plutôt d'interprétation ; à qui veut et sait penser, il devient clair que le général a été jugé, frappé, exécuté selon une formule d'exception, un procédé qui tout juste n'est pas étranger aux émotions, aux soucis de ce jour. Ce serait le cas de lancer le fameux : déjà? Une façon de précédent se dessine. Et quand on songe à ces choses, il faut songer aussi que l'homme de ce jugement-là était précisément M. Trarieux.

Pauvre général, mais est-il à plaindre maintenant? Tout ce qu'il a eu, tout ce qu'il n'avait qu'à prendre, ne vaut pas ce que son cœur a connu. Les malins et les forts diront que ce général était un simple caporal amoureux et qu'il n'avait pas le droit de finir ainsi : mais c'est par cette faiblesse-là que son nom rayonnera, et il y a beau temps d'ailleurs que ceux pour lesquels il eût essayé de vivre l'auraient déjà sacrifié. Lui au moins est sorti du cloaque par un coup d'aile.

Agitez fortement.

2 octobre.

Aujourd'hui, dimanche de meeting. Salle Wagram, M. Francis de Pressensé, voisinant à la tribune avec le citoyen Allemane, traitera de l'affaire. Et le cas est curieux, tout particulièrement indicateur des perturbations profondes du temps présent, de cet esprit d'une distinction éclairée, pondérée, d'un genre éminemment cabinet de travail, consentant tout d'un coup à l'extrême, et y trouvant même de puissantes sensations. De l'autre côté, M. Paul Déroulède avait convié les Parisiens avenue de la Grande-Armée. Mais il décommande la réunion, en annonçant que son devoir étant de se dresser plutôt devant des adversaires, il se portera au-devant d'eux, chez eux. Heureux les sages qui feront de l'automobile, sur les routes encore blanches, dans les dernières suavités d'automne.

En vérité, on ne comprend plus. Et comprenez-vous, vous Brisson, qui sans doute n'avez pu appuyer si fort votre opinion, qu'avec l'argument d'une détente certaine, après l'intervention de la Loi ? Qu'y a-t-il à dire maintenant que la Loi opère, que la Cour de cassation se trouve saisie ? Quelle parole s'explique devant l'action commencée, quelle attaque devant le but atteint ? Tout ce qu'on légitimait hier par l'exaspération, par une houle de consciences, perd aujourd'hui son excuse. L'occasion pourtant était unique, de prouver, non sans grandeur, qu'il n'y avait dans les replis de cette affaire ni complicité d'anarchie, ni fureur de démolition. On eût aimé ce beau spectacle d'une charge à fond, s'arrêtant net. Et qu'aurait-on pensé devant la surprise d'un désarmement si logique, d'une attente plus respectueuse de l'heure décisive et proche, sinon qu'il n'y avait là en effet qu'une insoupçonnable sincérité, et ce que la passion a de plus noble ? Pour ceux qui viennent de lire ce que la « Gazette de Cologne » dit de la France « dont il n'y a plus à s'inquiéter parce qu'elle est aux prises avec l'affaire Dreyfus », une telle démonstration peut-être eût été la bienvenue.

Mais non, ce serait évidemment trop beau, trop heureux, que l'apaisement se dessinât seulement : Conybeare ne veut pas. Et cela désobligerait la directrice de l' « Observer ». C'est dit. Jusqu'à ce qu'il n'en puisse plus, on agitera, harcèlera, affolera cet infortuné pays. Napoléon, paraît-il, ne sentait pas les battements de son cœur. Constant, dans ses Mémoires, affirme cette singularité, et déclare que personne jamais, ni lui le valet de chambre, ni Corvisart le médecin, n'a senti ce cœur battre sous la main. La France, elle, sent battre le sien. Mais encore un peu de ce régime, et ce sera à se rompre.

Une bourgeoise.

3 octobre.

Madame Carnot est morte hier tout d'un coup, et dans cette fin même, brusque comme celle du Président, il semble que la destinée ait voulu maintenir l'harmonie qui caractérisa l'étroite union de ce couple. Ce fut un couple. Il n'y en a pas beaucoup, dans l'acception haute du mot, et sur un tel accord, une si belle vie à deux, les nerfs se reposent, les désenchantements se consolent. Voilà enfin la rencontre de deux êtres qui se sont compris, complétés, conjoints parfaitement, de goûts, de qualités, d'idées, d'âme. Ils étaient faits l'un pour l'autre, ils l'avaient deviné le premier jour, et chose admirable, véritablement unique, pas une seconde, dans une longue existence, ils n'ont eu à supposer qu'ils s'étaient trompés. Si l'on demande encore, comme il est de mode, ce qu'il faut penser du mariage, voilà qui l'excuse, le réhabilite, le grandit, et à elle seule, la possibilité d'un tel spectacle de valeur morale, de beauté humaine, est anoblissante.

Parvenue à l'improviste aux sommets, épouse, mère, avec des devoirs en outre pour lesquels elle ne semblait pas préparée, cette femme sut remplir également les mérites les plus divers, avec une simplicité, une grâce de cœur, une aisance, une distinction, une supériorité qui la firent l'égale des plus hautes. Quand l'Impératrice de Russie vint à Paris, elle alla spontanément voir madame Carnot. Elle la trouva dans son oratoire, empli des souvenirs du 24 Juin. Les deux femmes s'unirent en piété. Et celle qui recevait la visite d'une souveraine n'était pourtant qu'une bourgeoise. Mais de cette forte bourgeoisie française, volontiers calomniée aujourd'hui, battue même en brèche, toujours debout cependant, et dont en elle il convient de saluer comme une ressource, une réserve pour l'avenir, le type inaliénable.

La République sans doute voudra honorer les obsèques de madame Carnot qui, en son nom, et en celui de ses enfants, refusa pension et dotation. Elle le peut, elle le doit. Avec madame Carnot c'est une grande figure féminine de la République qui disparaît. Les romanciers, les auteurs dramatiques, les chroniqueurs ont eu l'occasion assez d'exercer leurs talents avec la « dame » de M. le ministre. D'une femme comme celle-là, la République avait besoin. Il ne se fait rien de durable sans les femmes. Et quand elle disait qu'elles sont le lien des forces, madame de Staël rendait le plus bel hommage à leur faiblesse.

Un patron.

4 octobre.

La grève des terrassiers a donné au comte Albert de Dion l'occasion d'une manifestation qui veut être retenue. Dans une lettre publique, en même temps qu'il offre sa souscription à la grève, il donne son avis sur le rôle des prudhommes, le devoir des patrons, la condition faite par la Ville aux ouvriers. Il n'en est pas encore à souhaiter comme Le Play, dans son beau livre des *Ouvriers Européens*, que les populations ouvrières ne paient pas de loyer pour leur maison; mais il rend justice à leur labeur, à leurs plaintes, et on ne peut nier qu'il soit sincère, au courant des questions de travail, compétent.

Ce patron qui se fait ainsi honneur de son usine, de son expérience, de ses idées, qu'est-il cependant? Un Parisien de l'essence la plus authentique. Hier encore il personnifiait le club, le snobisme, l'aventure retentissante, le conseil judiciaire, l'oisiveté qui se croit obligatoire. Le comte de Dion, pour l'imagination des sots, c'était la vie à grandes guides : et maintenant il fabrique des automobiles. C'est d'Hozier entrant dans le Bottin. Un matin il s'est mis courageusement à l'œuvre, il a été intéressé par une besogne régulière, normale, utile ; il a appris, il a découvert qu'il y avait d'autres problèmes que celui d'un complet inédit, autre chose que le vide où l'on tourbillonne et se neurasthénise, et dans le gentilhomme de mode, excellemment l'homme s'est dessiné, s'est fait, a triomphé. Cela ne l'empêche pas d'avoir sa fleur à la boutonnière : mais il doit lui trouver un bien autre parfum (1).

Aussi bien, pour tous ceux qui se croient attachés à l'ennui par l'ombre de quelque grandeur, se lamentent sur l'absurdité de l'existence et demandent que

---

(1) La résolution prise par M. le comte de Dion se trouve conforme à cette thèse du travail, de l'effort personnel si chère à Tolstoï. On sait que le grand écrivain slave confectionne lui-même ses souliers.

faire, — voilà la réponse. Le cas et l'exemple du comte de Dion feront songer sans doute le prince d'Aurec, le bonhomme Poirier y prendra des arguments à entraîner ce pauvre marquis de Presles, et plus d'un de ces jeunes, dont le vicomte de Royer vient précisément d'étudier dans la *Revue des Revues* les parchemins sans réalité ni valeur sociale, y trouvera une leçon. Mains blanches, à la pâte ! Les vieux temps sont accomplis. Les fils ne seront plus fils que de leurs œuvres.

La fleur de vertu.

5 octobre.

On disait que la petite ville de Condé refusait la statue de mademoiselle Clairon « rapport aux mœurs ». Non point. Il n'y a là qu'une question d'argent. Et dans la petite ville, la Société Clairon, le café Clairon, le théâtre Clairon, le musée Clairon, les plaques commémoratives, prouvent qu'on ne connaît pas la vilaine sottise de Tartufe. Il eût été trop original, en vérité, d'aujourd'hui voir incriminer dans la comédienne la jolie femme, qui fut très femme. Assurément ce nom de Clairon fut un peu à « Claire » Leris ce qu'est Marion à Marie, — diminutif délicieusement compromettant, et pour l'actrice le rire de théâtre devint parfois sourire de souper. Mais il eût été singulier de tenir rigueur à cette exquise ancienne, — pastel effacé, — de ce qu'on accepte, recherche et fête chez les vivantes.

La vertu a ses cadres, ses ambiances, ses spécialités. Quand elle se manifeste sur les planches, elle est comme en excursion. Il y a certes des exemples touchants, et qu'on cite avec un étonnement respectueux. Mais par la qualité de leurs vibrations, les hasards qui ont présidé à leur vocation, la vie particulière qui leur est faite, il semble que les Clairons doivent jouir du privilège de plaire en tous genres et de la manière qui convient à leur fantaisie. L'essentiel est d'avoir du talent, un art qui classe à part, et on ne saurait faire un trop joli compliment à mademoiselle Sorel par exemple, qui hier a eu la finesse de vouloir tout d'un coup soutenir sa réputation de capiteuse Parisienne, à Lysistrata, de quelque chose de très authentiquement odéonien. Ceci ne tue point, mais au contraire sauve cela.

Je sais bien ce qu'un tel point de vue peut susciter d'observations très orthodoxes. Mais les plus intransigeants avocats de la morale ne sont pas les plus sûrs. En matière de vertu aussi, il convient d'observer la séparation des pouvoirs. Ce qui est d'ordonnance ici, là peut rester facultatif. Et en réalité, en n'étant pas trop exigeant envers celles que rien jusqu'ici ne désignait pour des candidatures au prix Montyon, on prend le droit d'apprécier avec moins d'indulgence la foule imposante des autres, qui pour être plus naturellement indiquées, et mieux garanties, ne pratiquent pas la vertu davantage...

Un succès pour Pitt.

6 octobre.

Le capitaine Marchand, le premier occupe Fashoda. Son expédition est glorieuse ; sa petite troupe réalise des prodiges inconnus, même sur cette terre d'Afrique qui, aux nôtres, inspira tant déjà ; dans l'histoire du pays c'est une page admirable qui s'écrit ; et toute l'Europe se passionne, — jusqu'à la haine, — et le nom de ce Français emplit tous les journaux du monde. Ici? dans le compte rendu du dernier conseil des ministres, pas un mot sur cette affaire, ses conséquences, les soins qu'elle mérite ; dans les journaux, aucun de ces « papiers », à grand luxe d'actualité, qui font la fortune d'un événement; sur le boulevard, dans les cafés et les clubs, Fashoda où est-ce? et Marchand c'est que ça? Echos du pays, parlez-nous de l'île du Diable, d'Esterhazy, de Schwarzkoppen et des sergents de ville qui assomment.

Positivement, il faut que le soleil lui ait tambouriné bien dur sur le crâne, pour que ce héros, qui s'est frayé une route à travers mille morts, et augmente la patrie, ait pu s'imaginer qu'il intéresserait. Sans doute, de son poste de péril et d'honneur, avec une mâle joie, il s'est hâté de faire connaître son succès : faut-il, en effet, qu'il ne soit plus d'ici, celui-là, pour supposer qu'on s'en impressionnera! faut-il que du lointain des solitudes immenses, il croie que son pays est toujours celui dont au cœur il garde la vision, faut-il qu'il ne sache point! En vérité c'est émouvant d'ignorance, et tragique d'ingénuité. Il s'agit bien à cette heure de ce qui réconforte et redresse. Pour l'instant, il n'y a plus ni gouvernement, ni peuple. Une moitié des Français insulte l'autre, qui réplique en insultant, et des deux parts c'est au nom des principes! C'est l'anarchie par persuasion, c'est la République à cent têtes, comme l'hydre, et divisible.

Pendant ce temps, la presse anglaise n'hésite pas. Elle ne réclame rien moins que le désaveu du capitaine

Marchand, et notre retraite devant son Kitchener (1). Il n'y a qu'à hausser les épaules à de telles outrances. Mais elles ne sont pas sans excuse. Nous donnons évidemment à penser que le moment est venu où il n'y a pas à se gêner. Et sans doute l'Angleterre savoure aujourd'hui ce mot de Pitt, que rapporte Michelet : « On ne viendra jamais à bout de la France que par la France. »

D'étonnants étonnements.

7 octobre.

J'ai lu ces jours-ci, à propos de la mort d'un Parisien connu, que l'affliction de sa famille avait été cruelle, son dévouement sans bornes. Et le tableau de ce déchirement et le tableau de cette charité de chevet se faisaient pendants, merveilleux d'intensité. Mais on ne peut se défendre de quelques réflexions en parcourant cette prose des journaux. Des mondanités aux faits-divers, ils ont pris une singulière manie. Régulièrement, dès qu'un mort est en train, illustre ou seulement notable, c'est à qui dépeindra, dans les termes de la plus copieuse éloquence, le désespoir des siens, et leurs surprenantes vertus : madame X... a été admirable d'abnégation, elle a veillé, elle a soigné, elle n'a pas voulu entendre parler de repos ; la douleur de ce fils était immense et faisait mal à voir ; ces filles qui se refusaient à croire à la réalité n'ont pu retenir une minute les larmes qui leur dévastaient le visage.

---

(1) Et elle eut satisfaction.

C'est une description d'intérieur toujours fidèlement reproduite, et pour moi, quelque part que j'aie pu prendre parfois à la tristesse des circonstances, je n'ai pu jamais me la laisser servir sans un sourire. Vraiment, qu'y a-t-il donc de si extraordinaire à cela? Convient-il de manifester un si bel étonnement, et n'éprouve-t-on pas que le fait seul est désobligeant de signaler comme un cas remarquable une chose qui va de soi? Cette femme qui soigne ardemment et pleure celui qui l'a choisie, ces enfants inconsolables de la perte qui les frappe, y a-t-il vraiment là matière à tels dithyrambes, et allons-nous nous étonner maintenant de ce qui est de la plus élémentaire nature!

On dirait que ce sont là des sentiments devenus exceptionnels, et qu'il faut rendre un hommage public à ceux qui les pratiquent encore. Et d'ici je vois l'auteur des « Dégénérescences » en train d'augmenter ses documents, et en joie tous les intrépides videmœurs dont le besoin d'écrire exige absolument que nous soyons ignobles. Mais il faudrait peut-être commencer à ne pas leur donner cette satisfaction, ce prétexte à déduire que, chez nous, on pleure plus rarement quelqu'un des siens que son chien perdu ou son argent.

Le plumage.

8 octobre.

Le docteur Variot, apercevant à sa consultation gratuite de l'hôpital Trousseau, deux femmes accommodées avec une élégance pleine de contrastes, leur dit : « La consultation c'est vingt francs, que vous allez verser entre les mains de mon interne, pour les petits enfants pauvres du service. » Les femmes bien mises protestèrent, refusèrent, quittèrent la salle, et depuis c'est toute une affaire.

Le docteur Variot, qui est praticien éminent, n'a certes pas de peine à démontrer que la consultation des hôpitaux étant instituée pour les indigents, le fait d'en user à tort constitue une véritable exploitation de la charité publique, un vol sur la misère; et sa protestation est justement énergique, contre ceux qui se livrent à cette étrange contrefaçon, et pratiquent jusqu'en une telle matière cet art du truc, maintenant, semble-t-il, inscrit dans le bréviaire de tout Parisien qui se respecte. Mais si l'attitude du docteur révèle un homme de conscience, soucieux du seul privilège des misérables, elle témoigne moins sûrement de son entente de la vie. Prétendre juger sur l'habit, cela ne manque pas d'ingénuité psychologique, et il faut en vérité être d'un autre temps, pour estimer, définir, cataloguer les gens d'après festons et astragales.

Les gens les plus chic ne sont pas les plus assurés dans l'existence. Il semble au contraire que la vraie fortune, parmi tous les luxes qu'elle sous-entend, permet celui de la simplicité, et le mot est toujours philosophique du millionnaire qui disait : « Je n'ai plus besoin de faire croire que j'ai de l'argent, on sait maintenant que j'en ai. » Il y a des gens vêtus comme des ambassadeurs et qui cherchent leur dîner : c'est même leur moyen de le trouver. On sait ce qu'en vaut l'aune, depuis les vieux mélos de la misère en gants blancs et les *Lionnes pauvres* ont dit ce que peut cacher un chapeau à plumes. Dans une réalité plus honorable, la femme du fonctionnaire, de l'employé d'administration, du petit commerçant, est-elle libre de sa tenue? Ne doit-elle pas sacrifier à des exigences stupides qui précisément épuisent le budget, et pour avoir sur le dos une apparence de ce faux luxe, que d'ailleurs le « Bonheur des dames » distribue en masse pour rien, n'en sera-t-elle pas moins une pauvresse? Ah, docteur, attention : il y a par là aussi des privations, des impossibilités, des angoisses, des sanglots ; il y a des drames de fatalité sociale, de dignité, de fausse pudeur. Il n'est pas si aisé de scruter des cœurs sous l'enveloppe, et le dernier mot n'est pas à la leçon d'anatomie.

Vente mobilière.

9 octobre.

Les amis d'Emile Zola, ses amis anciens et ceux qu'il s'est faits par sa protestation, ont tout tenté pour que la saisie et la vente fussent épargnées à l'absent. Ils ont offert de régler, ils ont même apporté l'argent. Et cet argent est devenu miraculeusement de l'argent repoussé. Oui, on a vu un huissier refuser de l'argent, des créanciers fermer dur la main. Il fallait vivre en ce temps pour voir ça. De telle sorte que pour une raffinée chinoiserie de procédure, pour une préméditation de nuire particulièrement caressée, mardi prochain, quand même, passeront sous le marteau les chers objets, les collections, les souvenirs d'un homme qui n'avait pas besoin de cette exécution pour payer, qui ne demandait qu'à payer. C'est la loi. Tout est possible avec elle. Le pire surtout. Ceux qui respectent encore ce bloc ne sont pas sans mérite.

Mais en vérité, cette journée réunira dans un

même sentiment bien des gens qui ne s'attendaient plus à se rencontrer. Il y a dans ce cambriolage légal, dans cette mise à l'encan, un raccourci si parfait des mœurs présentes, et cela empeste si fort, si magistralement l'aloi, qu'il est impossible cette fois de s'y tromper, d'échapper à un malaise, à une mélancolie, à l'inquiétude de ce que peut être demain pour n'importe qui. Tristes représailles, satisfaction d'une mesquinerie à vous lever le cœur. Voilà de bien petites choses, pour marquer un triomphe de grandes. Tous les meubles anciens enlevés, et les bahuts, les vitraux, les trumeaux ; toutes les stalles arrachées de leur place, et les statuettes, les vitrines, les tapisseries, les faïences, — et toutes les expertises, ne feront pas d'ailleurs, que ce qui est ne soit point (1).

Ce qui sera, c'est que les curieux, les hostiles eux-mêmes, ne pourront s'empêcher de penser que ces choses jetées sur la voie publique, par charretées, pour la seule joie de se venger, ont été une à une acquises par le travail, qu'elles ont je ne sais quoi de sacré, qu'elles représentent une longue vie d'homme, laquelle peut-être n'a pas été sans gloire ? Elles prendront là une envergure énorme, elles crieront ce qui est au-dessus des passions et des heures, d'elles montera de quoi grandir et consoler l'absent. Quelle évocation de ce qu'il fut, quelle invite à rechercher les causes vraies, et certainement nobles de ce qu'il est ! Ce n'est pas là le résultat rêvé pour cette opération de

---

(1) Victor Hugo, après la journée de décembre 1851, fut forcé de faire vendre son mobilier, — et pour cause. Dans les pénibles réflexions que me suggère la vente Zola, je suis heureux de me rencontrer avec Théophile Gautier, déplorant la dispersion d'objets chers à Hugo, en un émouvant article qu'a recueilli l'*Histoire du Romantisme*.

justice ; mais il semble que la justice précisément soit en lui.

Le mimosa bleu.

10 octobre.

On nous promet pour l'hiver une fleur nouvelle, on en potinait hier déjà au Grand Prix d'Automne, — le mimosa bleu. De quel mystère est sorti le mimosa bleu, qui deviendra si vite parisien? Est-il né dans les serres chaudes qui voient forcer les anémones, les camélias, les cyclamens? A-t-il pris jour dans quelque laborieuse chimie? Peu importe. D'autres écriront que nous sommes de stupides déformateurs, et que cette audace irrespectueuse à triturer, à travestir, à vouloir teindre la belle nature fait pitié. J'aime mieux ne distinguer en tout ceci que la persistance en nous d'un besoin d'effort et d'idéal. Nous en avons assez des questions d'affaire ; assez de voix clament au million. Qu'il nous soit permis de poursuivre autre chose que le secret de l'Or et de tenir un peu à ce rêve : le secret des fleurs.

Ce rêve-là est au fond de toute belle existence ; tant pis pour qui ne porte pas en soi l'amour d'une petite fleur bleue. Fleurissez-vous, les fleurs font excuser la vie. Et Paris le sait bien, lui qui en met partout, ne peut être sans elles, les paie avec joie, les fait monter jusqu'à des balcons inaccessibles, et trouve encore à les garder dans la fente des vieux murs. La fleur et la vie vont ensemble : elles se complètent et s'entendent, parce que l'une a toujours l'air de promettre à l'autre le paradis. Et cela me fait songer à cette jolie opinion lamartinienne : Parcourez toutes les religions, toutes les histoires, toutes les fables, il n'y en a pas une qui ne fasse commencer l'homme dans un Éden, un jardin, pas une qui ne mêle cette image d'un jardin abondant aux rêves de félicité primitive ou de félicité future...

Place donc aussi au nouveau venu. Le mimosa bleu, qui sait? fera parler de lui. Il arrive avec de bonnes intentions : il n'a pas encore son Roman comme la Rose, il n'a pas d'histoire comme la feuille de lilas blanc qu'a chantée Capoul, — il doit être heureux et faire des heureux. Allons, qu'il entre largement dans l'existence, qu'il fasse son chemin dans le langage et dans la bataille de fleurs, et qu'un jour un Dumas nous dise ce qu'il est devenu sur le cœur d'une femme — la Dame aux mimosas bleus. Et nous, plus tard, nous penserons que nous l'avons vu naître, qu'il est l'œuvre de notre beau temps de jeunesse. Alors nous serons très flattés, nous dirons : c'était le temps des mimosas bleus, — qui nous paraîtra si loin et si beau. Et en parlant de lui, ce sera encore délicieux, parce qu'il évoquera les choses mortes et les parfums évanouis.

Paris-bivouac.

11 octobre.

Les flâneurs d'hier n'ont pas perdu leur journée. Ils on rencontré çà et là de jolis tableautins militaires. La caserne est dehors. Le long des Champs-Élysées, piquant de rouge le paysage d'automne, le godillot dans les feuilles déjà mortes, l'arme au bras, des soldats s'échelonnent ; avenue du Bois, par petites troupes, des cuirassiers étincelants, dominant du casque les massifs bichonnés, hauts en mâle beauté, ou plus loin, assis lourdement sur des chaises au soleil, la bête en bride; ici, deux officiers, tenue de campagne, sur le seuil d'un petit café; là des fusils en faisceaux; ailleurs, devant d'immenses maisons en construction, et maintenant silencieuses, gardant les moellons et les plâtras qui poudreront leurs capotes, des sentinelles immobiles, la baïonnette croisée. Du Berne-Bellecour dans les rues.

Le gouvernement, qui sait de quel amour on aime ici l'armée, nous donne à l'improviste le plaisir de la voir; il juge bon et beau de la déployer, — mais c'est pour servir à la victoire des charpenteries et des maçonneries, et c'est par précaution contre des citoyens, lesquels, d'ailleurs, ne semblent pas jusqu'ici s'aventurer hors de leurs stricts droits. Mais quelque tendresse, quelque vénération qu'on éprouve pour tout ce qui est l'uniforme, on ne peut se défendre d'une mélancolie à le voir ainsi, une fois encore, dressé comme par une défiance et comme par une menace, utilisé, — contre nous-mêmes. C'est la première fois depuis des années, sans doute trop longues, que dans Paris effectivement campe de la troupe, et que Paris a un air militairement occupé. Pauvres mesures d'ordre du Premier-Mai! voici bien une autre vision. Et quand on songe aux fièvres, au sombre inconnu de l'heure, elle revêt je ne sais quoi de tragique, elle vous relie soudain à ce qui fut le plus douloureux, elle vous oppresse comme un pressentiment (1).

(1) Ce déploiement de forces militaires, — par petits paquets, d'ailleurs, — était motivé par la grève des ouvriers du bâtiment, lesquels poussaient à une grève générale des travailleurs. La protection des chantiers par la troupe dura jusqu'au 25 octobre.

La cause était-elle suffisante pour qu'on risquât un tel effet? l'état du malade autorisait-il de si violentes impressions? Jeu dangereux. Ça ne se fait pas, d'achever les agités. Le malheur n'a pas besoin qu'on l'attire, la fatalité qu'on l'aide. En tous cas, maintenant, on peut dire à l'étranger, en ne mentant qu'à demi, que Paris vit sous l'œil des soldats, que dans l'air il y a comme une odeur de poudre et un bruit de charges. Allons, la confiance renaîtra. Et c'est évidemment ça qui fera « marcher les affaires ». Enfin nous aurons fait faillite.

Les temps nouveaux.

12 octobre.

Si la patrouille n'étonnait la rue, si le régiment ne campait, personne ne soupçonnerait qu'une grève, à cette heure, se développe dans Paris, que par la Ville des hommes luttent pour le travail et pour la vie. Les soldats commis contre eux, ces hommes les acclament; à la sortie du Château-d'Eau, j'ai vu des ouvriers, des femmes, des enfants, troupeau tranquille, grave, et pourtant résolu, se porter au-devant de cette armée, marquer le pas au clairon qui sonne, tendre les mains vers ce qui, par excellence, représente « l'ordre ». Et cette fois nul politicien, et cette revanche sur le passé : une grève sans M. Jules Guesde, sans Allemane, sans mauvais bergers. Les ordinaires phraseurs, les spécialistes, les barnums, tenus à l'écart. La revendication présentée et puissante par elle-même, consciente, éduquée. Une organisation formidable qui, sur un signe, un coup de téléphone, met en contact la masse des syndicats, qui s'est faite sans secousses apparentes, qui, dans les couches profondes et en silence, est née de la solidarité, qui vaincra demain, si ce n'est aujourd'hui, par la seule force de l'équité : voilà le bilan.

Certes, il est permis de ne pas adopter aveuglément les motifs de la grève d'aujourd'hui. De valables arguments sans doute peuvent lui être opposés. Et on ne s'en prive pas. Mais, le progrès accompli, l'indication psychologique, la valeur sociale de l'acte, dominent ici les détails. Ce qui, de cent coudées, passe le litige, c'est la forme par où il se manifeste et se traite. Elle est épurée. Elle est digne. Elle impressionne. Les ouvriers attendent chez eux, et non plus dans l'assommoir d'un Basly, avec, dans l'esprit, des flammes d'alcool. Ils pensent, ils savent, ils écrivent, ils envoient des notes, ils ne s'exaspèrent ni ne s'aplatissent à l'idée seule de communiquer avec un monsieur qui est ministre, ce sont des hommes. On comptera avec ce nombre discipliné et calme.

Le progrès social ? c'est ainsi qu'il se réalisera. Il n'est point de ces problèmes dont Shakespeare disait qu'ils s'ouvrent au couteau, comme l'huître. Plus lumineuse que toutes les théories de Karl Marx, plus éloquente que toutes les tirades du Congrès de Stuttgard, apparaît dans sa signification d'ensemble la grève de Paris, — car, dès maintenant, on peut entrevoir le temps où une révolution s'obtiendra sans révolution, et où le coup de fusil ne sera qu'un incontestable assassinat.

Des sages.

13 octobre.

« Vient en causant l'heure du dîner, où je mange avec ma petite famille le mets frugal que peut nous fournir ma pauvre métairie, mon étroit domaine paternel; après le repas, je retourne à la taverne : j'y trouve ordinairement l'hôtelier, un boucher, un menuisier, et deux chaufourniers ; je m'encanaille avec eux tout le reste du jour au tric-trac, jeux pendant lesquels surgissent entre nous mille chocs de paroles injurieuses, où le plus souvent on conclut par un *quatrino*, et où on ne nous entend pas moins crier de loin. » — C'est Machiavel qui peint ainsi sa vieillesse, dans la lettre admirable à François Vettori, Machiavel tombé, Machiavel qui avait été quinze ans sous-secrétaire d'État de la République, et vingt-cinq fois ambassadeur ! Nos ministres ne sont pas Machiavel. Mais ils sont plus heureux. Ils ont d'autres ressources que le cabaret de San-Casciano, ils ne portent pas eux-mêmes au marché voisin les fagots coupés, ils ne sont pas contraints de calculer ce que coûte la douzaine d'œufs ou l'huile qui éclairera leur lampe. Dans le calme confortable du logis, ils organisent leurs chères études, ils écrivent des livres; M. Cavaignac a repris son histoire de la Prusse, M. Rambaud son histoire générale, M. Hanotaux son Richelieu (1).

Comme par miracle les revoilà bourgeois et satis-

---

(1) Ces lignes furent écrites au moment de la chute du cabinet Méline.

faits de l'être, détachés de tout, philosophants, spéculatifs. Hier, ils se flattaient sans doute de faire l'histoire : aujourd'hui, après coup, ils l'étudient, et ils ne regrettent rien. C'est un tableau, beau de renoncement, de vertu discrète, et fait assurément pour démentir cette vieille opinion que le pouvoir laisse à jamais tourmentés, brûlés, inconsolables, ceux qu'une fois il a mordus. Mais ce tableau convient-il de l'admirer sincèrement, autant qu'on dit, comme un pendant au sujet connu pour concours des prix de Rome, et cette extraordinaire aisance à prendre la politique, puis à la lâcher, n'est-elle pas plutôt un symptôme qui prête à réfléchir? Vraiment, ça les intéresse si peu, ça les prend si médiocrement, que du jour au lendemain, tout se dérobe et s'efface? Peut-on laisser mieux sous-entendre que les choses du pays et de l'Etat ne sont plus capables ou dignes de décider de la vie d'un homme, de s'y installer jalousement, de la marquer? que le goût des affaires publiques s'en va, qu'on en a assez et qu'entrer là-dedans ça n'a pas plus d'importance que d'entrer au café?

Il me semble qu'une si merveilleuse sagesse inquiète. Elle est proche de l'indifférence et du découragement. Elle avoue. On aimerait plus de tempérament, de désir, d'ardeur à l'épreuve. Robe de chambre, calotte de velours, coin du feu? O temps sublime des grandes figures d'ambition et de volonté, des passions, des frénésies, des âpretés, des souffrances, c'est quelque chose de vous qu'il faudrait!

La poupée.

14 octobre.

L'ordonnance spéciale du préfet de police embellit les couloirs de théâtre et les foyers. Elle prévoit les cas d'alarme les plus variés. Elle sous-entend même la question des chapeaux, en laissant les directeurs libres de décréter ce qui sera chez eux la tenue de rigueur. Consultés, M. Jules Claretie, M. Gailhard, M. Albert Carré, sont pour l'abandon du chapeau, aux fauteuils et au balcon ; à la Renaissance, Sarah Bernhardt a lutté déjà contre l'échafaudage ; mais Fernand Samuel ne demande qu'à voir tous les soirs son orchestre changé en une plantation énorme de fleurs et plumes ; Rochard se déclare trop connaisseur du sexe pour le molester en ses fantaisies ; Mussay, opportuniste, conseille le petit chapeau, un gentil petit chapeau, mais qui sera toujours assez vaste, sans doute, pour abriter la cervelle d'oiseau. Les Parisiennes peuvent donc se rassurer : il y aura de beaux soirs encore pour leurs panaches et jardins suspendus, et la question en somme s'est conservée telle qu'on la rencontre curieusement dans le *Tableau de Paris*, de Sébastien Mercier.

Au temps déjà où Mercier pensait son livre dans la rue et l'écrivait sur une borne, comme dit Rivarol, il y a plus d'un siècle, une rangée de femmes, placées à l'orchestre, bouchait la vue à tout un parterre ; c'était un « vrai désespoir » pour les spectateurs ; on murmurait tout haut. Mais les femmes en riaient. Une fois pourtant, un monsieur, tirant une paire de ciseaux, fit mine de vouloir couper l'excédent qui l'empêchait de voir. Alors, pour échapper, « la Dame » fut obligée de se mettre derrière et de laisser passer à sa place l'homme, qui y consentit très bien. L'homme de cette manifestation expéditive, conte Mercier avec un certain orgueil de rendre hommage à notre politesse, n'était d'ailleurs pas Français ; il était Suisse de nation. On peut craindre que la politesse française aujourd'hui d'aventure s'accommode mieux d'une telle inconvenance. Les nerfs ont acquis droit de cité. Et cela s'intitulerait simplement fumisterie.

Mais à quelle philosophie vous invite ce ressouvenir du Paris de 1780 ? Des révolutions ont passé par là-dessus, qui ont entraîné tout un monde, et cette petite chose de futilité et d'agacement s'est religieusement maintenue. Nous pouvons changer institutions et gouvernements, — ce qui plaît aux femmes défie toute croisade. Rien n'y fait, une bonne raison surtout. A travers les âges, la poupée demeure. Aussi le sage aspire-t-il à la prendre comme elle vient, pour ce qu'elle vaut, en s'épargnant le ridicule d'espérer qu'on y peut quoi que ce soit. En chapeau d'ailleurs ou en cheveux, qu'importe ? Avec elle le plus petit cheveu jette une ombre.

Le salon de Babel.

15 octobre.

Mettons qu'à Chicago, et çà et là à l'étranger, on garde quelque curiosité encore de ce qu'on appelle la grande société parisienne, et, que par son relief spécial, par la culture d'une tradition gauloise, cette société existe toujours : son prestige en cet instant serait fort exposé. Dans une circulaire à portée très cosmopolite, en exhibant le programme des distractions et facilités qu'on trouve en l'auberge de Paris, un industriel vient en effet d'assurer aux Gondremark des Deux-Mondes, aux aventuriers à breloques et trappeurs enrichis, que moyennant finances ils verraient s'ouvrir pour eux les salons les plus fermés. Un peu d'argent, déposé subrepticement sur la cheminée, en sous-entendant qu'il servira pour quelque bonne œuvre, et la duchesse de La Rochefoucauld, ou la vicomtesse de Janzé, — on donne l'adresse, — seront trop heureuses de faire à des passants les honneurs de leur blason, de leur hôtel, de leurs manières, de leurs amis. Entrez donc, Clarkson, vous que nous vîmes à l'œuvre si rondement déjà dans « l'Étrangère » de M. Dumas fils.

Avouez qu'on ne saurait flatter avec plus d'ingéniosité et de logique à la fois le souverain patron de l'heure, — le million. Dès l'instant qu'il a acquis toute suprématie aux contrats de mariage et triomphe par-devant notaire, rien de surprenant à ce qu'il soit déclaré digne d'entrer après la cérémonie ; et du moment que, selon la mode des cotillons d'à présent, on paie en bijoux de prix les jeunes filles du monde pour danser, il doit sembler qu'il n'y ait qu'à payer aussi pour assister au spectacle. L'impertinence de cet avis aux touristes en mal d'inaccessible, est évidemment d'un tour assez vif, mais non point sans une apparence d'excuse. Quelque déplaisir qu'on éprouve à paraître se ranger derrière les alliés du lieu commun, pour qui rien jamais n'est assez pur, il faut bien reconnaître que l'exemple des belles et désirables intransigeances s'est fait rare ; et c'est le propre de la médisance, d'exceller à saisir toute la main, dès qu'on lui présente le petit doigt.

Des passants, des inconnus, des gens sur le visage de qui on ne peut mettre un nom? Mais, en réalité, c'est cette espèce qui fait le fond de nos plus éclatantes clientèles. A y songer, on ne s'explique pas pourquoi on deviendrait tout d'un coup si raffiné et pointilleux. On reçoit couramment, avec sourires et salamalecs, des gens après lesquels tout le monde pourrait entrer. Maintenant, sait-on jamais au juste devant qui l'on se trouve? La vie à la vapeur, à l'électricité, la vie de façade et d'improvisation, a emporté les prudences, les scrupules, les délicatesses d'un autre âge, et cela devient vraiment un peu prétentieux, de vouloir connaître celui qu'on appelle « mon cher ami ».

Ce qui ne meurt pas.

16 octobre.

Fantassins, chasseurs à cheval, cuirassiers, mènent toujours la patrouille par les rues étonnées. Même, des garnisons de province, à grande marche, approchent. A quand le bouquet d'artillerie? Si l'on voulait donner à quelques amateurs ou à des impatients l'idée d'un coup de force, on ne s'y prendrait pas autrement. On la met dans l'air. Les imaginations s'acclimatent. Et il se trouve qu'on admire ce qui devait intimider. La vision n'en est pas moins mélancolique, de ces lieutenants et de ces capitaines armés et chevauchant sur le boulevard contre un danger français, et qui semblaient promis à d'autres destinées.

Tant d'efforts, de sacrifices, de vertus admirables, pour conclure à cette corvée, tout ce qu'on a fait pour un rêve aboutissant à une manifestation de ce genre, cela revêt une ironie poignante.

Mais comme si l'histoire de ce pays ne procédait plus que par bonds, et comme si du chaos des choses une voix s'élevait pour avertir les cœurs de quand même se redresser, voici le prodige nouveau d'un soldat. Ici de la stratégie de police, les gares, les quais, les chantiers occupés, l'armée côtoyant la politique ; là-bas au loin, le capitaine Henri Gouraud, la capture audacieuse de Samory, l'armée et la patrie. En tous temps on eût fêté le héros d'une si retentissante nouvelle ; il a trente ans, ses états de service s'échelonnent par des exploits qui sont l'idéal du soldat, il n'a aimé et connu de la vie que l'action, il personnifie les ressources, le caractère, les traditions d'une race : mais dans le temps présent, où l'on feint de croire que cette race n'est plus bonne qu'à montrer au monde des cabots, et où il semble que tout cède comme sous une nostalgie de débâcle, de tels faits c'est le cordial, c'est la compensation, c'est la remise au point ; le prix en redouble, ils ont la valeur de fonds nationaux.

Samory et sa Smala ! Quelle évocation du passé, des jours splendides de cette Afrique, des hommes que campait Raffet, de la gloire, dont jusqu'à son dernier souffle se grisait un soldat comme le duc d'Aumale ! On dira que c'était beau, mais que c'était hier : en réalité le lien n'est pas brisé, le foyer n'est pas éteint. C'est toujours le même bras et la même âme. Heureux ceux qui ayant préféré à tout la mission de le prouver, peuvent la remplir comme le capitaine Gouraud. Ceux-là n'ont pas besoin de circulaires ministérielles, pour être défendus, respectés et aimés (1).

Des mots, au café.

17 octobre.

Ce qui se dit?
— Enfin nous avons un complot. — Oui, mais ils ne sont pas de force. — Ne me parlez pas du duc d'Orléans. — Ah, il faudrait Morny! — Le prince Victor devrait passer ses droits à son frère Louis : mais comme ce serait intelligent, il n'y a pas de danger. — Ce prince Louis, il a quelque chose. Et puis il va être général : le général Louis Bonaparte! — S'il venait prendre seulement une absinthe sur le boulevard, en uniforme russe, ah, ça ne serait pas long! — Du reste son père, le prince Napoléon, qui n'était pas précisément une mazette, avait le pressentiment que des deux frères ce serait celui-là. — C'est vrai, et je sais qu'un matin il dit en souriant au baron de P..., qui venait après déjeuner de jouer au billard avec le prince Louis encore enfant, et de gagner même la partie : « Celui que vous vous permettez de battre est le futur successeur des rois de France. » — Que voulez-vous faire dans un pays où personne n'est responsable! — Dès qu'un homme manifeste quelque supériorité, d'un coup de pied on le fait rentrer dans l'alignement. — Au fond, on était heureux sous Louis-Philippe. — L'Empire commence à être plus équita-

---

(1) Une circulaire du garde des sceaux aux procureurs généraux ordonnait enfin de poursuivre les outrages à l'armée.

blement jugé. — On ne refera jamais l'Empire qu'avec des républicains. — Personne ne descendra plus dans la rue; se faire tuer pour ce qu'on voit, ah, non, par exemple! — A son retour de Russie, Félix Faure pouvait tout ce qu'il aurait voulu. — Il y a quelque chose de pourri dans le pays, comme dirait Hamlet. — Tous les vingt ans il faudrait un coup de torchon.

Mais ayant ainsi devisé, les Parisiens n'y pensent plus. Trop candide serait le prince qui prendrait tout cela à la lettre, harnacherait quelque grand cheval sur la foi des propos. Et malgré l'annonce d'un beau petit coup en train, je ne crois pas qu'un impatient se rencontre pour s'y risquer... Oui, ce ne sont là que broderies de digestion, exercices d'esprit français, jeux aimables de caractère. Il est entendu que dès l'instant qu'on l'a, la République est au-dessous de tout. Mais il serait dangereux d'y toucher : pour devenir tout à fait républicains, les meilleurs esprits attendent seulement qu'on renverse la République.

L'impromptu ministériel.

18 octobre.

M. Mougeot hier encore était dans la Haute-Marne. Il va souvent dans la Haute-Marne. Il semble même qu'il ne soit ministre que pour la Haute-Marne. Et à vrai dire, il partage avec la plupart des hommes politiques cette spécialité de la grandeur de clocher, et ce besoin d'aller paraître quelque chose auprès des gens qui vous ont connu à zéro. Mais pour être juste, il faut reconnaître qu'entre temps le sous-secrétaire des

Postes et Télégraphes essaie de secouer cette hypnose du plateau de Langres, et trouve le moyen encore de vouloir un peu de bien à de vulgaires Français.

C'est ainsi qu'une de ses récentes circulaires décide que désormais les cartes d'identité des cyclistes seront recevables dans les bureaux pour établir la qualité du passant. Elles donneront accès aux lettres chargées, mandats télégraphiques et dépôts. La cérémonie si longue, si désobligeante des guichets se trouvera de la sorte simplifiée et on ne peut que féliciter l'éminent homme d'État d'un souci si extraordinaire, de cette entente des aises du public. Il y a là de quoi assurer à un monsieur la popularité la plus enthousiaste. Je ne sais à cette gloire qu'un petit empêchement, très sournois : ces fameuses cartes, depuis deux ans, sont supprimées.

N'avoir eu qu'une idée, une seule idée, mais intempestive et à faux, — quel contraste à la veine de Bidard, qui n'avait qu'un billet! Et certes, il serait permis de généreusement sourire à une si officielle mésaventure, si elle ne venait donner trop à point la mesure exacte de ce qu'il faut espérer de nos patrons. En réalité, rien ne révèle avec plus de grâce l'incompétence et l'ignorance par où ils se recommandent, le hasard des attributions, l'improvisation qui préside à toutes choses, les faillites de la politique. Dans la moins prétentieuse des maisons, avant d'accepter un employé à cent cinquante francs par mois, on s'informe des références du candidat, de ce qu'il peut, de ce qu'il sait, et même on se vante d'être très difficile : mais au premier venu les affaires du pays ; du jour au lendemain, dans cette partie-là, on est bon, à même, très distingué. C'est admirable. Mais on ne s'étonnera pas d'entendre le vieux caissier que montrait Alphonse Daudet, glapir dans la foule son fameux : J'ai pas gonflanc e!

Un féministe.

19 octobre.

La duchesse de Sutherland, volée de sept cent mille francs en colliers, broches et bagues, à l'instant de quitter Paris, aura quelque raison au moins d'exercer contre nous une mauvaise humeur très anglaise. Mais si la perte d'une si copieuse joaillerie ne va pas sans chagrin, par compensation le procédé qui servit à cette flibuste offre une originalité et des mérites qui sollicitent l'historien impartial.

Quand elle eut installé, avec une désinvolture d'ailleurs exquise, dans le filet du wagon le précieux coffret, tout Golconde en hamac, la femme de chambre rejoignit la duchesse, qui attendait, sur le quai, l'heure proche du départ. La duchesse ne songea point à s'enquérir : en ce moment, droite dans son impeccable tenue de voyage, quelques violettes peut-être au bout de ses doigts gantés de clair, elle s'intéressait à regarder, comme pour le reconnaître, un monsieur, qui, posté à deux pas, très correct, gentleman très mannequin, la regardait. Oh ! ce regard qui ne trompe point. Obstiné et discret à la fois, admiratif et caressant, impertinent et respectueux. Le regard qui annonce l'émerveillement d'une surprise, l'hommage d'une idée soudaine, la vibration d'un fluide, si ce n'est le coup de foudre complet, facile à recevoir, même en voyage. L'inconnu jouait de ce regard en grand artiste : c'est d'ailleurs l'enfance de l'art. Il avait réussi à occuper le vide, à piquer une minute la curiosité de cette femme, à la forcer à chercher où elle l'avait peut-être vu, où il lui avait été présenté pour oser la fixer ainsi, ce qu'il pouvait être. Et il était seulement, paraît-il, un complice, chargé de détourner l'attention (1).

Ni Macé, ni Goron n'ont, dans leurs études, prévu ce coup-là. Mais comme pâlissent devant lui les trucs les plus célèbres, et que sont toutes les subtilités du vol à l'américaine, auprès de ce qu'un tel méfait révèle de psychologie ? Extraordinaire cet aide-voleur, qui opère sur l'axiome que nulle femme ne saurait rester indifférente à un regard, et s'avise que la plus sûre manière de donner une distraction à une femme, de l'occuper à souhait, c'est de lui faire soupçonner qu'on la trouve belle : c'est d'un maître. Ce filou-là a faussé compagnie aux initiateurs habituels, aux éducateurs favoris de la pègre. Il a lu Marcel Prévost, Bourget et Maizeroy. Nouveau jeu, et grand succès pour le roman contemporain. Tout cela n'est évidemment point pour le Livre d'Or des femmes : mais il y a de quoi, certes, être fier de cette éducation où commencent à parvenir les foules, et si l'on nous demande de montrer un type qui s'est perfectionné, nous pourrons citer Robert Macaire.

Orientale.

20 octobre.

L'itinéraire de Berlin à Jérusalem est commencé.

(1) Les auteurs de ce vol audacieux ont été, naguère, arrêtés à Londres. Le principal auteur du vol était un Anglais.

L'empereur d'Allemagne a fait son entrée à Constantinople. Le sultan, qui ne se risque hors d'Yldis-Kiosque — un palais qui est toute une ville fortifiée, — que le vendredi, pour aller remplir à la mosquée Hamidié ses dangereuses obligations de Commandeur des Croyants, avec autour de lui l'attirail énorme et puéril des satrapes, des pachas, des policiers et des eunuques, le sultan s'est aventuré pour recevoir son hôte jusqu'au palais de Dogma-Bagtché, dont les dentelures de marbre et les pâtisseries miroitent devant le bleu du Bosphore et sous celui du ciel. Les soldats ont été de neuf habillés ; des fonctionnaires ont touché leur solde ; les chiens se sont vus dérangés dans la rue ; on a assujetti les pavés, ouvert des routes spéciales, jardiné les cimetières innombrables, décrassé les *teckés* où nichent par blancs milliers les colombes saintes.

Ainsi tout est richesse et beauté, tout est enthousiasme, tout est combiné pour dire la grandeur. Mais cette apothéose, où si étrangement se joignent deux civilisations opposées et des croyances ennemies, se développe semble-t-il comme sur un sable mouvant, et le spectacle a des ironies singulières, de ces Majestés occupées également à s'arranger un masque, — l'une voulant donner le change sur les misères et les tragédies qui l'assombrissent, l'autre feignant par intérêt de ne pas apercevoir les réalité. C'est évidemment de la politique : mais jamais peut-être on n'a pu prendre une idée aussi nette des tristes comédies auxquelles elle condamne et de tout ce qu'elle a de rapetissant pour ce qui se prétend auguste. Les peuples feront bien de regarder cela avec attention.

Hélas, dans quelques jours, la Ville maintenant splendide ôtera ses bijoux et ses brocarts, et encore appauvrie et plus oppressée après ce spasme glorieux, dans son mutisme écrasant elle retombera mourante ; et tandis que l'empereur Guillaume s'en ira fièrement au-devant du titre de Protecteur des chrétiens, derrière lui, comme si de rien n'était, les chrétiens à nouveau frémiront d'angoisse, et le sabre du Prophète, que sans doute il aura salué dans Stamboul, immédiatement peut-être se dressera contre les fidèles de ce Christ, dont il aura de même salué le tombeau. Si l'on ajoute à cela l'ouverture de quelques comptoirs de bimbeloterie allemande, le bilan sera complet. Mais il faut y ajouter une démonstration vraiment jolie de la vanité des vanités, et de ce qu'avait de vraie majesté un pauvre homme qui parlait, lui, sur la Montagne...

L'âge de papier.

21 octobre.

M. Hayard, le roi des camelots, le grand organisateur des cris de Paris, et M. Fayard, l'éditeur bien connu, — quel beau faux, et facile, on ferait avec une telle similitude de noms ! — se disputent les Mémoires d'Esterhazy. Ils ont chacun sans doute de bonnes raisons, et l'on conçoit tout ce que peut présenter « d'occasion exceptionnelle » cette prose de commandant. Il n'en est pas moins vrai qu'à ce nom d'Esterhazy, à ce nom de Dreyfus, depuis trois jours jetés à la volée sur le trottoir, et traînés sans arrêt, les passants éprouvent comme un serrement au cœur, un indéfinissable besoin de s'emplir l'oreille d'un bruit autre, de hâter le pas. Mais impossible de s'évader ; où qu'on aille, où qu'on regarde, le scandale vous guette, vous assaille, vous étreint, il ne prend de répit que pour décupler sous toutes formes l'obsession et la menace, et ce n'est jamais assez, et à chaque jour son tribut de dissolution.

Le cinq à six du boulevard ! Ce qu'on entend au coin Drouot seulement, si nous l'entendions clamer dans quelque pays que ce soit, quelle joie et quel orgueil de n'être pas de ce pays-là !

Toute la vie, les espérances, les passions généreuses, comme les pudeurs, d'un peuple prostituées. Ailleurs des cartes transparentes, ici l'ignoble honte sur nous-mêmes. Des batailles, mais entre Français ; du patriotisme, mais louche ; ô beau temps de la « Manière de traiter les femmes comme elles le méritent », voici pour faire l'union, le « Calendrier des youpins », pour nous faire juger : « Les Nus parisiens illustrés », pour nous faire craindre : « Vingt-cinq années de République. » Avec la brochure rouge d'Esterhazy, dernières nouveautés et liberté suprême. Et tout cela cabotiné, grimacé, glapi, aboyé, pleuré, ou, ce qui est plus sinistre encore, très rigolo. C'est de la boue qu'on vous jette, et on ne peut en vouloir à ces pauvres gens qui en gagnent leur pain ; c'est le cloaque, et quand on le traverse, il ne faut pas broncher. Ah ! traverser ça tous les jours, en attendant la dernière surprise, et vivre là-dedans, quand il y a de belles routes, blanches et larges, où l'on se sentirait un homme libre, fort, et heureux !

L'occasion manquée.

22 octobre.

Aux fêtes du couronnement de la reine Wilhemine

on enregistra un détail charmant. Après sa première journée de grandeurs, la jeune reine étant le soir rentrée lasse au palais, on pria simplement par une pancarte son bon peuple de ne point faire trop de bruit dans la rue, sous les fenêtres, afin qu'elle pût s'endormir. Et le bon peuple, aux lanternes, mit une sourdine à sa joie, heureux d'être obéissant, presque paternel, et à nos cœurs démocratiques, parut vraiment touchante cette communion d'une jeune reine et de ses sujets. Le charme s'est-il évaporé? C'est du même pays que nous arrive aujourd'hui l'historiette du galant reporter.

La reine venait de visiter l'Exposition de Rembrandt; sur le quai de la gare, à Amsterdam, elle attendait parmi des uniformes, et elle allait monter dans le train qui la reconduisait au château d'Apeldoorn, quand d'un groupe rangé à l'écart, un jeune homme se détacha, vint à la reine, et pour l'aider, respectueusement lui offrit le bras. Il représentait là le journal l'*Echo*. Sa tenue avait plus que la propreté hollandaise: il est de famille notoirement honorable. Deux commissaires, un gendarme, un aide de camp ne firent qu'un saut sur lui, on poigna le vilain et le coffra net. Son crime évidemment est grand. On ne touche pas à la reine. Aux plus fous, cette folie-là est défendue. On tutoie Dieu, on tutoie Madame la Vierge Marie, mais un seul cheveu d'une reine c'est trop immense pour de pauvres humains.

Rien toutefois n'empêchera de songer que si la petite reine avait daigné se servir de ce bras naïvement présenté par un fidèle inconnu, dans une impulsion de nature, c'eût été une bien jolie chose de grâce et de jeunesse. Le baiser qu'elle mit au front d'Alain Chartier chante encore dans la gloire de Marguerite d'Ecosse. Quel durable motif pour les peintres de la Cour, de la ville et de l'étranger, quelle aubaine pour les poëtes, et pour les philosophes chagrins quel émerveillement, cet épisode : une reine jeune et belle prenant dans son peuple le chevalier d'un instant, assez confiante pour être simple, assez inspirée par ses dix-huit ans pour être spontanée! On eût aimé cette surprise-là, logique à la fois et incroyable, significative et ravissante ; et c'est grand dommage qu'une si précieuse occasion soit envolée. L'avenir, ô petite reine? Qui sait si une telle histoire n'eût pas mis à jamais un rayon sur votre passage, et qui sait si de tout un long règne le plus exquis n'aurait pas été précisément cette minute !

Ivraie de bon sens.

23 octobre.

La galerie s'amuse. Enfin. Elle a la grande querelle de Sarcey contre Yvette, ou d'Yvette contre Sarcey. Un « Grain de bon sens » a fait lever une irrésistible colère chez l'artiste, et à vrai dire ce grain de bon sens est plutôt un « fagot », coupé au plus épais d'un fourré d'épines. On ne vit depuis longtemps éreintement si empressé, et pour tout dire, il ne semble pas que la volupté d'éreinter qui y perce entre chaque ligne, serve sa qualité et donne à cette opinion le cachet du vrai, le prix de la sincérité. *Splendida bilis*, comme dit Horace ; mais l'épithète est encore trop flatteuse.

De son mieux l'éreintée d'hier a répliqué. Il y a des

griffes en ses gants noirs. Et ce mieux-là ne déplaira ni à Mirbeau, ni à Descaves, ni à Hennique, ni à tous ceux dont l'art et l'indépendance ont rencontré dans l'éminent critique la plus fidèle des incompréhensions, et de ces partialités de boutique et de bateau, que la bonhomie la mieux administrée, avec la sûreté d'une pratique devenue bientôt demi-séculaire, ne réussit pas à sauver. Mais cette fois, emporté comme par une gourmandise de rancune, par le plaisir de se payer une fantaisie de soi-disant potentat, d'expérimenter à nouveau, sur la patience, la peur, ou le dédain de ses justiciables, une impunité dont il se croyait sûr, l'excellent « oncle » s'est aventuré imprudemment : il lui en cuit au vif, et jusque dans sa fameuse spécialité de bon sens.

A entendre cette Yvette Guilbert et à voir son succès, dit-il, il est impossible que l'étranger ne nous trouve pas absolument imbéciles.. — Hélas, cher maître, s'il n'avait que cette occasion-là de nous trouver ce que vous dites, il faudrait éprouver quelque fierté. En réalité, dans tout ce que nous adoptons, applaudissons, aimons, et à mesurer de près la valeur exacte de nos célébrités, étoiles, fétiches et grands hommes, l'étranger peut trouver prétexte à déclarer Paris content de peu, très au-dessous de plus d'une ville de province, une capitale de superfétations, de déceptions et de lapins posés. Quoi, c'est là leurs orateurs, peut-il s'écrier à la Chambre ; c'est ça leurs écrivains, peut-il dire en abordant la lecture des plus réputés ; c'est ça leurs peintres, en allant au Salon ; c'est ça leur goût, en regardant chez la modiste ou le couturier. C'est sur toute la ligne, au compte de Sarcey, qu'il faudrait alors décréter d'imbécillité le peuple le plus spirituel de la terre. Mais on n'a jamais vu des imbéciles si recherchés, si écoutés, si jalousés. Les dieux nous maintiennent cette bêtise !

L'aumônière.

24 octobre.

M. Brisson se souvient enfin qu'il est catalogué homme de progrès. Mais ce n'est pas pour servir l'espoir des pauvres gens. Tout au contraire, son ministère, si la force des choses n'y met bon ordre, aura présidé à un des plus extraordinaires essais de frustration qu'on ait vu jamais. Il s'agit, paraît-il, d'ôter à l'Église le droit de faire la quête pour les malheureux, et s'autorisant de sept textes très administrativement vénérables, le Conseil d'État appuie. Le plateau étant, hélas, de toutes les religions, l'Église continuerait à pouvoir quémander pour ses autels, ses niches, ses orgues, ses carillons, pour Saint-Pierre et tous les quelconques Sacrés-Cœurs : mais quant aux pauvres, le soin de parler et d'agir pour eux ne regarde que l'Assistance publique, il ne saurait y avoir officiellement qu'elle, et l'on sait d'ailleurs avec quelle entente du malheur, quelle prompte générosité, elle remplit cette mission.

Admirons dans cette manifestation imprévue, qui ne se rattache à aucune cause définie ou immédiate, un retour offensif de ce bon vieil esprit maçon dont Spuller rêvait la faillite. Voilà de l'anti-cléricalisme de la bonne année, et cela ne nous rajeunit point. O temps où l'on n'était pur, éligible, ministrable, qu'à condition de manger du prêtre à chaque repas ! About du moins disait spirituellement : « Je ne mange que ce que j'aime. » Mais si, à aucun moment, cette manie ne nous a semblé plaisante, elle emprunte aux conditions actuelles, aux aspirations présentes des âmes désabusées et guéries des exploiteurs de néant, le plein relief de son ridicule et de sa vanité. Vraiment, il s'agit bien de cela maintenant! Pauvres politiques, ceux qui ne voient pas qu'ils n'ont eu qu'à paraître et à diriger ce pays, pour le ramener à un besoin de croyance, d'élévation, de douceur.

Ce n'est pas d'ailleurs cette atteinte grave à la charité, cette faute stupide, qui redressera le prestige de ces sectaires à perruque. L'heure est mal choisie pour vouloir rompre un des derniers liens qui subsistent. S'ils pensent réduire l'Église en lui rendant plus difficile la charité, ils ne connaissent pas le cœur des curés de campagne, et ils ne connaissent pas davantage le cœur de ceux qui donnent. Donner en l'église, pour beaucoup c'est prêter à Dieu chez Dieu, et il n'y a pas encore de bureaucratie pour faire concurrence à cette puissance-là.

Nos maîtres.

25 octobre.

C'est la première fois depuis longtemps que la rentrée des Chambres intéresse. Même il y a eu en son honneur comme un désir. Quand il franchira la grille, la mine retapée au grand air des chemins, avec sur tout lui une importance de village qui aujourd'hui ne sera pas déplaisante, le député semblera quelqu'un. Et le cas est assurément singulier d'un pays attendant aide et secours de ce même parlementarisme dont l'exercice l'a réduit au point où il est. Il n'y a pas à dire, voilà nos seuls sauveurs. Ils débarquent, ils s'installent, sans doute ils ne demandent pas mieux : mais ils sont trop. Et peut-être n'est-ce point une œuvre de salut suffisante, que de renverser un ministère de plus.

Oui, il est permis de déduire que M. Brisson ne résistera pas aux interpellations amoncelées. Moins d'ailleurs elles useront d'outrance et de boucan, plus sûrement elles frapperont. Un peu de logique, de précision, de fermeté suffira à rendre aux douceurs de la rue Mazagran ce politicien qui n'a pas la pratique de telles armes. Il aura à rendre compte non seulement de l' « Affaire », mais encore d'une incapacité générale, qui n'a consenti à toutes les compromissions, tous les reniements, que pour s'affirmer avec plus d'éclat. C'est vraiment une grande tristesse, de songer que notre destinée peut jouer son coup suprême avec de tels hommes, et que pour conjurer la ruine et la mort, il n'est ici qu'une réserve de ratés.

Mais ce gouvernement tombé, il faudra se préoccuper immédiatement de ce qui fera tomber l'autre. Ni responsabilité, ni couverture, ni garantie. C'est la chute obligatoire, et en cas de talent ou de succès, encore plus rapide. N'avoir pas de caractère c'est une faute : en avoir c'est un crime. Dès lors que nous importe un ministère ou un autre, celui-ci ou celui-là? On a détaché ce pays de toute idée du lendemain ; hélas ! il a la sensation que nul ne s'occupe de lui, le fortifie, le protège, et qu'il ne doit avoir d'espoir, de ressources qu'en lui-même. C'est évidemment très beau pour la France, très flatteur, mais effrayant. Elle mérite mieux que d'être comme une pauvre femme, qui n'a que son cœur.

Un mort qui parle

26 octobre.

Quoique justice soit faite de M. Brisson, douloureuse est la journée d'hier. Encore la troupe dans la rue ; au Palais-Bourbon, la provocation ou la peur ; au fond de tous les cœurs l'énigme et le désarroi. Où va-t-on ? Que veut-on ? par quoi se résumeront ces agitations, au pied de qui viendront-elles s'abattre ? On ne sait, mais on va, on va toujours, quand même, une force inexorable vous secoue de tous les membres, c'est la danse de Saint-Guy sur un volcan.

Et dans ce tumulte de folie, cette frénésie de passions stériles, cette extraordinaire dépense dans le vide, un homme vient de disparaître, dont la vie emprunte au contraste qu'elle présente avec l'heure une beauté plus belle encore. Puvis de Chavannes est mort, et la noblesse de ce qui fut sa passion à lui, la sérénité de son idéal, sa conception de l'emploi d'une activité supérieure, et du but de l'existence, dominent ce moment de toute leur hauteur. Pour tous ceux qui sont pris dans les fièvres, bousculés, impuissants, mélancoliquement ironiques, quelle occasion d'apprendre, d'admirer, d'envier, en un tel usage de l'ambition et de l'effort, une si glorieuse faculté de mépris pour ce qui est vain, un culte si jaloux de ce qui ne passe point, et quel réconfort dans ce fait qu'un tel sage fut un heureux ! Quand de la mêlée inutile, inepte, déshonorante, on considère cette fidélité aux horizons immenses, et au Bois sacré, à l'œuvre qui élève, à l'inspiration féconde, il est impossible de ne pas proclamer que la vérité est là, et de ne pas se sentir profondément, mais peut-être salutairement humilié d'en être si loin.

Par une singulière fantaisie de la Destinée, il advient cependant que cet homme dont l'œuvre n'a rien de commun avec ce temps, se trouve aujourd'hui relié à lui par une espèce de lien symbolique. Il meurt, mais sa dernière pensée d'artiste a été pour ce Panthéon qui demande à ce qu'on lui fournisse des grands hommes; Il fut le peintre de « Sainte-Geneviève veillant sur Paris », et voici précisément que plus d'un peut-être se surprend à rêver de quelque patronne qui nous voudrait du bien; et voici que son *Ludus pro Patria*, tout d'un coup, prend l'éloquence d'une leçon. Il meurt, mais comme à souhait, pour nous rappeler ce qui doit vivre.

Ici l'on boit.

27 octobre.

Une mauvaise nouvelle pour les piliers de café. Il en faut pour tout le monde. Leur « fatale passion » vient de perdre son bon temps, et désormais ils devront subir les conséquences d'un impôt nouveau. Une augmentation de trente pour cent sur les droits frappe l'alcool. Qui paiera ? Ce serait connaître mal le génie du commerce que de le croire un instant capable de ne pas faire retomber cette tuile sur le client. Lui, toujours lui. Une seule question se pose : celle de savoir par quel beau geste.

Comme si « le verre » n'avait pas réalisé déjà dans sa forme et sa capacité un bien joli effort d'escamotage, tel patron incline à faire remplir moins abondamment, et les bons types à bain de pied, à faux-col monstre, à rincettes, en seront pour leurs intrigues, le sourire au garçon et cet étrange tutoiement qui naît de l'alcoolisme courtisan. Et comme si le prix de la consommation, embelli de la servitude du pourboire, n'était pas déjà respectable, tel autre tenancier du boulevard s'apprête tranquillement à l'élever. Quel procédé triomphera? Grave problème de terrasse, mais dont j'ose m'avouer fort détaché. Ce qui serait plus intéressant, c'est de savoir jusqu'à quel point cette complication de finances risque d'influer sur l'habitude. L'absinthe surtout, paraît-il, écoppera. L'absinthe plus chère en sera-t-elle moins accessible, y a-t-il des chances pour que l'effroyable image que nous a léguée Félicien Rops perde de son actualité et pour que la Société de tempérance se réjouisse? Providentiel impôt, celui qui contribuerait au sauvetage des estomacs, à la délivrance des cerveaux, au salut des mœurs. En vérité si par l'Argent, qui aujourd'hui peut tout, on arrivait à faire reculer le fléau, il y aurait de quoi pardonner à l'argent.

Mais qui oserait s'attarder à cette illusion? Non, qu'on ne fasse pas valoir là une espérance. Les vendeurs de ruine et de folie peuvent, hélas, se rassurer. Personne ne manquera à l'appel. Supposer que quoi que ce soit puisse de la Dame Verte détourner un fidèle, c'est faire au monstre trop d'honneur. Pour lui, on couchera plutôt sous les ponts, et méprisera le pain. On a toujours assez d'argent, dès qu'il ne s'agit point de quelque chose d'intelligent, d'utile, d'heureux. Ici l'on boit. Allons qu'on verse, — et qu'on meure.

Justice.

28 octobre.

On s'entasse dans la Cour d'Assises de Bourg. En équipage, on est venu des châteaux. Toujours d'honnêtes femmes à la recherche d'un frisson. Onze crimes sadiques, sans compter les hors-d'œuvre, c'est un régal. Et dès la première audience, on s'est véritablement amusé. Jamais même on n'a tant ri. On a ri, paraît-il, dans le prétoire comme dans le public, au moindre mot de l'accusé, à ses grimaces, à ses tics, de son bonnet en poil de lapin et de son costume, qui n'est pas précisément d'un chemineau d'Odéon. Vacher, pourtant, est devant des juges, et ce qui rit lâchement, stupidement, à dégoûter même une brute, c'est cette société qui, au dénouement, se fera si superbe.

Mais comment ces juges sauront-ils si le monstre mis en cage est responsable ou s'il ne l'est pas? Les experts concluent net à la responsabilité; par instants, dans les moindres détails, cet homme déploie une force, une agilité de raisonnement surprenantes; il argumente, il coordonne, il établit une incontestable logique entre tous ses forfaits. Mais, d'autre part, il a été sous la douche des aliénistes, il a été catalogué maniaque dangereux, il a subi dans sa configuration normale et dans sa conscience des accidents qui eussent intéressé à la fois Ricord et Pasteur, et il s'agite, et il gronde sur son banc d'accusé, avec des regards, des gestes, des trouvailles, indubitablement de fou. Problème à donner l'épouvante. Jamais l'énigme ne s'est posée dans tant d'obscurité, le mystère n'a été plus pesant. Et ce sont des hommes qui vont trancher cela, tranquillement, en quelques minutes. Entre deux coups de sonnette, il faudra dire, sans recours, où est la vérité vraie, et on le dira. C'est merveilleux. Faut-il que ces hommes se croient forts ! Lequel pourtant, parmi eux, pourra se vanter d'avoir vu réellement juste, et de pouvoir demeurer, après, sans inquiétude ? Lequel ? pas un, sans doute, si ces hommes sont effectivement d'honnêtes gens. Et je jure qu'on a le droit de se sentir heureux de n'être pas dans leur peau.

Certes, il paraît indispensable que dans une société bien organisée, une moitié soit occupée à se défendre contre l'autre, et la Justice des magistrats et des jurés est pleine d'imposant appareil, et il est entendu que tout ça est respectable. Mais parmi toutes nos prétentions, celle de rendre la Justice et de la faire, de juger, de condamner, n'est pas la moins exorbitante. Pauvres gens qui opèrent sous l'invocation du Christ, ils oublient que Jésus réprouve l'institution de toute espèce de tribunaux humains, quels qu'ils soient, et ils feraient bien de lire Tolstoï.

Un type.

29 octobre.

Ce pauvre Jules Guérin est mort hier, brusquement, tristement, misérablement, hors de chez lui, presque dans la rue, pris dans une de ses longues errances, comme il semblait qu'il dût mourir aux amis qui l'aimaient le plus, et qui peut-être l'aimaient pour tout ce que son existence, dite de Parisien, renfermait de problématique, de troublé, de perdu, de prédestiné à une liquidation cruelle.

Mais d'autres diront la silhouette voûtée et vacillante qu'il piquait dans les nuits du boulevard, avec le feu de sa cigarette éternelle en avant, et la surprenante résistance de ce coffre, — un abîme à boissons — de de ces moelles que l'imagination la plus violente flagellait sans merci, de ce cerveau en perpétuelle crise qui, hier, pourtant encore s'amusait, brillait, espérait de rien. Et puisqu'il s'agit véritablement d'un type, dont l'espèce sera possible de moins en moins, on montrera ce pauvre Guérin étapant sa journée et ses veilles par des cafés différents, aux terrasses même en hiver, lisant *tous* les journaux, le monocle vissé ou l'arête merveilleusement fine de son nez sur la planchette, régalant d'anecdotes, de souvenirs, de mots, d'idées ingénieuses, dont beaucoup ont fait la fortune des autres, trimballant obstinément, dans cette mascarade, quelques actions des pompes funèbres, auxquelles il ne toucherait jamais. Et un sourire semblera évidemment tout indiqué, quand on ajoutera que cet homme, qui avait été violoniste, pensionnaire du Théâtre-Français, rentier, remisier, agent de publicité, journaliste, romancier, auteur dramatique, est mort vers cinquante-cinq ans, un peu fonctionnaire du gouvernement...

Pour moi, je ne veux retenir que ce qui fut en lui intéressant, touchant, délicieux. Je le verrai toujours à sa table du vieux *Gil Blas*, secrétaire de la rédaction pendant des années, ressaisissant miraculeusement devant son travail, par un effort admirable de volonté, par seule passion pour « le Journal » le ressort de son esprit, le tact, la vue nette et juste ; et cette union fidèle, tendre, jalouse, chevaleresque d'un bohème avec « sa maison » avait je ne sais quoi d'émouvant. Cet observateur aigu avait des simplicités d'enfant, ce sceptique croyait au talent, ce cynique avait d'exquises pudeurs d'âme, ce bûcheur était un ami sûr, ce besogneux un désintéressé, ce faible voulait lutter, ce détraqué guérir. Maintenant, c'est bouclé. Mais à ceux qui s'érigent en juges il convient de rappeler le mot d'Henri Heine, sur le droit d'être si sévère ; au fond, dans cette vie du boulevard, tout homme vaut mieux que ce qu'il paraît ; c'est de ce qu'il montre le moins ordinairement qu'il faudrait se préoccuper pour être juste, et qui sait, si ce qui sépare un homme qualifié inattaquable d'un autre, ce n'est pas seulement un peu de hasard !

Les épithètes.

30 octobre.

On ne peut pas dire qu'il y ait eu des débats devant la Cour de cassation. Tout s'est déroulé dans l'accord le plus rare, et, pour une fois, c'est précisément une contradiction qu'on eût souhaité, ou mieux, pour les premiers juges, le droit de voir leur opinion représentée. Mais telles qu'elles se sont développées, ces audiences de la Cour suprême n'ont pas manqué de solennelle hauteur, de sévère beauté ; elles ont imposé le recueillement et le respect, elles renouent les grandes traditions de la Vérité, et pour le prestige, pour l'honneur de la Justice, cette expérience n'était pas superflue.

J'ai pourtant vu que M. le conseiller Bard était assez volontiers traité de canaille; et quant au procureur général Manau, c'est un simple drôle. Sans être plus féru de magistrature qu'il ne sied, à la rigueur on pourrait trouver que ce n'est pas là de ce langage honnête dont nos pères disaient qu'il ne nuit pas, même à une conviction; et certes, à entendre nos appréciations de nous-mêmes, on pourrait admettre qu'au dehors on ne soit peut-être pas si tenté de venir fréquenter dans un pays où il n'y a que des crapules, des faussaires, des voleurs, des assassins. Mais on aurait tort de prêter trop de signification à ces outrances coutumières, à ces insultes acclimatées, à ces pugilats d'épithètes. Bard est une canaille, Manau est un drôle, oui, parfaitement, c'est convenu, — aujourd'hui. Mais demain? demain il suffira que l'Enquête ordonnée après leur intervention, et menée par la Cour, aboutisse d'aventure au relief d'une culpabilité, pour que ces mêmes hommes, brusquement, deviennent des messieurs admirables, des saints, des anges. Les canailles et les drôles se réveilleront sublimes. Le miracle du plomb vil changé en or pur. Et on ne se rappellera même plus que ces héros étaient des misérables la veille. A présent, ce qu'on dit ou écrit d'un homme, cela n'est plus d'aucune importance. Préhistorique semble devenu le temps où l'on pouvait se lasser d'entendre appeler Aristide le Juste. Selon qu'a tourné la grande roue, on est dans la même semaine, parfois la même heure, bon pour la hotte ou pour le pavois. Et il faut véritablement avoir du temps à perdre, ou de l'innocence de reste, pour ajouter la moindre foi à ce qu'un Français maintenant peut dire d'un autre. Malin celui qui s'y reconnaîtra; à plaindre celui qui croit que la boue ou les fleurs ça compte encore, et n'ira pas droit son chemin, pour soi-même,

La prison de gloire.

31 octobre.

Après Mazas, Sainte-Pélagie sollicite la fantaisie et le goût élevé des amateurs. Le bibelot de prison est du dernier Smart. Pauvre musée Cernuschi ! Mais les souvenirs de « Pélago » seront plus immédiatement précieux, leur nombre restreint en fait des pièces déjà brillamment disputées, et Carnavalet d'ailleurs vient de s'assurer ce qui constitue le dessus du panier, à salade. Sévigné, votre ombre de marquise en doit frissonner.

Les entourages et les appuis des fenêtres, les chambranles tailladés de noms, tout ce qui dans les divers quartiers, la « Gomme », le « Grand Tombeau », la « Petite Sibérie » porte la trace d'un client de marque, est dès maintenant pieusement recueilli. Si le fantastique coffre-fort de Cornélius Herz, en vente aujourd'hui même à l'Hôtel avec les meubles qui garnissaient « ses bureaux », semble trop suggestif pour collections publiques, une planche pieusement mise sous vitrine, et ornée de cette authentique inscription de prisonnier : « les 104 du Panama », remémorera aux passants, de la manière la plus heureuse, et comme c'était indispensable, les heures particulièrement nobles de notre histoire. Et la pierre et le bois de ces bâtisses qui vont disparaître, conserveront, gravés au canif pour la postérité, des noms panthéonesques comme celui de Raoul Rigault.

D'autres noms certes, peuvent paraître là intéressants, curieusement évocateurs : Raspail, Rochefort, Léon Cladel, Ernest Gégout, Longuet, Morphy, Delpierre, Gérault-Richard, salut. Mais du diable si quelqu'un pouvait jamais prévoir le coup qui arrive à Tournadre !

Tournadre... eh bien, il est du lot lui aussi, le voilà dans la solennité des musées, sur un catalogue, parmi les célébrités. Tournadre entre dans l'immortalité, et ce Tournadre à Carnavalet, ce bohème de la redingote noire, ce prince de la paille humide, fumiste, mystificateur, etc., passant dans l'officiel, quel joli incident ! Aussi bien ce temps sera représenté par lui à ravir. On n'aurait pu trouver un type idoine à symbolisme. Tournadre, votre cher nom glorieux dira, comme il convient, au siècle futur de quelle juste faveur jouirent parmi nous l'incohérence et la blague, et que nous avons bien eu les grands hommes que nous méritions.

Les planches.

1er novembre.

Les amateurs de spectacle, tranquillement dans leur fauteuil, ne peuvent se douter de ce que représente de méditations et de recherches le moindre des gestes d'un jeune premier. Sollicité par Sarcey de révéler, à tout un public anxieux, pourquoi il ne quitte pas ses gants en jouant le Duc de Septmonts dans l'*Étrangère*, M. Le Bargy traite cette grave question de manière à donner véritablement le vertige aux débutants. Ah ! les pauvres enfants, qui s'imaginent que tout cela se fait comme de simple prose d'auteur dramatique, où s'obtient en écoutant chanter le rossignol ! Dans le seul fait d'un gant qu'on ôte ou qu'on garde, il y a, paraît-il, plus de choses que dans un menuet. Et si vous voulez connaître tout ce qu'il entre pharamineusement dans le plus insignifiant détail à établir, d'observation, de psychologie, de diplomatie, d'encyclopédique savoir, écoutez Le Bargy. C'est tout au plus si Pic de la Mirandole serait digne aujourd'hui de passer par le Conservatoire.

Certes je ne serai pas des derniers à louer, à aimer chez l'acteur la passion du pittoresque exact, de la réalité frappante, du trait caractéristique. Ce Le Bargy, comme dirait Sarcey, est un des plus intéressants comédiens du moment ; il nous a fait souvent un vif plaisir, et sans lui la Comédie aurait perdu un de ses plus précieux moyens d'éclat. Mais quelque volupté qu'il rencontre à se montrer dans un tel travail d'approfondissement, si bénédictin sous son rouge, si aux prises avec la petite bête, il y a peut-être quelque imprudence à faire songer que Molière n'y mettait pas tant de prétention, et de maussades pensées vous viennent à voir considérer comme affaire d'État la plus mince affaire de planches.

Si l'on se plaint de l'outrecuidance du comédien, il faudrait au contraire admirer sa discrétion : au cas qu'on fait de tout ce qui le concerne ou le touche, je sais bien des bonnes gens qui seraient plus intenables. Ce qui passe les limites, ce qui donne réellement une affligeante indication de la température d'un peuple, c'est cette passion des Français pour ce qui est de la Boîte à grime, cette importance dont ils bombardent tout ce qui est théâtre et comédie. Mais dès l'instant que toutes les grandes choses on les rapetisse, il est naturel que les petites deviennent immenses.

Mors et vita.

2 novembre.

Le soleil de la Toussaint a été radieux sur les cimetières. Le blanc des pierres, le roux des arbres, un bleu sec, de longues théories de fidèles en marche lente, et par brassées, par charretées, des fleurs de deuil. C'est le jour des Chrysanthèmes. Non point de ceux des Expositions, éclatants, soufflés d'une beauté factice, chevelus et frisés somptueusement : fleur étrange, beaucoup de cheveux, très peu de cœur, — une femme. Mais de pauvres petits, des rouges incertains, des jaunes bâtards, qui sont comme grelottants et honteux. Pourtant, il n'y en a jamais assez, il en arrive des jardins les plus lointains, on les aime, on leur voue une tendresse superstitieuse, et quelque chose de l'âme de Paris hier a frémi en eux.

Touchante, incomparable vision, celle de cette Ville jetant tout à coup sa marotte pour prendre des fleurs, et oubliant la fièvre dont elle brûle pour aller les porter à ceux qui reposent. Il y a bien là-dedans sans doute quelque convention, et le Chrysanthème ne s'en plaindra pas, lui qui profite d'elle pour réaliser une si noble destinée, alors que dans son pays même, atrocement, on l'accommode en vulgaire salade. Et il n'est pas certain que les morts soient heureux de cette manière de les célébrer, de comprendre leur état, de *les croire morts* ; peut-être même, eux qui vivent dans leur corps spirituel, qui voient, qui parlent, qui se manifestent et agissent, doivent-ils nous prendre en immense pitié pour tout ce qui s'exerce ici d'ignorance, de préjugés, d'exploitations à leur sujet. Mais cette annuelle pensée offerte par masses à ceux qui sont partis, ce rendez-vous, si précaire qu'il soit, donné pour un jour au souvenir sur les confins de l'au-delà, n'en a pas moins de rassurante grandeur, et il semble qu'en ce jour-là, une force nouvelle nous arrive.

Au passage j'ai regardé bien des visages, observé des attitudes, écouté des paroles : c'est le peuple affranchi de tout ce qui le défigure et l'écrase. Non, personne n'était triste, personne n'était mauvais, personne même n'était laid. Et ce n'est pas une des moindres surprises d'une si exceptionnelle journée, que cet embellissement à la minute, cette action immédiate, jusque sur le physique, d'une pensée qui n'est pas empruntée aux journaux. Curieuse transformation, comme il en faudrait beaucoup, hélas fugitive, mais qui devrait faire appeler le Jour des Morts, jour de la vraie vie.

L'implacable progrès.

3 novembre.

On ne sait toujours pas comment une dépêche privée adressée à maître Tézenas a pu être produite à la Cour suprême : mais l'administration fait de louables efforts pour détourner l'attention publique des mystères qu'elle recèle, et lui offrir çà et là l'illusion dérivative d'un progrès. On mène ainsi grand bruit autour de la dernière pensée de Mougeot. Ministre mourant, il a eu un trait de génie, lequel d'ailleurs ne l'a point sauvé. Les « avis téléphoniques » nous sont nés, et à l'instant où les relations du contribuable avec le téléphone sont le moins cordiales, un homme bien intentionné s'est trouvé pour les rendre plus fréquentes. Merci.

Désormais, paraît-il, des papiers très administratifs aviseront le monsieur qui vient de rentrer chez lui, qu'à telle heure, à tel endroit, tel autre monsieur veut lui parler, par cabine publique, ou à domicile. Allô, c'est la terrible sonnerie. La sonnerie remplace l'œil qui était toujours là. On croira s'être évadé enfin, respirer, se reprendre, avoir la revanche, la jouissance de couper ses contemporains? Non, pas de repos, pas de salut; l'impossible affranchissement, l'éternelle poursuite; c'est le progrès des Euménides. On admire et copie en consciencieuse contrefaçon les Anglais. Mais eux, au moins, ont su maintenir, sauvegarder la maison. Le téléphone pour les affaires, au bureau, à l'usine, mais at home, jamais. Le home c'est sacré ; une fois chez lui l'Anglais n'est esclave de rien, de personne. Et c'est dans cette distinction même, qu'il établit jalousement, entre le labeur du dehors et l'intime joie, que l'Anglais peut-être trouve le secret de sa force. Les pauvres Parisiens, eux, ne se ménagent pas, toujours du bruit, de l'agitation dans le vide, de l'expropriation de soi-même.

Le temps de se retremper ou seulement de penser? Le progrès pour eux n'est qu'une aggravation d'impuissance, de fièvre, de folie. Ainsi envahis, harcelés, éperdus, où iront-ils, que deviendront-ils? Et quand on pense à cette effroyable somme de persécutions, de sursauts, d'ahurissements que représente ce que nous appelons la civilisation, on voudrait être de ce petit village qu'on vient de découvrir au fin fond glacé de la Russie, dont personne jamais n'avait parlé, et qui de nos beautés de vivre ne sait rien, rien, rien...

Joie de vivre.

4 novembre.

L'homme qui trouva la machine à courant continu pour l'éclairage des phares, et dont le nom est inséparable de cette lumière qui brille jusqu'aux plus lointains des Océans, M. de Meritens, hier s'est asphyxié, dans une petite maison solitaire près de Pontoise, à soixante-cinq ans, n'ayant plus un lit, plus une assiette, n'ayant d'ailleurs plus ni sommeil ni pain; et impitoyablement saisi, vendu, dépouillé, dans ses affres il a entraîné sa jeune femme. Ah! le mélancolique fait-divers et quelle contribution à l'histoire du martyre des inventeurs!

Mais on ne dira pas que celui-là était un déséquilibré, un visionnaire. Il a travaillé toute une vie, il n'a ambitionné que le progrès à accomplir, il continuera de sauver des écueils de la route, et de la mort, d'innombrables êtres, et lui, il tombe, sans que nul lui ait offert aide ou secours, et pour lui pas de Providence, pour lui nuit épaisse. Parce qu'il n'a pas songé au gain, ou parce que toujours cherchant, il n'a rien retenu dans ses mains fiévreuses, vieux il s'est trouvé plus pauvre qu'un pauvre de profession, plus atteint qu'un inutile, plus malheureux qu'une canaille. En vérité, une telle chose devrait-elle être possible? des hommes qui sans tare d'exploitation ont servi l'humanité, qui ont été des génies et des enfants, devraient-ils être livrés à de semblables vieillesses? Est-il équitable, est-il seulement décent, que par la volonté unique d'un marchand de meubles, par exemple, effroyablement dans son droit strict, ils puissent du jour au lendemain ne trouver devant eux que quatre murs nus où se cogner la tête, le désespoir et le suicide?

La société est très fière de ses entreprises de charité et de prévoyance. Quand elle a élevé des palais pour infirmes ou indigents quelconques, bureaucratisé des assistances, elle croit avoir tout fait pour autrui, et pour elle-même pris une véritable police d'assurance. Mais son premier soin devrait aller, ne fût-ce que par égoïsme, à ceux qui lui ont été dévoués, qui se sont passionnés et immolés à l'immensité de ses besoins. Par un poignant contraste ce sont toujours ceux-là qui souffrent. Hélas, la société estime qu'il n'y a pas à se gêner avec les braves gens, que même encore plus ingrate, plus lâche, plus déshonorée, elle les aura toujours avec elle, et pour elle. Mais au train dont roulent les choses, on ne sait pas, peut-être non.

La poche.

5 novembre.

On connaît maintenant le projet Peytral dans son économie générale, si l'on peut sans ironie user de ce mot à propos d'une chose qui ne réjouira pas précisément l'économie. Ce projet d'impôt sur le revenu n'était pas aisé à établir et sa réalisation ne sera pas facile, car il s'appuie, non sans quelque optimiste naïveté, sur ce qu'il y a de plus incertain et de plus flottant, sur les signes extérieurs de la fortune, sur les tours de sa roue.

Je ne nie point que cette manière de frapper les gens

par les indiscrétions de leur vanité révèle un sens de psychologie assez intéressant chez un ministre des finances, et vraisemblablement, il peut être sage de compter, pour savoir, plus sur les imprudences du besoin de paraître que sur la sincérité d'une déclaration. Mais au prix où elles sont, on peut porter des chaussettes de soie sans avoir rien de commun avec le Grand Livre, et si les belles chaînes tout en or dénotent à coup sûr des goûts de parvenu, elles prouvent moins authentiquement qu'on laisse venir à soi, découpe d'un ciseau respectueux et épingle les petits coupons. Les gens réellement chic peuvent à la rigueur biffer un cheval comme dans le *Duc Job*, mais pour les autres, la majorité, l'équipage est un luxe forcé dont l'étalage n'a jamais démontré rien aux regards avertis. Fonder officiellement sur les signes extérieurs, autant fonder sur un sourire de femme.

Au moins, lorsqu'il tente de serrer de plus près la réalité le projet de M. Peytral est-il plus heureux? Il ne semble pas que, dans le chapitre des domestiques par exemple, il manifeste des vues bien exercées. Les grandes livrées sont rares, quoiqu'en ce temps il y ait beaucoup de maîtres qui ont été assez des valets pour vouloir être servis haut à leur tour. Le vrai, c'est qu'en général une augmentation de personnel correspond à une augmentation de charges. C'est un troisième enfant, c'est un parent avec lequel on cherche « une combinaison ». Dès lors, plus on sera accablé plus il faudra payer. La vie n'est pas encore assez lourde. Payer, toujours payer, pour le travail, pour la mort même. La République aura évidemment simplifié les choses : mais à la manière du médecin qui vous expédie sur l'heure. Et quand de tous les sacrifices qu'on s'impose on demande l'utilité, et de tout ce qu'on vous prend sous toutes formes l'emploi, on nous répond que nos flottes ne sont pas en état.

Hier mais aujourd'hui.

6 novembre.

Marie Colombier publie des « Souvenirs » sur la fin de l'Empire. Elle les relève de ce grain de « rosserie » qui fait le charme d'une nature de femme vraiment complète, et vivantes, légères, pittoresques, ces pages sont un plaisir au coin du feu. Mais en retrouvant ces silhouettes d'un temps déjà lointain, ces profils effacés, ces choses si fameuses dans les lieux-communs indignés de la conversation, une déception singulière vous vient.

Quoi, c'était donc cela cette société de pourriture, cette époque scandaleuse, cette terrible décadence? Et je me rappelle certaine question ouïe souvent en ma jeunesse : Comment la France a-t-elle pu supporter la honte de dix-huit années d'Empire? Et les voix qui demandaient cela se faisaient sincèrement tragiques. Mais quelle leçon de modération, de défiance, donnent les années qui passent! Dans le recul accompli des passions, et maintenant que le café de Madrid a disparu, quand on lit, observe, compare, juge, c'est comme une surprise désobligeante de ne pas rencontrer dans ce passé tout ce que tant de Juvénals nous avaient promis, et à vrai dire ces mœurs d'hier semblent ne pas mériter beaucoup plus que celles d'aujourd'hui, une célébrité de flétrissure. En fin de compte, et de siècle, il apparaît qu'avec toutes nos prétentions nous ne valons pas davantage, que sur plus d'un point nous valons peut-être moins. Parlez, fêtards tristes et zutistes du jour. Et quant à la bourgeoisie dirigeante, un simple regard sur elle suffirait à autrement assombrir les deux Romains du père Couture.

Cette époque évidemment tentera plus d'un témoin devenu vieux. Derrière le monument construit par Édouard Drumont, il y a des « souvenirs » aussi qui mijotent. On les servira en régal à nos neveux, qui s'étonneront sans doute que des gens tels que ceux dont ils auront ainsi des nouvelles aient pu faire les dégoûtés. Mais les Dangeaux du Tout-Paris, les Tallemants de l'heure, les Saint-Simons du Pétomane, ont devant eux une redoutable concurrence : l'époque, on la trouvera tout entière, et scrupuleusement conservée, dans la Gazette des Tribunaux.

Le pouvoir fort.

7 novembre.

Tandis que l'empereur Guillaume, grand chrétien, ose faire dans Jérusalem des entrées dont le protocole semble réglé sur les précédents du Christ, chez lui, dans son empire, on soigne ferme sa majesté très humaine. Ça c'est sacré. Défense de toucher à cette arche-là, même en pensée. Un souffle, un rien, tout de suite c'est un crime. Et malgré tout ce que cette conception d'une majesté infaillible, tabernaculeuse, supra-terrestre offre d'antédiluvien, et même de ridicule, elle trouve encore paraît-il, des hommes graves, sinon libres, pour la faire respecter avec de beaux airs d'y croire. C'est ainsi que des juges viennent de condamner grièvement un journaliste allemand pour un simple article de revue : on voudrait voir leurs têtes de près, ils constituent pour nous une véritable curiosité historique.

Le crime de M. Maximilien Harden? dans une « allégorie », genre littéraire dont la culture d'ailleurs sent de loin son vieux temps lourd, il avait seulement laissé sous-entendre que peut-être, d'aventure, il lui semblait, il croyait bien s'apercevoir, il avait comme une vague idée que l'empereur Guillaume ne paraissait pas suivre la voie inaugurée par son grand-père. Toutes ces dubitatives formules, diplomatiquement, amoureusement caressées, ont abouti à quelque chose d'excessivement certain : six mois de forteresse, pour outrage à la personne de l'empereur.

L'usage qu'on fait ici de la Liberté de penser et d'écrire n'est certes pas à la hauteur de l'idéal où on la tenait ; il y a bien du déchet dans une si noble conquête, et plus d'un regret motivé se pourrait exprimer. Mais cette évocation de la forteresse où l'on jette un écrivain dédaigneux de plaire, du cachot immédiatement verrouillé sur qui n'est pas à plat, suffit à faire aimer d'une passion nouvelle, et dans ses erreurs mêmes, et dans ses déplaisances, notre manière à nous. Que pensent de cette moyennageuse beauté ceux qui se plaignent si haut de ce qu'ils ont chez eux, pour qui rien ne vaut dès l'instant qu'il s'agit de ce qu'ils possèdent, et dont le snobisme n'est fait que d'injustice et d'ingratitude envers leur pays? Cinq minutes seulement de ce régime après lequel tant de Français s'offrent maintenant l'élégance de soupirer, et il faudrait les voir dans la cage ! Cette impossibilité à redevenir des esclaves est d'ailleurs tout ce qui leur reste d'honneur.

Sub rosa.

8 novembre.

Du temps que Charles Floquet était au palais de la Présidence, je gagnais souvent en ami la petite salle à manger, à table ronde, intime, bourgeoise dans l'officiel, où l'on devisait doucement. Et pour y arriver, que de salons silencieux, glacés, d'un luxe désolé ! Mais tout cela aujourd'hui s'emplit d'une grâce athénienne, qui laisse loin les causeries spéciales sur Danton, et les déjeuners de M. Paul Deschanel donnent des miettes à la chronique. Ce sont des déjeuners de concentration. Toutes les opinions politiques, paraît-il, sont invitées à figurer autour du célèbre surtout d'argent qui fut une des grandes pensées de M. de Morny, et à avoir de l'esprit, ce qui d'ailleurs ne semble pas devoir inquiéter outre mesure l'ombre de M. de Voltaire. Le très raffiné président de la Chambre a pris du reste ses précautions : jamais deux fois les mêmes messieurs. C'est ce qui s'appelle savoir son monde et sa psychologie de l'ennui.

Mais toutes superficielles, à fleur de mots que promettent d'être ces séances de la dernière salle à manger où l'on cause, cette initiative a d'heureux aspects, et dans un moment où tout est à hue et à dia, où les malentendus faute d'une occasion s'aggravent et les fossés se creusent, l'illusion est tout à fait jolie d'un peu d'harmonie et de digestion non égoïste. Des politiciens, des écrivains, des artistes. Aussi bien, d'agréables surprises peuvent naître d'un tel banquet ; s'il contribue à quelque reprise de cette politesse française dont M. Mesureur a mis en relief la faillite, de cette culture où jadis l'honnête homme trouvait sa marque d'identité, de ce goût délicat qui n'est pas incompatible avec les fermes desseins, entre la coupe et les lèvres il y aura place cette fois pour quelque chose d'excellent.

Dans tout ce qui nous fait défaut, d'autres ont cherché le prétexte à de retentissantes entreprises, d'ailleurs assez notablement manquées. Jeune, charmant, formé aux traditions, M. Paul Deschanel a pensé qu'il pouvait servir la République avec ses qualités à lui : elles ne lui seront pas des moins précieuses. En réalité, ce qui manque à toute la cuisine de cette Marianne, affolée devant ses fourneaux, c'est un peu de ce jaune d'œuf qui fait les bonnes liaisons. Allons, battez, et servez chaud.

La récompense.

9 novembre.

Un club français du Caire a organisé une petite réception en l'honneur du commandant Marchand et du capitaine Baratier. Et, répondant à un toast, le commandant a dit qu'en un jour qui lui cause un si grand chagrin et qui est celui de l'abandon officiel de Fachoda, il ne pouvait parler. Cy finist l'admirable entreprise. Pendant ce temps, à Londres, le sirdar commandant de l'armée anglo-égyptienne est frénétiquement acclamé. Entre Chamberlain et Salisbury il brille. On l'a fait lord. On l'a pourvu d'une dotation. On souscrit en masse pour des cadeaux richement symboliques dont il recevra l'hommage.

C'est la patrie renaissante autrement qu'au frontispice d'un monument. Et tandis qu'une telle manifestation éclate là-bas en l'honneur d'un héros, on songe tristement à ce que nous faisons ici pour les nôtres.

A peine une distraite félicitation « d'en haut »; un avancement qui n'est pas incompatible avec quelque simple séjour à la caserne; la même croix qu'on donnerait à un fabricant de vermicelle; si d'aventure on veut participer à quelque essai de « souvenir » à offrir, les passions aussitôt dénaturent et insultent le sentiment qui vous a poussé, et résultat suprême, il appert clairement que tout ce que vous avez tenté, accompli, est « sans intérêt ». La seule récompense, c'est d'avoir usé ses forces, mis en soi la mort, et de devenir désormais suspect de bravoure, d'enthousiasme et de patriotisme.

Certes, la manière dont Napoléon stimulait l'ardeur de ses soldats semblerait aujourd'hui blessante à plus d'un. En dehors des grands témoignages qu'il réservait à quelques-uns, volontiers, en des banquets, il faisait à des officiers la surprise d'un billet de mille sous la serviette. Et à ces mœurs, il faut opposer le noble langage d'un Hoche, qui d'un mot payait chacun de sa peine. Mais encore ce mot-là le faut-il dire. C'est l'honneur de l'héroïsme français, de faire passer avant les prébendes une satisfaction de conscience, de légitime fierté, une simple parole, — et cela même maintenant nous est ôté. L'ingratitude, le silence, l'étouffement, et c'est comme de la gloire honteuse. Ah! il faut que ce pays ait l'amour du drapeau, du sacrifice et de l'honneur chevillé, car en vérité on ne fait rien ici pour l'encourager, le soutenir, le célébrer; il semble bien au contraire que les vaillants, les dévoués ne soient plus que des gêneurs, et l'on voudrait mourir, qu'on ne s'y prendrait pas autrement.

Le silence.

10 novembre.

Il y a un député célèbre en ce moment. Il s'appelle M. Louis Brunet. Et sa célébrité soudaine est d'une espèce vraiment rare. Il représente l'Ile de la Réunion. C'est le député qui s'est tu. Son silence, à l'instant précis où les tribunes bondées comme pour une fête guettaient l'interpellation promise par lui sur Fachoda, a été suivi d'une longue sensation. Et il se trouve que le plus éloquent des discours n'aurait pas fait enregistrer par l'*Officiel* autant de « très bien », de « bravos unanimes », d' « applaudissements sur tous les bancs ».

C'est un grand succès personnel. Un si beau trait, savoir se taire, représente le plus méritant sacrifice que puissent faire un politicien, et une femme. Et il serait aussi piquant que juste, de voir celui-là ministrable pour son mutisme chargé d'idées, si tant d'autres sont arrivés par les phrases creuses. Aussi bien, le pays regardera avec étonnement, avec une confiance dont il cherche toujours le placement, cet être extraordinaire qui dans un tel milieu garda la perception nette, ne voulut être ni marchand de boniments, ni fournisseur des rires ou des pitiés de l'Europe, ni épileptique. Et dans ce temps où tout se traite et se perd par des mots, où la France semble ne penser qu'en parlant comme le bon Numa, où les plus délicates questions sont à la merci d'un effet de tribune ou de parti, où le meilleur de nos forces est véritablement expectoré, cet accident de sagesse, de force morale, est presque une espérance.

M. de Talleyrand avait autrefois, devant M. de Nesselrode, des effets surprenants de bouche close. Il jouait à ravir du recueillement. Ce jeu-là ne nous messiérait point. Ah ! l'admirable gain, si, éperdu de gestes, de bruit, de rhétorique et de blagues, ce pays tout d'un coup se ressaisissait et songeait ! Au fond, il n'en peut plus, il en vient à supplier qu' « on ne parle pas », comme dans les *Dragons de Villars*, plus amusants que les dragons de M. Loti, et il se donnera à ceux qui l'aimeront assez pour se rappeler comment on se conduit dans la chambre d'un malade qui veut revoir encore le ciel bleu.

Un accès de propreté.

11 novembre

Le bruit courait hier, dans les clubs et brasseries du boulevard, endroits où l'on s'intéresse comme on sait à tout ce qui représente la morale, que la pièce du Nouveau-Théâtre, *Les Courses* de M. Veyrin, allait être interdite, « rapport aux mœurs ». Maintenant que de nombreuses chambrées pleines se sont laissé outrager, non sans plaisir, il serait bien temps, en effet, de songer qu'il y a dans ce spectacle de quoi le faire, par une jeune fille du style d'aujourd'hui, recommander à son père.

Des tableaux osés et même répugnants, le goût, la pudeur, le respect du public transgressés, vraiment, on s'est ému de cette nouveauté? Tout d'un coup, il a semblé qu'il est des limites, et qu'il fallait porter le ciseau rouge de la censure sur la plaie? Magnifique et noble prétention. Mais on se demande par quelle spéciale faveur c'est à propos du spectacle de M. Paul Franck qu'elle éclate. Il n'est ni plus ni moins infectieux qu'un autre ; nul poison particulier ne l'honore ; il va selon une formule couramment exécutée et prospère. Dès lors pourquoi lui et non pas tels autres? Pourquoi ici cette tarentule de vertu et là cette souriante tolérance? La vérité est que l'amateur parisien ne peut plus être blessé dans ses délicatesses : elles sont percées de part en part, leur compte est bon, réglé à fond depuis longtemps : s'aviser maintenant d'y songer, c'est d'une aimable ironie, et intervenir, cela devient simplement de l'arbitraire.

Non, vous n'avez plus le droit de déclarer telle chose immorale ou malsaine ; dans le long abandon fait de son exercice, ce droit devient caduc, il y a prescription. Quand on a laissé tout faire et dire, les grands airs subitement indignés sont interdits ; et puisque c'est la prostitution, l'obscénité, l'ignominie que partout vous avez voulu, regardez bien ça en face, régalez-vous, ce n'est pas en vous essuyant un soir, que vous vous débarbouillerez. Un spectacle à frapper? Puisqu'on commence, il faudrait en frapper cent. De l'assainissement, du nettoyage, certes ; mais, à cette besogne, la capitale risquerait d'être sans théâtres ni concerts, mais alors, du chlore à droite, à gauche, en haut, en bas, partout, et vite.

La leçon des Léonides.

12 novembre.

Encore une étoile qui file, file, file, et disparaît. Mais des étoiles qui filent, c'était encore le bon vieux temps, semble-t-il : aujourd'hui, elles ne se donnent même plus la peine de commencer par apparaître. C'est ainsi qu'on attendra inutilement cette année les Léonides qui, d'ordinaire, vers la mi-novembre, traversent le ciel par compagnies innombrables. On ne sait ce qui leur est arrivé. Les bruits les plus fâcheux circulent dans les observatoires, et Camille Flammarion médite sur un bien vilain rôle que Saturne aurait joué dans l'affaire. Ce Saturne a des gestes qui rappellent le coup du père François, et il a vite fait d'expédier dans un autre monde quelques pauvres petites Léonides : un ver de terre n'aurait pas seulement le temps d'être amoureux d'elles.

Et si ce n'est Saturne, serait-ce que les Léonides, galantes comme leur ex-homonyme Leblanc, sont allées voir plutôt ce qui se passe chez le voisin Mars, si beau guerrier ? serait-ce aussi qu'elles ont jugé peu digne d'un coup d'œil même rapide, les humains accaparés par de trop tristes affaires, agités et troublés que nous sommes ? On ne saura jamais la vérité, quoique dans ce ciel de mouvement perpétuel elle doive être en marche. Ce qui demeure acquis, c'est que là-haut aussi des révolutions s'accomplissent à la minute, que l'ordre ne règne pas effectivement dans les Varsovies du firmament, et que les astronomes ont quelque raison d'être presque tous de grands philosophes.

Si le vulgaire ignorant s'attarde à l'idée d'un drap bleu à clous d'or étendu sur nous immuablement, si la notion le flatte d'un univers fabriqué spécialement et à jamais pour l'homme, s'il lui semble inadmissible qu'on doute de sa majesté, ils savent eux jusqu'à quel point va notre faiblesse dans l'immensité, notre précaire condition, et celle aussi de tout ce qu'on appelle les splendeurs de l'univers. Tout se tient, mais dans une fragilité extrême ; ce qui est au-dessus de nos têtes n'est pas plus plus certain que ce qui est sous nos pieds, et en réalité c'est un joli aplomb et c'est une grande misère que d'avoir tant d'orgueils et de faire tant de bruit.

Les bonnes affaires.

13 novembre.

Six millions viennent encore de sortir merveilleusement des vieux bas. Pauvres vieux bas, dont l'emplissage n'est qu'une longue patience, bien rangés, bien surveillés, et qui n'en sont pas moins tout d'un coup percés de tous les trous à la lune. Cette fois, c'est la « Garantie Foncière » qui se recommande aux bons soins du parquet. Des versements de deux et quatre francs par mois devaient, au langage doré des prospectus, donner au bout de quinze ans, soit un capital de quatre mille francs, soit un viager de quatre cents. Ce rêve : contre un petit sacrifice, une bagatelle consentie sans y penser, un patrimoine aux héritiers, une jolie jouissance de rentes aux titulaires. Quant à la garantie, elle reposait sur des vignobles, ou plutôt sur des merles de Corso, sur du siroco d'Algérie et sur du bon sable de Tunisie.

Et pendant treize années, cette Société encaissa, encaissa sans fatigue ni danger. La petite épargne, visée, fut abattue net. Des ouvriers, des employés, des fonctionnaires même, exploités dans leur hantise si poignante du « demain », dans leur terreur du travail monstrueusement insuffisant, dans leur tendresse impuissante pour ceux qui resteront, tous, tous les pauvres bougres ont marché, heureux d'une privation utile, et pour finir, la ruine comme s'ils avaient été paresseux, ivrognes ou indignes.

Certes il serait aisé de leur attribuer ici quelque tort. On ne manquera pas d'insinuer que la poursuite de gains exceptionnels comporte en soi un risque de déconvenues, et qu'il n'est point de tuyau mirobolant sans quelque chance de crever. Mais juste et vengeresse lorsqu'il s'agit d'un petit-bourgeoisisme vorace, cette observation doit tomber devant ceux qui luttent réellement pour la vie, et s'il peut exister une sorte d'excuse paradoxale pour le puffiste qui exploite un gogo aussi avide qu'imbécile, il n'en est point pour les trafiquants des affres de famille, de labeur quotidien, d'honorable pauvreté. Banquiers avec portraits du Pape dans leur officine, Vernouillets qui travaillez contre des portefeuilles, allez-y, soit, puisqu'on veut bien ; ce que vous faites, à beaucoup, peut sembler bien fait : mais il faut espérer que des juges se trouveront dans cette époque où la Justice parle énormément et ne regarde pas aux commentaires, pour faire éclater une bonne fois qu'il ne saurait y avoir d'indulgence envers les tondeurs de misère, et pour fournir au législateur cette indication précieuse que, si les tissus, les grains, les bestiaux, veulent être protégés, l'homme qui travaille innocemment veut l'être aussi.

Des excellences.

14 novembre.

Le ministre des affaires étrangères prépare sa petite surprise au Parlement. Mais qu'on se rassure. Elle est essentiellement financière. Demande de crédits, pour changer. Et quoiqu'on ne soit guère porté aux chansons, on paiera. On paiera, non seulement pour les pots cassés par les diverses missions qui voulurent bien nous faire ces temps derniers un honneur si extraordinaire, mais pour certaines représentations, encore très régulières et permanentes, de la France à l'Étranger : car il importe, paraît-il, de ne plus considérer, avec sérieux et envie, les magnificences de ce qu'on appelait jadis un traitement d'ambassadeur. Ce traitement voit fondre toutes ses beautés au prix où est le beurre.

A Rome, par exemple, il est devenu tout à fait insuffisant ; et dans cette Italie qui n'a pas d'argent, la politesse internationale exige, affirme-t-on, que notre diplomate breveté jette l'argent par les fenêtres. A Vienne aussi, une augmentation s'impose, tout le monde n'ayant pas la personnelle fortune qui permettait à M. Lozé de ces abondantes chaussures vernies qui attiraient le regard et même le sourire de madame de Metternich. On va donc donner de l'avancement, au chapitre du budget, aux deux Français de marque qui brillent en ces capitales.

Je n'y vois nul inconvénient pour mon humble contribution. Il est trop certain que sur plus d'un point, même matériel, nos ambassades jouissent d'une parfaite infériorité. Auprès du luxe habile que déploient les ambassadeurs de la reine Victoria, et ses représentants jusque dans les plus lointaines contrées, un diplomate de la République a le plus souvent triste posture; palais de troisième rang, livrées pour lesquelles on aurait pleuré, locatis dont ne s'accommoderait pas une noce. Et tout ceux qui ont circulé, éprouvé ce sentiment particulier qui pousse comme dans une tendresse le voyageur vers ce petit espace de terre étrangère où se symbolise son pays, ceux-là comprendront, approuveront, et rêvant à l'œuvre de faste où se distingua jadis un Morny incarnant la France, ils seront heureux d'un à peu près. Mais ce qui doublerait pittoresquement la valeur de cette petite révolution somptuaire, c'est que les frais en fussent tirés sur le dos de tous les inutiles dont s'encombre l'administration. Dorer les rouages d'une part et de l'autre les simplifier, ce serait un joli succès de logique et d'équilibre. Mais cela ferait croire qu'il y a quelqu'un qui s'occupe de quelque chose.

La vie qui progresse.

15 novembre.

En cette période où s'accroche dehors tant de linge sale, on sera heureux d'apprendre qu'un savant a découvert un procédé aussi rapide que sûr de blanchir — mieux qu'à Londres. Ce savant offre d'ailleurs toutes les références, car il est l'émule d'Édison, et pour moyen il a l'électricité, souveraine du jour ! En un tour de courant, les tissus, et la peau de chagrin elle-même, peuvent être nettoyés, raclés, remis à neuf : une ère nouvelle s'ouvre, dont les fêtes de la Mi-Carême auront peut-être bien à pâtir et qui rendra fort incertaine la destinée du battoir de Gervaise, mais où triompheront l'harmonie de tant de ménages que la question de la chemise a divisés, et une des théories les plus chères aux hygiénistes.

Ainsi se trouve en effet réalisé le problème très microbien de la promiscuité des cuves et des bassines ; malgré toutes les eaux bouillantes, malgré chlores et potasses, malgré les plus caustiques chimies, la contagion par la lessive hier encore était une des fatalités que la joie de vivre dans la Ville impose ; d'un Lundi à un autre, — oh ! ces Lundi matin, des voitures de Clamart ou de Viroflay rangées contre le trottoir, avec des sourires de gamines sur le mou des gros tas noués, — c'est le plus fantastique libre-échange de bacilles qui se puisse imaginer ; un lien effroyable de maladie et de mort existe entre des milliers et des milliers d'êtres qui ne se connaissent point ; sous cette apparence de propreté, amoureusement étalée sur les lits et par piles dans les armoires, c'est la tuberculose qui entre dans la maison, la phtisie, l'épidémie. Le fléau n'a plus même besoin de frapper aux portes, comme le montrait Élie Delaunay : la porte pour lui est grande ouverte.

Et c'est d'un petit appareil, qui n'a l'air de rien, que demain viendra le salut. Ainsi, jusque dans les détails pour lesquels elle semblait trop haute, pied à pied, la Science fait reculer l'ennemi, et on n'assiste pas sans émotion à un si grandiose combat, à cette victoire prodigieuse. Quelle métamorphose déjà, et que sera l'avenir ! Ceux qui viendront auront la partie belle. Les conditions de l'existence seront superbement modifiées, et dans la forme et dans la durée. Mais faut-il envier ce temps futur ? Alors sans doute on trouvera qu'on vit trop longtemps...

Justice.

16 novembre.

Un pauvre homme est exploité dans ses dernières ressources par des intrigantes ; il perd son petit avoir ; par suite de mille incidents de procédure il perd aussi le droit de poursuivre utilement les flibustières et il accuse les juges d'aider à le frustrer. Sa fille le venge, et dans une crise de révolte, elle tire sur le juge d'instruction Boursy. Ce magistrat n'est pas une des lumières du Palais, et fort heureusement pour lui : c'est ainsi au moins qu'il a pu couler douze ans de jours paisibles au sein de la Justice ; mais si prudemment modeste, il échappe par son caractère même à toute suspicion et rien de personnel ne saurait atténuer la brutalité de ce fait-divers : pour l'expliquer, il n'est que la triste condition où sont réduits en masse les justiciables.

Certes, il serait par trop expéditif que tous entendissent de cette manière leurs revendications, la revanche de leurs longues et inutiles patiences, de leurs déboires ; le revolver, le vitriol, l'assassinat n'ont trouvé que trop d'excuses et d'encouragements dans la phraséologie passionnelle du temps ; et il serait à souhaiter que celui qui tue, fût-il l'État, parût et restât simplement un assassin, comme Rollet restait un fripon. Mais dans un temps où tout se comprend et s'admet, dès qu'il s'agit de ce qui concerne le fait de coucher, on ne saurait être sans pitié pour les douleurs morales subies, pour les vieillesses en détresse, pour les querelles que peuvent soulever les déceptions rencontrées dans ce qu'on croyait être la Justice, laquelle peut-être représente un idéal aussi. Et quand on songe à ses lenteurs, ses obscurités, ses illogismes, ses impuissances ; et quand on constate de quelle étreinte elle vous saisit, ce qui reste le plus souvent après qu'elle a passé sur vous, quel mirage elle est, il cesse d'être surprenant qu'à un moment le respect et même le sang-froid défaillent chez le patient.

Les procédés d'instruction et d'enquête, l'administration des dossiers, la question des dénis de justice, les responsabilités, sans parler de la question d'argent, autant de points recommandés d'urgence à une réforme. Sur assez d'autres terrains trouvent leur compte les façons très cavalières, le parfait dédain et l'exploitation du contribuable : mais il est par trop ironique que la Justice elle-même participe à cette petite fête, et que son nom admirable couvre le pire.

L'obscur trésor.

17 novembre.

Le dernier discours de M. Chamberlain contient un passage vraiment original. C'est celui où le ministre anglais, si Vatenguerre qu'il se pique d'être, rend hommage à l'esprit d'entreprise de nos explorateurs et surtout à l'esprit d'économie, à la laborieuse industrie, aux vertus domestiques qui caractérisent la masse de nos populations. Surprenante nouveauté. Cette constatation sur les lèvres de John Bull chauvin, un jugement si équitable, sont d'une bien jolie coquetterie d'ennemi... En réalité, on est tellement habitué à voir appeler en Angleterre vices français ce qu'en France d'ailleurs on dénomme vices anglais, et la calomnie déversée sur notre caractère et nos mœurs est à ce point régulière et copieuse que, tout entaché de diplomatie que puisse paraître cet éloge d'au dehors, il va tout droit à la corde sensible.

Aujourd'hui précisément, l'Académie française tient sa grande séance annuelle. On y distribuera les Prix de Vertu. Le discours est de M. Pierre Loti. Et ses dévotes en attendent fatalement un régal. Comme écrivain, le démolisseur des pauvres petites Japonaises sera curieux à observer dans ses relations avec la vieille servante de Gustave Flaubert ; comme officier de marine, habitué aux contemplations de l'immense, il sera intéressant dans cette manœuvre imprévue à travers les petites existences étriquées, et encore que la vertu du Frère Yves veuille être acceptée sous certain bénéfice d'inventaire, la vertu chantée par lui prendra des grâces nouvelles.

Mais plus éloquentes que toutes les phrases qu'académiques on nomme, paraîtront les causes mêmes de cette éloquence. La vérité, disait le chevalier de Boufflers, est la seule vierge en ce vaste univers qu'on aime à voir un peu vêtue : la vérité sera vêtue cette fois de bure et de gros lin, mais dans ce long défilé de braves gens, quelle réponse à tous ceux qui ne parlent pas comme M. Chamberlain et quelle opportune contribution à ce qu'il dit ! Qu'on ne s'y trompe point : voilà le fond même de ce pays, et c'est à cet obscur trésor qu'il puisera ses forces. De malpropretés, de scandales, de défaillances, on a l'épiderme sali, et on croit que c'est pour de bon ; mais il n'y a qu'à gratter, et la vie saine, robuste, et belle, palpite au cœur.

L'honneur personnel.

18 novembre.

Brusquement, heureusement, dans sa prison monégasque, un accident mortel a frappé Nicolas Gourko qui allait passer en justice pour avoir, à Monte-Carlo, assassiné un de ses compatriotes de marque, — ils le sont tous, — et s'être saisi, après le crime, des quatre-vingt mille francs d'or en sacoche, qui en faisaient le mobile. A vingt ans, Nicolas Gourko était lieutenant de le marine du tsar; il était le fils de l'illustre général Gourko, dix fois vainqueur, une des plus hautes figures de l'armée russe, et que nous eûmes l'honneur jadis de voir à Varsovie, au palais du gouverneur, tandis qu'avec mon ami J. Corély nous flânions par là-bas. Et en apprneant le crime atroce de son fils, le général, du coup, faillit expirer.

Maintenant au moins à une famille glorieuse est épargnée la douleur de voir un des siens condamné. La mort elle aussi offre de bienfaisants hasards. Et il semble qu'on ne doive pas trop médire d'elle. Quant à la honte sur le nom qui rejaillirait, fût-ce en lointain ricochet, par le fait d'un seul, par la faute d'un indigne, c'est une vieille histoire qui ne prend plus. Le temps a fait justice de cette monstrueuse solidarité.

Si effectivement on se demande par quel mystère de la génération un héros peut faire souche d'assassin vulgaire ; si l'antique adage qui dit tel père tel fils se trouve de plus en plus démenti par les réalités, l'opinion, la conscience publique ont fait un grand pas vers la justice idéale, et le grand travail d'affranchissement moral et de progrès humain est commencé, qui tend à ne pas infirmer l'œuvre d'un grand homme, ou même seulement d'un brave homme, par ce qui, de son « moi » irresponsable, a pu sortir d'inférieur.

Avec l'aventure de ce Raskolnikoff de la Grande Bleue, nous sommes en plein roman de Dostoïewsky, mais tout cela ne peut rien contre l'Epopée. Et tandis que ce scandale, ce malheur, se détache sur le fond noble et glorieux de l'armée russe, on songera que, chez nous aussi, les défaillances doivent demeurer personnelles, et que les faiblesses de quelques-uns ne sauraient dégrader qu'eux.

Vilains messieurs.

19 novembre.

Je notais ces jours-ci l'hommage rendu par M. Chamberlain à ce qui est le fond vrai de nos mœurs. Le dernier roman de Willy précisément vient donner l'idée la plus mousseuse de leur surface. Il a pour titre : *Un vilain monsieur;* il court, il vole ; sur tout ce qui est « très parisien », il est découpé et enlevé comme on fait d'une simple aile de poulet. Et jamais le joyeux Willy n'a été plus Willy. C'est le roman de la minute d'hier et de demain, avec dans les moindres détails une acuité de modernisme tout à fait marquante, et parfois, dans l'observation, des ironies dont la belle humeur est féroce.

Le monde et la Pluralité des Demi-Mondes, le bon petit adultère, le tripot, les courses, les journaux : toute l'histoire de Robert Parville, charmant garçon et vilain monsieur, se déroule dans cette variété surprenante de cadres. Et les héros sont de notre quotidienne rencontre, les bonshommes lumineux et grouillants comme sur l'écran du cinématographe à badauds des Variétés. Non certes, tout cela n'est pas pour donner au liseur séduit une idée fort congrue de notre entente de la Vie ; *Les Façades* du comte F. de Nyons nous avaient rendu déjà à ce point de vue d'assez jolis mauvais offices, et tout ce qu'on écrit d'ailleurs, et tout ce qu'on voit, semble se conformer à ce besoin où nous sommes d'un dénigrement de soi-même, très régalant pour autrui.

Le *Vilain monsieur* de Willy a pourtant un avantage sur bien d'autres vilains messieurs fabriqués amoureusement par la littérature. Celui-là est bien un produit de boulevard, mais il a quelque chose d'une victime aussi. Et chaque fois qu'il y a victime, il y a chance de vérité. Victime de l'atmosphère et des ambiances, des mots qu'on fait, des sentiments qu'il est très smart d'afficher, de l'habitude, de l'immense « à quoi bon » que rien plus ne vient combattre. Mais il ne faudrait pas s'étonner si ce vilain monsieur cessait quelque jour d'être vilain. L'occasion, qui fait le larron, le peut aussi défaire. Tout ça, comme dit l'autre, c'est du « chichi ». Il ne faut qu'un coup pour remettre les choses en place, remonter le niveau, et je ne sais pourquoi, en lisant d'un trait cette talentueuse histoire de Robert Parville, je songeais obstinément à la fin de Jean de Thommeray... (1).

L'éternel recommencement.

20 novembre.

On a démoli très fort le mariage. Des enquêtes variées lui ont dit son fait. Il a paru à beaucoup un beau sacrement et une « fichue » institution. Mais pour l'entendre malmener il ne faudrait pas s'adresser à madame Adelina Patti. Non seulement elle le défendrait, mais elle l'illumine de ses faveurs. C'est un grand succès pour lui, et pour le sexe que ne flattaient point précisément les *Tenailles* de M. Paul Hervieu. Après le marquis de Caux, après M. Nicolini, voici en effet qu'un troisième mari entre officiellement dans le bocage. Et il se trouve, instructivement, que le troisième se relie au premier, par un titre des plus authentiques et par des fonctions de cour. Ainsi la chaîne du grand chic est heureusement renouée, et cela en dit long sur le prestige quand même des parchemins. Entre les deux, plaignons la pauvre roture de Nicolas, qui n'avait pu que s'italianiser.

Oh ! comme il fut pleuré pourtant, quand il laissa vide l'immense château de Craigg-y-Noss ! Une douleur profonde, dont la beauté émut. Un monument aussitôt, qui fit l'orgueil du marbrier. Des fleurs qu'eût aimées Ophélie. Et c'était l'an dernier. Un an tout

---

(1) On sait que ce personnage d'Emile Augier, après une vie dissipée, se réhabilite en allant défendre la patrie. La pièce remonte à juillet 1870.

juste et le renouveau. Des roses mélancoliques, puis, comme par enchantement, des roses qui sont roses. D'autres s'étonneront. Mais il convient plutôt d'admirer ce ressort de vie, cette force d'éternelle et même d'instantanée reprise placée en nos cœurs, et cet ordre, cette justice, cette sagesse de la nature qui sait bien ce qu'elle fait, et se garderait de donner, par exemple, au rossignol merveilleux ce qui est l'apanage de l'humble pigeonne.

Aussi bien, à y songer, des cas comme celui-là, si décevants qu'ils puissent paraître, ne sont pas sans bienfaisants effets. Il y a longtemps que le fabuliste a montré qu'on pleure un peu de temps et puis qu'on se console ; mais l'avertissement qu'il offrait ne vaut pas la leçon qui nous vient de telles réalités, et ce n'est pas un mal, que nous soyons si dûment instruits de n'avoir pas à prendre pour comptants les grands mots, les gestes les mieux éplorés, les plus pathétiques douleurs. Quelle invite à se garder ! Les douleurs sont des folles, comme dit la chanson du biniou. Hélas ! à elles non plus il ne faut pas faire trop d'honneur, attacher trop de prix, et celles que nous nous vantons de causer risquent de n'être qu'un affront nouveau pour notre vanité.

La robe.

21 novembre.

Un joli chapitre vient d'être ajouté par l'actualité à cette histoire de « Monsieur le Ministre » que disait Jules Claretie. On savait de reste toutes les épreuves liminaires réservées à ceux qui ambitionnent un si beau grade dans la politique, et les douloureuses surprises d'impuissances qui marquent l'exercice même du pouvoir : voici que les désenchantements, également connus, de l' « après » se compliquent encore, et ce serait à dégoûter de la façon la plus définitive, si dans l'aventure étonnante dont M. Trouillot est le héros, — il est enfin celui de quelque chose, — il n'y avait de quoi sourire savoureusement.

M. Trouillot était ministre des colonies sous M. Brisson. Par quel phénomène ? L'histoire ne le dit point, ou du moins elle le dira trop. Mais ce qui est tout à fait normal et ordinaire dans sa biographie, c'est qu'il était avocat, avocat obligatoirement, comme tout politicien qui se respecte, et, il faut le reconnaître, avocat très consulté, dans le Jura, avec plus de causes que d'effets. Or, sous prétexte qu'étant ministre, M. Trouillot a touché quelques bribes d'émoluments, ses co-maîtres de Lons-le-Saulnier viennent simplement de le rayer du tableau. Sa chute lui ôte à la fois le portefeuille et la serviette. Il tombe ainsi du même coup du banc où l'on est attaqué et du banc de la défense. Il n'a plus même la ressource des grands incompris. Et cela ne s'est pas encore vu.

Assurément, si cet accident singulier pouvait détourner de la poursuite des grandeurs quelques-uns de nos trop intrépides amateurs, le mal en serait plus doux. Mais il n'y a que peu de chances, et ce qui reste de cette manifestation des petitesses, des préjugés, des vanités, des haines d'une coterie patentée, c'est seulement l'impression de quelque chose d'exceptionnellement ridicule. Mais si, s'autorisant d'un vieux règlement poussiéreux qui interdit aux avocats les fonctions salariées, — celles de simples députés que je sache ne sont pas gratuites, et dans leur soi-disant sacerdoce même, les avocats ne se font pourtant pas faute de cultiver les charmes profitables d'une industrie, — le conseil de l'ordre, à Lons-le-Saulnier, a voulu remettre en évidence tout ce que le privilège accordé encore à la robe offre de suranné et d'excessif, il y a réussi de la manière la plus brillante. Les partisans d'une réforme n'auraient jamais pu espérer un tel concours. Il est véritablement royal. Et il y aura là de quoi consoler largement un simple ministre de la République.

La côtelette d'affaires.

22 novembre.

Le restaurant Champeaux n'est plus. Le salon de Cyrus et le Pompéien sont brusquement réduits à l'état de souvenir. Toutes les glaces ont volé en poussière, une poussière incroyablement fine, qui au plus loin jonche et irrise la chaussée. Accident ou crime ? La police le sait. Mais elle est toujours la police qu'immortalisa la chanson du bon Alexandre Pothey. Le certain, c'est qu' « un coin de Paris » vient encore de disparaître, des plus caractéristiques, et des plus parisiens, — puisqu'il était empli de gens de Francfort et de Hambourg.

C'est là que boursiers, remisiers, coulissiers, courtiers et banquiers de toutes cavernes venaient déjeuner, la chaîne en or, le crayon en or, le cure-dent en or. Impossible de trouver une table, pour un passant profane : toutes avaient de fondation leur client, de qui les clients venaient baragouiner, tripatouiller, chafouiner. Le repas des dompteurs de la Bourse, présentés en liberté, momentanément : la côtelette et la cote, l'œuf sur le plat et les millions à la sauteuse. Une étrange odeur de mouton et d'honneurs sur le gril ; des êtres très luisants et pourtant louches, épanouis et pourtant inquiétants : le chic le plus grand, le seul qu'on reconnaisse aujourd'hui, celui du chèque, et en même temps, je ne sais quelle vulgarité quand même, menaçante, véritablement foncière, celle-là.

Des hommes qui mangent, par bandes, cela n'est jamais très esthétique. Mais si le tableau pouvait être enlaidi, ce serait dans le cas de ces « déjeuners d'affaires » où les plus voraces ont le plus mauvais estomac, où la bouteille de Vichy sur nappe, on s'en va combiner ce qui ruinera les fous jusqu'au sang, où la fourchette elle-même semble rester aux doigts crochus. Voilà qui est excessivement parisien : dans la vie anglaise, par exemple, on ne pratique pas ces séances-là. Ici, c'est effrayant ce qui se passe autour d'une côtelette. La côtelette, — voyez Mazas, et Charenton, ou la Morgue. Oui, cette heure de midi, autour de la Bourse, sur les boulevards, et même dans la banlieue, c'est plus encore l'heure du crime que cette vieille heure classique de minuit, et ce qui est bien pour donner le frisson, c'est que ce pauvre et spécial Champeaux aura beau disparaître, le déjeuner d'affaires, lui, sera toujours là, il est partout, il triomphe, — et on dit que les affaires ne vont pas. Ah le sage, et l'heureux, qui se méfie de la côtelette, surtout si on lui dit que c'est celle de l'amitié...

La force fleurie.

23 novembre.

Le moment est aux bras d'airain. Dans l'éducation il faut soigner le « beau physique ». Elle n'est plus du tout sentimentale. Depuis Flaubert, c'est changé. Et les maîtres de gymnastique, les éducateurs du muscle et du record, se disputent les sourires de la jeunesse. Ce sont de très braves gens. La barre fixe, pas plus que le chausson, n'a de secrets pour eux ; et tatoués et chevronnés, ils se présentaient jusqu'ici dans la simplicité cordiale de leur talent « pro Patria ».

Mais voici que les choses se compliquent. Ces médaillés de la bravoure, du biceps, du sauvetage, doivent paraît-il être à même d'ambitionner aussi les académiques palmes. Ce n'était pas assez d'avoir bien mérité du Lendit et de M. Paschal Grousset, et même des strophes de Paul Déroulède, il faut à ces vaillants d'autres titres encore, et des commissions parlementaires, des comités pédagogiques, des conseils qui émettent des vœux, viennent de déclarer qu'à l'avenir ces maîtres du rétablissement, du tour de force et de la suée hygiénique devront être par surcroît un peu plus « intellectuels ». Les moniteurs de gymnastique sont donc prévenus que « quelques lettres » leur seront désormais indispensables, et nul ne semblera à la hauteur s'il ne joint un brin de culture universitaire à ses travaux d'Hercule.

Voilà qui est évidemment du dernier athénien. C'est l'entrée de Platon à l'école de Joinville. Et tout un renouveau pour le Portique. Mais si pénétrée de délicatesse, si conforme à cette heure éminemment, et même tragiquement intellectuelle, que semble une telle initiative, il sera permis de regretter la simple application, plus spartiate. La force est la force. Son culte n'a de raison ou d'excuse, que dans le respect ou l'acceptation de ce que brutalement elle est. On la voit mal en rhétoricienne. Dès l'instant qu'on la recherche et la préconise, il faut avoir l'aplomb et le courage de l'aimer pour ce qu'elle est. Qu'on fasse des dernières générations un ramassis de lutteurs, de boxeurs, de tombeurs, de tueurs, soit, allons-y ! Le geste peut être encore beau. Mais si ces bouchers, qu'exigent les progrès de la civilisation, doivent se montrer couronnés de roses, c'est un non-sens hypocrite qui ne saurait donner confiance, et c'est une fois encore plus du théâtre que de la réalité.

La vérité à la minute.

24 novembre.

M. Cruppi n'a pas quitté la magistrature, où il fut marquant, pour traduire Horace. Et il n'est pas entré dans la politique pour s'essayer à son tour aux tristes amusettes de couloir. Voilà un élu enfin assez original pour pratiquer l'objet de sa compétence et appliquer son mandat à des réalités. Tandis que le problème de la responsabilité reste toujours posé avec le cas du terrible chemineau Vacher, et que la science tente en vain de faire valoir l'intégralité de ses droits et devoirs, M. Cruppi se propose ainsi de demander au Parlement une réforme des expertises médico-légales qui ont conduit à tant d'erreurs et provoqué la société sacro-sainte à tant de crimes.

Ce n'est pas sans luttes, sans arguments véritablement tragiques, que s'est accompli ce grand progrès de la Science admise à parler auprès de la Justice ; il a fallu des siècles de démentis à ce qui est la Justice absolue, d'échec poignant à la conscience, pour qu'on en arrivât à soupçonner, à accepter, qu'un coupable peut n'être pas forcément sans excuse et à s'inquiéter de sa substance, de sa conformation, de son hérédité. Mais si précieuse que soit une telle conquête, elle ne semble pas, dans l'application, remplir tout son mérite, et pour la comprendre à la manière d'aujourd'hui, ce n'était pas la peine d'en espérer tant. Hier, par exemple, on arrêtait la jeune fille qui a tiré sur un juge d'instruction, et l'a fait d'ailleurs décorer du coup. Aussitôt les médecins entrent en scène ; ils interrogent, examinent, palpent très médico-légalement ; à la minute ils ont tout vu, tout sondé, tout dit. La plus cruelle des énigmes, le plus ténébreux des mystères, l'insaisissable, en un tour de pouce, livrent soi-disant à ces Œdipes leur secret. Le sphinx n'a pas de rigueurs pour eux. Et même ils se vantent superbement de cette plaisanterie.

Ils sont certes très divertissants dans cette prétention, et à les voir opérer ainsi, comme s'il s'agissait d'une simple consultation de M. Purgon, — apparaître, disparaître, comme des bonshommes de la boîte à diable, et réduire le sacerdoce aux proportions d'un bureaucratisme de prison, ou d'un vulgaire Bertillonnage, le public a pris l'habitude de discrètement sourire. Mais ce n'est peut-être pas là un résultat digne des avertissements, des travaux, des révélations foudroyantes des grands criminalistes. Ils ont renouvelé les conditions de la Justice, en approfondissant la condition des pauvres créatures. Tel qu'il s'exerce, ce fameux « service d'anthropométrie » n'est pourtant que trompe-l'œil et simulacre. Et ce n'était pas la peine d'entendre Lombroso déclarer, la main sur la conscience, qu'en cette matière, une observation inlassable, une longue patience, ne sont que de l'honnêteté élémentaire.

Le dieu.

25 novembre.

On vient de capturer toute une bande dont les hauts faits passent l'ordinaire. Dans la pègre on l'appelait la bande des « Aristos », et par sa culture des grandes traditions de Mazas et de la Nouvelle, par la rare distinction de son truc, par son élégance malandrine, elle méritait bien cet honneur. D'abord modestes cambrioleurs, ces messieurs se sont élevés peu à peu : ils travaillaient maintenant dans les « ventes et achats » de propriétés, et cette fois la propriété c'était plus noblement le vol. En grand, ainsi qu'il sied à une élite. Et grâce à une pratique parfaite, infatigable, ils ont ainsi raflé plus d'un million en un an. C'est d'un beau talent.

Mais ce succès était leur bien dû. Ces voleurs professionnels, ces marquis et comtes ex-voyous et nés Gugusse, qui avaient des intérieurs très modern-style, des maîtresses en frous et des coffres-forts au Crédit Lyonnais, ont témoigné en effet, dans leur procédé, d'une entente de l'époque vraiment psychologique. A d'autres, moins avertis, les ficelles vulgaires, la trop classique poudre aux yeux : eux, ils « montraient » l'argent. Soixante mille, cent mille, cent cinquante mille pour donner confiance? ils y étaient, — un moment, en valables billets, par petits matelas authentiques, et on pouvait compter, toucher, caresser. Oui, positivement, ils sortaient quelque chose de sérieux, sans Sainte-Farce, et personne ne s'inquiétant jamais d'où cela vient, pourvu que cela se voie, sous cette couleur de leur argent, c'était « couru » à l'avance.

Bien observé, pour de pauvres aigrefins de barrière, et à y songer, cette mésaventure survenue à d'innombrables gens qui se piquent de n'accorder leur considération qu'à l'argent bien étalé, ne manque pas de saveur. Ils se croient très forts, ceux-là, et leur force les empêche de faire pour un liard de confiance à un homme qui n'a que son honnêteté ou son travail ; ils se croyaient aussi très sûrs : et voici que le sacro-saint argent lui-même, en présence réelle, que dis-je, éclairé ! devient une chimère. Le dernier dieu s'en va. A qui croire, à qui se fier, maintenant qu'il est prouvé, ce que d'ailleurs on soupçonnait déjà, que pour être bon voleur, il faut commencer par être capitaliste? Mais ce dieu-là peut bien recevoir quelques coups : ce qui le démolit m'enchante.

Ici, là-bas.

26 novembre.

J'ai vu le dernier numéro du *Rire*, que l'on disait avoir été saisi sur la prière de l'ambassadeur d'Allemagne. Il a la fantaisie coutumière qui distingue ce journal ; il est éloquent de vérité, il s'harmonise, en deux pages saisissantes, à propos des Arméniens, avec une opinion qui n'a jamais pu être refoulée. Par quel phénomène, quelle faveur spéciale, l'Empereur Guillaume aurait-il pu s'émouvoir d'une publication qui ne semble ni plus ni moins désobligeante qu'une autre, même née dans son empire, et qui en tout cas est une œuvre d'art et non point un de ces produits à image qui dénoncent l'officine et sentent le scandale ? Il eût fallu supposer plutôt un de ces coups de zèle que M. de Talleyrand conseillait spirituellement d'éviter et ne voir, encore une fois ici, que l'excès d'une fidélité très servante, et plus royaliste que le roi... Ce ne serait pas la peine d'avoir parcouru tant d'espaces, approché tant de sublimes grandeurs, pour pratiquer immédiatement après tant de mesquinerie.

On ne sait ce qui est définitif en cette mesure. Combattre le rire, et surtout un rire qui fait penser, cela n'a jamais avancé beaucoup les gouvernements. On pouvait espérer d'eux, l'expérience aidant, un peu de cet esprit dont ils ont si grand'peur, et le meilleur, de leur part, serait dans quelque dédaigneuse tolérance. Mais quoi qu'il advienne, le fait brutalement demeure, qu'un journal français peut, en France, être arrêté net, pour avoir déplu à l'étranger, tandis qu'en guirlandes au front de nos kiosques et audacieusement étalées sur nos tables, les feuilles illustrées de Munich, de Dresde, de Francfort, chaque jour, en tout repos, nous peuvent bafouer et insulter. Et ce serait évidemment une trop belle, trop consolante chose, si on apprenait tout d'un coup, demain, que M. l'ambassadeur de France à Berlin a exigé la saisie de toutes ces ignobles caricatures, de ce bas enluminage de cartes-postales, qui nous sont autant d'atroces outrages.

Mais il y a, paraît-il, une grande différence. Tâchons

à la comprendre, et ce qui est plus cruel, à nous y soumettre. Ce qu'ailleurs on déclare péremptoirement intolérable, doit par nous être avalé sans même une grimace. La France est sacrée mangeuse de couleuvres, comme la belle Andréa, de la foire de Montmartre. Et il devient tout à fait certain que si les cours, les chancelleries, les protocoles s'usent jusqu'au dernier galon à faire respecter la majesté d'un empereur, la majesté d'un peuple, ça n'existe pas.

Après.

27 novembre.

Dans quelques semaines la statue de Jules Ferry se dressera sur une des plus rayonnantes places de Tunis. Une statue à Ferry? l'inspiration de l'artiste sans doute aura dû subir quelque empêchement, car l'homme n'était pas précisément esthétique. Ses petits yeux, son gros nez, ses favoris tombants n'appelaient ni le bronze, ni le marbre, et la Muse a dû faire une grimace avant que de sourire pour ce visage. Mais si peu belle dans sa figure, et même dans son attitude, cette statue n'en aura pas moins une beauté supérieure : celle qui se répand de l'intelligence, qui vient du foyer de l'esprit ; et plus le héros semblera laid, sous l'immensité du ciel si divinement bleu, plus aura d'éloquence l'hommage rendu, si loin des Vosges, à ce Vosgien, qui songea à nous compenser, nous consoler par les éblouissements de Tunis, de tout ce que les Vosges gardent à nos cœurs, en leurs sombres forêts, de mélancolique...

Et tandis que cette glorification est proche, je

pense que cet homme mourut sous l'outrage versé par tombereaux, tous les jours, pendant des années. Il était l'abject, l'immonde, le dégoûtant Ferry ; il était le sinistre menteur et lâche ; il était le vendu à l'Allemagne ; et on demandait « sa sale tête » quand ne l'accrochait pas en dérision aux devantures des assommoirs, dans une repoussante image-réclame, qui le représentait en garçon de café. Tout ce qui résume les bienfaits des libertés de la presse, cet homme l'a subi ; et c'était si grossier, si vil, si monstrueux, qu'à la fin ses ennemis eux-mêmes en eurent le hoquet. Maintenant tout cela est loin, apparaît dans sa signification véritable, plus digne encore de mépris, parce qu'on sait qu'il n'y avait pas une conviction sous cette rage, pas une sincérité, et la calomnie et l'injustice se changent en honneur et en reconnaissance.

Cette statue, voilà qui avec éclat ramène à sa juste valeur l'œuvre des partis et des journaux ; voilà pour les politiciens la plus merveilleuse leçon de dédain et de force, et pour l'Idée qui va son chemin quand même, un triomphe. Les hommes d'aujourd'hui feront bien de méditer sur un tel exemple, et ils pourront noter précieusement à cette occasion ce que vaut, pour finir la boue, le hurlement. Le malheur est qu'il n'en reste pas beaucoup qu'on soit tenté de traiter comme fut traité Jules Ferry, et qui soient assez grands pour mériter d'être appelés ignobles.

Tristes chevets.

28 novembre.

Naguère M. d'Echerac, nourri et décoré dans le

sérail, donnait des études très substantiellement admiratives sur l'Assistance publique : et sous forme d'interpellation à l'Hôtel de Ville, l'actualité lui infligea quelques retentissants démentis.. Il y en eut un surtout, qui s'appuyait sur des faits relevés dans certain hôpital, où les malades paraît-il ne connaissaient point les soins élémentaires, et où la literie rappelait trop exactement le fameux grabat pour vulgaires poètes.

Mais voici que des plaintes à nouveau ont surgi, balbutiées d'abord, ainsi qu'il sied à de pauvres gens qui savent que la moindre récrimination s'expie, puis plus courageusement circonstanciées, sans doute après guérison, ce qui est aussi très humain. Et un autre conseiller municipal se dispose à questionner. Encore quelques autres usés sur l'affaire, et on pourra peut-être espérer. En attendant remercions cet élu ; c'est déjà très joli certes, qu'il ait eu le temps et la fantaisie de remplir un devoir. Mais il n'a pas la bonne fortune d'entendre ce devoir-là sans esprit de parti, et si intéressante qu'elle soit, son initiative, pour beaucoup, se diminue quand elle va jusqu'à comprendre « la question religieuse » et ce qu'en charabia maçon on appelle la propagande auprès des malades. Oui, cette rengaine a la vie dure. Et quoiqu'elle ne fasse plus guère recette, devant le public en rond, l'orgue de barbarie de la politique ne se résigne pas aisément à la lâcher.

Propagande vraiment, une main tendue à des malheureux qui n'ont et ne peuvent rien ? propagande, un mot de réconfort, d'espoir, la promesse d'un peu de justice et d'au-delà ? Il m'a pourtant toujours semblé à moi, que cette propagande ne pouvait avoir d'effet que dans un monde où les principes de la Révolution eux-mêmes ne sont rien, et dès lors, de quoi peuvent bien s'inquiéter les farouches Homais de celui-ci ? Le pauvre hère, messieurs, vous appartient dans sa guenille, dont vous ne vous souciez guère d'ailleurs, et vous voulez lui ôter la douceur unique, suprême, reconstituante, de la foi ou même de l'illusion ? Allons, un bon mouvement ; laissez-lui cette compensation au moins, qui vaut bien le quinquina dont trafiquent quelques-uns de vos infirmiers. Et parce que vous le laissez sale comme le porc, ce n'est pas une raison pour l'obliger à mourir comme lui.

Son propre ancêtre.

29 novembre.

Le grand Empereur faisait des princes et des ducs, et cet armorial est fixé en pleine gloire. La République n'octroie plus de titres : mais les républicains, par bonheur pour la foire aux vanités, qui survit à tous les régimes, ont le Pape : le Pape, espoir suprême, et dernière pensée de la démocratie, en mal non seulement de sacs, mais, moins logiquement, de parchemins. Et nous avons, depuis hier, M. le comte Poubelle.

M. Poubelle, comte romain, est ambassadeur au Vatican, de la République qui se pique d'être libre-penseuse : c'est donc un sacré titre, qu'il a rencontré dans l'antichambre, où font des grâces les monsignori musqués et les camériers muscadins. Mais avant de trouver dans ces hautes fonctions un idéal palais, et l'existence la plus réussie, il était préfet de la Seine, simplement, et les Parisiens n'ont oublié ni sa barbe blonde, déjà un peu éprouvée pourtant, ni la réforme attachée à son nom. Comme préfet il est loin, mais les noctambules, qui dans les vagues clartés d'aube s'en retournent chez eux, et rencontrent des chiens faméliques, en festin devant des boîtes qui subodorent l'essence d'égout, saluent encore le souvenir de son proconsulat. Il fut marquant, pour les ordures ménagères. A la poubelle, à la poubelle ! dit la chanson. Mais à présent défense de rire, ou de se boucher le nez : la voirie entre dans le d'Hozier, et « la poubelle » est sur champ d'azur.

Il n'y a certes pas là, pour le philosophe, de quoi s'étonner démesurément ; hier l'épée héraldique, aujourd'hui le balai : c'est dans l'ordre, c'est un signe des temps, — si encore le balai était triomphal ! et il est assez explicable qu'on fasse maintenant une noblesse de ce qui évoque les beautés du ruisseau. Cela ne manque même pas d'une certaine éloquence ironique, d'actualité. Mais du diable s'il n'y a pas là de quoi inquiéter l'Amérique sur la qualité de ce que nous lui offrirons dans la suite en échange de ses dollars qui sentent quand même l'ox-stong ; si de telles improvisations ne valent pas des circonstances atténuantes aux entrepreneurs de démolition aristocratique, et si ce n'est pas là une prière de déchanter, pour ceux qui croyaient à quelque conquête récente du bon sens, de l'orgueil bien compris, et de l'Égalité !

La revue des rhumatisants.

30 novembre.

Les lecteurs de ces « Quotidiennes » m'en vondront-ils si pour une fois j'ai l'indiscrétion de recommander à leur meilleure sympathie une petite idée à laquelle je m'intéresse vivement, et qui me touche de si près que l'indiscrétion a toutes les excuses de la paternité? Cette idée est née des méchants jours que j'ai subis l'hiver dernier, et à l'ennui desquels tant d'amis inconnus ont compati ; et peut-être d'autres encore que moi trouveront-ils qu'elle est assez neuve, assez piquante, et d'une charité d'assez jolie tournure, pour mériter d'être encouragée. Voici : demain paraît le premier numéro d'une revue, bi-mensuelle et illustrée, telle qu'effectivement on n'en conçut jamais ; elle s'appelle *la Revue des Rhumatisants*, elle a pour but de les divertir pendant les longues crises et au besoin de les guérir, et elle repose sur cette observation que les rhumatisants et les goutteux, légion immense, confrérie d'élite, aiment à parler entre eux de leurs maux, à échanger leurs moyens d'action grands et petits, et qu'un lien délicat les unit.

La Revue sera leur salon, le cercle de l'Union Arthritique, comme dit Grosclaude ; elle leur portera de fauteuil en fauteuil un divertissement, un sourire, un réconfort, une espérance ; on y trouvera les communications des abonnés, des contes, des chroniques, des fantaisies, des souvenirs spécialement écrits, des consultations de maîtres autorisés, des conseils sur l'art de plus en plus précieux de se faire quand même une bonne petite vie, des études sur les points controversés du régime et jusqu'aux remèdes de « bonne femme » ; tout ce qui peut concerner les pauvres rhumatisants, lesquels vont faire bien des jaloux, au point de vue littéraire, artistique, anecdotique, mondain, gastronomique, scientifique, thérapeutique, pratique. Et les collaborateurs réguliers? La plupart des écrivains aimés du *Journal*, auxquels, dans une liste incomparable et curieusement suggestive, viennent se joindre le général du Barail, Raymond Poincarré, Ernest Reyer, André Messager, Albert Carré, Octave Uzanne, Paul Ginisty, Forain, le docteur Mercier, le docteur Léon Petit, etc., etc. La littérature, l'art, l'armée, la politique, dans leurs personnifications les plus illustres et dans la mission la plus exquise.

Le premier numéro, si séduisant, et qui tout de suite donne du bleu, contient, outre une partie scientifique captivante, des articles du général du Barail, de Hugues Le Roux, Alexandre Hepp, Grosclaude, Coquelin Cadet ; des illustrations de Caran d'Ache, Albert Guillaume, Henriot ; les confidences de madame de Sévigné, glorieuse rhumatisante, en attendant celles du duc de La Rochefoucauld et de Louis XIV. Et chaque fois nous tâcherons à être un plaisir, même pour ceux qui n'ont pas besoin d'une compensation. Mais il est certain que si l'affreux rhumatisme est un brevet de longue vie, il doit en être un aussi pour la *Revue des Rhumatisants*, et nous voulons espérer que, grâce à nos amis, elle durera plus que la feuille d'automne, et plus que la feuille d'ouate ! (1).

Des diamants.

1er décembre.

Ce n'est pas une grande vente de bijoux qui s'annonce pour samedi prochain ; ce n'est pas une de ces

---

(1) Au moment où paraît ce volume, j'ai le plaisir de constater que mon idée répondait à un véritable besoin par ces temps fertiles en douleurs de tous genres. La *Revue des Rhumatisants* a reçu du public, en France et à l'étranger, le plus flatteur accueil.

séances parisiennes où chaque pierre, tout chaton et tout fermoir sont à légende, avec une biographie qu'on se murmure en des airs régalés de bonne histoire ; rien de tapageur ou de déchu, rien qui excite le désir par un certain prestige malsain des choses : mais la chambrée n'en sera pas moins belle, et l'objet du catalogue n'en sera pas moins disputé.

Oh, ce catalogue ! Non pas d'énumérations splendides, et qui vous laissent rêveur, avec des inquiétudes ; le lot est simple, la description est courte : trois tout petits paragraphes, perdus dans une grande page. Désignation : deux boutons d'oreilles, formés chacun d'un fort brillant ; rivière double, composée de trente brillants, reliés par une chaine. Et ce sont les bijoux qu'a voulu vendre madame Carnot, au profit des veuves d'ouvriers, chargées d'enfants. Dans ces quelques lignes étonnantes de petit aspect, que de choses pourtant ! toute la pureté d'une noble vie accidentée de grandeur, tout le rayonnement de l'honnêteté modeste, toute la grâce d'un sentiment vrai. Et ces bijoux qui comparés à tant d'autres ne sont rien, que tant d'écrins célèbres font rentrer dans la médiocrité, prennent cependant une beauté bien supérieure et leurs feux semblent les plus magnifiques. C'est que ces diamants brillent d'une pensée.

Pensée de femme, à laquelle sans doute les diamants ne doivent comprendre rien, car ils ne sont pas habitués à en inspirer de semblables ; ils ignoraient cette destinée, de passer de main en main, au nom des pauvres, et pour les pauvres ; ils connaissent les surprises de la grande vie et du roman, tout ce qui se blague sous prétexte de cœur, — ils ne connaissaient point les inspirations d'une âme. Voici. Maintenant, dans leur histoire si souvent sanglante ou infâme, il y a quelque chose de touchant, et depuis Cornélie, les bijoux, qui ont tué Marguerite, n'ont été à pareille fête. Quelle surprise, quelle réhabilitation, et quelle revanche ! Et tandis que se prépare cette petite cérémonie d'encan, je songe à ce hasard qui fait, des bijoux d'une bourgeoise présidente, quelque chose de plus vraiment précieux et de plus noble que tous les diamants de la couronne.

Le roi Kodack.

2 décembre.

Les grands travaux de l'Exposition éventrent, bouleversent Paris, dans une formidable préparation ; mais déjà on se préoccupe des détails, et comme il est juste, en bonne administration, surprise rare quand il s'agit de l'État, des rendements. Mais ce serait trop original, si cette question de caisse n'allait sans quelques vexations, et voici que la première se dessine, fort avantageusement. Il serait paraît-il, interdit aux amateurs de faire des instantanés dans l'enceinte, à moins d'acquitter un droit ; défense de prendre un type, un paysage, en passant, pour sa joie ou son édification, de poser le moindre kodack devant un mur, sans avoir des papiers en règle ; et c'est presque une patente, baron.

Qu'il entre dans ce projet un certain souci de préserver de trop d'indiscrétion la vitrine des exposants, je veux bien, encore que d'ordinaire le fait d'envoyer à une exposition sous-entende des mesures et des garanties prises, et le souhait précisément d'attirer les yeux. Mais dans un temps où tous les photographes sont électeurs et tous les électeurs photographes, cet impôt atteindra l'Exposition dans son aspect de vie le plus pittoresque, et dans ses attirances mêmes. On ne fréquentait naguère monts et vaux que pour conter son voyage : c'est pour le mettre sur petits cartons qu'on se transporte aujourd'hui. Sans plaques il n'y aurait plus de Suisse pour M. Perrichon.

Pourquoi ne pas laisser à ce public, si entiché de son joujou, qu'on prétend appeler et retenir, la satisfaction qui lui sourit le plus ? Pourquoi taxer comme une industrie ce qui est son plaisir intelligent, et cette chinoiserie restrictive n'aura-t-elle pas plus d'inconvénients que la liberté ? On voit mal ce contrôle harcelant, cette police, cette chasse à des familles entières, dans les jardins et dans les palais. Jolie vignette pour les Bædeckers, les Conty et les Cooks. Un des clous de cette Exposition, destinée à couronner trente ans de libertés extrêmes, c'est que le soleil n'y pourrait luire pour tout le monde,

L'État chargé de reliques.

3 décembre.

Après les bijoux de madame Carnot, dont je notais ces jours-ci la destinée si belle et si rare, en voici d'autres à l'actualité de la vente : mais c'est le dépôt du mobilier de l'État qui organise ces enchères, sans garantie de quantité ou de qualité, ainsi qu'il sied administrativement, et les objets qu'on y verra défiler raviront les anciens collectionneurs de la peau de Pranzini. On n'a pas toujours pareille aubaine : mais, voici des bijoux de police et de roman-feuilleton, qui proviennent des greffes correctionnels et criminels, les bagues de Manon complice, l'épingle de cravate du vol à l'américaine, la chaîne en or et même en doublé, qu'on se paie après le coup du père François. Et toutes ces choses qui ont touché si intimement l'abjection, toutes ces joailleries marquées au poinçon du crime, sans nul doute, jouiront de l'accueil le plus distingué. Et s'il n'est pas pour l'État de petits profits, il sera probablement très smart, cet hiver, de porter ça, dans un flirt contre une des portes achetées à Mazas.

Malheureusement pour elle, l'administration n'a pas songé à tout, et elle vient de diminuer, par un petit détail, qui a échappé à la délicatesse exquise dont elle fait toujours preuve, les chances d'un si beau succès. Un haut-le-cœur peut-être prendra ces amateurs, ces curiosités malgré elles s'arrêteront comme devant un sacrilège : car dans ce lot des bijoux de la pègre, de la barrière, et même de l'échafaud, figurent des objets qui viennent de l'incendie du bazar de la Charité ! pauvres débris qu'on n'a pas osé réclamer dans la peur très humaine d'une évocation qui ferait trop mal, d'une douleur inutilement ravivée, — des chapelets, des croix, des souvenirs avec inscriptions, des éventails, des boîtes à poudre, des petites bourses, tout cela défiguré, déchiqueté par l'implacable fléau, suprême résidu de tant de sourires, magnifique symbole de ce qui attend, en cette vie, la pratique de la vertu.

Et ces reliques qui disent l'amour du prochain, l'abnégation, le martyre, voisineront tranquillement avec les reliques de l'infamie et de l'assassinat ! Nulle différence ; le même marteau, le même ton, le même plateau. Non, personne n'a soupçonné qu'il y eût là une question seulement de décence. Confusion admirable, à la hauteur du temps, et qui achève vraiment de donner une encourageante idée du sentiment qu'on garde à ceux qui ont accompli leur devoir, du respect et de la reconnaissance qui leur sont assurés dans la mémoire des hommes. Qu'on fasse le bien ou qu'on fasse le mal, est-ce donc que tout s'oublie, et que l'égalité n'existe que devant l'indifférence ou l'injustice !

La chaîne.

4 décembre.

On n'en a pas fini avec les surprises du divorce. Les lois neuves ne s'essuient pas aussi aisément que les plâtres ; c'est à un long usage seulement qu'on les éprouve. Elle est d'ailleurs d'une fantaisie tout à fait digne d'Alexandre Bisson, la petite comédie judiciaire qui vient de se dénouer au détriment d'un pauvre homme qui se croyait libre, enfin libre, authentiquement en droit d'être heureux à sa façon, et qui était heureux en effet, paraît-il, malgré sa permission de l'être.

De longs mois après son divorce, tandis qu'il était avec l'objet nouveau en active intimité, un matin, brusquement, on frappe. Un magistrat, une écharpe, un flagrant délit. En vain le stupéfait homme libre proteste-t-il qu'il ne saurait y avoir d'adultère puisque son jugement est prononcé, qu'on ne saurait le poursuivre pour infidélité à une épouse rayée : on constate, l'affaire suit son cours, et les juges avalisent cette petite vengeance posthumement procédurière. Très avertie des moyens de jouer un bon tour, l'épouse s'était avisée que, régulier pourtant, et muni de toutes les herbes, le jugement n'avait pas encore été « transcrit », que, dès lors il ne pouvait être invoqué, et le jugement d'un autre tribunal a proclamé la souveraineté d'une telle chinoiserie.

On sait toute la grâce de cette fiction que nul n'est censé ignorer la loi ; c'est entendu. Mais la connaître de trop près, le plus souvent n'est pas pour elle une garantie du respect qu'on lui doit. Cette auguste personne dissimule dans les replis de sa robe d'inconcevables accrocs au bon sens, à la logique, quand ce n'est pas à l'instinctif sentiment même de la justice. Et ce petit dernier n'est-il pas particulièrement bien venu ? En vérité, qu'on se le dise ; les enquêtes, les plaidoiries, les grosses ne sont rien ; on se lie en trois minutes, le temps d'un lieu commun et d'un louis à l'huissier, mais il reste toujours vrai que pour se libérer d'une erreur ou d'un chagrin, c'est bien une autre histoire. La paperasserie domine tout cela, la Justice est « née copiste » comme était né le simple homme dont parle La Bruyère, et dans sa dextre le glaive flamboyant ne dédaigne pas de voisiner avec le grattoir. Mais au moins voilà les bonnes gens prévenus de ne point espérer trop tôt, de ne pas se presser. Et pourquoi se presserait-on tant? La désillusion, dans le neuf aussi, vient toujours assez vite...

Leurs prisons.

5 décembre.

Les journaux annoncent que madame Bianchini,

accusée d'avoir empoisonné son mari, n'obtiendra pas aisément sa mise en liberté provisoire. J'avoue que cette histoire très parisienne n'est pas facile à déchiffrer : les faits, les circonstances, les mobiles échappent, et quelque habitude qu'on ait de sonder la valeur des sourires, des serments, des plus belles protestations et des airs même d'innocence, on demeure cette fois déconcerté devant l'énigme. La parole sous peu sera au juge d'instruction ; pour qu'il ait mis une telle affaire en mouvement, il faut certes supposer que sa conscience d'homme ou de magistrat a cru trouver dans ce drame la lueur de quelque avertissement : mais si net que puisse devenir, pour clôturer, le résultat, ce ne sont pas les rigueurs prolongées de la détention qui y contribueront.

Quand un inculpé ne songe pas à se dérober ; quand, loin de chercher le salut au large, il revendique au contraire, et prouve son ferme dessein de se présenter scrupuleusement à l'enquête, à l'interrogatoire, et quand tout dans son attitude indique qu'il a plus d'intérêt à être le premier auxiliaire de la justice, les motifs s'effacent qui ont fait instituer par le Code la prison préventive. Il semblera parfaitement superflu de s'assurer, jusqu'à la cruauté parfois, une « personne » qui ne pense nullement à fuir. C'est là un des derniers vestiges d'une conception surannée des droits de la société, et de cette prétention superbe au privilège de punir, qui a subi déjà, d'ailleurs, de si heureuses atteintes.

Barbare et vaine aggravation, que vient compliquer encore l'arbitraire. En vérité, plutôt que de laisser à la seule volonté d'un juge, aux influences lunaires qui agissent sur lui, le soin d'en décider et la responsabilité d'une faveur, mieux vaudrait inscrire dans la loi une réglementation définitive, quelque article qui la rende effectivement égale pour tous, et l'harmonise avec l'expérience des temps. Et puisque M. Cruppi s'est fait un programme de toutes les réformes qu'elle appelle, voilà pour le corser.

Un confrère.

6 décembre.

Les traits qui font de l'empereur d'Allemagne une figure vraiment curieuse sont connus. Ils viennent de s'augmenter d'une valeur nouvelle, car on annonce qu'un confrère, qu'il serait insuffisant d'appeler éminent quoiqu'il soit à peine improvisé, nous est né, et il n'est autre que l'empereur. Il écrit en ce moment la relation de son voyage à Jérusalem, et l'impératrice enrichit le livre de quelques instantanés sortis de son souverain Kodack. On dirait ainsi le voyage de n'importe quel couple heureux, s'il en est, et cette collaboration, de mari à femme, ne manque pas d'une grâce d'intimité, d'une élégance familiale, tout à fait allemandes.

On sourira sans doute de ce dernier changement à vue. Une fois de plus le chevalier du Graal entendra siffler à son oreille les petits projectiles de l'ironie. Mais il pourra répondre, s'il daigne, que le grand Frédéric écrivait bien des sonates, — M. Jules Simon en rapporta même naguère, singulièrement, un exemplaire de Berlin, — et que moins héroïque, la reine Victoria a bien publié des « Méditations » et des

« Prières », estampillées au léopard, qui sont tout à l'honneur de son grand chagrin conjugal. Et si le besoin d'un itinéraire de plus ne se faisait nullement sentir, et s'il est vraisemblable que ce ne sont pas encore ces pages-là qui éclipseront celles de Chateaubriand, il n'en est pas moins admissible que le récit d'un témoin toujours ait son prix, et que le dessein même, très fixé par avance, qu'avait l'empereur d'écrire des « impressions », les puisse revêtir d'une qualité inespérée.

Autre chose est de regarder, de sentir, avec la préméditation de noter, et de rendre après. A cette tâche, si bénévole soit-elle, l'œil prend une puissance particulière ; ayant son but précis, la faculté d'observation voit décupler ses moyens ; dans ce souci d'emmagasiner, d'avoir à dire, tout s'intensie, se vivifie, se condense, et les excellents père qui, emmenant le petit Bob aux Pyrénées, et même seulement en Seine-et-Oise, lui recommandent superbement de mettre à jour un cahier, ne sont pas aussi dénués de motifs intelligents qu'il semble. Il y a donc des chances pour que cette écriture impériale présente quelque garantie d'intérêt, l'auteur n'étant pas précisément l'homme des sentiers battus ; et en tous cas sa vision de Constantinople sera originale, bien à lui, car il est le seul qui ait pu voir sous des couleurs de luxe et de joie cette sublime abandonnée. Enfin, Majesté, vos Minutes d'Orient, vécues dans la hantise d'un tombeau d'amour et de charité, vous feront peut-être comprendre mieux ce que le Christ, plus empereur et roi que vous, a dit de cette Épée qu'il vous plaît tant de brandir ; et ce ne serait point un si médiocre effet, si votre verbe en hésitait un peu plus à ne parler de peuples que pour la servitude ou la tuerie.

Anonyme.

7 décembre.

Voici ce qu'on a pu trouver dans le pêle-mêle imprévu de certaines protestations : « *Un capitaine d'infanterie, ancien élève des Jésuites, qui ne reste dans l'armée, cette association de malfaiteurs, que pour gagner le pain de ses enfants.* » La protestation est évidemment un droit; dans cette affaire, elle est sur plus d'un point le cri même de la conscience; mais à lire de telles choses ne comprend-on pas l'hésitation de ceux que vient effrayer tout ce que charrie ce flot? Cela ne vous lève-t-il pas le cœur, comme ces odeurs qui montent de l'eau morte des vieux ports? Cela ne vous épouvante-t-il pas aussi de penser qu'un pareil chef, anonyme insulteur de ce qui lui est confié, a charge d'âmes, qu'il serre chaque jour des mains loyales, et surprend la confiance, ou seulement la camaraderie, de braves gens qui ne peuvent soupçonner ce qui se cache sous ce front et l'affreux mystère de ce sourire? C'est positivement un état d'âme à donner l'épouvante qui vient de se révéler là, et l'abîme apparaît trop profond.

Et le silence. Et cela commence à devenir naturel. Et pas une folie de contre-protestation. En des temps héroïques, au temps seulement où Henry de Pène, pour quelques insignifiantes lignes dans un compte rendu hâtif, se trouvait avoir dix lieutenants sur les bras, quel effort pour savoir le nom de cet homme, pour le démasquer, le contraindre à croiser le fer avec quelque officier tiré au sort! Maintenant, rien.

L'ordre est de subir. Le temps n'est plus aux solidarités : il semble qu'elles deviennent suspectes aussitôt, même quand elles s'exercent pour tout ce qui est noble et généreux. Et devant de telles défaillances, on a quelque honte à être obligé d'aller chercher sur les planches, près des quinquets et de la boîte à grime, ce qui s'harmonise avec nos traditions et nos instincts !

Eh bien, oui, si l'on se réjouit et se réconforte encore à quelque chose, c'est à voir chaque soir, dans un théâtre populaire, dans ce vieil Ambigu accoutumé à de plus banales aventures, exalter le drapeau, et montrer l'émouvante, la féconde expiation à côté des crimes d'amour. Ah ! l'excellent capitaine Tourbanyès, qui sauve quand même le pauvre *Papa la Vertu* et le rend utile encore au pays, lui au moins il nous dit que la fraternité n'est pas un vain mot de régiment ; et quand on entend tant de braves gens applaudir à tout rompre cette évocation d'une famille à part, de l'intransigeante fierté, du devoir plus fort que tout, on se dit que c'est vraiment dommage de laisser tomber tout ça...

Musique.

8 décembre.

Voilà donc l'Opéra-Comique restitué à la place Boïeldieu, et les revues de fins d'année perdent un de leurs plus précieux motifs. Pour aboutir à l'éclatante solennité d'hier, pour éloigner définitivement les fantômes de ce coin de désolation, il a fallu onze ans. En deux ans, on vous campe une Exposition hérissée de palais : mais pour ce qui est la marche régulière des choses, pour ce qui constitue la vie normale du contribuable, c'est bien une autre histoire ; ce monsieur n'excite pas l'intérêt, qu'il attende, il est trop d'ici pour compter. Et pour prouver bien qu'on aurait grand tort d'en agir mieux avec lui, il a suivi doucement, et trop heureux encore, sa Dame Blanche des quais au Château-d'Eau, il l'eût suivie jusqu'à Pantin.

C'est un besoin, auquel Albert Carré, non sans courageuse arrière-pensée de le rehausser, saura faire honneur avec l'art qui lui est si particulier, et auquel on vient de donner la croix en la personne du vaillant Fugère. Le Français, très spirituel, s'est fait jusqu'à l'imitation la plus gauche l'admirateur de tout ce qui souffle du dehors ; il s'est laissé dénaturer dans son esprit, défigurer dans ses mœurs, entamer jusque dans les assises de sa race, mais il n'entend point qu'on touche au tabernacle de la romance, de la convention en petits sabots ou en falbalas de marquise, de la bonne soirée qui n'exige pas d'effort, et il faut admirer, en cette empressée mésestime de tout ce qui est de notre fond, la fortune d'un genre, grâce auquel il nous reste encore quelque chose d'éminemment national.

Saluons donc cette consécration nouvelle des gloires de la demande en mariage bourgeois, de cet Opéra-Comique, évocateur du bon vieux temps. N'est-ce pas une délicieuse surprise, que de retrouver ainsi, officiellement fêté, à l'heure où nous sommes, quelque chose d'harmonieux, de bon enfant, de tendre ? On n'osait pas l'espérer ; cela tombe étonnamment, sur les grimaces et les convulsions, comme un baume. Et la musique étant un excellent traitement dans les maladies de l'équilibre, du lointain de la Salpêtrière, la statue de Charcot doit sourire à la symbolique statue de l'uech. Une cure est indiquée.

L'amour liseur.

9 décembre.

Il a fallu de longs mois, des consommations renouvelées de ministères, et même de préposés, pour que les femmes fussent admises le soir à travailler sous les abat-jour de la Bibliothèque de Sainte-Geneviève. Grâce au libéral esprit de Georges Leygues, elles vont avoir enfin accès dans la grande salle, encore plus mystérieuse dans le silence de l'heure, et pouvoir pencher, les brunes et les blondes, leur front de jeunesse sur les vieux bouquins tristement immatriculés, et pleins d'odeurs pédagogiques.

Mais les précautions sont prises, paraît-il ; pour un petit œil qui loucherait d'aventure, pour une distraction sur les pages trop sévères, pour une main très blanche qui s'attarderait trop dans le voisinage d'une autre, le règlement aura des rigueurs sans pareilles ; et par surcroît d'honnêtes précautions, les cartes devront être demandées par les parents de l'impétrante, ou des messieurs professeurs. Louons comme il convient un si honorable scrupule. Il est tout imbibé des principes immortels de la sécurité des familles, et ce souci de la morale, mis en avant par les gardiens patentés du temple, est tout à fait imposant. Bibliothécaires, sous-bibliothécaires et garçons de salle, vous aurez bien mérité des mœurs, dont vous n'êtes pourtant pas les agents, et c'est une originalité déjà.

Comment cependant ne pas doucement sourire à

cette noble naïveté de braves gens, qui ont l'air de se figurer encore que la surveillance y peut quelque chose, qu'on empêche quoi que ce soit, qu'une difficulté jamais décourage ? A leur nez, à leur barbe, l'Amour Liseur saura bien nouer son lien, répandre son fluide, faire sourire son rêve. Espérons-le du moins, car si ce n'était point, l'Amour qui si souvent vous fait dire qu'on n'est plus soi, et qu'Elle n'est plus Elle, l'Amour ne serait plus lui. Mais on peut être tranquille, et il serait désolant qu'il en fût autrement. L'indifférence, l'égoïsme, l'incapacité d'éprouver représentent assez le fruit mûr de la vie, pour qu'il y ait quelque chose d'autre dans la fleur, et à tout prendre, l'idylle sous l'inspiration des penseurs, des savants, des poètes, vaut bien peut-être celle dont on parle dans les brasseries.

Tout pour la science.

10 décembre.

M. Gustave Rivet a lancé dans le Parlement l'idée d'une chaire de littérature dramatique au Collège de France. Et toute féconde qu'elle soit, cette idée a rencontré déjà des contradicteurs, qui argumentent au nom de la tradition bureaucratique, du pédantisme universitaire, des laboratoires pauvres ; et, si le budget se sent de taille à faire quelque gracieuseté, c'est aux cornues, disent-ils, aux microscopes, et à l'antibacille, qu'elles doivent aller. La science avant tout. Tout pour la science. Voilà évidemment une superbe formule, et ce n'est pas moi qui m'inscrirai contre elle, encore que cette prétention où nous soyons de vouloir ramener toutes choses sous l'éprouvette, ou sous le scalpel, ne semble pas avoir servi l'aspect moral de ce temps.

Ni les cœurs, ni les mœurs, ni ce qui fait la vie supérieure d'un peuple, n'ont gagné à cet engouement d'espèce particulière, à ce snobisme pseudo-scientifique. L'optique des foules a subi d'inquiétants raccourcissements ; l'esprit français, l'accord qui doit régner entre l'imagination et la raison, l'action des idées générales, se ressentent au plus profond de cette orientation nouvelle. Et pourtant, la moindre atteinte à ces forces-là est pour un pays plus néfaste qu'un triomphe même de la force brutale. Contre le théâtre, Alceste, et Philinte même, auraient certes beaucoup à dire : mais il n'en demeure pas moins vrai, que c'est par le théâtre précisément, qu'arrive le plus largement à la foule le souffle puissant de la pensée ; il a aidé aux révolutions dont l'homme s'enorgueillit le plus, il en préparera d'autres. Tout pour la science ? Eh bien et celle de l'âme, des passions, de la vie vécue ? Elle vaut bien par ses leçons qu'on s'en occupe aussi. Et cette leçon-là, embellie souvent de toutes les splendeurs de l'idéal, c'est le théâtre qui la donne, en une suprématie qui dure depuis sept siècles.

A la réflexion, on ne voit pas qu'une chaire consacrée à l'histoire d'une si prodigieuse influence puisse être déplacée au Collège de France. Le théâtre fait des hommes, et on peut parler de lui sans qu'il y ait déchéance, dans cette maison « bâtie en hommes », comme disait Beulé. M. Deschanel y fait couler depuis de longues années un cours de littérature française. Par son rayonnement de génie, par son œuvre de psychologie, de sociologie, de morale, le théâtre a peut-être bien mérité un spécialiste. Et il en en faudrait un authentique, car pour savoir le théâtre français, depuis la Renaissance, dans ses actions et réactions gréco-latines, italiennes, espagnoles, anglaises, — c'est au bas mot vingt ans de travail. A ce prix-là, combien seraient dignes d'enseigner, et quelle matière a la force de celle-là ?

Les hommes.

11 décembre.

Les vaudevillistes ont fait de bien jolies trouvailles dans la question du « domicile conjugal ». Elle est toujours ouverte, et dans l'application le principe strict n'a pas cessé de subir les plus fantaisistes accrocs, sous l'œil même, philosophiquement indulgent, et connaisseur parfois, des magistrats. Je tourne la loi, disait le personnage d'Augier, donc je la respecte. Cette observation, qu'il appliquait, lui, aux fortes affaires, plus d'un galant homme a pensé, pense, ou pensera à en faire bénéficier sa petite faiblesse, et dès l'instant que le domicile conjugal n'est pas de façon indiscutable le domicile de la vie en commun, il y a peut-être, de la part d'un juge, quelque sagesse à traiter l'accident sans tant de solennité.

Cette opinion, plutôt aimable, une fois encore a prévalu hier à la dixième chambre correctionnelle. Sur les conclusions d'un substitut, sévère champion de l'imprescriptible et de la morale en bloc, — et sans doute très jeune comme l'indique son intransigeance, — un mari, du dernier bateau, s'est vu poursuivi pour entretien d'une maîtresse au domicile conjugal, en vertu de la fiction que ce sanctuaire est partout où se trouve le mari, quoiqu'il eût transporté son bougeoir dans un appartement très authentiquement au nom de celle qu'il appelait d'un mot moins prétentieux, et tout à fait dans la note d'un temps où rien ne veut plus avoir d'importance, sa « petite camarade ». Et le rigoureux substitut n'entendait pas qu'il y eût là une nuance, une échappatoire, et Caton réclamait une tête. Mais peu touchés par les plus belles périodes en l'honneur des destinées de la jurisprudence, les juges ont souri et acquitté.

C'est un succès pour l'histoire des petites comédies chères à l'humanité, et voilà d'ailleurs qui compensera la situation vraiment ingrate faite aujourd'hui à un pauvre homme qui serait surpris à manger seulement des écrevisses en cabinet particulier. Il demeure acquis, depuis M. Naquet, qu'au point de vue de *Divorçons*, le flagrant délit existe et peut être constaté dans un cabaret, quand les coudes sont sur la nappe, et même dans un lieu public. Il n'est que juste que, dès qu'il s'agit de paille humide et de casier judiciaire, la loi si bellement vengeresse d'un tas de choses dont elle ne connaît souvent ni le pourquoi ni le comment, y regarde d'un peu plus près. Et ce serait vraiment dommage pour les amateurs de lieux communs, si un jour on pouvait ne plus entendre faire à ces « horreurs » d'hommes le reproche d'avoir fabriqué les lois pour eux.

Le caprice.

12 décembre.

Les électeurs consulaires viennent d'opérer. Opération notable surtout par ce détail que pour la première fois les femmes se sont trouvées admises à voter. C'était là, en effet, dans la pensée des apôtres les plus actifs de l'émancipation un gain de réforme déjà décisif. Et moi-même, j'ai toujours estimé qu'il était juste de faire participer les femmes à ces élections spéciales, dès l'instant qu'elles paient patentes, signent des traités, risquent la faillite, font en un mot œuvre officielle de commerce ou d'industrie, parfois avec une supériorité d'intelligence, d'initiative, de labeur, de probité, dont pourraient prendre exemple plus d'un des puissants seigneurs du Bottin.

Mais la réalisation de ce progrès n'a pas fourni ce qu'on en pouvait espérer, et voici quelque chose de très piquant : les bénéficiaires mêmes d'un tel avantage ne se sont nullement empressées à le recueillir ; seules les dames de la Halle ont tenu à exercer une royauté dont elles n'ont plus à faire hommage au moindre duc ; partout ailleurs, l'indifférence la plus distinguée, comme si ce fameux droit n'était point dans sa nouveauté, comme en simple matière politique ; la célèbre belle-mère de Serge Panine, penchée de tous ses cheveux blancs sur le grand-livre, n'a pas daigné s'émouvoir pour si peu, et rue de la Paix, dans le cercle des trottins, madame n'a pas bougé.

Ce n'est pas du neuf, qu'il suffise d'avoir obtenu, pour se détacher de ce qu'on souhaitait le plus, et qu'on tienne uniquement à ce qu'on ne tient point. Mais cette petite expérience n'en aurait pas moins un prix charmant, si d'elle pouvait sortir l'avertissement qu'il n'y a point à faire si grand état d'avenir de toutes les revendications dont le féminisme emplit notre air. Des doctoresses, des avocates, des députées ? parfait, accordé, entendu. Donnons-leur tout cela, — ce sera le meilleur moyen pour qu'elles s'en moquent un peu. Et j'ai comme une idée que pour redevenir de vraies femmes, beaucoup de femmes attendent seulement qu'on les prie de n'en rien faire.

Noir et rouge

13 décembre.

M. Georges Berry a déposé naguère une proposition qui tend à créer la médaille commémorative des combattants de 1870. Le projet de cette décoration nouvelle, dont le ruban devait être de la moire la plus sombre, avec filet du rouge-sang le plus rouge, a soulevé hier à la Chambre des protestations véhémentes, et M. Jourde a pu déclarer qu'une telle médaille constituerait un avilissement pour ceux qui l'obtiendraient.

Cette opinion relève de la *Débâcle*, le livre d'Émile Zola. Ceux qui ont lu le *Désastre* de Paul et Victor Margueritte la répudieront avec une douloureuse colère. Et les pages de l'état-major allemand, à défaut de nos témoignages à nous, s'ils doivent paraître entachés d'une trop tendre vénération pour la patrie, les pages de l'ennemi lui-même, sont là pour proclamer quels courages, quels héroïsmes, quelles fièvres de devoir le Malheur a dû anéantir avant que d'être consommé. Non certes, ce n'est pas sous prétexte que cette croix (d'espèce véritablement rare dans l'histoire des vanités) symboliserait la honte dans la défaite, et l'ignominie dans l'épreuve, qu'il convient de la rejeter. Si une telle initiative après trente ans trouble et irrite quelques cœurs, le motif n'en est point dans une si déshonorante interprétation : il procède d'un autre genre de tristesse. Ce n'est pas par l'outrage qu'il la faut combattre, c'est au nom de la plus affligeante logique.

La médaille commémorative de 1870, celle qui dirait en même temps que l'écrasement les premières heures d'espoir, dans les deuils de l'époque les serments faits pour l'avenir, la foi nouvelle sur la foi expirante, et tout ce que nous avons aimé ou cru dans les larmes, et tout ce qui nous étreignait si puissamment sous la mort même, quoi, c'est aujourd'hui qu'on parle de cette médaille-là? Quand les hommes et les choses, les aspirations et les faits disent non? quand partout précisément le souvenir cède et s'efface, quand tout officiellement travaille à le rendre suspect, périlleux ou ridicule, à le lasser, le conjurer, le proscrire? la médaille du souvenir, juste quand il y a défense de se souvenir? et ce passé se redressant à l'heure même où tout veut déborder de rapprochements? Étrange, lugubre contradiction. Allons, puisqu'il en est ainsi, puisque c'est entendu, laissons donc plutôt ces choses tranquilles. Comment a fini ce qui était jadis dans les âmes? Et on répondra : par les boutonnières. Ce n'est pas la peine; mieux vaut ne pas réveiller ce rêve, ce n'était à tout prendre qu'un rêve de plus... Il s'en ira rejoindre beaucoup d'autres de nos rêves...

Des ouvriers

14 décembre.

C'est une idée très touchante celle qu'a pu réaliser lady Murray en fondant à Cannes une maison de retraite pour les hommes de lettres, en mémoire de son fils, sir Cecil Murray. Cecil Murray, un esprit d'une distinction qui ne redoutait point certaines franchises — le *Journal* eut l'honneur de publier de ses « nouvelles » — est mort sans avoir donné sa mesure, et comme ces marchands dont parle Montaigne, qui n'ont pas eu le temps de déplier : mais de la sorte il vivra. Et par une pensée aussi.

Un refuge pour les écrivains infirmes ou las, et dans le pays même de leurs rêves, sous un ciel d'où tombera enfin sur eux quelque douceur! C'est de l'inespéré, et cela s'appellera le « Château de l'Espérance ». Ce seul mot ne dit-il pas toute leur vie, et n'est-ce pas là le symbole qui convient? Oui toujours l'espérance, l'admirable et la terrible, la course haletante d'un espoir à l'autre, toujours ce qui sera demain, et la chimère, jusqu'au bord de la fosse. Non pas une chimère à laquelle on bâille, et dont on attend le bon plaisir les bras croisés; mais qui se poursuit dans le plus rude, le plus interminable effort, qui vous prend toutes les moelles et tout le sang, et toutes vos larmes et tous vos baisers, pour un simple sourire, encore faux, le plus souvent. Et vieillis ou malades les artisans de cette tâche-là, d'un si colossal labeur, n'ont rien, n'intéressent personne. La question ouvrière, la question sociale, dont bénéficiera le premier décrotteur de la République, ne s'étendent pas à eux. Ils ont travaillé, ils se sont tués à l'Idée, ça ne mérite ni conseillers-prud'hommes, ni asiles nationaux, ni pensions. Des palmes académiques et la mort.

Il a fallu une étrangère pour songer à ces prolétaires-là, dont beaucoup ont le tort de ne pas exploiter leur bulletin de vote. Qu'elle soit ici remerciée de cette inspiration de générosité et de justice; et puisse cette initiative privée emplir d'un profitable sentiment de regret et de gêne un régime qui se pique de ne s'appuyer que sur l'idée, et pourtant fait moins pour elle que ses adversaires traditionnels, supprime le peu qui existait en son honneur, et tâche positivement à glorifier le temps des laideurs impériales.

Les nerveux.

15 décembre.

C'est une mode d'incriminer le système nerveux des Français, et l'on a vite fait de mettre en cause leur impressionnabilité. Mais il faut reconnaître que dans nul pays les motifs et les occasions n'abondent comme dans celui-ci, et il semble qu'on se fasse véritablement un jeu de tout ce qui atteindra la corde sensible et exaspérera les âmes à souhait. Pauvre et cher pays, dont on croit connaître trop le cœur de femme, c'est à qui sans relâche, sans pitié, tapera, tapera sur cette sensibilité, et l'on ne peut plus douter que le meilleur espoir de tous ces gens-là soit dans une suprême crise, de rires aigus et de brûlantes larmes.

Voici par exemple le cas de sir Edmund Monson. Hier, l'ambassadeur d'Angleterre tenait l'extraordinaire langage qu'on sait; en des paroles qui nous ont grièvement touchés dans notre sympathie pour sa personne, dans nos dernières illusions, dans notre juste fierté, il s'est révélé comme un des plus brillants adeptes de la nouvelle école diplomatique, où s'enseigne le beau geste, mais avec un gourdin. Aujourd'hui, au cours d'une autre harangue, devant des jeunes gens chrétiens et anglo-saxons, pour Paris et la France, des attendrissements, des fleurs, des caresses. Un miel considérable, tout à coup, sur les mêmes lèvres qui distillèrent le fiel. A vingt-quatre heures d'intervalle, la menace et le sourire. C'est évidemment délicieux, et il convient de se déclarer trop flattés en vérité. Mais on se demande quel peuple, entre deux contrastes si violents et si brusques garderait intacts son jugement, son sang-froid, et se reconnaîtrait entre de telles comédies.

Ainsi tour à tour provoqué et courtisé cyniquement, couvert de boue et de roses, projeté d'espérances en angoisses, visé du dehors, bouleversé au dedans, j'estime au contraire que ce pays est admirable dans l'unité de cœur qu'il retrouve toujours, dans sa toujours égale volonté de s'affirmer, dans ce bon sens, qui est la marque même de la santé. Il donne précisément au monde le plus étonnant exemple de résistance, de claire-vue, de sagesse. Et quand on y songe, à observer ce qui se passe outre-Océan, et outre-Manche, Jonathan et John Bull paraissent autrement des Français selon la légende, que les Français de France.

La veine.

16 décembre.

La chronique des clubs signalait ces jours-ci l'heureux cas d'un sportsman, qui avait réussi aux courses, par une savante combinaison de favoris, un élégant matelas de cent cinquante mille francs. Comme contraste à cette trop belle nouvelle, voici l'histoire d'un vieux petit employé. Lui aussi avait rêvé de pareille aubaine, il la croyait possible, le pauvre diable, et pour essayer d'en tâter, il s'est approprié des fonds qui lui étaient confiés.

Le tribunal vient de lui appliquer la loi Béranger, et il faut l'approuver d'une si intelligente clémence. Ce sont les bonheurs comme celui de M. de X*** qui font des coupables comme ce pauvre homme. Pourquoi ce qui devient une réalité pour l'un doit-il forcément être une chimère pour l'autre? Du moment que la possibilité existe, que de semblables coups de fortune se peuvent produire, tout est permis à l'espoir, à l'illusion, au mirage, et l'on ne saurait être sans pitié envers les faibles qui courent après ce que d'autres, plus heureux, touchent de leurs mains, et qui croient que leur tour aussi doit venir.

Ce qui est inadmissible, ce sont ces grands airs étonnés, dès qu'un infortuné succombe à une tentation, si officiellement organisée et protégée; ce qui est immoral, c'est ce privilège étendu sur une institution où il y a tant d'appelés et si peu d'élus. Je ne goûte pas sans restrictions le socialisme un peu facile, les déclamations revendicatrices qui caractérisent ce « Résultat des courses », dernière œuvre de Brieux; il ne semble pas que l'anathème jeté par ses héros sur la société échappe à une certaine convention, et s'explique par cette somme d'injustice, par cette absence de toute faute personnelle dans le malheur, qui se rencontrent effectivement dans bien des cas de malédiction, et les rendent légitimes. Mais telle qu'elle est, cette œuvre met la plaie à nu. La plaie veut être courageusement regardée. Que l'État regarde! Hélas, on le connaît, on sait par avance son raisonnement : « S'il devait maintenant assumer les charges et les devoirs d'un médecin, il aurait trop à faire, et il n'est pas là pour ça ! » Oui, c'est vrai. Au contraire.

Palais-Bourbon.

17 décembre.

M. René Viviani a trouvé hier un grand assouvissement à interpeller feu le ministère Méline en la vivante personne du ministère Dupuy ; et si jamais il a été vrai que piétiner un ennemi, même tombé, soit exquis, c'est en politique. Nous avons donc eu hier, à propos de l'élection de Narbonne, de la politique, et de la meilleure, de celle qui vous guérirait à jamais de toute idée d'y participer, et qui est bien pour vous faire soupirer, le plus sincèrement, après un temps où il y aurait autre chose.

Ah ! les tristes histoires, la dégradante pot-bouille de compromissions et de mesquineries, et quelle échappée sur la cuisine électorale ! Les fonctionnaires, les comités, la presse, la police, l'argent, toutes les herbes du suffrage universel y sont. Non vraiment, notre maître n'est pas beau. Et sa laideur s'aggrave de ceci, qu'il peut la porter avec tranquillité, avec un air de défi, car il sait trop que nul maintenant ne s'avisera plus de s'attaquer à lui. Cette souveraineté-là, c'est sacré, et ce serait évidemment un crime, que de prétendre toucher, même de loin, à ce qui peut constituer pour ce pays une chance de plus de déperdition.

Mais si, comme leader d'avant-garde, l'interpellateur d'hier a vécu un délicieux moment, l'impression est lourde que de tels débats font peser sur le simple public. Quoi, encore une journée perdue, encore l'agitation dans le néant, encore, pour les tribunes bondées d'amateurs qui sont comme l'Anglais suiveur de ménageries, le régal d'une tare? Les choses sont ainsi qu'on ne se repose, dirait-on, de faire éclater l'impuissance du régime, qu'en travaillant à établir son immoralité. Et pendant ce temps, des lois vitales attendent. Que si d'aventure vient quelque projet utile, vraiment intéressant, les banquettes sont mornes, quand la discussion ne revêt pas une force pneumatique instantanée. Et quel symbole, que cette mousse affreuse, d'humidité croupie, d'un verdâtre de marais, qui dévore en toute sécurité, sans que nul questeur n'y daigne songer, sous le noble jour des quais, dans le dos du grand Sully, les marches solennelles du palais! Ah! pourtant, comme il faudrait peu de chose pour mettre tout cela au point, en harmonie, en valeur! Mais quoi? on cherche et on ne sait, on sent qu'il manque là quelque chose et on ne peut. Quel cas tragique, que celui de ce peuple qui a tout, tout, et qui se traîne douloureusement dans la recherche d'un rien!

Denier à la veuve.

18 décembre.

Parmi l'effroyable confusion qui règne dans les pouvoirs publics et dans les âmes, voici quelque chose de plus précis : l'éloquence de ce mouvement qui porte vers une veuve sans défense, le pauvre et le riche, l'ouvrier en bourgeron comme le « monsieur décoré », et le succès, d'argent essentiellement français, de la souscription instituée par la *Libre Parole*.

A madame Lucie Dreyfus, vaillante, fidèle, acharnée à son devoir d'épouse et de mère, le juste hommage de ceux-là mêmes qui n'ont pas sa conviction, n'a manqué jamais ; son attitude, ses imprudences même n'ont rencontré que pitié ou respect, et il s'agissait cependant d'un homme frappé par un jugement, celui de ses pairs. Mais pour madame Henry il n'en va pas de même ; à celle-là il semble en vérité qu'on marchande le droit de combattre pour une mémoire chère, de repousser avec révolte une accusation qui, elle, en revanche, n'a pour base que des propos ; et quand c'est une simple chrétienne qui se dressse de toute sa colère et de toute sa douleur on s'étonne, et parce qu'elle n'a derrière elle ni ressource ni appui, rien qu'un tombeau, des gens se sont trouvés pour supposer qu'ils auraient vite raison de cette infortunée et pour lui appliquer l'ironie. La réponse la voici : elle crie, du plus profond, la réprobation que soulève encore tout ce qui dans l'outrance est par trop cruel et par trop vil, le mépris qui toujours fera justice de certains moyens, l'imprescriptible besoin de générosité, de solidarité qui, dans ce pays, actionne les cœurs.

Certes, parmi ceux qui ont apporté ou apporteront leur obole à la veuve du colonel Henry, et à l'orphelin, tous ne sont pas du même camp et ne pratiquent pas également l'absolu. Mais leur manifestation n'en vaut que davantage, et sur un point tout au moins ils sont d'accord, c'est qu'il eût été déshonorant de voir ces deux pauvres faiblesses, hier sous l'égide du drapeau, la femme et l'enfant, lutter seules, indigne qu'il y eût d'un côté seulement des efforts et des sacrifices au nom de la Vérité en marche ; et à tout prendre, dès l'instant que tant de gens, avant d'avoir connu rien de formel, se sont si empressés à proclamer l'innocence d'un homme déclaré traître, il est peut-être permis de se sentir miséricordieux à une faute qui elle au moins n'exclut pas l'amour de la patrie.

Très parisien.

19 décembre.

M. Le Bargy, au seuil même de sa félicité toute fraîche, de lilas et de roses, doit être singulièrement agacé. Il y a de quoi. Hé ! parce qu'il est le jeune-premier le plus accompli, ne peut-il se marier sans que la chronique se déplace ? Alors que pour un rôle qu'il aura fouillé, établi, avec l'art supérieur où il excelle, on lui accorde tout juste trois mots, il ne peut changer de chapeau, de col, ou d'escarpin, remuer de la main gauche ou de la droite, sans que les cent bouches de la renommée ne piaillent son nom, et il ne saurait même, probablement, estimer que parfois de bonne casse est bonne sans qu'aussitôt le public ne soit saisi. En réalité, c'est donner de ce qui est « essentiellement parisien » une idée fort misérable, et quand on voit ainsi une ville entière aux trousses d'un comédien, si exquis soit-il, guettant ses fantaisies pour les consacrer usages, attendant de ce qu'il aura imaginé devant sa glace l'indication de ce qui se fera ou non, une pitié vraiment vous vient pour tout ce que cet vaguement révélé de frivolité badaude et de pénurie.

Oui, il fallait, paraît-il, que Le Bargy fût très nuptialement occupé dans Saint-Philippe du Roule, pour qu'à l'avenir le protocole de la tenue de mariage se trouvât fixé. En dehors de lui, dans aucun milieu, personne d'assez compétent et d'assez autorisé pour donner le ton et la vie à l'élégance française : c'est l'unique Pygmalion de la gravure de mode. Et sérieusement on affirme que maintenant au moins la grave question de la Redingote est tranchée, avec par surcroît de générosité, celle de la cravate. Redingote à l'église, devant Dieu, comme à la mairie devant les hommes, et cravate mauve. Enfin on sait, on respire, et les cœurs sont contents. Aussi bien, c'est là ce qui manquait. Philosophes, moralistes, ne cherchez plus, arrêtez l'enquête : ce fameux fil auquel tient l'amour, c'était un simple fil de redingote, et si quelque retardataire s'avisait encore que l'habit ne fait pas le bonheur, son compte serait bon.

Ah ! les pauvres petites choses pourtant, et comme ces détails de la comédie contemporaine achèvent de dénoncer son véritable caractère ! Parade générale qui ne laisse plus place pour un souvenir vrai, convention sous laquelle tout s'étouffe, mise en règle très chic avec tout excepté avec cet essentiel où l'on est son propre fournisseur, ciseleur et couturier, et qui prendra sa revanche. Et chaque fois que j'assiste à ces cérémonies impeccablement ordonnées, du dernier cri, du suprême genre, je ne sais pourquoi, obstinément, j'ai la vision de deux lèvres qui se fichent un peu de tout cela et du reste, se cherchent, se trouvent, se gardent, se désaltèrent l'une en l'autre ou se brûlent, dans l'odeur des champs ou dans le renfoncement noir d'une rue...

Ça croule.

20 décembre.

Quand le bâtiment va, tout va, même la mort. Et ce n'était pas assez que notre grand Paris devînt un vrai cloaque à mortier, une ville de terrassiers et de charpentiers, quelque chose de monstrueusement crevassé, déchiqueté, mouvant, comme un ventre qu'on opère. Voici que la série des malheurs commence. Aux Batignolles, une maison en construction, de six étages, hier, s'est subitement écroulée de toutes ses ferrailles et de tous ses moellons ; dans un craquement effroyable, inouï, des hommes ont été précipités des hauteurs où ils perchaient à l'ouvrage, écrabouillés, engloutis ; les uns ne sont plus que miettes sanglantes, les autres, devenus brusquement fous, errent à jamais épouvantés, hors de la ville maudite.

Les causes? on n'étonnera personne en affirmant que l'architecte en a découvert plusieurs, et qui n'ont aucun rapport avec sa responsabilité. La contexture du terrain, l'état de la température, tout, n'importe quoi, plutôt que la qualité des matériaux, ou l'oubli d'une précaution élémentaire. Pour se prononcer effectivement le public n'a aucune compétence ; cette fois encore, il ne lui reste qu'à s'en remettre à la redoutable industrie des experts. Mais quelle que soit la cause d'une catastrophe si abominablement stupide, dès maintenant il se demandera, non sans émotion, non sans droit, si nous ne savons même plus bâtir, si bâtir même n'est plus de notre âge, et ce qu'il est advenu de ce vieux génie latin, dont les œuvres de pierre, parmi nous encore, après des siècles imposants, gardent de si immuables beautés.

Et quel compte tient-on de la vie des hommes? de quelle garantie est entouré l'intrépide labeur de ces braves gens qui peinent entre ciel et terre? On se le demande aussi, ou plutôt on sait trop la réponse. Il serait temps cependant de penser que peut-être ils sont intéressants aussi, quoique obscurs, honorables, et en règle, eux, avec le devoir. Certes les belles phrases sur la condition de l'ouvrier sont belles; mais en attendant qu'on puisse réaliser pour lui le maximum du bien-être, il faudrait commencer par lui assurer la sécurité dans le travail. Non, il n'est pas admissible qu'il puisse être tranquillement expédié à la mort, sous prétexte qu'il veut gagner son pain. Que les classes dirigeantes dansent sur un volcan, c'est parfait : mais que le travail ait sa base ferme.

Le berceau.

21 décembre.

La Loi Naquet est entrée dans la période inévitable des démolitions. Tant que le divorce n'existait pas, par le journal et par le théâtre, on le réclamait à grands cris ; articles et pièces à thèse assuraient qu'il y avait urgence à l'organiser comme l'unique salut. Mais acquis, voilà qu'il perd tout son prix, qu'il apparaît comme chargé de tous les malheurs et de tous les péchés, et c'est à qui démontrera que ce progrès si laborieusement obtenu est une plaie. Cela est exclusivement français.

L'œuvre nouvelle donnée à la Comédie, traite la question par le berceau, et l'enfant incarne en réalité un émouvant argument, encore qu'il n'ait pas à pâtir beaucoup moins d'une simple séparation. C'est l'enfant malade qui rapproche après des mois, après même le second mariage de la mère, le couple imaginé dans le *Berceau* par M. Brieux ; à son chevet le père et la mère se retrouvent, s'émeuvent soudain, comprennent et désirent tout ce qu'ils ont perdu, et leurs lèvres se joindraient s'il n'était trop tard, s'il y avait une issue, si le divorce n'existait pas ! L'espèce choisie par M. Brieux est adroitement sentimentale. Mais on se demande comment la présence de ce même enfant, si décisive après que tout est brisé, n'a rien pu, n'a rien empêché quand il en était temps encore, comment la pensée et l'amour de cet innocent n'ont pas au bon moment influé sur la rupture elle-même. C'est alors qu'il y fallait songer. La cruauté de cette situation, que l'auteur estime si topique, ne procède pas du divorce, elle vient à nos cœurs mêmes, et ce ne sont pas les institutions qu'il faudrait incriminer, c'est notre propre fond.

Hélas ! à nous rendre patients, justes, heureux, à mettre dans l'âme d'une femme ou dans la raison d'un homme ce qui n'y est pas, les lois sont impuissantes. Elles n'ont jamais rien guéri. Le mal passe la compétence et l'action des jurisconsultes, il n'est point de panacée contre lui, après comme avant Naquet il n'y a d'espoir, de salut que dans le mal lui-même : c'est en vous usant qu'il s'use, c'est seulement de tout ce qu'on a enduré et souffert, longuement, que peut sortir la paix, et il n'est pas de réforme comparable à celle de soi-même, quand même elle naîtrait de beaucoup d'amertumes, et d'un peu de dégoût.

Un sauveteur.

22 décembre.

On vient de coffrer un individu qui pendant de longues années avait pour mission de sauver la société. Il était l'homme à tout faire de la Sûreté générale, du deuxième bureau de l'État-Major, et des bureaux de recherches de la préfecture de police ; c'est lui qui dénonçait spécialement les anarchistes et les espions ; il apportait les rapports les plus pittoresquement circonstanciés sur les sinistres entreprises du fameux vieux Polonais, sur l'explosion de la Cascade, de la statue de Strasbourg, du boulevard Magenta, et grâce à son activité, plus d'un commis aux arsenaux, aux manufactures de l'État, se vit du jour au lendemain suspect.

Tout cela pourtant était faux, truqué dans les moindres détails ; pour se faire mousser, près de l'égout, ce dévoué collaborateur de l'ordre fournissait même les preuves indéniables de ces culpabilités imaginaires, et c'est ainsi qu'à Toulon, il cacha de ses mains, derrière une glace, un numéro de journal pointé de rouge, destiné à définitivement perdre un pauvre brave homme qu'il avait signalé. Enfin cet intelligent serviteur s'est pris à son propre piège, et voici le nommé Victor Decrion sous les verrous, tandis qu'un non-lieu se prépare pour l'accusé de cette nouvelle affaire d'espionnage dont on voulait se régaler déjà. C'est évidemment une fin très malencontreuse pour un artiste de si grand talent, en qui vivait la tradition du Gaboriau le plus pur, et qui lui aussi, pour son excuse, bien curieusement, disait ces jours-ci que s'il avait failli c'était pour atteindre à des résultats plus importants. Mais quelque séduction qu'exerce un tel type sur les imaginations contaminées par le feuilleton, un accident comme celui-là est un véritable soulagement, et il ne peut que contribuer au grand débarbouillage dont les événements semblent nous faire la promesse.

Voilà à la merci de qui, restent la sécurité et l'honneur des gens. Il suffit de l'intérêt d'un de ces ténébreux artisans, pour que toute une vie de labeur ou de probité soit inutile, — et entachée, car on sait trop que nul n'approche la justice impunément. Et voilà les dessous de ces institutions tutélaires, officielles, sacro-saintes. En réalité c'est à vous dégoûter d'être protégé. Et quoiqu'on n'ait certes pas la prétention de saluer des âmes romaines parmi les exécuteurs de ces besognes-là, cela commence un peu trop à sentir Byzance par ici.

Les violons.

23 décembre.

Nos maîtres de l'Hôtel de Ville pensent à nous faire danser. On travaille en ce moment le chapitre des finances nécessaires, et cette opération ne va pas sans difficultés. Certains conseillers opinent pour une réduction considérable des frais coutumiers; d'autres s'apprêtent à réclamer même une suppression totale. Et ceux-là, ce sont des socialistes, qui ne trouvent pas valable l'argument que des soirées comme celles-là aident aux affaires, la clientèle ordinaire de ces fêtes ne se faisant pas faute de rabibochages exécutés par les doigts de la petite fée du foyer, et qui ne voient pas la compensation à tirer de tant de sandwiches et de limonades, avalées de travers.

Au total, ce ne sont pas là de si mauvaises raisons. Les fêtes de l'Hôtel de Ville n'ont passé jamais pour une école d'élégance, de contagion dépensière, et le plaisir général qui se pouvait extraire de ces cohues, et leur servait d'excuse, a été restreint déjà par surcroît. Ce qui reste maintenant c'est un préjugé, une simple satisfaction pour dames et demoiselles d'une aristocratie municipale. Sans fausse galanterie cela vaut-il vraiment un si pompeux débours? L'heure présente porte-t-elle les cœurs à la réjouissance, et parce qu'on lui aura donné à valser, et à boire dans des flûtes, ce peuple prendra-t-il plus de confiance en ceux qui le conduisent et en ses lendemains? Et ce qu'on reprochait jadis aux folies de la cour, si radieusement insouciantes quand sanglotaient tant de noires douleurs, le peuple devra-t-il se le reprocher à lui-même?

Des sommes énormes pour les violons, et voici venu l'hiver tueur de pauvres gens. Aux carrefours, des vieux, des enfants qui défaillent, comme jamais encore. On peut toujours mourir de faim à Paris, cette auberge, quand on est de Paris; la chronique des suicides de misère ne s'assouvit point; hier encore un homme répondait à ses petits qui lui demandaient du pain en se précipitant dans le vide, pour intéresser ainsi l'Assistance publique à leur détresse. Madame l'inspectrice palmée de quelque chose, et vous mademoiselle, la parente du personnage de quartier, le tour que vous ferez dans les salons, avec des airs d'ailleurs très dignement ennuyés, représenterait pour ces désespérés plus d'une joie et d'un redressement. Ce gros crédit sacrifié pour ne conquérir, n'étourdir même personne, serait autrement bien placé à apaiser des frissons, des hoquets, des malédictions ; et si l'on est assez riche pour jeter l'argent par les fenêtres, qu'on prévienne : il ne manquera pas de hâve et pâle monde sur le trottoir.

La fantaisie de millionnaire.

24 décembre.

Une idée qui ne serait sans doute pas venue à un Français d'aujourd'hui, c'est celle qui a fait retentir hier en justice le nom de Balaschoff. Comme d'autres un coiffeur, ou quelque masseur très suédois, ce grand seigneur russe avait spécialement préposé à sa personne un joueur d'échecs. Et moyennant une rente, dont le règlement devint d'ailleurs d'un « roquage » assez difficile, l'illustre Rosenthal avait accepté de mettre de nuit comme de jour ses conseils et ses leçons à la disposition de cette princière fantaisie, de porter le café de la Régence en ville.

Le grand art de Philibert et de La Bourdonnays ne rencontre plus grand honneur dans nos mœurs. Il suppose un goût de précision, une capacité de recueillement et de patience qui semblent ne plus s'harmoniser avec elles, ou peut-être la bicyclette, ennemie des joies sédentaires, est-elle là aussi la coupable. Cette passion exclusive d'un boyard n'en prend que plus d'intérêt à nos yeux, et s'il est vrai que l'amour du jeu d'échecs indique les fortes têtes, quoique Napoléon ait avoué n'y pouvoir entendre rien, c'est tout avantage et tout plaisir que d'en constater chez des amis.

Pour s'offrir à domicile et même en voyage, égoïstement, jalousement, une illustration comme Rosenthal il faut être d'un pays que ne visent point les vexations d'un Peytral, et l'on dira une fois encore que l'argent est une belle invention. C'est incontestable, et ce maître-là, qui mérite de soulever toutes les révolutions est celui pour qui l'échéance d'un renversement semble précisément le plus éloignée. Mais si puissant soit-il, il y a comme une revanche déjà à noter qu'il n'inspire en général que de très petites choses, quand il n'en facilite point d'atroces. Saluons le yacht du million, ses faisanderies, ses palefreniers et chauffeurs, son pianiste, son peintre, son romancier ordinaires, et même son professeur d'échecs. C'est par tout cela le plus souvent qu'il s'affirme... Et cependant on se demande ce qu'on ferait si l'on était riche? Question éternellement captivante, que chacun résout avec ses rêves. Mais ce ne sont guère que ceux pour qui la fortune est et restera un rêve, qui s'émeuvent à l'ambition de la faire servir à quelques hautes et nobles beautés.

D'heureux malheureux.

25 décembre.

Il y a des hasards bien piquants dans la vie de Paris. A l'instant où se développent les exquisités de la trêve des confiseurs, voici la grève des épiciers. Ce sont des blouses blanches d'une espèce particulière, très propres celles-là, confortables, coquettes comme des papillotes, et ce qu'elles protègent ce sont des gaillards souriants, frisés, et joufflus. A regarder ces vendeurs, dans la boutique qui subodore finement la vanille et la muscade, château de confitures, d'étincelantes conserves et de jambons ; à les voir opérer dans cette atmosphère plantureuse avec des airs si prospères et aimables, calicots du ventre, et à entendre leur « avec ça, madame » doux comme miel, qui se serait douté jamais qu'ils pouvaient être mécontents de leur sort, et roulaient en leurs têtes, pendant l'empaquetage délicat, les plus révolutionnaires pensées ?

Ils sont pourtant, paraît-il, excessivement malheureux : ils ont des patrons qui les font travailler. Et ces patrons, par surcroît, poussent la barbarie jusqu'à les loger, les nourrir, leur accorder la nuit du dimanche, les intéresser assez volontiers à la vente, et même les payer fort honorablement. M. Potin et M. Damoye ont expliqué par exemple le mécanisme administratif de leur maison, et cela est positivement odieux. Et quand on compare la situation faite aux commis de l'Epicerie à celle d'un simple ouvrier chargé de famille, à celle même parfois d'un homme qui a tous ses diplômes, on s'explique vraiment que cela ne pouvait durer.

Et cependant, ce qu'il faudrait souhaiter, c'est que beaucoup d'autres travailleurs connussent la vie faite à ceux-là. Ce dont ils se plaignent ferait le bonheur de milliers de braves gens, aussi méritants, si ce n'est davantage. Ni risques, ni aptitudes spéciales, ni apprentissages douloureux, ni dépenses. Et à ce compte même, combien de patrons parisiens, celui-là précisément peut-être du petit épicier de Montrouge, surchargés de responsabilités et de soucis, pousseraient un cri de soulagement s'ils pouvaient changer tout d'un coup avec leurs commis ! Allons, messieurs, — l'idée ne vient même pas de vous donner de ce « citoyens » qui est d'ordonnance à la Bourse du Travail; la destinée ne vous a pas tenu la dragée haute, ne récriminez point, et si vous voulez avoir le public avec vous, faites-lui seulement une jolie petite grève en chocolat.

A M. Francisque Sarcey.

26 décembre.

Mon cher maître, dans votre dernier article du *Figaro* vous voulez bien arrêter au passage une citation faite par moi de Montaigne. J'écrivais ici à la mort de Cecil Murray : « Il est mort sans avoir donné sa mesure, et comme ces marchands dont parle Montaigne qui n'ont pas eu le temps de déplier (1). » Cette citation depuis longtemps déjà, paraît-il, vous était chère et utile. Seulement, il y a deux seulement. 1° Dans un livre de *Maximes et Pensées* jadis vous l'avez lue ainsi : « Il y a des gens de grand talent qui meurent sans avoir déballé », et vous en tenez pour déballer contre déplier; 2° ce que j'attribue à Montaigne, vous l'avez attribué à La Bruyère, jusqu'à ce qu'il vous fût prouvé que La Bruyère, compulsé en vain par vous après des années, n'avait jamais écrit cette phrase; à défaut de La Bruyère, vous avez interrogé Vauvenargues sans succès, et, véritablement obsédé par cette recherche de la paternité, par cette

(1) A la date du 14 décembre.

erreur que vous avez si allègrement commise, avec quelques menues autres, d'ailleurs en bien excellente compagnie, vous me demandez aujourd'hui de vous soulager définitivement, en vous disant dans quel chapitre de Montaigne se rencontre la chose. Je ne serai nullement embarrassé. Au moins pour vous conter la vérité.

Eh bien, oui, j'ai cité Montaigne comme vous citiez La Bruyère, mon cher maître, sans avoir puisé à la source même, par contagion, par réflexe, — on prend son bien où on le trouve; et il est même assez piquant de noter que les raisons qui vous font préférer « déballer » sont rigoureusement celles qui m'ont à la minute attaché à « déplier »; si je me suis souvenu, c'est tout juste parce que ce « déplier » me semblait jouir de tous les avantages dont vous comblez le concurrent; c'est ce « déplier » qui me donnait à moi la vue pittoresque, exacte, incomparable d'un mouvement, d'un geste, d'un tableau, et il y a toutes les chances pour que votre « déballer » à vous, m'eût laissé parfaitement inerte : ceci pour la petite histoire des différences d'optique et de tempérament, sans lesquelles la littérature serait bien décolorée et la vie des mots bien plate. Mais à défaut de Montaigne, j'ai l'autorité d'un de ses fidèles. C'était une après-midi, à Champrosay : je me promenais avec Alphonse Daudet, dans la prairie où il fit élever ce petit kiosque, sous lequel il écrivit l' « Evangéliste ». Et à propos d'une mort d'ami, tout en causant, telle que je l'ai reproduite, il laissa tomber cette citation qui s'inscrivit en moi profondément. Daudet connaissait Montaigne mieux que nous, sans peut-être l'aimer davantage; il avait fait son confident du Montaigne de la Tristesse, de la Souffrance, de la Mort, et Léon Daudet doit avoir encore entre ses pieuses mains la chère édition par lui annotée, rayée parfois d'un coup d'ongle.

Avouez, mon cher maître, que le témoignage d'Alphonse Daudet valait bien celui d'un vieux bouquin d'anas. Il m'a suffi. En attendant que la vérité nous parvienne de quelque puits de science, je regrette d'autant moins cette confiance qu'elle a valu à tous ceux qui écrivent beaucoup, ce qui est aussi votre honneur, d'excellents avis sur la prudence à garder en matière de citation directe. Ceci, c'est encore un peu de Montaigne : il traite assez sévèrement sa mémoire à lui (citons cette fois, mon bon oncle, Ed.-Charles Louandre, Tome III, Livre II, chap. XVII, p. 79), pour que nous ayons le devoir de ne pas trop croire en la nôtre. Mais si nous ne croyons pas en nous-même, qui donc y croira ?

Maîtresse du roi.

27 décembre.

La mort prompte d'Elena Sanz m'a rendu plus vivant le souvenir de quelques délicieux soirs d'Aix, passés autrefois non loin du lac profond, dans une villa toujours embaumée de cyclamens, à entendre chanter cette pure artiste, si passionnée à la fois et si naïve, si brune avec des sentiments de blonde, et je vois encore, près du piano, son profil très pâle dans la pâle clarté des lampes ou dans celle peut-être des étoiles qui, par les fenêtres ouvertes sur le jardin, tiède en la nuit, nous souriaient. Pour des amis, Elena Sanz chantait *Carmen*, l'œuvre de sa prédilection, celle qui la vit acclamée si souvent à Madrid, et pour laquelle elle semblait faite. Elle chantait en français, avec son âme d'Espagnole :

Là-bas, là-bas dans la montagne,
Si tou m'aimais, tou mé souferais,

et c'était un charme, une ivresse, une gloire.

D'où vient cependant que cette grande artiste, à la voix, à l'art, à la particulière beauté de qui chacun rendait un ardent hommage, jamais parmi nous, à aucune heure, même alors qu'elle le souhaitait le plus, n'a pu rencontrer une occasion propice, un encouragement? Applaudir oui, engager non; on était sûr de son talent et de son succès, et on n'y croyait pas, — une nuance très parisienne. C'est que cette artiste admirable avait eu un grand malheur : celui d'être aimée d'un Roi. Elle était cataloguée la maîtresse du Roi; elle aurait eu cent fois plus de talent encore, qu'elle aurait passé pour n'avoir que celui de son roman, et comme sa vie était très digne, cela n'était pas excitant, et comme Paris spécialise ses notoriétés, ce n'était pas commode d'obtenir de lui un autre classement.

Au moins dans cette spécialité de maîtresse pour majesté, de femme qui fut deux fois mère et noble par l'amour, a-t-elle trouvé des compensations? Hélas! j'ai su tous les marchandages qu'elle dut essuyer, les intimidations, les affronts; j'ai su sa peine, les luttes et les persécutions. La maîtresse du Roi, et la mère de deux enfants du Roi! Ah! oui, cela lui a porté bonheur et il y a vraiment là de quoi faire rêver les ambitieuses!

Pauvre femme, pour elle tout eût valu mieux. Celle-là a vécu atrocement la phrase de la *Favorite*. Et méditez cela, les candidates aux couches royales, je suis convaincu que plus d'une fois dans ses larmes, ses songes, ses aspirations; elle a dû regretter de n'avoir pas aimé plutôt un obscur et simple individu, n'importe qui, le premier venu, dans le tas, mais un homme dont les bras se seraient refermés sur elle avec protection et fierté, mais qui lui aurait fait éprouver dans le silence et dans la joie qu'il n'est de souveraineté que celle du baiser.

Le nouveau jeu.

28 décembre.

Je suis allé hier faire une démarche pour un de mes amis dans un grand ministère. Le salon d'attente était empli d'une brillante clientèle, tout à fait à son aise dans les fauteuils du velours le plus officiel. Des députés, des sénateurs. Quand on a l'infortune d'arriver le jour où ces messieurs s'acquittent de leurs commissions de province, il s'agit de se résigner tout particulièrement; vous, moi, nous aurions beau être d'antichambre depuis neuf heures du matin, si à l'instant où notre tour enfin approche, un quelconque de ces élus se présentait, même trois heures après nous, il nous passerait très magnifiquement sur le dos. Ce serait là un hommage précieux à l'incarnation de l'électeur souverain, si d'autre part, de simples électeurs, non moins souverains pourtant, n'en pâtissaient point, et il faut saluer une entente si exquise de l'égalité.

J'étais donc là depuis un moment, en mon coin, mes journaux froissés sous la main, les jambes en croix, avec un peu de nervosisme au bout du pied, quand un nouveau venu pénétra. Je ne sais pas son nom; je le saurais, que très vraisemblablement il ne me dirait rien : mais à la forme de sa redingote noire, à certaine petite façon aussi de s'ébouriffer le cheveu devant la glace, à son importance, je diagnostiquai un de nos maîtres, et ne me trompai point. Il allait et venait à travers le salon, heureux, souriant, protecteur d'invisibles personnages et déjà comme remercié, et il se sentait là tellement chez lui, — qu'il fumait.

Depuis de longues années, le hasard bienveillant a permis souvent que je fusse l'ami d'un ministre et que les circonstances m'amenassent à le désirer voir : mais c'est la première fois que, dans ces milieux où règne somme toute un certain protocole d'éducation, de tenue, de déférence, j'ai rencontré le monsieur qui monte avec son cigare. Je n'ai certes aucun titre à me déclarer offusqué — et si encore le cigare avait été bon! Mais n'est-ce point là un signe des temps? Cela commence par le Café et cela finit dans les mœurs de Café. Tout confondu, tout permis. L'élémentaire notion se perd des distances, des convenances, de cette politesse française qui nous fut une gloire distinctive. La République est au nivellement, mais en descendant les perspectives. On ne l'avait pas rêvée comme ça. Et sans doute il est trop tard pour qu'elle soit autrement.

Constans.

29 décembre.

Je me rappelle M. Constans partant naguère comme gouverneur général de l'Indo-Chine : peu d'amis, mais fidèles, sur le quai, et une involontaire mélancolie très émouvante chez un homme si solidement trempé. Il est revenu de là-bas pour être ministre, sauver la majorité républicaine, et se faire renverser aussitôt par ceux auxquels il avait assuré le salut. Le contraire, d'ailleurs, n'eût pas été naturel. Et voici qu'il repart, infatigable, dans la verdeur de ses soixante-cinq ans, sûr de soi, pour un nouveau poste de combat. Sous un gouvernement stable, capable de couvrir les serviteurs du pays, comme fit une simple monarchie louis-quatorzienne avec Colbert par exemple, un tel homme eût été précieux et grand.

Il prend aujourd'hui la succession de M. Cambon à Constantinople. Ce n'est pas de l'honneur seulement. De la besogne attend. L'ambassade de France, qui est dans un bas-fond, à laquelle on accède par quelques marches pénibles à descendre, depuis quelques années semble bien là comme au second plan, et ce n'est pas son bistre palais citrouillard de Thérapia, qui dénonce la vitalité féconde. L'influence française a doucement laissé le pas aux remarquables entreprises de l'Allemagne. Et la diplomatie de M. Cambon a fait de notre coq plutôt le dindon de la farce. Le nouvel ambassadeur, qui n'est pas de la carrière, sera pourtant moins dépaysé. Il détient précisément quelques-unes des spécialités orientales ; il a la finesse, la patience, un certain fatalisme ; il usera qui prétendra l'user, et robuste, sa main n'en saura pas moins manier les fils les plus ténus. Voilà enfin, selon le mot anglais, l'homme de la fonction dans la fonction qui convient, et par le temps qui court jusqu'à trébucher, c'est véritablement du neuf.

Mais avec Constans il est un autre avantage. Cet homme est un homme heureux. La destinée obstinément lui sourit ; s'il sait profiter du hasard, le hasard l'a mis dans ses bons papiers. Et voilà qui nous repose un peu des guignards, des gâcheurs, des gaffeurs. Positivement cela fait plaisir, c'est rassurant, cela nous change, de rencontrer un monsieur à qui tout réussit, et ce pays a besoin de connaître enfin quelqu'un qui aurait une étoile.

P. S. — La paisible controverse, et pourtant bien remarquable si l'on songe à ce qui constitue le goût du jour, que j'eus avec mon éminent confrère Francisque Sarcey à propos d'une citation de Montaigne, est close. Je reste maître du terrain avec mon « déplier ». Mais Montaigne doit céder la place à Montesquieu. Ce sont deux puissants dieux.

La retraite du bourreau.

30 décembre.

Après plus de vingt ans de loyaux services, Deibler prend sa retraite. C'était un très brave homme, bon époux, bon père, et il ne devait qu'à la société ce qu'il représentait d'odieux. Maintenant il va s'en laver définitivement les mains, et veuf de la veuve, couler les jours d'un sage. Et ce sera un charmant tableau, celui du bourreau assis patriarcalement, devant son feu, pouvant poser, cette fois sans l'arrière-pensée terrible, sa main sur le cou de son chien accroupi, et le verre haut, boire le lait des vieillards, de quelque vivifiant bordeaux, sans songer trop que c'est rouge...

D'honorables économies sans doute contribueront

à lui assurer un repos confortable : car les occasions se sont offertes à lui en assez joli nombre, et M. l'exécuteur des arrêts criminels a laissé, dans le budget au moins, et pour une somme ronde comme têtes, trace de ses œuvres. Tous comptes arrêtés, tous frais inscrits, ce fonctionnaire à couperet a coûté à l'État un million deux cent mille francs. Ce qui fait une moyenne d'environ vingt-trois mille francs pour chacune des cinquante-deux exécutions auxquelles il a procédé. C'est un beau denier, quand on songe à la réponse que vous oppose l'État, dès qu'on le sollicite pour quelque chose de généreux, d'intéressant, d'utile. Pas d'argent, pour encourager des tentatives de progrès, d'instruction, d'art, ou même de défense. Mais pour un châtiment qui n'a jamais rien prouvé, dont l'horreur n'a plus même l'excuse de faire des exemples, pour le maintien de la plus déshonorante conception sociale, du plus inadmissible abus, tout ce qu'il faudra, et même davantage.

La société a besoin de se protéger certes, si la vindicte est d'un autre âge. Mais si effectivement c'est sa protection qui la préoccupe, il semble qu'elle aurait pu trouver de plus efficaces moyens. Avec seulement ce million largement dépassé, il y avait par exemple mieux à faire. Au lieu de l'employer à l'ignoble et inutile chute des têtes dans le panier à son, il fallait l'apporter aux œuvres de l'Enfance moralement abandonnée, à celles qui combattent l'ignorance, la misère, l'alcoolisme ; au lieu de punir le mal dans ses effets, il serait autrement prudent, intelligent, juste, de s'attaquer à la cause. La vraie sécurité est là. Et délivrez-nous donc du bourreau et de la honte d'un tel argent, puisqu'il suffirait le plus souvent d'un éducateur, d'un médecin, ou d'un ami.

Le joyeux cabaret.

31 décembre.

Bien savoureuse, l'aventure bachique qui conduisait hier devant les juges de son pays M. le maire collectiviste de Roubaix. M. Carette est en même temps cabaretier, et après bien des tournées chez lui, et d'autres chez son ami, M. le conseiller municipal Briffaut, également cabaretier, ces deux cabaretiers se sont rendus chez un troisième, M. Terlynck, ancien conservateur du cimetière, ô Hamlet! Ce Terlynck était pourtant l'ennemi personnel de M. le maire; aller boire précisément chez lui, c'était une simple idée de bon pochard, mais mauvaise; et pour un rien aussitôt, il advint que les chopes servirent de projectiles, et que le maire fut arrêté pour tapage et rébellion aux agents.

Un maire tombant à bras raccourcis sur les agents, et les menaçant, comme un vulgaire contribuable affolé, et aussi vainement d'ailleurs, de les faire révoquer pour abus, — on n'a pas souvent l'aubaine d'un pareil spectacle. Voilà qui renverse la tradition de la plus heureuse manière, et c'est toute une révolution pour le répertoire de Guignol. Le commissaire rossé par l'autorité, quelle jolie revanche, quel aspect imprévu, et tout à fait moderne! On aurait voulu symboliser les secousses, les confusions, les abracadabrances de l'heure qu'on n'aurait imaginé rien de plus exquis.

Mais comment les magistrats de Lille, qui ont remis leur jugement à l'année prochaine, pourraient-ils se montrer sévères ? L'indulgence la plus souriante semble devoir être tenue en réserve pour cette jolie ironie en action ; et par surcroît, conviendrait-il vraiment de se montrer si rigoureux, pour une petite histoire de cabaret ? On ne surprendra personne en disant que dans l'espèce il y a encore de la politique sous roche, et franchement, le lien qui unit la politique au cabaret est-il si scandaleusement nouveau ? Depuis de longues années, cette alliance fonctionne et prospère ; depuis M. Basly, depuis le grand succès électoral du « Coq d'Or » ou du « Cheval Blanc », je croyais cette chose bien acquise, que les meilleurs principes s'affirment le verre en main. Pourquoi dès lors tant de bruit autour de la petite anecdote qui, désormais, fleurira la biographie de M. le maire de Roubaix ? Moi, je trouve son cas tout à fait naturel, logique, et à la hauteur de nos institutions.

FIN

TABLE DES NOMS CITÉS

A

About (Valentine), 89.
Adam (Paul), 79.
Aderer (Adolphe), 247.
Aksakoff, 351.
Alembert (d'), 211.
Allemane, 367.
Alphand, 186.
Ambre (Émilie), 219.
Andrieux, 102.
Annunzio (d'), 4, 5.
Antigny (Blanche d'), 283.
Antoine, 18.
Antoine (Saint), 184.
Arago, 186.
Arc (Jeanne d'), 87, 245.
Aristote, 89.
Arton, 22.
Astor (J.-J.), 175.
Aubin (Antony), 92, 169.
Augier (Émile), 90, 144, 324.
Aumale (duc d'), 391.
Auriol (Georges), 202.
Auvard (Docteur), 331.
Aviez, 246.

B

Baedecker, 313.
Baillod, 23.
Balachoff (de), 497.
Balzac, 143.
Baraduc (Docteur), 351.
Barail (Général du), 461.
Baratier (Capitaine), 427.
Barboux, 203.
Bard, 413.
Bargy (Le), 415, 489.
Barthou, 148.
Basly, 510.
Bataille (Albert), 169.
Baudrillart, 199.
Bauer (Henry), 12.
Bayard, 139.
Bazaine, 168.
Beaunis (Docteur), 242.
Béranger, 296.
Berck (Comtesse de), 206.
Berckmans, 173.
Bérenger, 127, 130, 191.
Berger, 173.
Berne-Bellecour, 382.

Bernhardt (Sarah), 4, 112, 179, 189.
Bernheim (Docteur), 212.
Berry (Georges), 480.
Bertain, 131.
Boulé, 476.
Beuve (Sainte-), 187.
Bianchini (Mme), 467.
Bignon, 39.
Bigot (Marie), 13.
Billard (Eugène), 247.
Bismarck, 271, 275.
Bisson (Alexandre), 466.
Bizet, 257.
Bixio, 63.
Blanc (Charles), 232.
Blanc (Mme Charles), 325, 339.
Blanchard (Docteur), 67.
Blanche (Ada), 224.
Blum (Ernest), 39.
Boileux (Docteur), 141.
Boncza (W. de), 349.
Bonvalot (Gabriel), 190.
Borgnis-Desbordes (Général), 165.
Borniol, 71.
Bossuet, 339.
Boucher (H.), 247.
Boucheron, 343.
Boulanger (Général), 366.
Bourdonnays (La), 497.
Bourgeois (Léon), 15, 98, 145, 276, 365.
Bourget (Paul), 396.
Boursy, 438.
Boyer (Rachel), 349.
Brandès (Marthe), 225.
Breval (Mlle), 179.
Bricard, 106.
Brieux, 493.
Briffault, 509.

Brissac (duchesse de), 131.
Brisson, 215, 223, 328, 402, 403, 408.
Brisson (Adolphe), 247, 296.
Broca, 81.
Broglie (duc de), 55.
Brohan (Augustine), 75.
Bruant, 137.
Brück (Rosa), 349.
Brunet (Louis), 420.
Brunetière, 56, 104.
Bruyère (La), 85, 125, 467, 500.
Budin (Docteur), 331.
Buffon (De), 181.
Buisson, 291.
Bulgarie (Prince de), 260.
Bulgarie (Princesse Louise de), 261.
Busch (Max), 275.

C

Cabasse, 253.
Caillard, 91, 119.
Cain (Georges), 215.
Calvé (Emma), 285.
Calvin, 339.
Cambon (Paul), 506.
Cambronne (Général), 217.
Candide (Sœur), 26.
Capoul, 381.
Caran d'Ache, 341.
Carette (Mme), 509.
Carnot (Mme), 369, 462, 464.
Carpeaux, 100.
Carrara, 169, 218.
Carré (Albert), 225, 257, 387.
Casa-Riera (Marquis de), 165.
Caserio, 335.
Cassagnac (P. de), 102, 103.
Casse (Germain), 24.

Cassel (Van), 23.
Castillo (Leon y), 364.
Catherine (l'Impératrice), 4.
Cavaignac, 320, 327, 385.
Caze (Robert), 92.
Caze (Roger), 92.
Cazot, 39.
Cère (Jacques Saint-), 180, 181.
Cernuschi, 414.
Chaboud (Adèle), 9.
Cham, 28, 69.
Chamberlain, 168, 427, 439.
Chamfleury, 98.
Champeaux, 447.
Charcot, 16, 42, 84.
Charles X, 185.
Charpentier (Gustave), 232.
Charpentier (Georges), 12.
Chartier (Alain), 400.
Chassegros (Mme), 2.
Chateaubriand, 227, 470.
Chatrian, 194.
Chaulin-Servinière, 265, 348.
Chauvin (Mlle), 98.
Chavannes (Puvis de), 189, 406.
Chénier (André), 60.
Cherville (G. de), 154.
Chimay (Princesse de), 42.
Christofle, 111.
Cladel (Léon), 415.
Clairon (Mlle), 372.
Claretie (Jules), 86, 387, 445.
Claudin (Gustave), 224.
Claudon (Lucien), 262.
Clemenceau, 24, 102, 160.
Cléopâtre, 309.
Cléry (Léon), 225, 347.
Cochin, 214.
Cody, 125.
Coignet (Capitaine), 106, 341.
Coislin (Marquis de), 4, 217.

Colbert, 215, 506.
Coligny, 183.
Colin (Mme), 296.
Colomba (de), 349.
Colombier (Marie), 423.
Collard (Royer-), 356.
Combes, 99.
Constans, 605.
Constant, 14, 369.
Conybeare, 368.
Cooks, 176.
Cooper (F.), 59.
Coquelin, 240.
Corneille, 138, 172.
Cornely (J.), 441.
Corot, 198.
Corvisart, 369.
Cotet, 158.
Couesdon (Mlle), 166.
Couture, 424.
Crispi, 274.
Cromwell, 369.
Crookes, 287, 351.
Crozier, 108, 223.
Cruppi, 450.

D

Dale-Owen, 351.
Damoye, 499.
Danton, 426.
Dangeau, 214.
Darwin, 287.
Daudet (Alph.), 12, 161, 395, 501.
Daudet (Léon), 501.
Daum (Docteur), 177.
DeLander, 303.
Debucourt, 214.
Decrion, 494.
Deibler, 31, 119, 186, 507.

Delanne (Gabriel), 351.
Delaunay (Élie), 437.
Deloncle (Commandant), 235.
Delpierre, 415.
Demachy, 214.
Denis (Léon), 351.
Déroulède (Paul), 361, 449.
Desbordes Valmore (Mme), 60.
Descaves (Lucien), 17, 18, 21, 402.
Deschamps (Gaston), 67.
Deschanel (Paul), 426.
Deschanel (E.), 476.
Desclée (Aimée), 55.
Desjardins (Georges), 307.
Deslions (Anna), 224.
Desmoulins (Camille), 214.
Develle, 15.
Diderot, 4, 12.
Dion (Comte A. de), 370.
Docquois (Georges), 18.
Donnay (Maurice), 55.
Dostoïewsky, 442.
Doucet, 343.
Dreyfus, 6, 251, 283, 352, 355, 358.
Dreyfus (Mme), 327, 488.
Drumont (Edouard), 102, 182.
Dudlay (Adeline), 51.
Duguesclin, 139.
Dulaud, 164.
Dumas (père), 73, 381.
Dumas (fils), 100, 401, 191, 389.
Dupleix, 192.
Dupuis (José), 268.
Dupuy, 15, 486.
Dupuytren, 177.
Duran (Carolus), 346.
Duse (la), 41.

E

Echerac (D'), 456.
Édison, 436.
Élisabeth (Impératrice), 335, 345.
Erckmann, 194.
Ésope, 45.
Esterhazy, 374, 398.

F

Fabre (Joseph), 87.
Faillet, 36.
Falguières, 44, 99.
Faure (Félix), 11, 69, 247, 393.
Favre (Jules), 46, 168.
Fayard, 398.
Ferry (Jules), 292, 455.
Flammarion (Camille), 95, 351.
Flaubert (Gustave), 440.
Floquet, 38, 426.
Floury, 224.
Fontenillat (Colonel de), 323.
Forain, 28, 225, 461.
Fort (Paul), 32.
Franck (Paul), 431.
Freppel (Mgr), 44, 102, 160.
Freycinet (de), 15, 234.
Füller (Loïe), 157.

G

Gailhard (P.), 387.
Gaillard (Jules), 34.
Galles (Prince de), 259.
Galliffet (Général de), 13.
Gambetta, 29, 30, 160, 240.
Garancière (de la), 279.
Garnier (Ch.), 277.

Gautier (Th.), 2, 231, 379.
Gegout (Ernest), 415.
Georges (Eugène), 80.
Gérault-Richard, 415.
Gervex, 39, 215.
Gibier (Docteur), 551.
Gilbert, 325.
Gill (André), 32.
Ginisty (P.), 117, 461.
Giot, 54.
Gladstone, 287.
Goblet, 15, 128.
Godin, 347.
Gœthe, 227.
Goncourt (E. de), 12, 71, 189.
Gonnod (A.), 47.
Goron, 396.
Goujon (Jean), 52.
Gounod, 291.
Gouraud (Capitaine), 391.
Gourko (Nicolas), 441.
Granier (Jeanne), 55, 179.
Granville, 178.
Grenier, 134.
Grévy (Jules), 11, 171.
Grimm, 4.
Grosclaude, 461.
Grousset (Paschal), 449.
Guérin, 15, 117.
Guérin (Jules), 410.
Guesde (Jules), 157, 383.
Guilbert (Yvette), 401.
Guillaume (Empereur), 51, 168, 359, 398, 424, 454, 469.
Guillaume (Albert), 461.
Guiraud (Alexandre), 185.
Guyennet, 361.
Gyp, 225.
Gwin (Willie), 152.

H

Habsbourg, 339.
Hading (Jane), 179, 225.
Hanotaux, 85, 383.
Hansen, 179, 240.
Harden (Maximilien), 271, 425.
Hare (Robert), 351.
Hauptmann (Gérard), 342.
Haussmann, 57.
Hayard, 398.
Heim, 67.
Heine (Henri), 298, 361.
Heine (Furtado-), 163.
Henner, 189.
Hennique (Léon), 403.
Henriot, 28.
Henry (Émile), 359.
Henry (Colonel), 320, 321.
Henry (Mme) 327, 488.
Heredia (de), 188.
Hérisson (Comte M. d'), 154.
Hervieu (Paul), 42, 444.
Herz (Cornélius), 233, 414.
Hincelin, 35.
Hoche, 428.
Hohenzollern, 274.
Horace, 183, 401.
Houssaye (Arsène), 51, 52.
Hudson-Lowe, 213.
Hugo, 113, 177, 279, 298, 379.
Humbert (le Roi), 335.
Humboldt (A. de), 341.

I

Isabelle (la Reine), 165.
Izoulet (Jean), 67, 98.

J

Jamet (Mme), 6.

Jamin, 120.
Janzé (Vicomtesse de), 389.
Jaurès, 156, 157.
Job, 251.
Joinville (Prince de), 213.
Jollivet Gaston), 200.
Joubert (Amédée), 225.
Jouffroy-d'Abbans (vicomte), 9.
Jouffroy-d'Abbans (V^{tesse}), 9.
Jouin (Marie), 13.
Juhellé (Albert), 138.

K

Kardec (Allan), 350.
Kerloord (Mlle), 109.
Kinley (Mac), 125.
Kitchener, 375.
Knuff (Marquise de), 244.
Kock, 341.

L

Labbé, 264.
Lacordaire, 49.
Lafontaine (H.), 48.
Laloge (Philippe), 329.
Lamartine (de), 46, 224.
Lamballe (Mme de), 320.
Lamber (Juliette), 113.
Lancy (Liane de), 349.
Laporte (Docteur), 141.
Larroumet (G.), 67.
Latouche (H. de), 60.
Latude, 214, 229.
Laubardemont, 329.
Laurent (Marie), 179.
Lavedan (Henri), 8, 42, 55.
Lavigne (Alice), 75, 96.
Lavisse, 341.
Leblanc (Mlle Georgette), 257.
Leblond, 99.

Lebrun (Charles), 178.
Lecomte (Georges), 156.
Ledru-Rollin, 232.
Lemaître (Jules), 190, 192.
Lender (Marcelle), 349.
Lenôtre (G.), 213.
Léopold (le Roi), 114.
Lesdiguières (Marquise de), 287.
Lesseps (de), 113.
Lewal (Max), 52.
Leygues (Georges), 15, 208, 474.
Liébault (Docteur), 242.
Lisle (Leconte de), 187.
Lister (Lord), 259.
Lobet, 340.
Lockroy, 282.
Loew, 329.
Loliée (Frédéric), 60.
Lombroso, 351.
Longuet (Ch.), 415.
Loti (Pierre), 430, 440.
Louandre (Ch.), 502.
Louise de Belgique (Princesse), 180.
Louise Lamier, 13.
Louis XIV, 178, 215, 333.
Louis-Philippe, 261.
Louis-Napoléon (Prince), 392.
Lourties, 15.
Lozé, 209, 435.
Ludwig (Jeanne), 221.
Luccheni, 335, 346.
Lucrèce, 235.
Lulli, 185.
Lutaud (Docteur), 91, 97.

M

Macé, 12, 308, 396.
Machiavel, 385.

Mackau (Baron de), 443.
Mac-Mahon, 171.
Magnaud (Président, 72, 129, 190).
Maindron (M.), 247.
Maizeroy (René), 96.
Maizières (de), 170.
Malthus, 17, 303.
Manau, 413.
Marchand (Capitaine), 373, 375.
Maret (H.), 22.
Margue, 217.
Marguerite d'Écosse, 401.
Margueritte (P. et V.), 480.
Marguery, 49.
Marie Ier, 293.
Marie-Antoinette, 22, 330.
Marsy (M.-L.), 349.
Martial (Aimée), 349.
Martin Albert), 156.
Marx (Karl), 384.
Massa (Marquis de), 225.
Mathilde (la Princesse), 33.
Maupassant (G. de), 401.
Maupin (Renée), 349.
Meignan (Cardinal), 44.
Meilhac (H.), 55, 225.
Méjanel (P.), 212.
Méline, 24, 166, 247, 353, 385.
Menaldo, 312
Ménélick, 237.
Menesclou, 22.
Ménétrier (Docteur), 66.
Menier (Paulin), 225.
Mercier (Sébastien), 387.
Mercier (Général), 59, 214.
Mercier (Docteur), 464.
Méritens (de), 420.
Mérode (Cléo de), 168, 179, 240.
Méry (Gaston), 166.

Messager (André), 461.
Mesureur, 527.
Metternich (Princesse de), 209, 435.
Meyer (Arthur), 240.
Michelet, 152, 201, 228, 375.
Michelet (Mme), 243.
Millerand, 359.
Millet, 198.
Mirbeau (Octave), 18, 74, 402.
Mondon (C.), 236.
Monselet (Ch.), 183.
Monson (Edmund), 483.
Montaigne, 500, 501.
Montesquieu, 507.
Montesquiou (R. de), 60.
Monthyon, 174.
Morny (de), 109, 392.
Morphy, 415.
Morris, 357.
Mougeot, 253, 329, 393, 418.
Mounet (Paul), 244.
Mounet-Sully, 248.
Mouraview, 318.
Moysen (Paul), 203.
Mun (Comte de), 70.
Munckasy, 197.
Murat, 104.
Murray (Lady), 480.
Murray (Lord Cecil), 482.
Mussay, 387.
Musset (A. de), 24, 49, 77, 107, 296.

N

Napias, 150.
Napoléon, 50, 172, 185, 191, 428.
Napoléon III, 317.
Napoléon (Prince), 393.

44

Naquet, 178, 409.
Négrier (Général de), 323.
Nesselrode (de), 430.
Nicolas (Tsar), 214, 218.
Nicolini, 444.
Nieperg (Comte de), 50.
Nisard, 127.
Noailles (Comte de), 57.

O

Olivier, 355.
Ollivier (Père), 143, 167.
Orange (Guillaume d'), 221.
Orléans (Duc d'), 352, 363.
Osiris, 406.
Ozanam, 44.

P

Pagello, 19.
Pailleron (Édouard), 12.
Panizzardi, 255.
Paré (Ambroise), 17.
Paris (Abbé), 44.
Pascal, 275, 325.
Pasteur, 409.
Paty de Clam (Du), 358.
Patti (Adelina), 444.
Paulmier, 355.
Paulmier (Mme), 355, 359.
Péan, 16, 17.
Pelletan (Eugène), 30.
Pène (H. de), 471.
Penthièvre (Duc de), 339.
Perier (Casimir-), 171.
Périgord (Comte Hély de), 83.
Petipa, 239.
Petit (Dr Léon), 26.
Petz, 287.
Peugnez, 193.

Peyrat, 30.
Peytral, 213, 421.
Philibert, 497.
Picquart (Colonel), 359.
Pitt, 375.
Play (Le), 371.
Poincaré (Raymond), 15, 98, 461.
Polignac (Duchesse de), 330.
Porter (Général Horace), 364.
Porto-Riche (G. de), 397.
Postel, 312.
Pothey (Alexandre), 417.
Potin, 499.
Poubelle, 458.
Pougy (Liane de), 206, 225.
Pranzini, 22.
Pravaz, 297.
Pressensé (F. de), 367.
Prévost (Marcel), 396.
Proudhon, 103, 165.

R

Rachel, 51.
Rainaldy, 19.
Rambaud, 385.
Rameau, 185.
Raspail, 415.
Ratazzi, 33.
Récipon (Émile), 206.
Reichemberg (Mlle), 40, 41.
Reinach, 22.
Réjane, 56, 76.
Rembrandt, 313.
Renan, 131.
Renouf, 224.
Retz (Gille de), 304.
Révillon (Tony), 32, 33.
Reyer (Ernest), 461.
Ribot, 15, 215.

Richebourg (E.), 12.
Richelieu, 272.
Richet (Dr Ch.), 334.
Ricord (Docteur), 469.
Rigault (Raoul), 414.
Rivet (Gustave), 175.
Robert (Paul), 223.
Robert (Louis de), 89.
Roberty-Durrieu, 62.
Robin, 21.
Rochard, 387.
Rochas (Colonel de), 354.
Rochefort (Henri), 22, 42, 43, 44.
Rochefoucauld (Sosthène de la), 90, 130.
Rochefoucauld (Duchesse de la), 389.
Rockfeller, 175.
Rodin, 143, 144.
Rodolphe (L'archiduc), 335.
Rodot, 13.
Rosenthal, 497.
Rostand, 42.
Rothschild (A. de), 76.
Roujon (H.), 212.
Rousseau (J.-J.), 71, 164, 211.
Roux (Docteur), 331.
Roux (Hugues Le), 195, 461.
Royer (Vicomte de), 372.

S

Sagan (Prince de), 83, 103.
Saint-Pierre (Bernardin de), 309.
Salisbury (Marquis de), 427.
Salomon, 44.
Samory, 391.
Samuel (Fernand), 387.
Sand (George), 49, 270.
Sanz (Elena), 502.
Sarcey (Francisque), 21, 101, 401, 501.
Sardou (V.), 350.
Sarrien, 15, 215.
Sauvageon, 330.
Saxe-Cobourg (Princesse L. de), 81.
Schenck (Docteur), 110.
Schneider, 193.
Schneider (Louis), 274.
Scholl (Aurélien), 28, 39, 43, 224, 296.
Schopenhauer, 342.
Schwarzkoppen, 235.
Scrivaneck, 95.
Ségalas (Anaïs), 43.
Sévigné (Mme de), 214, 414.
Shakspeare, 384.
Silvestre (Armand), 223.
Simon (Jules), 469.
Skogeski (Comte), 223.
Sorel (Albert), 56.
Sorel (Mlle), 162.
Soubigoux, 131.
Soubiroux (Bernadette), 299.
Soulary (Joséphin), 31, 327.
Staël (Mme de), 341.
Stevens (Alfred), 113, 223.
Sully, 214, 487.
Suppé (F. de), 336.
Sutherland (Duchesse de), 395.

T

Taillade, 12.
Talleyrand (de), 272, 430.
Terlynck, 509.
Tessier, 338.
Theuriet (André), 293.
Thiers, 27, 166.

Thivrier, 131.
Tillaye, 210, 315, 317.
Tolstoï, 111, 110, 115.
Tournadre, 115.
Traricux, 367.
Trochu (Général), 15.
Tronchin (Docteur), 313.
Troppmann, 27, 91.
Trouillot, 110.
Trousseau, 375.
Turot (Henri), 360.

U

Ugalde, 163.
Uzanne (Octave), 101.
Uzès (Duchesse d'), 131, 321.

V

Vacher, 27, 109.
Vaillant, 341.
Valençay (Duc de), 83.
Valence (duchesse de), 165.
Valtesse, 224.
Vauvenargues, 400.
Variot (Docteur), 376.
Verlaine, 2, 3, 107.
Vespasien, 2.
Vettori (François), 385.

Veyrin, 130.
Victor (Prince), 302.
Victor (P. de Saint-), 175, 313.
Victoria (Reine), 81.
Viger, 10.
Villemessant (H. de), 283.
Virot, 313.
Viviani (R.), 186.
Vogüé (M. de), 86, 97.
Voltaire, 1, 6, 126.

W

Waldeck-Rousseau, 39.
Wallace (Russel), 351.
Walter (Bob), 310.
Ward (Clara), 250.
Warnet (Général), 52.
Weiss (J.-J.), 109, 210.
Wilhelmine (la Reine), 118, 220, 400.
Willy, 442.
Windell (Ludwig), 59.

Z

Zévaès, 182.
Zola, 12, 15, 21, 24, 54, 251, 254, 255, 354, 378, 379, 480.
Zollner, 351.

TABLE DES MATIÈRES

	Pages.
L'âge d'or des bêtes	1
La voix de Verlaine	2
En français	4
Vérité, lumière, boxe	5
Deux départs	6
Du neuf	8
La vicomtesse	9
Les portraits	10
Le bon feuilletoniste	12
Par Baptiste	13
Le dîner de Venise	15
La veuve de soi-même	16
Cette bonne société	17
Le peuple bébé	19
Les commères	20
Le dernier rendez-vous	21
Les survivants	23
Zola inconnu	24
La guenille	25
Là-bas, ici	27
Un caricaturiste	28
Le règne des mots	29
Un heureux	31
L'inutile ardeur	32
Joie de vivre	33
Le suprême pourvoi	35
Les désarmés	36
La greffe des présidents	38
Le Paris nouveau	39
Cosmopolis	40
Deux intérieurs	42
Les beaux passés	43
Le cardinal aux fables	44
En marge d'un livre	45
Un doyen	47
Une âme d'Église	48
La gloire d'aimer	49
Le parrain d'une rue	51
La fenêtre maudite	52
Échec à une Majesté	53
Nouveau jeu	54
Nuit sur l'Océan	56
Amants	57
L'étau	59
Des larmes célèbres	60
Venise	61
Au rabais	63
Les bons maîtres	64
La leçon	65
Jeunesse	67

La hotte	68
Du théâtre	69
Justice	71
La lâche vertu	72
Des fleurs	73
L'aveugle	75
Notre vieux cœur	76
Idée	77
Des brebis	79
Le terrible bonheur	80
Le sujet d'un conte bleu	81
Les parchemins	83
Cruel hommage	84
Le bon coin	85
Filles de France	87
La vie qui roule	88
Les doigts de fée	89
L'État	91
L'abandonné	92
L'homme	94
Les cigales	95
La rue	96
Les temps nouveaux	98
La feuille de vigne	99
En place, repos	100
La gueuse	102
Les déracinés	103
L'oasis	104
Projet d'illusion	106
Deux sœurs	107
Le petit chapeau	108
Les justes lois	109
Trop sacré	111
Les gloires	112
Le royal soulier	114
De fidèles clients	115
Harmonie	116
Petite reine	118
La soif du sang	119
La corde sensible	121
Le minotaure	122
L'opposition	123
Veillée de guerre	125
L'officielle blancheur	127
Quand même	128
Au petit marché	129
Grande vitesse	131
La forêt libre	132
Le mal tricolore	134
La paralysie	135
Le mannequin	136
Le Cid	138
Aspect de guerre	139
Le sucre créateur	140
Un mystère	142
L'impossible statue	143
La poche	145
Ce jour	146
Vers l'or	148
Du nouveau	149
Effets de musique	151
L'affreux prodige	152
Deux routes	154
Des mains	155
L'avenir	156
Un type	158
Le retour des amis	159
Un phénomène	161
Vingt francs	162
Le sage cocher	163
Le lien	165
La chute d'un ange	166
Versailles	167
Great attraction	169
Les petites choses	170
Nécessité d'un Corneille	172
Joie de vivre	173
Le monstre	174
Nos gloires	176
Chaos	177

TABLE DES MATIÈRES

	Pages.		Pages.
Cruelle énigme	179	Là-bas, là-bas	236
Une silhouette	180	De petits enfants	237
Palais-Bourbon	182	Le maître de ballet	239
Un beau carrousel	183	L'exproprié de soi	241
Le carillon	184	Une veuve	242
La veuve	185	L'Éthiopien et le 14 juillet	244
Le jardin de gloire	187	Tache rouge	245
Les beaux banquets	188	L'inutile fuite	247
Le mâle	190	La naissance des étoiles	248
Le cas de M. Lemaître	192	Leur enfant	250
Dans un monde trop vieux	193	Le petit Parisien	251
La petite bête humaine	194	Nos maîtres s'amusent	253
Sainte réclame	196	Disparu	254
Où va la feuille de laurier	197	La fibre	256
Des « pichoux... »	199	Espana	257
Les mères	200	Une rotule	259
La petite bonne	202	Un prince heureux	260
La toque et la robe	203	La petite marmite	262
Tu	204	Des gens bien armés	263
Une proie	206	Une prédiction	265
Le vase de cristal	208	Les petits métiers	266
Paris	209	Plaque bleue	268
Le seuil du tripot	210	De pauvres filles	269
Le char de Sainte-Hélène	212	Bismarck	271
Carnavalet-Journal	213	L'exquis bibelot	272
Maître Jacques, ministre	215	Passé lointain	274
La gloire de Cambronne	216	La ferblanterie	276
Sous le couteau	218	L'homme de l'Opéra	277
La favorite	219	Un jeune marcheur	279
L'infâme espoir	221	Les Cadets de Gascogne	280
Une cigarette	222	Quelques mots de M. Lockroy	282
Un commis, sur le boulevard	225	Les ailleurs	283
Les Renés	227	La bonne nature	285
Les légendes	228	Petz	286
La chemise sale	230	Un fournisseur	288
La belle élection	231	Un vol	290
Merci final	233	Ondoyant et divers	291
Vivre	234	Les mariés	293
		Joie de vivre	294

TABLE DES MATIÈRES

	Pages.
Une fille de Musset	296
Les fossettes	297
Terre de Lourdes	299
La petite Lucie	300
Matin de dimanche	302
Des victimes	303
Les voisins	305
Famille	306
L'errance	308
La scène homicide	310
Un suicide	311
Le Baedecker parle	313
L'utile catastrophe	314
La réplique des voisins	316
Nous	317
Per Angusta ad Augusta	319
Le bureau	321
Des invités	323
Le brin d'herbe	324
Un type extraordinaire	325
Une femme	327
L'heure présente	328
Le lait de la reine	330
Un bon tour	331
Les parcs	333
Luccheni	334
L'empreinte	336
Une étreinte	337
Quarante sous	339
Le vainqueur	340
La marche des choses	342
Un souvenir du beau temps	344
L'éventail et les gants	345
Le coup de sifflet	347
L'Ève	348
Une statue qui ne va pas	350
L'absolu	352
Les coups de théâtre	353
Le revolver de madame	355
Marchands de rire	356
Le rire Krupp	358
De l'encre, du sang	359
Une revenante	361
Devant l'or	362
Un déjeuner	364
Septennat de mort	366
Agitez fortement	367
Une bourgeoise	369
Un patron	370
La fleur de vertu	372
Un succès pour Pitt	373
D'étonnants étonnements	375
Le plumage	376
Vente mobilière	378
Le mimosa bleu	380
Paris-bivouac	381
Les temps nouveaux	383
Des sages	385
La poupée	387
Le salon de Babel	388
Ce qui ne meurt pas	390
Des mots, au café	392
L'impromptu ministériel	393
Un féministe	395
Orientale	396
L'âge de papier	398
L'occasion manquée	399
Ivraie de bon sens	401
L'aumônière	403
Nos maîtres	404
Un mort qui parle	406
Ici, l'on boit	407
Justice	409
Un type	410
Les épithètes	412
La prison de gloire	414
Les planches	415
Mors et vita	417
L'implacable progrès	418

TABLE DES MATIÈRES

	Pages		Pages
Joie de vivre	420	L'État chargé de reliques	464
La poche	421	La chaîne	466
Hier, mais aujourd'hui	423	Leurs prisons	467
Le pouvoir fort	424	Un confrère	469
Sub rosa	426	Anonyme	471
La récompense	427	Musique	472
Le silence	429	L'amour liseur	474
Un accès de propreté	430	Tout pour la science	475
La leçon des Léonides	432	Les hommes	477
Les bonnes affaires	433	Le caprice	478
Des Excellences	435	Noir et rouge	480
La vie qui progresse	436	Des ouvriers	481
Justice	438	Les nerveux	483
L'obscur trésor	439	La veuve	484
L'honneur personnel	441	Palais-Bourbon	486
Vilains messieurs	442	Denier de la veuve	487
L'éternel recommencement	444	Très parisien	489
La robe	445	Ça croule	491
La côtelette d'affaires	447	Le berceau	492
La force fleurie	449	Un sauveteur	494
La vérité à la minute	450	Les violons	495
Le dieu	452	La fantaisie de millionnaire	497
Ici, là-bas	453	D'heureux malheureux	498
Après	455	A Francisque Sarcey	500
Tristes chevets	457	Maîtresse du roi	502
Son propre ancêtre	458	Le nouveau jeu	504
La revue des rhumatisants	459	Constans	505
Des diamants	461	La retraite du bourreau	507
Le roi Kodack	463	Le joyeux cabaret	509
		Table des noms cités	510

En Vente à la même Librairie

COLLECTION IN-18 A 3 FR. 50 LE VOLUME

Publications récentes

Bonvalot (G.). *Sommes-nous en décadence?*	1 vol.
Brisson (Adolphe). *Paris intime* . . . . Illustré	1 vol.
Brossmann (J.-Ph.). *Mémoires d'un soldat-ordonnance* .	1 vol.
Chavagnac (*Mémoires du comte Gaspard de*) (1638-1669).	1 vol.
Grand-Carteret (J.). *La femme en culotte* . . . Illustré	1 vol.
Guillaumet (Édouard). *Tableaux soudanais*	1 vol.
Hepp (Alexandre). *Les Quotidiennes (1897-1898)* . . .	2 vol.
Lanusse (Mgr). *Des braves*	1 vol.
Noël (Ed.) et Lucien d'Hève. *Le capitaine Loÿs* . . .	1 vol.
Renault (G.) et G. Le Rouge. *Le Quartier latin.* Illustré	1 vol.
Robert (Ulysse). *Voyage à Vienne* . . . . . . Illustré	1 vol.

39608. — Imprimerie Larue, 9, rue de Fleurus, Paris.

www.ingramcontent.com/pod-product-compliance
Lightning Source LLC
Chambersburg PA
CBHW071937240426

43669CB00048B/1756